天使投资系列丛书

刘曼红◎著

Angel Investing: Principles And Practice

创业投资圣经

天使投资理论与实践

经济管理出版社
ECONOMY & MANAGEMENT PUBLISHING HOUSE

图书在版编目（CIP）数据

创业投资圣经：天使投资理论与实践／刘曼红著．—北京：经济管理出版社，2009.11

ISBN 978-7-5096-0823-4

Ⅰ．①创…　Ⅱ．①刘…　Ⅲ．①投资学　Ⅳ．①F830.59

中国版本图书馆 CIP 数据核字（2009）第 213812 号

出版发行：经济管理出版社
北京市海淀区北蜂窝 8 号中雅大厦 11 层
电话：(010)51915602　　邮编：100038

印刷：北京银祥印刷厂　　经销：新华书店

组稿编辑：房宪鹏　　责任编辑：刘　宏
技术编辑：杨国强　　责任校对：陈　颖

720mm×1000mm/16　　18.75 印张　　357 千字
2009 年 12 月第 1 版　　2009 年 12 月第 1 次印刷

定价：38.00 元

书号：ISBN 978-7-5096-0823-4

序

天使投资的概念源自于朋友帮助朋友，后发展成运用个人风险资本支持陌生人的创业活动。Jeff Sohl 教授在《最高境界：美国天使投资前沿实操简报》中称："天使们再次强调他们的价值增值作用，他们是创业企业的耐心的投资者。天使们仍然在他们所居地区附近投资，他们有能力就近发现出色的投资项目。"事实上，他们已经使用这种定义以描绘天使投资活动："天使投资不是被动的私募股权投资或一般的非正规投资，而是一种"辅导资本"，这种特征使得我们天使投资者在投资新生事物的同时创造了一定的社会效益。

我已经观察了过去 20 年美国经济的亮点，这种个人间的投资活动从邻里间的非正式投资演变为复杂的专业性投资。当前全球经济中心转向为更强大的新兴市场，尤其是巴西、俄罗斯、印度、中国四国的企业将成为未来的强有力的企业。许多预言家指出：到 2050 年，美国、中国和印度将成为世界上三个主要经济体。与此同时，国际风险投资机构和对冲基金的规模越来越大，这种状况为个人投资者（天使投资家）在私募股权价值链中创造了足够的投资空间。在当代新世界中，有 3 亿用户在 Facebook 上互相沟通，有几百万人每天免费使用 Skype 这样的远程服务，商业机器现在可以在全球范围内每周 7 天、每天 24 小时不间断运转。

2001 年我与同事合著了一本书：《每一个企业都需要一个天使》。在互联网泡沫破灭和"9·11"大灾难影响我们经济的时候，这本书为那些在投资方面不知所措的人们提供了重要思路。我们组织了那些富有的个人，包括男性和女性，在华盛顿地区投资于创业企业。这些活动是较早的不同于一般风险投资模式的"另类"投资的一种尝试。在现实中，美国风险投资行业仅仅只有 60 年的历史，且仅有 2000 名资深投资人参与整个美国经济的投资活动。在帮助资助个人电脑、医疗设备以及互联网和电信服务方面，风险投资家们经历过成功的喜悦和失败的痛苦。

自 1990 年以来，美国和欧洲天使投资市场经历着它们自己成长的艰辛，同时不断丰富着它们的发展蓝图。那时，仅有少数可持续的天使机构常常会晤以洽谈天使投资发展事宜。由于这些天使投资机构基本都是自制和独立的，它们希望能够控制它们的资产、投资决策并使得它们的财富在不断的再利用中增值。少数天使投资家开始发现，独自的投资活动在如尽职调查、资金量、公司扶持方面具有一定的局限性。因此，在20世纪八九十年代的美国和90年代的英国以及欧洲，天使投资机构开始出现，天使投资家通过各种俱乐部、工作小组、协会或早餐俱乐部等形式组建了结构化的天使投资组织。Jeff Sohl教授的著作、哈佛商学院教授Robert Robinson和哈佛博士后Mark Van Osnabrugge的著作、Sue Preston的研究，以及弗吉尼亚大学的Batten研究所（发表了“拉丁美洲天使投资”的报告）已经在探索天使投资机构在区域上的和文化上的差异。

现在，刘曼红教授关于天使投资及天使投资在中国发展的书籍即将出版。特别是在第六章中，她对中国的经验和观点的描述，为中国创业企业融资中迅速发展的投资模式确立了方向，设立了标杆。她干练地总结了天使投资人和天使投资机构的基础知识和全球市场情况，深刻地论述了文化和心理因素，以及中国的天使投资发展和演变背景。

不是每一种文化和经济都能够发展成强大的非制度化的创业企业融资模式，不是每一个国家都有可能发展高效的天使机构，以推动创业企业的规模化。刘教授明智地比较了可借鉴的地域和中国之间的异同点，并从中国特有的角度得出结论。她的学术背景使得她可以进行冷静、稳定的分析，不附带任何夸张和情绪化。这是一个艰巨而巨大的基础工作。我认为这对于天使投资的研究在今后的十年中会有更大的发展。刘教授作为世界天使投资协会(World Business Angel Association，WBAA）的创始人和理事会成员，为近期WBAA在中国的发展做出了一定的贡献。

如果中华民族的创造力和一些富裕的企业家的财富相遇，他们将会形成一个巨大的创业浪潮，而这正是我们所期望的。

John May

《每一个企业都需要一个天使》的作者

美国天使投资协会前主席

2009年11月于美国弗吉尼亚州

目　录

第一章　何谓天使投资：天使投资的概念

第一节　天使投资综述

一、天使投资的起源

传说天使是上帝的信使，她们身穿白色的长裙，张着美丽的翅膀飞到人间。她们具有无比的智慧和力量，向困难的人们赐予及时的援助。天使代表着春天和希望。创业者把投资人比作天使是对投资人无限崇敬和尊重。在商业现实中，天使投资也扮演着相似的角色。

虽然天使投资作为一种金融职业的历史并不长久，但天使投资这种投资行为早就存在于经济生活中了。早在1874年，年轻的亚历山大·贝尔就是借助于两位天使投资人创立了世界上第一家电话公司的。贝尔最初希望能够从银行获得一些启动资金，但银行认为他的想法太大胆，风险太高，没有贷款给他，而波士顿的一位成功的律师和一位皮货商资助了贝尔，成全了他创业的理想。1903年，五位天使投资人投资4万美元，使得亨利·福特实现了他的汽车梦：创立了后来的经济巨人——福特汽车公司。1997年上市的亚马逊公司，就是基于若干投资者的120万美元天使资本之上的。后来，亚马逊又融到800万美元的风险投资（又称为创业投资，下同）。现在的苹果公司和谷歌公司都在早期得到过天使投资的资助。人们常说，天使投资家有着钢筋一样的神经和金子一样的心。没有天使投资家，就没有今天的苹果公司。没有天使投资家敏锐的市场嗅觉和果断的判断，就没有现在的谷歌。

天使投资这一概念最早起源于20世纪初的纽约百老汇表演。当时，演员和编导要做出精心努力及艰苦付出，以排练一部新剧目。在编导和排练过程中，他们不仅要付出艰辛的劳动，还要准备各种服装道具，并且需要一笔相当数目的经费。如果剧目大功告成，人们的投入就会带来荣誉和金钱。然而，一旦首演失败，他们过去付出的全部心血，注入的全部感情，都会付诸东流，不仅如此，他们先前投入的全部资金，无论是自己的，还是亲朋好友的，也将化为乌有。可见，对这种新型剧目的投资是具有相当高的风险的。

有一次，在已经投入大量人力与物力资本的情况下，人们忽然发现资金不够，使正在排演的剧目面临着半途而废的困境，大家心急如焚。一方面，人们不愿意放弃已投入的所有一切；另一方面，由于未来演出是否能够成功具有很多不确定因素，很难找到外部资金，真是叫天天不应，叫地地不灵。在最困难的时候，一位过去曾在百老汇演出成功的经济实力雄厚的人向他们伸出了援助之手。这位作出大胆而及时的投资决策的投资人，对于那些处于困境的编导和演员来说，如同上帝派来的天使。他们尊敬地称他为投资天使。“天使投资”一词应运而生。

百老汇出现的最初意义上的天使投资具有一定的慈善资助的性质。后来，天使投资被用于纯商业行为。那些投资于种子期/早期的创意或创业的个人的股权资本即称为天使资本；那些从事这种高风险，以期获取可能的高收益的人即称为天使投资家。像风险投资（VC：Venture Capital，又译为创业投资）一样，天使投资家不仅为企业提供资金，更具有价值的是他们的专业知识、经验和关系网。

有人说，天使投资就是赌博与奉献的巧妙结合。如风险投资一样，天使投资也是一种风险性极高的投资行为。天使投资家在投资前就十分清楚：无论自己对所投项目做过多少审慎调查，无论这些项目看起来有多好，也无论其潜在的利润多大，它们的未来是叵测的，它们内在的风险是很高的。一旦投资失误，天使投资家所投入的自己辛辛苦苦赚来的钱就很可能如石沉大海。面临这样巨大的风险，天使投资家仍然从事这种投资，表面上看起来，不能不说有一点赌博的味道。而在现实生活中，天使投资家的投资决策的每一步都相当审慎，以求最大限度地规避风险。越是老练的天使投资家，越是成功的天使投资家，就越投入相当的精力进行投资前的准备工作，包括对于项目的全面审核。[①] 这种审慎的特性又与赌博大相径庭。另外，天使投资家的确往往具有与创业者一样的激情、浪漫和乐观精神。他们期望成功，他们大胆冲向成功。像创业者一样，他们也具有奉献精神。不了解天使投资家的这种心理，就不能了解他们为什么热衷于天使投资这一事业，也不可能得到他们投资成功的秘诀。

---

① Robert Wiltbank（Willamette University） and Warren Boeker. Returns to angel investors in groups. SSRN working paper series，University of Washington，2007

二、天使投资的概念

（一）天使投资的定义：狭义与广义之分

以 Jeffery Sohl 教授为首的新罕布什尔州大学风险投资研究中心是著名的天使投资研究的基地。他们提出，天使投资是具有一定闲置资本的个人对于种子期的具有巨大发展潜力的企业（项目）进行权益资本投资的行为。①

天使投资又称为“非正规风险投资”。与风险投资相似，天使投资也是向非上市企业，特别是种子期/早期的创业企业进行非控股性投资的非公开权益资本。不同的是，风险投资是机构行为，而天使投资则是个人行为。风险投资家投的是他人的钱（主要是机构投资者的资本），而天使投资家投的是自己的钱。二者的一致性与区别详见本章第三节。

严格地说，并非所有的非正规风险投资都是天使投资。根据 Martin Haemmig 教授的研究，真正意义上的天使投资仅占非正规风险投资的资金来源的 9.3%（见表 1.1）。Scott Shane 教授则认为，这个数字大约只有 8%。② 这样看来，天使投资的概念有狭义与广义之分。

表 1.1 非正规风险投资的资金来源③

投资者与创业者的关系	(%)
家庭成员	43.7
朋友或邻居	29.2
陌生人	9.3
其他亲戚	8.9
同事	8.9

从表 1.1 可以看出，创业者的家庭成员是他们创业的主要资金来源，占 43.7%；其次为朋友或邻居，占 29.2%；再次为陌生人，占 9.3%；最后是其他亲戚、同事，各占 8.9%。而所谓的“陌生人”与创业者既非亲朋好友，又非邻居和同事，这种人的投资完全是一种商业行为。他们看准了创业者本人、创业的项目和市场，愿意承担投资风险，以获取潜在投资收益。严格地说，他们是真正意义上的天使投资人。

广义的天使投资指投资者用自己的钱，对于种子期或创始期企业给予资金

---

① Center for Venture Research，University of New Hampshire

② Scott Shane. The Importance of Angel Investing in Financing the Growth of Entrepreneurial Ventures, Working Paper，a Report for Small Business Administration，Office of Advocacy，2008

③ Martin Haemmig. Lecture note：Global Venture Capital，Renmin University，School of Finance, September，2005

支持的行为，包括家人的拆借，也包括亲戚朋友之间的解囊相助。而狭义的天使投资仅指那些依赖于自己的资金，并以投资为职业（或作为主业或作为副业）的，针对项目的盈利前景或针对项目执行人的能力、人品、经验、责任心、奉献热情等素质，以期获取高额投资回报的投资行为。严格意义上说，天使投资家所投的对象是和自己没有任何亲朋关系的陌生人。因此，投资者与被投资者的关系是天使投资广义和狭义定义的重要区别之一。[①]

天使投资概念的狭义和广义之分还有第二层意义。狭义上的天使投资仅指那些以权益资本向创业企业进行种子期/早期投资的资本运作模式，因此天使投资是非公开权益资本的一个子范畴（详见本书第四章）。而广义上的天使投资还包括其他投资模式：如短期拆借、延期付款、企业商业信用等其他借贷资本形式。在我国，也有人把天使投资的定义进一步推广，包括所有个人的权益资本投资，不仅是种子期和早期投资，还包括中晚期的权益资本投资，只要不是机构，而是个人的权益资本投资，都可以认为是天使投资。这种定义有别于目前世界各国普遍认可的天使投资的定义：天使投资与项目/企业的种子期或早期融资相联系。

美国天使投资协会创始人，协会前主席 John May 认为：[②] 天使投资是一种个人的、私人的权益资本投资，天使投资家运用自己的纳税后的资金投入早期的陌生人（Stranger，非亲非故）的企业，获取非控股的权益；天使投资家在投资后要耐心等待多年，而这期间所投资本长期不能流动；天使投资家承担比一般投资更高的风险，以期获取高回报。

这里，天使投资的定义有如下要素：

（1）个人投资行为；

（2）个人用纳税后的资本进行投资；

（3）投资于种子期/早期（具有巨大发展潜力的）项目或企业；

（4）投资模式为权益资本投资；

（5）投资于"陌生人"的项目或企业（以有别于 3F 投资）；

（6）投资后处于"非控股"地位；

（7）耐心资本；

（8）流动性差，投资后很长时间所投资本不能流动；

（9）高风险，高回报。

---

① 这个定义在学术上和实业界都存在争议，一些人认为，"陌生人"有时也可能成为朋友，因此陌生人和朋友之间很难区分，狭义与广义之分应主要看投资人是否是家庭成员或亲戚（Global Entrepreneurship Monitor，2003 Report）。

② John May 与作者于 2008 年 7 月 1 日会谈记录：美国弗吉尼亚州，美国天使投资协会。

一般地，广义的天使投资是指以自己的资金从事企业首轮外部投资，以期获取利润的投资行为，它包括股权投资，也包括任何形式的债权投资。狭义的或更严格意义上的天使投资则是指职业投资人以自己的资金向具有巨大发展潜力的企业所进行的种子期/早期的非控股的、投资期限相对长的，具有高风险、高潜在回报的权益资本投资。

这里有一个概念需要澄清。我们常常把"高风险"和"高收益"联系在一起，似乎投入高风险是投资者的选择。事实上，不是投资者喜爱风险，而是他们追逐高收益，而为了获取高收益，投资者不得不承担高风险。如同风险投资家一样，天使投资家投资的目标项目不是高风险，而是高增长，他们把资本投入那些具有巨大发展潜力的项目，以期获取高收益。

（二）天使投资/商业天使的双重回报

天使投资（Angel Investment）又称为商业天使投资（Business Angel Investment），是指具有一定资本金的个人（通常是合格投资者，Accredited Investor[①]），以自己的税后收入/资本，对于他们认为具有巨大发展潜力的初创企业进行早期的、直接的权益资本投资的一种民间资本运作模式。

天使投资家对被投企业不仅提供资金上的支持，而且还在市场、产品、工艺、人事和管理等各方面提供同样价值连城的非资金方面的帮助。天使投资家对于被投企业不仅以期获取较高的投资回报，而且他们本人会在帮助企业成长壮大的过程中，在为被投企业提供各种非资金的援助过程中，以及在与创业者分享自己的投资经验和自己的商业关系过程中，获取一定的精神享受。

从某种意义上说，天使投资的回报是双重的：既是物质上的（资本的增值，作为投资回报），又是精神上的、心理上的（与创业者分担创业的艰辛和发展的困苦，分享解决问题的欣慰与创业成功的喜悦）。天使投资作为一种小型的、自发的投资形式深受创业者的青睐，也为具有一定经济实力的个人和家庭提供了一种灵活方便的投资手段。

（三）非正规风险投资

美国风险投资协会则认为，天使投资是非正规的风险投资，风险投资市场是没有中介机构的私人权益资本市场。天使投资的运作模式与风险投资相似，不同的是，天使投资是非正规的、分散的、个体的、私人的权益资本投资行为。

新罕布什尔州大学风险投资研究中心的Sohl教授的研究证明，天使投资在被投企业的所占股权在21%~23%。[②] 在投资期间，天使投资家不会获得任何经济收益，也没有任何税收优惠，他们需要有耐心，等待3~5年，甚或5~7年，才

---

① 合格投资者（Accredited Investor）的定义见本章第四节。

② Jeffrey Sohl. Angel investing：a market perspective，2003

能获取资本增值。由于为天使投资家专门制定的法律并不存在，在整个投资过程中，天使投资家仅仅得到一般法律的保护。

天使投资是一种非公开权益资本，是一种投资模式，而不是社会公益活动。虽然天使投资在企业创建的早期起到不可或缺的巨大作用，但天使投资并非无偿捐助。天使投资家承担高风险，以期获取高收益。天使投资不是慈善基金，而是寻求投资回报的一种资本运作模式。天使投资家虽然以逐利为目的，但大多数天使投资家又具有较高的社会责任心。他们从事投资事业一方面为了赚钱，另一方面也为了愉悦自身的情操。他们喜欢这个事业，为帮助初创企业发展壮大而欣悦。他们为企业提供的不仅仅是金钱，还有他们的经验、能力、商业关系。天使投资家往往投资小型的新型的高增长的企业，包括高科技企业，但不一定局限于高科技企业，在这里，企业的高增长性是必要条件。被投企业的科技专利固然重要，但专利的持有并不是能够获取天使投资的充分条件。

天使投资是弥补企业早期融资空白的一支重要的、不可替代的金融力量。天使资本投入企业的种子期和创始期，这是风险投资不可能、也不愿意投资的阶段。值得注意的是，天使投资家一般不控股，心甘情愿地仅持被投企业的很小的一部分股份，这是天使投资的重要特征之一。与其说天使投资家喜欢高风险，不如说他们喜欢高增长。他们不是投资高风险，而是投资高增长。他们投资高增长而不得不承担高风险。因为在其他条件不变的情况下，早期的高增长型企业往往风险很高。处于种子期或创始期的企业存在着极大的不确定性，包括市场不确定性、技术不确定性、人员不确定性、宏观环境不确定性，其风险程度之高不难想象。总之，投资早、风险高、时间长、不控股是天使投资的特征。

（四）天使投资与 3F

天使投资是居于 3F（Family，Friends and Fools or Founders，即家庭、朋友和创业者自己）和风险投资之间的一种民间投资模式（见图 1.1）。3F 与天使投资之间的区别在于：前者投资的额度远远少于后者；前者是投资于自己认识的人，而后者一般投资于陌生人；前者不一定是“合格投资者”，而后者必备合格投资者的资格；前者往往出于对于亲人朋友的同情与支持，而后者则出于对于创业者的帮助，对于项目的青睐和对于未来投资收益的预期；前者不一定参与

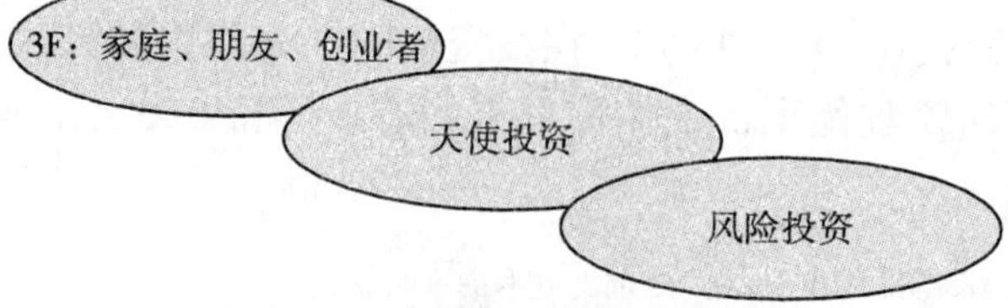

图 1.1 天使投资、风险投资与 3F

被投企业的管理，而后者往往积极参与企业建设；前者纯粹是个人行为，后者虽然也是个人行为，但越来越走向组织化、正规化。天使投资与风险投资之间的区别请见本章第三节。

3F、天使投资和风险投资的衔接与区别见表 1.2。

表 1.2

3F： 平均每轮融资额：1 万美元 平均每个投资者投入：2000 美元	不一定是“合格投资者” 不一定有很多资本金 不是有经验的投资者 可能一生只作一两次投资
天使投资： 平均每轮融资额：60 万美元 平均每个投资者投入：4 万美元	具备“合格投资者”资格 投资自己的资本 具有专业知识、创业经验 投资于创业者、市场、科技含量 积极参与被投企业的建设和成长
风险投资： 平均每轮融资额：700 万美元 平均每个投资者投入：300 万美元	通常采取“有限合伙制”的模式 资金来源以机构投资者为主 普通合伙人（General Partner，GP），具备知识、经验、关系网 积极参与被投企业的建设和成长 比较大的项目公司群

（五）天使投资与其他融资模式

根据达特茅斯的塔克（TUCKER）商学院的研究，初创企业的资金来源共有 15 种渠道。

（1）创业者个人储蓄（Personal Savings）。创业者个人储蓄是创业的首要的资金来源。一般地，创业者只有在个人储蓄匮竭的状况下，才启用其他融资渠道。

（2）个人信用卡（Credit Cards）。信用卡借款利息极高，但使用方便，资金到位快，可解决企业紧急的和突发的资金需求。

（3）个人抵押贷款（Lines of Equity）。这里往往也指以房屋为抵押的银行贷款（Home Equity Loan）。房屋抵押贷款最初原来作为住房修理和维护，但创业者有时也用来解决自己企业之需。这种贷款有时与第二按揭贷款性质相似。在偿还权上，二者都次于第一贷款。借款者如果出现问题，第一贷款获得首先赔偿权。

（4）第二按揭贷款（Second Mortgage）。第二按揭贷款在住房按揭贷款的基础上再次对于已经存在的自有资本抵押贷款。例如，李先生的住房按照目前的市场价为 120 万元，而李先生已经向银行借了 80 万元按揭贷款，由于李先生支付了一部分首付房款，再加上市场房价的上升，这时李先生房子的自有资本为 40 万元。李先生可根据这 40 万元的自有资本再次向银行或其他金融机构、非金融机构、个人申请第二按揭贷款。第二按揭贷款的利息率往往较高，期限也比第一按揭贷款要短一些。此外，第二按揭贷款只有在经济快速发展、房屋价格不断攀升的情况下才得以适用。

（5）朋友和家人（Friends and Family）。创业者在穷竭了个人存储和个人借贷之后，往往向自己的家人和朋友借款以解决企业资金短缺问题。

（6）政府资助（Government Grant）。如果创业者的项目属于国家政策所鼓励的范围，或者创业者本人拥有专利技术或其他领先技术，他们可以申请国家资助。各国政府往往以各种各样的方式对于这类企业提供资金上的或税收上的补偿，以资鼓励。例如，中国科技部的"863"项目、"973"项目等。

（7）资产抵押贷款（Asset Backed Loans）。资产抵押贷款可以与第二按揭贷款不同，它可以基于其他资产，而不是创业者的房产。例如，创业者可根据自己的收藏、自己的珠宝，或其他贵重物品作抵押，以获得借款。

（8）应收账款保理（Account Receivable Factoring）。应收账款保理是指银行应企业的要求，以融资方式承购企业的应收账款，银行负责应收账款管理和债权回收。银行可以收取一定的保理费用，而企业会更快地收回对方所欠货款。

（9）小企业银行贷款（Business Loans from Bank）。小企业往往可以获取银行的短期流动性贷款，但这种贷款往往需要贷款担保。在我国，为了大力推动小企业贷款，各级政府纷纷创建了贷款担保公司，以协助商业银行向小企业，包括创业企业发放短期贷款。

（10）机构投资者（Institutional Investors）（常常为投资银行所运作）。机构投资者通过投资银行寻找有巨大发展潜力的，并符合自己战略方针的企业，以投资方式实现战略联合。这种投资的对象往往是高科技创业企业或项目。机构投资者的这种投资往往属于战略投资的性质，单单从这个项目的投资本身中并不一定获取较高利润，但可以通过加强投资企业的科技基础，增添它的科技含量，以寻求企业的长远利益。

（11）金融租赁（Equipment Lease Financing）。初创企业往往没有资金一次性购入企业所需的大型器械、仪器，而金融租赁公司可购入这些仪器，再租给企业使用，并通过租金赚取一定的利润。如果运用得当，金融租赁公司在仪器有效期内，就收回全部资金，并同时拥有仪器所有权，是一笔合算的生意。

（12）大公司战略投资者（Corporate Strategic Investors）。大公司采取与上述机构投资者相似的投资模式寻求战略伙伴。它们的投资目的与机构投资者基本相同。

（13）天使投资（Angel Investors），又称为非正规风险投资。其运作模式与风险投资相似，不同的是，天使投资是非正规的、分散的、个体的、私人的权益资本投资行为。

（14）风险投资（Venture Capitalists）。风险投资与天使投资一样，都是投入那些具有巨大发展潜力的、创新型的、非上市的企业中的权益资本。

(15) 公开上市 (IPO) 即首次公开上市。小企业/创业企业从公开市场融资往往比较困难。它们只能从 OTC 交易平台，或者通过创业板或二板市场上市。

上述各种融资渠道中，许多并不适用于中国具体国情，如第二按揭贷款在中国还不存在。但无论是中国还是外国，小企业融资难是普遍现象。而天使投资恰恰是小企业、初创企业融资过程中的一个十分重要的渠道。正因为如此，天使投资虽然起源于美国，却不仅在美国本土，而且在北美洲、南美洲、欧洲、亚洲和大洋洲各国都如火如荼地发展起来。

天使投资是一种为新兴的具有巨大发展潜力的，同时孕育着巨大风险的企业或创意的投资活动。天使投资家投资后获取被投企业的一定的股权资本，往往积极参与被投企业的建设与发展，以期最终带着丰厚的利润退出。在过去，天使投资往往是民间的、自发的和分散的，他们往往以权益资本的方式进行。而近年来，天使投资也越来越趋向于有组织的投资行为。这种组织有时是松散的、自愿结合的，有时却是相对正规的、严谨的、有章可循的。

(六) 天使投资的三个条件

天使投资被称为“非正规风险投资”，又被称为“个人的风险投资”。可见，天使投资与风险投资的性质颇为相似。天使投资是填补资本缺口的 (Filling Capital Gap)。根据美国 South Dakota 大学的 Bob Tosterud 先生的研究，天使投资往往云集在大学区，尤其是科技、理工大学。Jim Daniell 先生是波士顿地区活跃的天使投资家，他指出，具备如下三个条件可以成为天使投资家：

(1) 拥有一定的可以动用的资本；

(2) 具有创业或投资的经验；

(3) 与风险投资界有密切联系。

Daniell 先生的三个条件是十分重要的。首先，没有一定的资本金自然无法从事天使投资。如前所述，天使投资是以个人的资本从事种子期/创始期的风险投资活动的。“巧妇难为无米之炊”，没有一定量的可以作为投资用的资本金，是不可能成为天使投资家的。其次，天使投资家给予创业企业的，不仅仅是金钱，还有金钱以外的丰厚的经验、敏锐的市场洞察力和广泛的商业关系。最后，天使投资是企业成长过程中所需资金链中的一个环节，是一个重要的环节，但仍然只是环节之一，不是全部。企业在其成长过程中需要不断地壮大，需要不断地融资。有经验的天使投资家与风险投资家和风险投资基金有着密切的联系。他们知道风险投资是企业融资接力棒的下一棒。与风险投资家的合作是天使投资家把企业最终推向市场的重要一环。

天使投资投入于创业企业的早期或种子期。只要这些企业是高速增长型的，就会受到天使投资家的关注。被投企业可能是高科技企业，也可能不是。一般地，凡是有政府扶植的天使投资机构，特别是政府直接资助的天使投资机构，往往更重视推进本地区的高科技创业企业的发展。当然，不仅是政府参与的天使投资活动，一些私人天使投资机构也强调高科技的重要性。例如，Ann Arbor 的天使投资协会（Ann Arbor Angels）就在自己的创立宗旨中明确指出，它的目的是以资金和经验帮助当地的科技型创业企业的发展和壮大。

（七）天使投资近期发展动向

根据美国 New Hampshire 大学风险投资研究中心的报告，[1] 2007 年上半年，全美天使投资的投资总额为 119 亿美元，投资于 24000 个创业项目。全美在该时段活跃的天使投资人为 14 万人。天使投资的投资领域仍然以医疗保健和软件为主。其投资领域分布如图 1.2 所示。

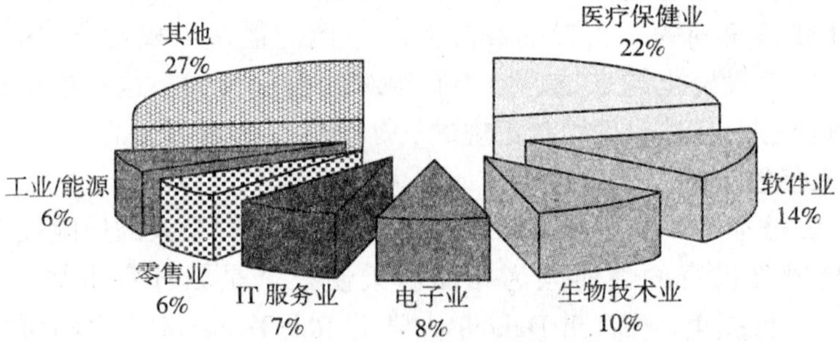

图 1.2 美国天使投资领域

如图 1.2 所示，天使投资所重视的投资领域与风险投资相似，它投资重点的行业依次为：医疗保健业，22%；软件业，14%；生物技术业，10%；电子业，8%；IT 服务业，7%；零售业，6%；工业/能源，6%；其他，27%。从整体上看，天使投资所覆盖的领域似乎更加宽泛，所投金额也更趋于平均。

2007 年上半年美国天使投资的投资阶段的分布状况与 2006 年相似，仍然是种子期（占 42%），创始期（占 48%），扩张期（占 10%）（见图 1.7）。天使投资的退出仍然以出售股权或被兼并收购为主（61%），首次公开上市（6%），破产（33%）。以上三类退出的平均收益率为 30%~40%。

从 2007 年全年的数据看，全美约有 258200 名天使投资家，投资 260 亿美元到 57120 个优秀的创业企业中。天使投资由于投资于种子期/早期企业，投资风险极高，当然回报也是相当可观。其平均投资期为 3.5 年，年回报率为 26%。

在金融危机的 2008 年，全美天使投资也受到相当冲击。他们的投资资本从 2007 年的 260 亿美元，下降为 2008 年的 192 亿美元，下降幅度约为 26%。与

---

① Jeffrey Sohl. The Angel Investor Market In 2007，Q1 And Q2：A Modest Retreat From Growth. Center for Venture Research，University of New Hampshire

此同时，天使投资的投资项目总数也从 2007 年的 57120 个下降为 2008 年的 55480 个，降幅约为 3%。2008 年，全美风险投资总额为 283 亿美元，同比下降了 8%。

整体来看，在金融危机下，创业家们明显感到获取天使投资的难度增加了。这一方面由于宏观经济环境所致；另一方面，也因为天使投资的概念越来越为更多的创业者所接受，申请天使投资的创业团队也越来越多。2005 年，每 100 位有幸获得与天使投资家面谈机会的创业者中，有 23 位可以或多或少得到天使投资家的资助，而这个数字在 2008 年下降到 10 位。

2006 年，美国天使投资总额为 256 亿美元（2007 年，为 260 亿美元，而 2008 年，下降到 192 亿美元），与当年的风险投资总额（261 亿美元）旗鼓相当。然而，天使投资所投入的项目总数却远远超过了当年风险投资的投资项目数：前者为 51000 个项目，后者为 3416 个项目（3416 轮投资）。

从这些数字上看，天使投资更适应初创企业的需要，更能够有利于填补创业企业的早期资本缺口。

案例 1 天使投资成功案例——Google

背景介绍——Google 的前身

Google 的创始人 Larry Page 和 Sergey Brin 都毕业于同一个专业——计算机专业，但他们的合作却是个巧合。两个人都具有鲜明的个性，他们几乎在所有问题上都持有不同的观点，因而经常激烈地辩论。在无休止的争辩中，他们竟然发现了共同的兴趣——如何从一堆数据中找出相关信息。而这正是信息检索，搜索引擎的基本问题。1996 年年初，两人开始合作开发叫做“Back Rub”的搜索引擎，这种全新的技术能分析出给定网站的相关背景的链接。用过这种技术的人们对它赞口不绝。通过口口相传，这种技术就迅速流行起来。

面对的困难——“Back Rub”

“Back Rub”踏上了向 Google 转变的路，但这一路却充满艰辛。最大的困难莫过于资金缺乏。正如其他年轻的创业者一样，资金的紧缺成了阻碍他们事业发展的巨大瓶颈。为了使技术变得更加完美，他们贷款购买了兆字节硬盘，却为还不上信用卡上的欠款而不知所措。Google 的第一个“数据中心”竟然就建立在 Larry 的狭小宿舍内。

与天使投资人的接触——助推 Google 成长

面对重重困难，Larry 和 Sergey 只好选择自己成立专门的搜索引擎公司，把这个“尚在襁褓”中的搜索技术继续开发下去，培养壮大。其实，成立这样一家公司所需要的资金并不太多，但他们当时财力已尽，连把数据库从Larry宿舍中搬出去的钱都没有。他们别无他路，只得求助于天使投资了。一次偶然的机会，他们与Sun Microsystems的创始人Andy Bechtolsheim邂逅。Andy是一位经验丰富的投资人，对于Larry和Sergey的创业计划书，他只扫上几眼就认定这是个有发展潜力的公司。他并没有深入地询问细节，就爽快地交给他们一张10万美金的支票。有趣的是，支票的抬头写的是Google公司，而那时，Google还没有正式注册，两位年轻人费了一番周折才正式注册了Google公司。如果没有Andy的10万美金的天使投资，人类可能就不会享受到Google为我们带来的便捷服务了。

快速发展——成长最快的公司之一

在天使投资的帮助下，Larry和Sergey在朋友家的车库里建起了小型的办公室，建成了Google最初的数据库，每天回答着数以万计的搜索请求。Google迅速登上了《今日美国》、《世界》等知名杂志，并位列1998年PC电脑杂志网页、搜索引擎排行榜的TOP100。在Google的快速成长期，它吸引了大量的客户（每天回答50万个词条搜索），更重要的是，Google开始吸引专业风险投资机构的关注。1999年6月，Google得到了红杉资本（Sequoia Capital）和KPCB（Kleiner Perkins Caufield & Byers）这两个最著名的风险投资机构总计2500万美元的注资。随着资金一同前来的还包括一些著名的管理高手和运营专家，从技术和营销等诸多方面，Google都得到了前所未有的充实，Google迅速地达到了每天1亿个词条的访问量。

至此，天使投资者基本完成了使命，此后他们所要做的就是欣喜地看着Google成长壮大。2004年8月，Google在NASDAQ上市，上市首日股价就大幅上涨，相信此时“天使”们获得了丰硕的投资回报。

Google成长为搜索引擎业巨擘只用了不到十年时间，一方面，Google明智地选择了天使投资；另一方面，天使投资正确无误地选择了Google。

三、天使投资的特征

天使投资被称为“非正规风险投资”。对比风险投资来，天使投资往往是分散的、个体的、小规模的和非正规的。天使投资具有如下特征：

（一）投资额度偏小

首先，由于天使投资家是一种分散的、个体的、小规模的投资模式，它的投资往往规模比较小。以美国天使投资为例，2006年，美国天使投资总规模为256亿美元，和当年美国的风险投资总规模几乎一致。不同的是，天使投资共投入了51000个项目，而同等额度的风险投资却仅投了3416个项目：前者平均每个项目的投资额约 50 万美元，而后者则为 750 万美元，是前者的 15 倍。由于每笔投资额度较小，同样的资本金，天使投资可以支持更多的初创企业，对于种子期的企业来说，天使投资不是“锦上添花”，而是真正的“雪中送炭”。

（二）投资期限偏早

进入 21 世纪以来，风险投资越来越有向晚期投入的趋向。这种风险投资“PE”化的倾向不仅存在于中国风险投资界，也存在于世界各国，包括美国风险投资界（见图 1.3）。

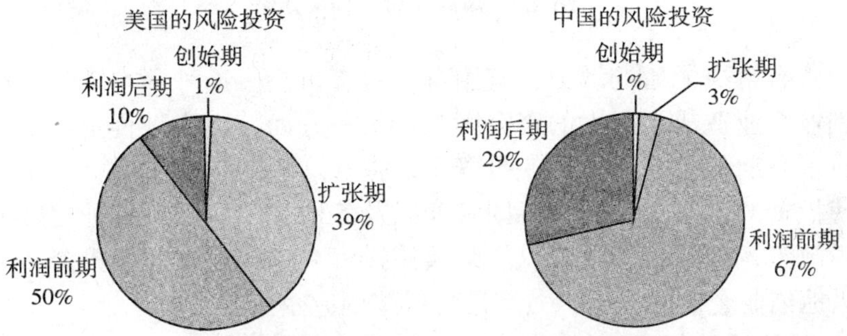

图 1.3 中美风险投资：双双向后期转移

从图 1.3 中不难看出，无论是美国还是中国，风险投资均转向投资于中晚期项目。在企业发展的扩张期投资往往是被看做风险投资的投资特征（详见图 1.4），而这种状况正在发生变化。如图 1.3 所示，2007 年，在美国风险投资投向创始期和扩张期的资本占风险投资总额的 40%，而其总资本的 60% 投入了企业发展的中晚期。在中国，这种状况有增无减，风险投资的早期投资仅占 1%。作为“投资窗口”的扩张期通常是风险投资的主要投资期，中国的风险投资在这个时期仅投入了总资本的 3%，其余 96%的风险资本是投入中晚期项目的。

事实上，不仅是美国和中国，全球风险投资都或多或少具有这种“PE”化的倾向。根据安永 2007 年报告，① 各国风险投资都有向晚期投资的趋势。以全球风险投资第二轮投资的中值为例：从 2002 年到 2006 年，美国的风险资本每轮投资额增长了 12.5%；欧洲增长了 100%；以色列同样增长了 100%；以中国为最：猛增了 233%。这些数字说明了什么？这说明风险投资正在越来越向晚期投资转型。这种风险投资“向北走”的趋势可由图 1.4 表示。

所谓“向北走”是指风险投资的投资额越来越大，每笔投资风险投资“向北走”，使得创业企业的早期融资更加困难，企业种子期、创始期的资金供给不能满足资本需求，出现了明显的资本缺口，加深了企业早期投融资之间的矛盾。

① E & Y. Acceleration：Global Venture Capital Insights Report 2007

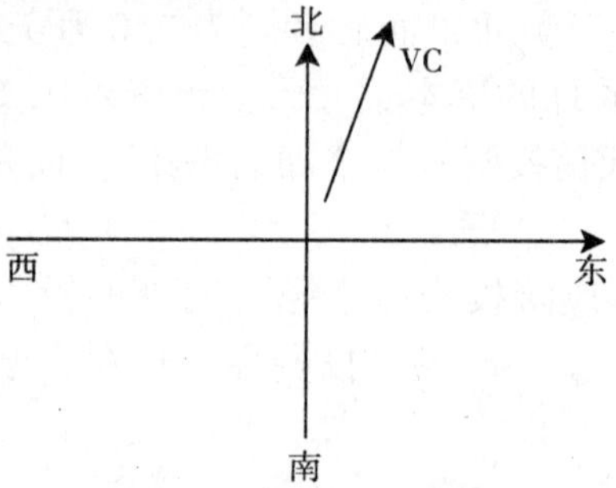

图 1.4 风险投资“向北走”

有矛盾，就有解决矛盾的动力；有困难，就有机会。这种资本缺口的形成一方面对于创业企业造成了巨大的资金困难；另一方面，也为进行企业早期融资的资本造成了空前的机会。而天使投资正是弥补这一缺口的重要资金来源。也正因为天使投资的这一个性质，各国政府以及各地方政府都从某种程度上出台了各种优惠政策，包括税收政策以鼓励天使投资在本国或本地区投资，从而进一步推动当地创业企业的发展，尤其是高科技创业企业的发展。

（三）投资风险偏高

天使投资的这一特征是与其投资期限偏早密切相关的。一般地，投资期限越早，投资风险就越高。在企业创立的早期，尤其在其种子期，企业的技术还没有达到中试，其产品还没有得到市场的承认，其经营模式还没有经过商业竞争的洗礼，其管理团队还没有受到各类的考验，一切的一切还在尝试阶段，种种不可预测的变数，种种不可避免的不确定性都会造成新的问题、新的矛盾。在这个阶段投资，投资者所承担的高风险可想而知。

然而，“高风险、高潜在收益”是金融的基本要素之一。正因为天使投资的这种高风险，一旦成功，它的收益也是相当可观的。天使投资家由于投资自己的钱，他们具有较强的风险承受力。天使投资家勇于承担风险，以资金和自己的宝贵经验扶植初创企业的精神自然也能够得到丰盛的收获。

图 1.5 可作为解释“高风险、高潜在收益”的理论基础。向创业企业投资的期限越早，其潜在风险越高，预期未来收益也相应越高。否则，就没有人向早期项目，尤其是种子期项目投资。当然，预期收益高，并不是说高风险就一定会有高收益。如果未来预期收益是确定无疑的，自然没有“高风险”可言。

相比风险投资，天使投资的投资期更早，潜在风险更高，其未来预期收益也就越高。风险投资比私人权益资本更具有高风险、高未来预期收益的特征。一般地，投资于政府证券风险最低，其未来预期收益也相对较低。房地产投资的情况就比较复杂。20 世纪末、21 世纪初，房地产价格在全球各个国家普遍攀升，呈现了房地产泡沫。在我国，这种房地产泡沫的产生比其他国家稍晚一些。

自然，在房地产泡沫形成的末期投资于房地产自然达不到获取高收益的效果。

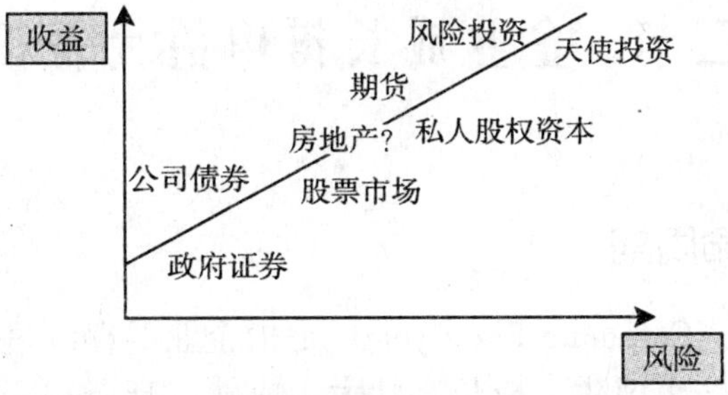

图 1.5 天使投资：高风险、高潜在收益

（四）投资成本偏低

与风险投资相比，天使投资的投资成本略低一些。天使投资与风险投资的最大区别在于：风险投资家是投资别人的钱，而天使投资家是投资自己的钱。投别人的钱，自然受别人的监督与控制。而监督与控制会提高以代理成本为主的交易成本。而投自己的钱，代理成本趋于零，交易成本也可大大降低。

典型风险投资的运作往往采取有限合伙制。在有限合伙制下，投资者是有限合伙人（Limited Partner，LP）；而风险投资家则是资金管理者，是一般合伙人（General Partner，GP）。由于投资者不是投资管理者，必然产生管理、监督成本，这种成本可以用代理关系阐述。代理成本的问题我们会在本书第四章详述。总之，由于风险投资家是管理别人的钱，他们与投资者之间形成委托代理关系，产生委托代理成本。而天使投资家是投资自己的钱，天使投资在这个层面不产生委托代理成本。仅此一点，就使得天使投资的投资成本相对较低。

（五）投资决策偏快

天使投资的这一特征与天使投资的其他几个特征相关联：由于天使投资家投入的是自己的资金，自己觉得项目可行即决定投资，决策时没有中间环节，自然投资速度也相对较快。与此相反，风险投资的主体是一种机构投资者，他们对于任何一个项目要反复推敲，尽职调查，有时需要风险投资公司内部一般合伙人的协商、讨论，最终决策。与他们不同，天使投资家则在对于所投项目具有较大的把握的情况下迅速作出投资决策。这种决策是天使投资家凭借自己的投资经验，甚或自己的投资直觉在短期内作出的。

综上所述，天使投资具有投资额度偏小、投资期限偏早、投资风险偏高、投资成本偏低、投资决策偏快的特征。

第二节 企业成长链中的天使投资

一、企业生命周期

企业生命周期（Corporate Life Cycle）是指企业的存续过程。和人的生命周期一样，企业也有一个诞生、成长、壮大、成熟、衰老和死亡的过程，这个过程就是企业生命周期。企业也符合生命系统所具有的三个基本特征，即新陈代谢、自我复制以及突变性。然而，企业生命周期和生物生命周期却有不同。

（1）生物生命周期是有限的，而从理论上讲，企业的生命周期却可以无限延续；

（2）生物的生命周期是不可逆的，企业的生命周期则具有可逆性。

企业生命周期这个概念是美国学者戈登尼尔（John W. Gardner）在 1965 年提出的。在《如何防止组织的停滞与衰老》这篇论文中，戈登尼尔比较系统地讨论了组织的生命力与生命周期问题。人的生命可以通过科学的合理保健得以维护和延长，同样，企业也可以通过一些措施保持青春、克服危机。这些措施包括聘请外部咨询顾问进行整顿；鼓励内部员工对企业问题进行批评和建议；对于关键岗位的员工予以鼓励与支持；安排公司内部及外部的培训；等等。伊查克·艾迪斯（Ichak Adizes）的著作《企业生命周期》，[①] 对丰富企业生命周期理论有着突出贡献。他提出，企业生命周期共有 10 个阶段：

（1）孕育期（Courtship）；

（2）婴儿期（Infancy）；

（3）学步期（Go-Go）；

（4）青春期（Adolescence）；

（5）盛年期（Prime）；

（6）稳定期（Stable）；

（7）贵族期（Aristocracy）；

（8）官僚化早期（Early Bureaucracy）；

（9）官僚期（Bureaucracy）；

（10）死亡期（Death）。

以上企业生命周期的理论可以用来解释风险投资的投资期限问题。从风险

---

① Ichak Adizes. 企业生命周期. 中国社会科学出版社，1997

投资的角度看，企业生命周期通常分为：种子期、创始期、扩张期、成熟期、稳定期、下降期。种子期即艾迪斯的所谓孕育期；创始期为其理论的婴儿期和学步期；扩张期则是其理论的青春期；成熟期是其理论的盛年期；稳定期是其理论的稳定期和贵族期的结合；而其理论的官僚化早期、官僚期及死亡期的综合则是风险投资定义的下降期。

风险投资对于企业生命周期的定义与艾迪斯的颇为相似。二者都是把企业的生命与人类的寿命相比喻，从出生到成长再到成熟最后到死亡。虽然从理论上，公司（Corporation）的寿命可以是无限的，但企业的出生、成长、成熟及衰落的过程似乎比比皆是。

风险投资之所以把企业的成长过程比喻为人的生命，是因为如同人类的成长过程一样，企业在生命周期的不同阶段需求也不同。人在不同的年龄阶段所需要的营养补充不同，企业则在不同的阶段对于资金规模、融资模式等的需求也随之不同。

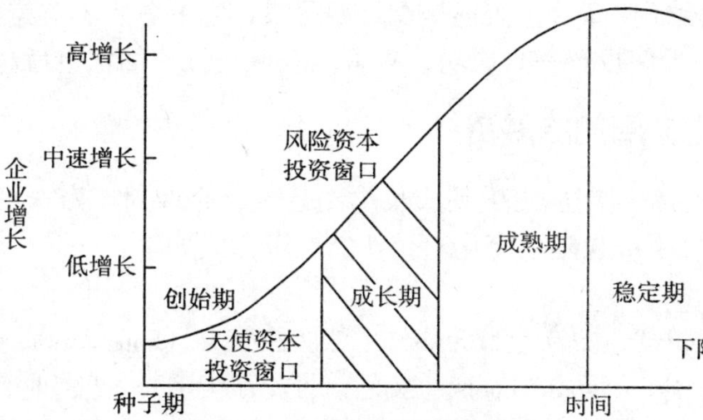

图 1.6 企业生命周期与投资窗口

图 1.6 把企业生命周期与天使投资/风险投资的投资阶段相联系。在企业发展的种子期，尤其是其创始期，是天使投资的投资窗口，即这个时期是天使投资介入的最佳期。天使投资的资金是天使投资家个人的，这些资金与风险投资或其他机构投资者相比规模比较小。以这样有限的资本金不可能投向企业发展的中晚期阶段。一方面，企业发展的中晚期的融资需求比较大，天使投资家个人的资本金只能是杯水车薪；另一方面，即使若干天使投资家进行组合投资，投资于中晚期必然会提高投资成本，因为这时的企业已经成长壮大，股价相对昂贵，在这时进行投资，也只能是每位天使投资家获得相当小的股权份额。

与天使投资不同，风险投资的投资窗口是企业发展的成长期，也称为“扩张期”或“发展期”。在这个阶段，企业已经突破了“死亡谷”（见第三章），正在蓬勃向上发展。这时企业的不确定性因素已经大大减少，它的技术在一定程度上加以证实，它的发展战略经过了反复推敲与修正，它的团队已经经历过一定的磨合，有了一定的凝聚力，也从各种经验教训中逐渐具有了一定的实战能力。另外，它还没有成熟，它还在朝气蓬勃、迅速发展。这个时候，正是风险投资进入的最佳期。

图 1.6 是一条凸曲线。我们注意到企业从种子期一直到稳定期都是逐渐上升的，但上升的速度不同。从企业发展的种子期到创始期，从创始期到成长期（扩张期），该曲线是以递增的速度上升的（该曲线的一阶导数为正，二阶导数也为正）。在这个时期，企业不但在发展，而且在快速发展，企业正值青壮年，生命力旺盛，如饥似渴地不断摸索，以图前进。从成长期到成熟期，该曲线是以递减的速度上升的（该曲线的一阶导数为正，而二阶导数却为负）。在这个阶段，企业虽然仍处于上升期，但其上升的速度已经减小，上升的力度已经不大。而从稳定期的中段开始，企业开始走下坡路。值得注意的是，虽然天使投资与风险投资都处于企业快速上升时期，但天使投资的投资期比风险投资还要早，它承担的风险还要高（企业越是在早期阶段，它的各种不确定性就越明显，自然风险越高）。天使投资一旦成功，它可能获取的投资回报也就越高。

二、企业生命周期的融资

随着企业的生命周期从出生到成长再到衰老，企业对于资金的需求不断变化，而企业的融资手段也随之变化。企业的融资方式如下：

1. 3F

即家庭（Family）、朋友（Friends）、创业者本人（Founders），也有人把 3F 解释为：Family，Friends and Fools（家庭、朋友和傻瓜）。把创业者戏称为傻瓜是因为创业者往往为了追求自己的理想而放弃了原来的相对轻松的工作，放弃了更为优越的条件，投入自己的时间和精力，也投入了自己的全部激情和理想，很多创业者还为创业投入了自己的全部积蓄，因此人们有时称他们为“傻瓜”。无论在中国还是在外国，3F 是处于种子期的创业企业的最基本的资金来源。

3F 中至为重要的是创业者本人。创业者或是成功人士，或是具有一定的家庭资源，但更多的人是一无所有，白手起家。成功人士包括成功的企业家、管理者、投资家、著名演员、艺术家、作家、运动员等。他们的成功使他们存有一定的积蓄，他们创业往往首先依赖于自己过去的存款。有家庭背景的创业者有时要依赖家庭的支持：家族企业、家庭遗产等。而白手起家者则只能依靠自己。创业者的资金来源若仅靠自己，他们融资的方式不外乎如下几类：

（1）信用卡。在国外，靠信用卡贷款来起家的创业者比比皆是。在我国，创业者，尤其是年轻的创业者也开始以信用卡作创业融资。信用卡借贷的好处是资金进入比较迅速，手续简单，只要个人信用好，信用卡借款并不难。然而，信用卡往往贷款利息较高，有时可高达20%以上。如不能及时偿还，债务负担必定不轻。

（2）个人抵押贷款。有的创业者以自己的住房为抵押以获取贷款。有的人由于自己住房的按揭贷款尚未还清，只能进行二次按揭，而二次按揭的贷款利息极高。

（3）典当借款。创业者若没有上述可能的资金来源，他们也可能将自己较为珍贵的物品作典当品，以获得小数额的资金。典当借款的利息往往高于信用卡借款，不到不得已，创业者一般不采取这种融资方式。

2. 政府科技扶持基金

政府以资金来直接推动中小企业，尤其是科技企业的发展，是各国均采取的国策。我国典型的政府科技扶持基金是科技部火炬中心的中小企业科技创新基金，此外，科技部的"863"计划和"973"计划也是政府支持科技创新的资金手段之一。美国实现科技成果转化的一个重要的手段是小企业创新研究项目"SBIR"（Small Business Innovation Research Program）。SBIR项目具体实施由联邦政府各部委负责，具体参与是"研发经费为一亿美元以上的"联邦政府各部委，各参与部委要拿出每年研发经费的2.5%作为SBIR项目经费（SBIR项目每年的资金总额都在10亿美元以上）支持小企业创新研究。与小企业投资公司SBIC（Small Business Investment Companies）不同，SBIR是政府直接的资金支持，是不计投资回报的（见案例2　关于美国小企业创新研究计划：SBIR）。政府扶植基金往往作为"无偿资助"即"Grant"的方式进行，所资助的企业或项目尽管使用资金，不需要偿还。上述中国的"863"计划、"973"计划、美国的"SBIR"计划都属于这一类。这种资金来源的优点是无偿使用，资金成本较低。但缺点是政府扶植基金的申请程序比较冗杂，获得批准的手续繁多，需要等待的时间也比较漫长。

3. 科技孵化器

孵化器是新生中小企业，尤其是科技型创业企业聚集的含有其生存与成长所需的共享服务项目的系统空间。这个"系统空间"包括被孵化企业、管理服务机构和服务环境。孵化器是一种资源能力的集合，包括硬件、软件和资源分享。硬件如房子、设备等有利于企业成长的资源；软件包括帮助创业企业进行工商注册，教育他们如何进行管理，如何提高企业的核心竞争能力等；而资源分享是指被孵企业可以享受孵化器提供的市场资源、技术资源、政府资源等等。截至2007年年末，我国的科技孵化器大约有495家，而美国同期则约有1500家。与美国科技孵化器不同，我国的孵化器大都由地方政府，尤其是地方科技厅、科技局推动的。我国的科技孵化器有若干类型：高新区科技孵化器、大学科技孵化器、留学生创业园孵化器、大型国有企业旗下的孵化器，以及私人营利性孵化器。这近 500 家孵化器中，包括经科技部认定的国家级创业中心 137 家、软件园 24 家；经科技部、教育部、人事部、国家外专局共同认定的留学人员创业园 21 家；经科技部、教育部共同认定的大学科技园 50 家。[①] 值得注意的是，我国的科技孵化器往往兼有天使投资的功能。

4. 天使投资

天使投资家又称为"商业天使"（Business Angel），是以自己个人或家庭的资本进行种子期/创始期股权投资的富有远见的投资者。天使投资又称为非正规风险投资。与风险投资相比，天使投资的投资规模偏小，投资期限偏早，投资决策相对较快，投资成本相对较低，投资分析相对高。风险投资是投别人的钱（往往是 LP 的钱），而天使投资则是投自己的钱。天使投资的概念、运作及作用是本书探讨的内容。从图 1.7 可看出天使投资始终把种子期和创始期投资作为他们的主要投资目标。在 2007 年，美国的天使投资将全部资金的 42% 投入种子期，48%投入创始期，仅有 10%投入扩张期，基本上没有投入成熟期。

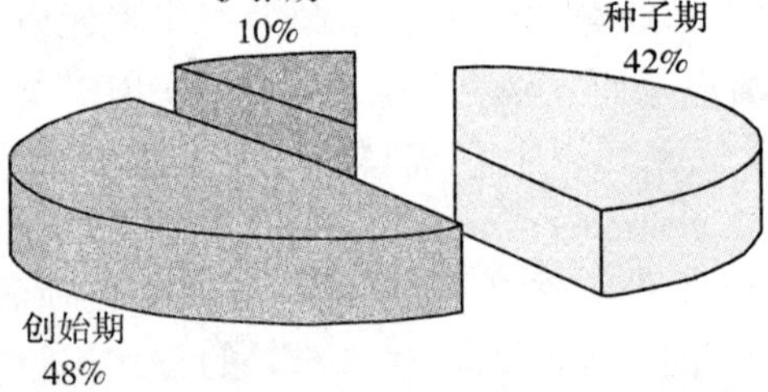

图 1.7 2007 年美国天使投资的投资期限

由图 1.7 可以看出天使投资的鲜明的投资特征：天使投资家将他们投资资本的 90% 投入企业发展的早期阶段。而正因为天使投资的这种特质，使得它能够弥补风险投资向中晚期投资所造成的资本空白，也使得它成为各国政府大力支持的一种投资模式。

5. 风险投资

按照美国风险投资协会的定义，风险投资是由专业投资者投入到新兴的、迅速发展的、有巨大竞争潜力的企业中的一种权益资本。[②] 风险投资是由有经验的专业人士管理的一种资本运作模式。风险投资家不仅对于所投企业提供资金，更重要的是他们为所投企业提供管理经验、市场信息、企业未来发展的战略及

① 中国高新技术产业导报

② 美国风险投资协会：National Venture Capital Association

商业关系网。

6. 企业家商业信用

这包括企业间往来账务，企业间的应付款项目及企业保理业务（Factoring）。保理业务是国际上流行的应收账款融资方式，能够满足企业特别是中小企业的融资需求。这种业务是指银行或其他保理商通过对应收账款进行核准和购买，在基于买方信用条件下，向卖方提供短期贸易融资、账款催收、坏账担保等服务。2007 年，全球保理业务量已达 1.3 万亿欧元，占全球 GDP 的比重超过 3%，其中我国保理业占本国 GDP 的 1.6%，欧洲则占它 GDP 的 6%。[①]

7. 中小企业担保贷款

中小企业担保贷款由专业担保公司为中小企业向商业银行提供贷款担保。中小企业融资难已经是人所共知的事实。中小企业不仅是股权融资难，而且也很难获取银行贷款。中小企业贷款担保公司起到了桥梁的作用，一方面它降低了银行的贷款风险，另一方面它缓解了小企业贷款难的矛盾。随着民营经济的发展，担保公司的市场也越来越广泛。近年我国经济环境的变化，为担保公司带来了新的发展，担保公司的信誉状况有较大提高，同时，多种品种的担保业务已获得开发。

8. 创业金融租赁

创业企业的金融租赁又被称为“Venture Leasing”。它是一般性金融租赁和风险投资的结合，通常与风险投资同时进行，但也有企业在获取风险投资之前利用创业金融租赁的办法融资。创业金融租赁的实质与一般性金融租赁类似，不同的是，前者是将金融租赁业务的对象设为创业企业或小企业。一般地，金融租赁公司需要与风险投资家合作，依靠风险投资家对需要融资的创业企业进行尽职调查和评估。一旦调查结果满足要求，金融租赁公司就将购买企业所需仪器，如电子计算机主机，然后以租赁的方式转给创业企业使用。一方面，创业企业没有足够的资金购买比较昂贵的仪器，但又急需使用；另一方面，金融租赁公司拥有仪器设备的所有权，还可通过收取租金补偿折旧支出，并获取利润。有时，风险投资公司自己直接从事创业企业的金融租赁服务，收取租金及股权。获得金融租赁的创业企业将按照合同支付租金，通常是按月支付。对于初创企业的租赁会给金融租赁公司带来附加的风险，因此，金融租赁公司除了要求企业支付租金外，往往还要企业付与一定的股权。从这个角度上看，它又具有风险投资的性质。

9. PE 基金，购并基金

PE（Private Equity）被译为私募股权，又为私人权益资本，或非公开权益

---

① 经济参考报，2008 年 4 月

资本。而购并基金是PE的一种主要形式。PE基金往往规模较大，偏向于投资大型企业或成长型企业的发展晚期阶段。因此，PE基金往往不是创业企业或一般中小企业的融资选择。

10. 商业银行

商业银行（Commercial Bank）是一个可以提供存贷款业务的信用中介机构。银行贷款存款的利息之差是银行的利润收入。它是以获取利润为目的的金融企业。商业银行存款是决定一个经济体的货币供应量的基本要素之一。一般地，商业银行仅贷款给那些成熟的，已经具备一定规模的，具有偿还能力的企业。而中小企业，尤其是创业企业一般规模较小，没有可以作为抵押品的厂房、设备，也没有稳定的现金流以作还款付息的保障。因此，初创企业以及一般中小企业很难获得商业银行的贷款。目前，我国政府通过建立各种贷款担保机构来帮助中小企业获取银行贷款。

11. 资本市场

资本市场是指期限在一年以上的资金融通活动的总和。资本市场又叫长期资金市场，是相对于货币市场（短期资金市场）而言的一种金融市场，通常是指一年以上的金融工具交易的场所，包括股票市场、债券市场和长期信贷市场等。筹资者、投资者、中介机构和管理机构，他们相互制约、相互依存构成了资本市场的完整内涵。一般地，资本市场是为成熟企业，尤其是优先的成熟企业提供融资的场所。各国创业板市场虽然为中小企业和成长型企业提供了便利的融资条件，但即使是创业板市场也往往很难成为种子期或初创企业的融资渠道。2009年10月，我国终于推出酝酿已久的创业板市场。这无疑将给中小企业融资带来福音。

综上所述，随着企业生命周期的变化，与之相适应的融资模式也在发展变化。上述11种融资模式中的前8种都可以或多或少成为企业生命周期早期的融资渠道。

案例2 关于美国小企业创新研究计划：SBIR①

SBIR的由来

高新技术的研发具有高风险和高挑战性等特点，特别是在项目初期风险更大。由于科技创新的温床是众多的小企业，有必要对高新技术小企业进行扶持。由此，美国政府出台了SBIR项目，以政府资金推进民间科技创新，并推进科技成果的产业化，激励创业带动增加就业，最终促进经济发展。

---

① 刘曼红，张兵. 借鉴美国经验 促进中小企业科技成果转化. 光明日报，2005年2月17日

SBIR 项目于 1977 年由美国国家自然科学基金设计和发起。美国国会于 1982 年通过《小企业创新发展法案》，正式启动 SBIR 项目。1992 年、2000 年，国会再次两度延续 SBIR 项目，每次为期 8 年。美国两党、参众两院对国家治理政策往往针锋相对、争执不休。但有关 SBIR 项目的方案或决议，意见却出奇地一致，参众两院几乎都是全票支持，仅 1987 年曾有一票反对。美国政府充分认识到：没有高速发展的科技创新，没有科技创新的有效转化，就不可能有持续的经济发展，不可能有强劲的国际竞争力。

SBIR 的实施

SBIR 项目具体实施由联邦政府各部委负责，具体参与是"研发经费为一亿美元以上的"联邦政府各部委，各参与部委要拿出每年研发经费的 2.5%作为SBIR 项目经费（SBIR 项目每年的资金总额都在 10 亿美元以上）支持小企业创新研究。

美国国会通过了有关 SBIR 的管理细则，并责成美国小企业管理局（SBA）全权负责监管 SBIR 项目，以避免各部委在实施过程中各自为政，无法达到资源的整合和项目的管理的状况，使 SBIR 管理过程更加简单、有序。SBA 制定有关 SBIR 政策管理手册，统一规范 SBIR 执行过程。SBA 每年还向国会提交 SBIR 年度报告，国会则对 SBIR 进展及成效进行评估。

目前，参与 SBIR 项目的有十个联邦政府部门，分别是：国防部、卫生部（下属 27 个研究所和研究中心）、能源部、农业部、交通部、商务部、教育部、宇航部、科学基金部和环境部门。这些部门拥有庞大的研发预算。2004 年，这十个部门为 SBIR 项目提供的资金共计为 20 亿美元。SBIR 项目的执行单位是十部委各自设立的 SBIR 办公室，加上负责全面监管 SBIR 项目的小企业管理局，共为 11 个单位。各单位项目负责人由联邦政府直接任命。

SBIR 的第一项程序是项目招标。各部委每年至少一次向公众公开招标，招标书中囊括本部门最急需解决的科研课题。每个课题下有详细条款和具体要求。美国小企业管理局每季度公开发布 SBIR 项目预招声明，公布各部委招标项目及申请条件。申请 SBIR 项目的小企业必须符合如下条件：必须是美国公民拥有的、独立的企业；必须是以营利为目的的企业；首席研究员必须是申请企业的员工；申请企业员工人数不得超过 500 人（否则不属于"小企业"范畴）。

SBIR 项目的第二项程序是项目评估。评估标准为：企业质量、创新程度、技术含量、市场潜力。各部委 SBIR 办公室在收到项目投标书后，交与本项目研究领域 5 位最权威的专家（通常是著名大学教授，或是各科学院的高级研究员）评估。这些专家享有很高荣誉，但没有报酬。专家们必须签字声明与受评估项目没有经济利益关联。

评估完成后，就进入注资程序。SBIR 分为三个阶段向中标企业注资（前一个阶段完成后，经过专家小组评估优选，才能够进入下一阶段）：

第一阶段：资助额为 2.5 万~10 万美元，资助期限仅为 6 个月。这一阶段的资金主要用来开发技术内涵，完成可行性研究。第一阶段入选企业的比例为 10%~15%。

第二阶段：资助期限可达两年，资助金额一般为 20 万美元，最高可达 75万美元，具体情况因部门不同而异。第二阶段企业入选率为 40%~50%，只有已获第一期资助的企业才有资格参选。

第三阶段：此阶段 SBIR 入选只具有名誉性，或象征性意义。资助金额原为25 万美元以上，但现在小企业管理局规定 SBIR 对于第三阶段入选企业不再给予任何资助，企业自找风险投资及其他私人资金来源。第二阶段获奖企业中 80%可以继续获取第三阶段奖励。

值得注意的是，SBIR 规定在第一阶段与第二阶段之间必须有 6 个月的间隔期，在此期间企业没有任何政府资助。这 6 个月缓冲是必要的，也是关键的。企业正常运行通常需要拓展其他资金来源。缓冲期有利于正确评估第一阶段资助的成效，便于优选第二阶段的项目。

SBIR 用小部分资金资助较多的第一阶段项目，可以尽早决定哪些项目具有长期发展潜力。只有 50%的优秀项目可以继续得到第二阶段的资金支持。而入选第三阶段的条件之一是企业必须同时得到 300 万~600 万美元的风险投资或其他私人投资。这一条件是科技成果能否转化的重要考验。只有能够获取私人资本投资的企业才可能是成功的企业。由于 SBIR 可以为高风险、高收益的项目提供充足的启动资金，却不要求回报，因此吸引了成千上万的投标方案。

SBIR 项目仅占美国联邦政府各部委研发经费的一个很小的比例（2.5%），但在美国科技发展和科技成果转化过程中起了不可替代的重要作用。

第三节 天使投资与风险投资的一致性与区别

一、天使投资与风险投资的一致性

严格地说，天使投资与风险投资同属于“非公开权益资本”。然而天使投资是个人的、分散的、非正规的、规模更小的投资。从企业生命周期的角度，天使投资生存于企业的种子期和创始期。天使投资处于 3F（家庭、朋友、创业者）与风险投资之间的一个阶段。天使投资的使命是弥补 3F 和风险投资之间企业融资的空白。

由于近年来风险投资越来越向中晚期投资发展，而创业企业融资的需求越来越强烈，这使得天使投资越来越为创业者所青睐。风险投资的发展趋势可从“二战”后谈起。“二战”后一直到 20 世纪 80 年代，风险投资基金规模相对较小，投资期限偏早，所投项目的价值评估也相对比较低。

1990 年，第一只总额为 1 亿美元的风险投资基金出现。这在当时风险投资界是一件新闻。人们将这种巨大融资额的风险投资基金称为“Mega Fund”（巨额基金）。两年以后的 1992 年，出现了第一只 5 亿美元的基金；1998 年，则出现了第一只 10 亿美元的风险投资基金。2007 年，美国风险投资公司共有 741 家，共管理风险资本 2570 亿美元，风险投资基金平均规模为 1.66 亿美元。① 风险投资巨额基金比比皆是。基金规模大了，每笔投资额自然随之增长。2007 年，全美风险资本投资额为 300 亿美元，共投入 3226 个项目，平均每个项目投资额为 930 万美元。风险投资规模越来越大，投资额越来越高，这种现象一直维持到 2008 年年末的全球金融危机的爆发。这也说明了天使投资为何应运而生。

天使投资与风险投资在企业生命周期各个阶段中的位置可用图 1.8 表示。

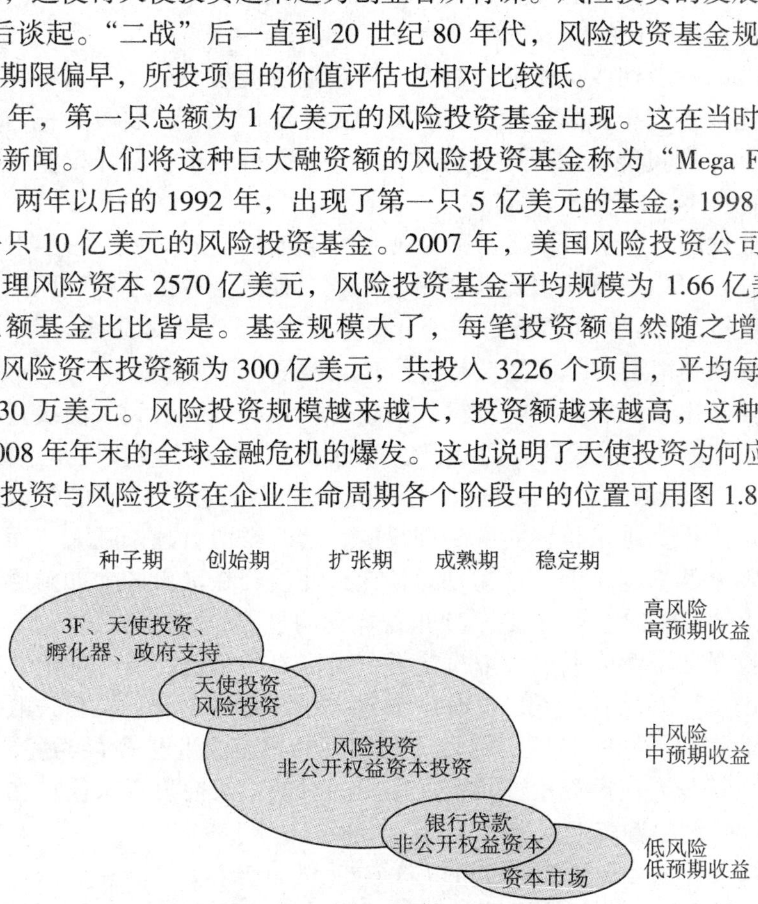

图 1.8　企业生命周期与天使投资

在种子期，企业家的资金来源往往是他们自己，他们的家人和亲戚，他们的朋友，即所谓的 3F。此外，他们也寻求天使投资的帮助。如果企业是国家大力扶持的高科技企业，国家也会给予一定的资金援助。科技孵化器也是企业种子期的重要资金来源之一，这些科技孵化器是由政府、大专院校或其他非营利

① 美国风险投资协会 2007 年统计数据。

组织所资助的，它们通过为创业企业提供廉价办公室、各种专业服务，间接地帮助创业企业解决部分资金困难问题。有的科技孵化器也直接为创业企业提供小额运营资金。

在创始期，企业需要更多的资金以应付日益增长的资金需求。它们如果具有发展潜力，能够在相对短的时间内迅速成长。如果它们是具有良好市场前景的企业，尤其是高科技企业，它们可以寻求风险投资。当然，这个阶段天使投资也是企业家可选择的资金来源。

在企业的发展期或扩张期，具有一定市场发展潜力的，又具有强有力的管理团队的企业，有望获取风险投资；即使是传统产业，只要具有稳定的巨大的市场，企业也有可能获取风险投资或其他 PE 资本，即非公开权益资本（也译为私人权益资本）的投资。

在企业发展的成熟期，其本身实现正现金流所需资本大多是短期流动资金。这时企业往往可以从商业银行获取银行贷款。如果企业由于种种原因，需要中长期资金支持，他们又可以通过非公开权益资本以获取股本资金。

企业发展到稳定期，就可以考虑上市，从资本市场融资。

从企业的生命周期及其融资模式的选择，我们可以看到天使投资存在于种子期和创始期，而风险投资则活跃于创始期和扩张期。天使投资是连接 3F 和风险投资之间的桥梁，它填补了创业企业在 3F 与风险投资之间的资本需求的空白。随着风险投资越来越转向中晚期投资，这个空白就越来越大，而天使投资的作用也随之越来越显著。这就是为什么天使投资在世界各地如雨后春笋，不断壮大。天使投资的蓬勃发展在 21 世纪尤为明显。

天使投资在企业成长过程中扮演了一个重要的角色。没有种子，就没有生命；没有创立，就没有发展；没有小企业，就没有大企业；没有失败，就没有成功。企业生命周期的早期，即种子期和创始期是企业生命最为脆弱的时期。这个时期也正是天使投资发挥其重大作用的时期。天使投资家往往在企业生死存亡的关键时刻起着雪中送炭的作用。

天使投资与风险投资的共性可以总结如下：

（1）二者都是对于创业企业的股权投资，天使投资虽然也作些与股权投资相联系的债权投资，或信用担保，但以股权投资为主。

（2）二者都具有“高风险、高潜在收益”的特征。

（3）二者都投资于快速增长的、具有巨大发展潜力的创业企业。“高增长”是他们选择投资对象的主要目标。此外，管理团队、市场、产品/服务、专利等知识产权的持有等因素也是投资目标的重要依据。

（4）二者都在一定程度上参与被投企业的管理与建设。

（5）二者都采取一定形式的联合投资模式，以期减少投资风险。

（6）二者都在一定程度上是放眼长期的耐心资本，虽然在目前，风险投资越来越趋向于投资于创业企业的后期。

二、天使投资与风险投资的区别

天使投资作为非正规风险投资和作为正规军的风险投资存在着一定的区别。有些区别在我们论述天使投资的特征时已经加以论述，这里从基本概念上把二者的区别再梳理一下：

（1）天使投资是投自己的钱，而风险投资家是投别人的钱。这是二者的最基本的区别，其他许多区别都是基于这个基本点的。

（2）正因为天使投资家是投自己的钱，它的运作过程比起风险投资来少了一个环节。风险投资具有融资、投资、投资后管理、退出四个环节，而天使投资仅有投资、投资后管理、退出三个环节。二者的区别如图 1.9 所示。

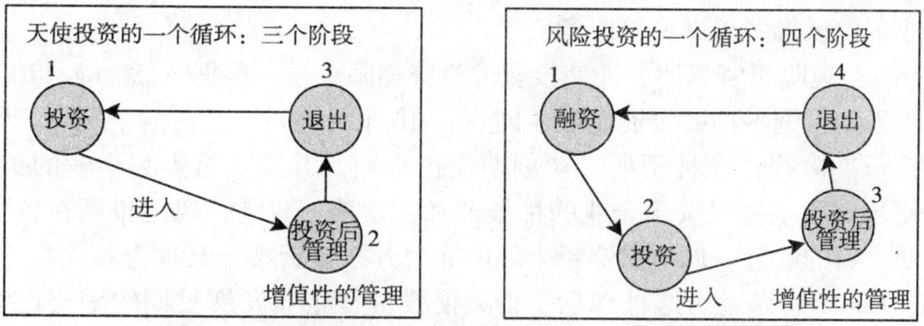

图 1.9　天使投资的三个阶段与风险投资的四个阶段

从图 1.9 可以看出，投资阶段也是风险投资家进入企业的阶段。既然风险投资家是投资家，他们一般不会在企业中永远做股东，他们是金融家，他们是用资本赚取资本的。他们是要从投资的企业中退出的，而且是带着丰厚的投资利润退出的。退出后，他们会将所获利润（资本增值）在投资者（LP：Limited Partner，有限合伙人）和他们本身（GP：General Partner，一般合伙人）之间进行分配，然后进行新的一轮循环过程：重新进行融资、投资、投资后管理及退出。

风险投资的这四个阶段形成一个资金的循环过程。与此不同，天使投资的循环则仅仅具有三个阶段：投资、投资后管理、退出。天使投资家是用自己的钱来进行投资的，他们不需要向投资者融资，因此，也就没有融资阶段。此外，天使投资家也不需要进行利润分配。

（3）天使投资是非正规的风险投资，而其非正规的性质目前正在慢慢地淡化。

（4）作为正规军的风险投资更强调组织结构、审核和投资管理的程序、规避风险的手段。对于创业者来说，风险投资是“机构投资者”，而天使投资则是更为分散的、个别的、更可亲近的个人投资人。

（5）风险投资具有两层委托代理结构，从而产生双重代理成本问题，而天使投资只有一层委托代理结构，没有双重代理成本问题。风险投资的第一重代理关系产生在风险投资的融资过程中。融资时，投资者（LP）是委托人，而风险投资家（GP）是代理人。风险投资家作为资金管理者应当代表其委托人——投资者的利益，执行其意志。风险投资的第二重代理关系产生在风险投资的投资阶段和投资后管理阶段中，在投资时及在投资后积极参与被投企业的管理中，风险投资家却摇身一变，从代理人变成委托人，而被投企业的企业家（创业者）这时成为代理人。创业者作为资金使用者应当代表其委托人——资金管理者的利益，执行其意志。风险投资家在这两层代理关系中的角色不同，作用也不同。而在天使投资全过程中，仅存在一重代理关系，天使投资家始终是委托人。从这个角度中，天使投资的委托代理关系要简单得多，相应地，天使投资的委托代理成本也低得多（详见第四章）。

（6）与风险投资相比，天使投资的投资期限更早。根据 A. Wong（2002）的调研，天使投资平均的投资期限在创业后 10 个月左右。传统的情况下，风险投资的投资期限往往在种子期、初创期、扩张期，其投资重点为企业的扩张期。而天使投资则主要投资于企业的种子期和创始期。目前，风险投资在各国均有向后期投资的趋势。风险投资越来越向非公开权益资本（又称为私人权益资本：Private Equity）靠近。这种现状使得天使投资在企业发展早期的融资过程中起着越来越重要的作用。

（7）与风险投资相比，天使投资的投资额度更小。风险投资是一种机构化的资本运作形式，而天使投资则通常是非机构化的个体的分散的股权投资形式。作为机构化运作的风险投资基金规模越来越大（见图 1.10）。

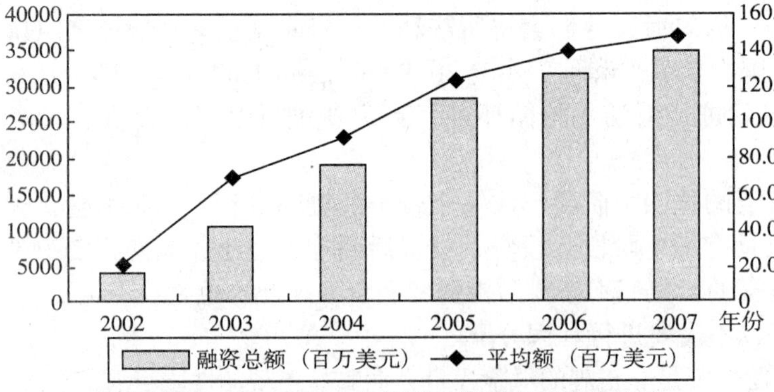

图 1.10 2002~2007 年美国风险投资规模的状况

如图 1.10 所示，美国风险投资基金规模自 2002 年以来类似直线式上升。融资总额从 2002 年的 39.4 亿美元到 2007 年的 346.8 亿美元，增长了近 10 倍。与此同时，平均每个基金的规模从 2002 年的 2200 万美元提高到 2007 年的 1.476 亿美元。中国风险投资基金规模也是这个趋势，而且更有甚者。以一个 1.5 亿美元的基金为例：假定风险投资基金投资到 15 个项目，那么，每个被投项目的平均投资额为 1000 万美元。这种现实使得相当多的小企业、初创企业对于风险投资只能是“可望而不可即”。而天使投资则得到越来越多的企业的青睐。

（8）与风险投资相比，天使投资的投资项目更多。风险投资选择投资项目的标准可以说是百里挑一。如果一个风险投资家在一个月中略读了 100 个企业的商业计划书，他或她只挑选 3~5 个详细阅读，可以仅对其中的 2~3 个作尽职审查，最终可能只对一家企业投资。所以，风险投资所投资的项目是很少的，以美国风险投资数据为例，见图 1.11。

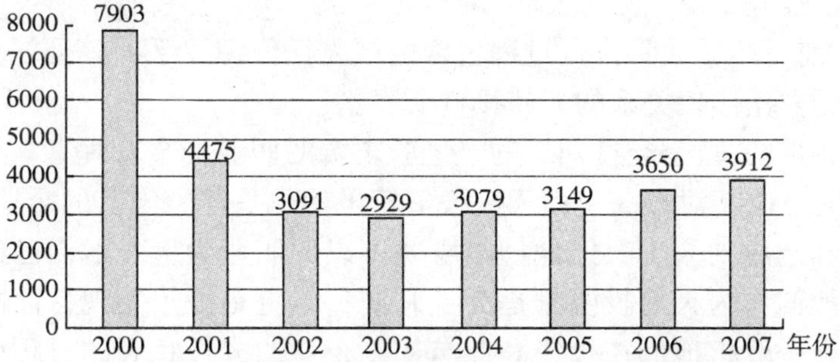

图 1.11　2000~2007 年美国风险投资所投项目总数

如图 1.11 所示，美国风险投资在互联网泡沫高潮时（2000 年），全美风险投资共投入 7903 个项目，达到历史最高纪录。从 2000 年起，风险投资的项目数开始下降，直到 2003 年触到谷底。从 2004 年始，风险投资项目数逐年上升，到 2007 年，增加到 3912 个。虽然近 5 年来，风险投资一直呈上升趋势，但投资项目总数仍然有限。与风险投资相比，天使投资的所投项目数量却多得多，在 2007 年已经达到 50000 个。

（9）与风险投资相比，天使投资的投资风险更高。如前所述，天使投资比风险投资投资的期限更早，投资越早，所投项目的不确定因素就越多。这些不确定性是伴随企业的诞生而诞生，随着企业的逐渐成长而减弱。企业越走向成熟，不确定因素就越减少。当然，不确定性会伴随企业的整个生命历程，只会减小，不会消失。这些不确定性包括：

1）技术的不确定性；

2）市场的不确定性；

3）管理团队的不确定性；

4）生产工艺过程的不确定性；

5）宏观经济的不确定性；

6）法律法规的不确定性；

7）政治体制的不确定性。

上述不确定性中有的是不能伴随企业的成长壮大而减弱的，如宏观经济的不确定性、法律法规的不确定性，以及政治体制的不确定性。这些不确定性都隐含着风险。除了这些不确定性外，信息的不对称也会带来投资的风险。企业越是在创立的初期，这种信息不对称就越明显，投资者的潜在风险也就越大。

(10) 与风险投资相比，天使投资的投资成本更低。风险投资的投资成本相对较高的原因如下：

1）风险投资是机构化的投资管理，这种正规化为风险投资的运作带来了效益，同时也造成一定的管理成本。而天使投资则是非正规的风险投资，相应地，其管理成本较低。

2）如前所述，风险投资过程包含两层委托代理关系，其委托代理成本自然比只有一层委托代理关系的天使投资要高。

3）风险投资家是经过训练的、经验丰富的职业资金管理者。他们所要求的工资及利润分成相对较高。而天使投资家虽然也是经验丰富的企业家、银行家、投资家、其他成功人士，但他们本身并不以此职业为生。他们已经在事业上有所成就，他们作为天使投资家是为了利润，但更是为了实现自己的理想，帮助创业者建设企业，他们在投资和参与初创企业的成长壮大的过程中得到精神的享受。从这个意义上说，金钱的收入并不是他们唯一的追求，这种状况造成他们的资金管理成本相对较低。

4）天使投资家是投资自己的钱，而风险投资家是投资别人的钱。自己管理自己的钱，自己投资自己的钱自然省去相当大的管理经费。

(11) 与风险投资相比，天使投资的投资决策更快。天使投资家的决策快主要也是取决于他们是在投资自己的钱。

1）天使投资家投资自己的钱，不必得到其他人的许可或默认，不必经过一定的流程。

2）天使投资家投资自己的钱，不需要和合伙人协商，不需要探讨和沟通，省去很多时间。

3）天使投资家投资自己的钱，往往投资于自己所熟悉的领域，或投资于自己所熟悉的科技，自然轻车熟路，不必要过多的计量和更长时间的思索。

(12) 在投资后积极参与企业的管理与建设上，天使投资家与风险投资家有些类似，但又不尽相同。天使投资家也参与被投企业的管理与建设，他们也给予被投企业除了资金以外的其他帮助，如帮助组织下一轮融资，帮助企业寻找商业机会，帮助企业修正现存的成长战略。然而，风险投资毕竟是机构投资者而天使投资大都是个人投资行为。前者的社会关系、商业关系都比后者丰富。他们的再融资能力也比后者强。

总之，天使投资家与风险投资家的区别可总结为表 1.3。

表 1.3 天使投资家与风险投资家之区别

	天使投资家	风险投资家
融资	投资自己的钱，基本上不需要向其他人融资	投资其他人的钱，需要向富有的个人、家庭，主要是向机构投资者融资
投资	投资期限：种子期、初创期及初创后期，以投资种子期和初创期为主	投资于种子期、初创期、初创后期、扩张期、成熟期，以投资于扩张期为主
	一次投资，往往缺乏后续资金投入	多轮投资，往往有后续资金投入
	投资工具以普通股、优先股为主	投资工具以可转换优先股为主
	投资工具中很少附加风险控制条款	投资工具中往往附加各种风险控制条款
	一般不以分期投资作为减少代理成本的手段	往往以分期投资作为减少代理成本的手段
	一般不太利用投资附加条款以在清产时保护自己的利益	往往利用投资附加条款以在清产时保护自己的利益
	一般不在投资时进入反稀释条款	往往在投资条款中附加各种类型的反稀释条款
投资后管理	积极参与管理	积极参与管理
	很少进入董事会，不认为这是参与被投企业管理的主要手段	进入董事会，并作为参与被投企业管理的主要手段之一
	投资后，创业者往往仍然保持对企业的绝对控制权	投资后，创业者可能会失去对于企业的绝对控制权
退出	股权赎回、转让、出售、被购并、首次公开上市（IPO）、清产，但一般很少参与 IPO	股权赎回、转让、出售、被购并、首次公开上市（IPO）、清产，一般地，IPO 是投资者退出战略首选

第四节 天使投资家

一、天使投资家是何许人也

天使投资家在欧洲也被称为“商业天使”或“非正规风险投资家”。他们是富裕的、拥有一定的资本金、投资于创业企业的专业投资家。他们投资一般采取权益资本，有时也采取可转换债的模式。

天使投资家是那些既有一定的经济实力，又充满激情，不甘寂寞的人们。他们希望通过自己的金钱帮助创业企业实现其理想，同时又达到自己获利的目的。他们通过自己的金钱和经验积极参与创业企业的成长，同时又能够使得自己的资本增值。他们是一群既有理想主义，又有现实精神的有钱人。这些人往往是成功的企业家、银行家、投资家、高管人员、成功的艺术家、运动员、电影明星，等等。他们具有相当的个人资本，可以不用再工作，也可以旅游、度假，尽情享受生活，但他们大多数人都有一种参与的愿望，参与创新，参与创业，参与新生事物的成长过程。与此同时，他们又不愿意，也不需要像创业者那样将全部时间都投入到一个企业中去。在许多具有经济实力的天使投资家看来，旅游、度假、吃喝玩乐并不能给他们带来欢乐或精神上的满足。他们需要"做些有意义的事情"。而"天使投资"这种事业是他们的最佳选择：作为天使投资人，他们既可以满足自己的参与感，又不会被某一个具体事务拴住，他们在时间上、空间上具有很大的灵活性。天使投资家从不喜欢为自己做广告。① 他们大多数是默默无闻地从事自己热衷的事业。

成功的企业家成为天使投资人的实例比比皆是。Google 早期创业者之一的 Chris Sacca 先生就是这种天使投资家。刚刚 30 岁出头，他已经是百万富翁。继续留在谷歌工作已经失去了挑战性。和其他早期参与谷歌的人们一样，Chris 从公司股票期权中获得了一大笔资本，开始从事天使投资事业。他常常对别人说：天使投资是世间最有意思的工作之一，富有挑战性，还有可能获得丰厚的投资回报。

很多人认为只有那种极其富有的人们，才可以作天使投资家。这种认识值得商榷。的确，天使投资家中有不少人都是当今富豪。知名人士如微软创建人之一的 Paul Allen，EDS 创始人（曾经是独立总统候选人）的 H. Ross Perot，以及 Dallas Maverick 的所有者，著名富豪 Mark Cuban 都是天使投资家。但事实上，大多数天使投资家是普通的，拥有一定财富的，愿意帮助初创企业成长的富裕的中产阶级。

根据伦敦天使投资联盟的研究，天使投资家以男性为多（男性为 95%），年龄在 45~65 岁。在英国，每个天使投资家单个项目的投资额在 2 万~3 万英镑，约为 2.75 万英镑（按照 2008 年末的汇率，大约为 30 万元人民币）。而有半数天使投资家把自己的投资总额限于自己个人财富的 25% 以下，② 也有人将自己全部资本的一半，甚或绝大部分投入天使投资事业中。天使投资家不畏挑战，不惧风险，是创业者的福音。天使投资家们投资是为了赚钱，也为了个人兴趣。很多天使投资家认为，为创业者提供资金上的帮助，不仅具有挑战性，具有一定的风险性，还能够给个人生活增添不少乐趣。天使投资家们往往不仅向企业投入金钱，还投入他们的智慧、经验、知识和他们的商业关系。

---

① Julie Connelly. These Angels Like to Work as a Team. New York Times，Nov. 14，2007

② London Business Angels. Raising Business Angels funding

凯斯西储大学（Case Western Reserve University）的 Scot Shane 教授的研究证明，天使投资家和一般人想象的不一样。他们并不是那些真正的有钱人，他们大多数是工薪阶层，很多人仅仅投资几个项目，投资额度一般不足 1 万美元。很多人并没有时间积极卷入到被投企业的管理过程中。[①] 很多天使投资家没有充分的投资经验，他们不能像专业人士，如风险投资家那样一心一意地专注于所投项目。他们需要合作，需要学习，也需要指导。

根据北京民营科技实业家协会 2007 年的研究，[②] 目前中国天使投资家有五类：一是外国公司在中国的代表或高级管理者；二是对中国市场前景看好的外国人、海外华侨和海归人士；三是本土的富人和民营企业家；四是以政府出面的各种创业基金、天使基金；五是最近出现的一些天使投资俱乐部、天使投资管理公司等中介机构。

二、合格投资者

是否需要具备一定的资格才能成为天使投资家呢？什么样的人可以成为天使投资家呢？除了个人兴趣之外，最重要的是要具备一定的经济基础，即要具备“合格投资者”的资历。

以美国为例，根据美国小企业局的保守估计，美国的天使投资家至少有 25 万人左右，他们投资于具有发展潜力的企业，以期获取高于一般性投资的回报。为了促使潜在投资者规避风险，美国证券交易委员会（Securities and Exchange Commission，SEC）公布了可以成为天使投资家的所谓“经鉴定合格投资者”的标准。

根据美国联邦证券法，合格投资者的标准如下：[③]

（1）银行、保险公司、经注册的投资公司、商业发展公司和美国小企业局批准的小企业投资公司。

（2）在“雇员退休收入保险方案”中囊括的雇员退休计划，并且该计划是由一家银行、保险公司或注册的投资顾问公司管理，或者该计划拥有至少 500 万美元。

（3）慈善机构、公司或合伙企业，其资本金至少达到 500 万美元。

（4）出售证券公司的董事、执行管理人员，或一般合伙人。

（5）所有股东都是“合格投资者”的一家公司。

---

① Scott Shane. Fool's Gold? —The Truth behind Angel Investing in America. Oxford University Press, 2008

② 北京民营科技实业家协会. 中关村科技园区天使投资发展环境研究报告. 2007 年 7 月

③ 美国证券交易委员会. SEC Rule 501 及美国《联邦证券法》：Regulation D under the Securities Act of 1933

（6）自然人，如果其个人的或与其配偶共同的净资产超过 100 万美元。

（7）自然人，如果其最近两年每年的年收入都超过 20 万美元，或者其本人与配偶共同的年收入超过 30 万美元，并且预计在今后的若干年都会有类似的收入。

（8）信托公司，其总受托资产超过 500 万美元。

美国《联邦证券法》在“合格投资者”中列入了自然人的内涵，而这种对于自然人的合格投资者的身份被引入天使投资的范畴内。一般地，在《联邦证券法》中得以承认的合格投资者即可成为合格的天使投资者。至 2005 年，美国的合格投资者约为 63 万人。[①]

随着经济的发展和一般民众收入的普遍增加，美国《联邦证券法》中上述条例显然有些过时了。2006 年 12 月，美国证券交易委员会修订了它的有关自然人作为“合格投资者”的条例，该条例是为了对于参与对冲基金和私人投资基金的人们加以限定。修订的条款提出：自然人作为“合格投资者”不仅要具备在《联邦证券法》中既定的条件，还必须已经至少拥有 250 万美元的投资。并且，这 250 万美元投资额必须不断地为当时的通货膨胀系数所修正。

事实上，所谓“合格投资者”的定义仅为投资者参考，它并不是一个法定条件，即并不是所有的天使投资者必须是“合格投资者”。政府仅是指出，作为天使投资者应该具有“合格投资者”的身份。一方面，只有符合条件的合格投资者在投资损失时才具有一定的规避风险的能力。另一方面，如果收入较低，净资产较少，个人投资的风险就相对较高，如果不注意，就可能由于投资失误而丧失基本生活能力。

作天使投资的一个潜规则是：你能够投多少钱取决于你能够“丢”多少钱。即一个天使投资家的最高投资额度取决于他可能承受的最大投资损失额度，即取决于他（她）对于损失的承受程度。这里用一个虚拟的例子。假定投资者甲和乙同样具有“合格投资者”的身份，同样作了 25 万美元的投资。再假定二者的投资同时失败，25 万美元的投资血本无归。投资者甲虽然有些不悦，但他仍然或工作，或休闲，或娱乐，或奋斗，好像 25 万美元的丧失对于他的打击不算什么。而投资者乙则不然，他十分痛悔自己的错误投资决策，恨自己的粗心大意，总是不断地自责、后悔。他心里总是想，“那 25 万美元做什么不好？还不如买一只小游艇；还不如买一片小山林；还不如投资于股票市场”。他吃不下饭，睡不着觉，衣带渐宽，郁闷成疾，险些丧失生命。对于投资者甲，这 25 万美元可能还不是他的投资最高额，他也许可以把自己的投资限于更高一点的数

① A Note on Angel investing. Tuck School of Business at Dartmouth, Center for Private Equity and Entrepreneurship, Jan. 2005

量，而对于乙来说他的最高投资额显然应当大大小于25万美元。

天使投资者对于自己的投资上限应当有一个客观的评定。不同的人对于风险的承担程度不同，对于投资失败的容忍程度不同，他们的最高投资额度也应有所不同。

在我国，深圳市在“合格投资者”方面创下先例。深圳已经开始建立天使投资人备案登记制度。政府在支持天使投资发展方面也采取了一定的鼓励政策，经备案登记的天使投资人在进行天使投资时，有可能获得有关政府创业投资引导资金的跟进投资。深圳的尝试为全国各个地方政府树立了榜样。

深圳的天使投资人实行备案登记制度并无数量限制，符合条件即予备案。深圳对从事天使投资业务的个人进行备案登记，做出了以下规定：

(1) 遵纪守法、诚实守信，无刑事违法和违反《治安管理处罚条例》的记录，无信用不良记录；

(2) 较强的经济实力和风险承受能力，个人资产超过500万元；

(3) 从事投资、企业管理或相关业务的从业经历和专业技能，具有天使投资的实际案例或者投资项目的来源渠道和社会资源；

(4) 具有深圳市金融顾问协会天使投资人俱乐部、深圳市创业投资同业公会、经深圳市备案的创业投资企业、经深圳市认定的科技企业孵化器以及其他在行业内具有较大影响力的社团法人和事业法人单位等其中任何一家的推荐意见。

对从事天使投资业务的机构进行备案登记，应当具备以下条件：

(1) 在行业具有较高的知名度，具有较强的经济实力和风险承受能力，注册资本金不低于3000万元。

(2) 具有专业的、具备2年以上创业投资或相关业务经验的高级管理人员承担投资管理责任，或者委托专业投资管理机构负责相关的天使投资业务。

(3) 具有天使投资的实际案例或者投资项目的来源渠道；关于推荐意见的要求与从事天使投资业务的个人进行备案登记相同。①

三、天使投资家概况

美国 New Hampshire 大学风险投资研究中心指出，天使投资家具有如下特性：天使投资家的平均年龄为47岁，他们的平均年收入为9万美元，而他们平均的净资产为75万美元。天使投资家一般具有大学本科以上的学历。他们对于每个项目的投资额平均为3.7万美元，而大多数天使投资均在10万美元以上。天使投资家喜欢投资于自己所熟悉的地区，往往是自己的居住地区，事实上，

① 胡学文. 深圳出台全国首个天使投资人备案制度. 证券时报，2009年6月5日

70%的天使投资家将其投资范围限于自己的住所或自己的办公地点周围50英里之内。

天使投资家进行投资事业的动机是赚钱，但又不仅仅为赚钱。大多数天使投资家热衷创业事业。90%的天使投资家喜欢投资于平均雇员不足20人的小企业、创业企业。除了股权投资，90%的天使投资家为自己所投企业提供私人贷款或贷款担保。

比起普通工薪阶层，天使投资家具有三高的特点：他们一般教育程度较高、收入水平较高、年龄较高。虽然如此，但天使投资家却往往不属于百万富翁、亿万富翁。他们不是“富有阶层”，而是“富裕阶层”。他们并不是大规模财富的拥有者，他们往往仍然在事业上努力求上。

天使投资家是一群理想主义者。他们热情，对于创业充满理想，愿意为创业者提供自己辛辛苦苦积攒的资本。他们勇敢，敢于承担风险，虽然估计自己的投资项目中至少有30%可能会血本无归，但是勇于接受这个投资后果。

我国的天使投资家又有很多自己的特色。在我国，天使投资仍然是一个新生事物。对于天使投资，很多人仍然十分生疏。即使有一些成功的企业家、金融家、高管人员从事了天使投资的事业，他们已经向创业企业，尤其是种子期的创业企业投入股权资本，但他们并不很清楚天使投资这个概念，对于天使投资的运作，他们也大都是边实践，边总结，边学习，边提高。关于我国天使投资家的状况，本书第六章将详述。

四、天使投资家的类别

天使投资的投资规模虽然较小，但“麻雀虽小，五脏俱全”。事实上，天使投资与风险投资一样，是一种相对比较复杂的投资模式。我们可以按照天使投资不同的性质，分别分析天使投资家的类别。

1. 按照投资目的区分

按照投资目的，我们可以把天使投资家分为财务收益型天使（Financial Angels）和创业者型天使（Entrepreneur Angels）。财务收益型天使的投资目的简单明确，他们就是为了赚钱。他们投入初创企业的资本与他们投入股票市场的资本从本质上没有什么区别。他们之所以从事天使投资是因为他们看好被投企业，认为这种投资可以带来很高的收益。他们的投资行为单纯为追逐财务收益。这种天使是天使投资队伍中不大稳定的一群。如果其他投资项目会带来更大的投资收益，他们很快就会转型，就会放弃天使投资而从事于其他业务，从事那些使他们获得更大财务利益的投资活动。而在我国，以及其他天使投资刚刚发展的新兴经济中，财务收益型天使投资是天使投资的主流。

与财务收益型天使投资家不同，创业者型天使投资家虽然也重视投资收益，他们的投资目的之一也是赚钱，也是财务收益，但财务收益不是他们唯一的投资目的。自然，没有收益的项目是不会引起他们的投资兴趣的。然而，他们投资的目的绝不仅仅局限于投资收益。他们从事天使投资事业是因为他们喜欢这个事业，他们有兴趣从事这个事业，是因为他们想帮助新兴企业成长壮大。他们希望能通过自己的努力，使得新生企业从无到有，从小到大，以期最终获取成功。创业者型天使投资家大都是理想主义者。他们希望自己的资金以及自己的经验能够拯救一些富有创意的，又受到资金短缺的制约而不能发展的企业。他们很多人自己就是成功的企业家，成功的企业管理人员、CEO、CFO、CTO等。创业者型天使投资家是以一种创业者的心态从事投资事业的。他们希望用自己的金钱，用自己的企业管理经验帮助创业者建筑他们的新兴企业。作为天使投资家，一旦投资成功，他们将获取双重收益：财务收益及创业成功的欣慰。一方面，他们以自己的金钱、智慧和经验赚到钱。另一方面，从事天使投资这一事业，使他们得到一种精神上的满足，一种享受，一种无限的快乐，一种用金钱无法买到的充实。

在成熟的经济体中，创业者型天使投资家是天使投资家的主力。他们是天使投资家的代表，也是天使投资家为社会经济生活作出贡献的基本群体。创业者型天使投资家的投资动因说明了天使投资的真谛，说明了天使投资家和创业者的内在的、根深蒂固的联系。天使投资家的这种特性也是风险投资家的特性。例如，风险投资家的老前辈阿瑟·洛克（Arthur Rock）不仅是成功的风险投资家，还做过天使投资业务，他自身就是一个创业者、一个企业家。他和同事共同建立了英特尔（Intel）公司，是成功创业的典范。又如，著名的风险投资家波肯斯（Perkins）曾总结道，风险投资的实质是一句话：建筑一个实实在在的、具有盈利能力的公司。建筑这样一个公司对于每一个人都有好处，不仅对于投资者（风险投资家或天使投资家），对于企业，对于消费者，对于市场，对于社会都有好处。

2. 按照投资经验区分

根据 M. Roberts 等人的分析，我们可以把天使投资的相关经验细分成相关的工业经验和相关的创业经验。所谓相关工业经验是与其所在的特定工业领域相关的经验；而所谓相关创业经验是其与创业相关的经验。前者主要指市场开发、销售、企业发展战略等方面的经验；后者主要指创业、初创企业的管理方面的经验。例如，一些天使投资家曾经做过通信方面的管理工作，他们在投资于通信领域的项目时，就具有一定的相关工业经验。而另一些天使投资家自己曾经创业，或成功，或失败，他们的创业未必就是与他们所投项目相关的企业，他们没有相关的工业经验，但却具有创业和初创企业管理方面的经验。

按照天使投资家所具备的相关工业经验和相关创业经验的程度来分析，我们可以把天使投资家分为引导者型天使（Guardian Angels）、运营型天使（Operational Angles）、创业者型天使（Entrepreneurial Angels），以及财务收益型天使（Financial Angels）。其中，创业者型天使和财务收益型天使以上已经讨论，这里从不同的角度做进一步探讨。上述四类天使投资家，见图 1.12。[①]

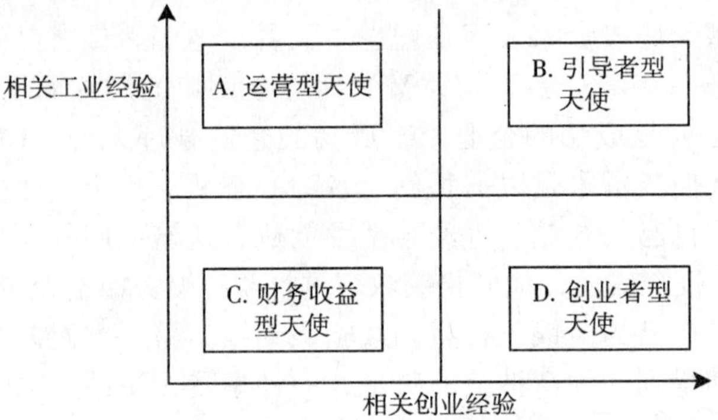

图 1.12　天使投资家分类：按照投资经验区分

根据图 1.12，天使投资家的相关创业经验越丰富，他们就越处于图的右侧。而他们的相关工业经验越丰富，他们就越处于图的上方。A 类天使投资家具有相关工业经验，但缺乏相关创业经验，他们被称为运营型天使。B 类天使投资家既具有相关工业经验，又具有相关创业经验，是比较全面的天使投资家，他们被称为引导者型天使。C 类天使投资家既缺乏相关工业经验，又缺乏相关创业经验，是最没有经验的投资家，他们投资往往单纯为了投资利润，他们被称为财务收益型天使。D 类天使投资家具有相关的创业经验，而无相关工业经验，他们被称为创业者型天使。

从表面上看，B 类天使投资家，即引导者型天使似乎最理想。他们既有相关工业经验，又具有相关创业经验，完全有能力引导创业企业走向成功。这类天使的优势在于，由于经验丰富，他们选择项目的准确性比较强，投资决策比较果断，一旦投资决策作出，他们就会全力以赴帮助企业创业。同时，他们又具备创业经验，他们比较了解创业者的心态，容易与创业家沟通。引导者型天使投资家可以对于初创企业提供巨大的帮助。如印第安纳州的天使投资家威廉·梅斯在做了 12 项天使投资后，他又投资于当地的一家建筑公司：哈曼公司。投资后，梅斯不仅提供各种管理咨询，帮助他们战略策划，还帮助哈曼公司建立银行信用方面的联系。哈曼兄弟不无感慨地说，威廉是我们事业的导师和引

① M. Roberts，H. Stevenson，K. Morse. Angel Investing（9-800-273）. Harvard Business School Case. Feb. 2000，Page 8

路人。引导者型天使虽然具有种种优势，他们也存在内在的欠缺。带有讽刺意味的是，引导者型天使的优势在于他们丰富的经验，而他们的劣势恰恰也在于此。由于经验丰富，他们有时比较主观，容易对于所投企业干预过多，使得企业家的自主权不足，缺乏主人翁感。

A 类天使投资家仅仅具有相关工业经验，没有创业经验，他们是运营型天使。这类天使的优势在于他们往往擅长市场开发、产品推广、销售、对外关系等，他们在整个生产过程中的指导性较强。如果企业已经进入市场开发阶段，他们丰富的经验会给企业以巨大的帮助，能够推动企业不断走向成功。但这些天使投资家也有他们的不足：他们缺乏创业经验，对于新兴企业管理方面的特点不很熟悉。

与上述情况相反，D 类天使投资家仅仅具有创业经验，没有相关工业经验，他们是创业者型天使。例如，一些天使投资家虽然创过业，但过去创业是在软件方面，而目前所投资的项目却是在生物工程领域。他们熟悉创业过程，但缺乏与生物工程相关的知识。这类天使的优势在于，他们本身曾经是创业者，本身就有创业热情，知道创业者的苦衷，知道创业者的艰辛，也知道创业者的乐趣，比较了解创业者的优点与欠缺。他们往往与创业者形成比较融洽的合作关系。他们的劣势在于，由于缺乏相关工业经验，他们有时很难帮助企业开拓市场，或协助产品促销。

C 类天使投资家处于明显的劣势。他们既没有相关工业经验，又没有相关创业经验，这类天使能为企业提供的仅仅是资金。他们属于财务收益型天使投资家。他们很少为企业提供投资附加值。但这类天使也有其优势：他们往往不会过分干预企业作的各种决策，给予企业家更大的发展空间、更多的自主权。成熟的、具有多次创业经验的创业者有时会主动寻找财务收益型天使投资家。他们觉得和这类天使投资家合作更轻松、更主动、更容易沟通。

3. 按照投资习惯区分

从投资习惯上看，天使投资家又可被区分为偶然性天使投资家和经常性天使投资家。有的天使投资家从未尝试过私人资本投资，他们仅是偶然看准了一个项目而投资的。他们或是对于项目本身感兴趣，或是对于项目所能带来的潜在利润感兴趣。但他们对于天使投资家的身份并不感兴趣。偶然性天使投资家并不仅仅指一次性投资。有的天使投资家也会进行两次、三次或多次投资，但从投资决策性质上，他们仍然属于偶然性天使投资家。例如，澳大利亚天使投资协会 2009 年初的一次调研发现，在澳大利亚参与天使投资活动的人们有 85% 都是第一次从事这种投资。当然，这和天使投资在澳大利亚仍然是一个新生事物相关。但对于他们当中一部分人来说，这次所从事的天使投资很可能是他们第一次，也是最后一次这类的投资。

与偶然性天使不同，经常性天使投资家把天使投资作为自己的事业，他们热衷于这一事业，他们热爱这一事业，他们投入这一事业的不仅仅是金钱，更重要的是他们的智慧、才能、经验、热情，以及他们的社会关系。这部分天使投资家往往与创业者型天使投资家重合，是天使投资的稳定的主力军。

4. 按照投资心理区分

按照投资心理区分，天使投资家还可以分成如下四种类型：

（1）天女散花型天使投资家。这些天使投资家喜欢投资于多家创业企业，但每一家仅投资少量资金，像天女散花一样，他们可能将 5 万美元投资于 50 家创业企业，每家平均仅投 1000 美元。他们没有投资重点，也没有时间参与被投企业的任何运营和管理过程。这类天使投资家占天使投资家总数的 1/10 左右。在我国，这类天使投资也称为“撒胡椒面型”。为了规避风险，他们每一个项目投一点儿，全面播种，坐等收成。

（2）活跃型天使投资家。这类投资者代表天使投资家的大多数。他们不仅投入金钱，而且投入自己的经验、经历、技术、特长及关系网。他们对于创业企业的贡献远远大于资金的投入。他们投入的是他们的热情、他们的心。这些天使投资家会经常参与被投企业的建设，但又不包办代替，或者喧宾夺主。他们可能会每周一次到被投企业去，或参加会议，或提出建议，或考察参谋，付出许多心血。他们的目的是帮助被投企业成长壮大，以期获得投资回报，同时他们期望与创业者分享创业的成功。

（3）控制型天使投资家。这类天使投资家也是十分活跃，也积极参加企业的建设，但他们有时干预过多，处处以自己的意志为主。他们对于创业企业投资的先决条件之一就是自己是否能够施加控制。这类天使投资家有时也能为创业者带来珍贵的经验、特长和关系，但他们过分的控制往往使创业者不快。

（4）超级天使。这类天使投资家与活跃型天使投资家类似，他们对于企业的投入不仅仅是资金，还有自己的经验、经历和关系。与活跃型天使投资家不同的是，超级天使往往是在业界享有一定名气的成功人士，除了资本金，他们还向创业企业投入了自己的名誉、自己的声望。这类天使投资家人数有限，对于初创企业来说他们的投资就显得更加珍贵了。

5. 按照投资经历区分

从投资经历区分，天使投资家可以分成幼稚的天使投资家和老练的天使投资家。前者是指缺乏投资经验，但又满怀热情地、积极主动地参与天使投资活动的人们。由于投资经验不足，他们难免投资失误，但他们的热情不减。事实上，这部分人自觉或不自觉地以自己的金钱，自己的热情推动经济的发展。他们应当得到社会的承认和支持。而后者是指已经做过若干次天使投资，有过类似的经历，吃过亏，上过当，积累了丰富经验的投资者，他们曾几何时也做过幼稚的天使投资家，他们从幼稚到成熟是有一个过程的。天使投资界有句名言：正确无误的投资决策来源于经验，而经验来源于错误的投资决策。老练的天使投资家往往饱经风霜，他们能够准确地选择投资项目，比较客观地做出投资评估，比较迅速地做出投资决策。然而，老练的天使投资家来源于幼稚的天使投资家，而只要不断实践，不断吸取教训，幼稚的天使终归会成为老练的天使。

6. 按照控制程度区分

Amis 和 Stevenson 认为按照天使投资家对于被投企业的控制程度，天使投资家可分为五类：[①]

（1）无言型的天使投资家。他们大都是投资收益型天使投资家，他们没有兴趣，也没有时间过问被投企业的生产经营状况。他们投资后就静心等待收获。他们有些像我国谚语“姜太公钓鱼——愿者上钩”。他们也可以称为悠闲型天使投资人。

（2）保存实力型的天使投资家。他们对于被投企业日常运营一般不过问。但一旦企业家需要，他们愿意也有能力提供各方面的帮助。例如，天使投资家 Andrew Blair 为被投企业家安装了问题热线。如果企业家有紧急需求，他们可以通过问题热线及时找到天使投资家，听取天使投资家的建议和意见，以帮助他们解决问题。

（3）管理团队型的天使投资家。他们参与被投企业日常管理，有时能够为企业的发展起到积极推进的作用，但也可能参与过多，对被投企业可能有不良影响。

（4）教练型的天使投资家。他们是最高境界的天使投资家，他们既不去控制被投企业，又能够积极地即时地给予被投企业以各种各样的指导、帮助和支持。

（5）控制型的天使投资家。他们干脆本人承担了企业家的使命，喧宾夺主，自己就成为企业家。这种天使投资家对于被投企业的影响最大，但可能会使得创业者丧失主人翁的自尊心，成为了自己企业的雇员。天使投资家的这种态度，使得创业者完全没有了创业热情，天使投资家的过度干预必将适得其反，不能起到天使投资家帮助企业成长的职责。

7. 按照参与程度区分

如果按照天使投资家的企业家精神和参与被投企业的程度，天使投资家可分为如下五类：创业型天使投资家；热情激昂型天使投资家；公司型天使投资家；参与过度型天使投资家；专家学者型天使投资家。[②③]

---

① David Amis and Howard Stevenson. Winning Angels: The 7 Fundamentals of Early Stage Investing. Prentice Hall, 2001

② Art Beroff and David R. Evan. Heaven Sent—Seeking an angel investor? Here's how to find a match made in heaven. Entrepreneur Magazine, January, 1998

③ Coveney, P. and Moore, K. Business Angels: Securing Start-Up Finance. Wiley, Chichester, 1998

（1）创业型天使投资家。这些人往往是那些创业成功的企业家。他们的企业或者已经上市，或者为其他人高价买入，或者他们的企业正在成功地运行，但他们本身并不需要对于自己的企业过于操心。他们已经获得一笔相当的资产。他们往往可以承担更高的风险，可以投入更多的资金。他们投资的原因之一是被投企业与自己创业的企业之间存在互补。他们投资往往金额较高，而且在企业需要的时候他们也可能追加投资。但一旦发现被投企业与他们自己的企业之间的互补消失，他们的投资也可能随之消失。这类天使投资家的企业家精神最鲜明，他们的参与程度也最高。他们希望积极帮助创业者建设他们的企业，希望能够在帮助创业者的同时得到自己精神上的满足。

（2）创业型天使投资家之中，不乏所谓"热情激昂型天使投资家"。这些投资家往往也是成功的企业家，但他们投资可能完全出于对于创业的热情，对于被投企业的热爱。对于他们来说，投资更是一种爱好。他们往往希望帮助企业成长，但并不希求在企业的管理地位或董事会席位。但这类天使投资家往往投资于若干企业，他们对于每个企业的投资额往往有限。这一部分创业型的天使投资家的参与程度会大大低于第一类天使投资家。

（3）公司型天使投资家往往来自《财富》1000家大型企业。他们曾经是大型企业的CEO或其他企业管理者。他们或者提前退休，或被迫辞职。他们一般拥有至少100万美元的现金，可能会投资几十万美元于所看中的企业。但他们同时希望在所投企业中占有一个重要的甚或主要的职位。这个职位常常是他们是否投资的条件之一。这类天使投资家对于被投企业的参与程度居中。在必要的时候，他们也会积极参与，但却无暇问询过于琐碎的管理细节。

（4）参与过度型天使投资家。他们的特点是对于被投企业精细管理。这些投资家可能来自富有家庭，也可能自己通过奋斗起家。但是他们的天性有些共同之处：他们都愿意把自己的意志凌驾于被投企业之上。他们的优势在于他们可能资金充足，他们会投资高达100万美元以上。但他们一般都要求有董事会席位。在必要时，他们会要求更换被投企业的管理人员。这些天使投资家有时会在管理细节上过于精细，有时候会让创业者感到不愉快。

（5）专家学者型天使投资家。这类天使投资家往往来自成功的医生、教授、学者、律师等等。专家学者型天使投资家常常投资于自己熟悉的领域。如，医生可能会投资到医疗器械企业；商业律师可能会投资于商业连锁店等项目；天文学教授可能会投资天文方面的科技创新项目；等等。专家学者型天使投资家往往也要求询问企业日常业务，但他们一般不要求董事会席位，他们也不会像参与过度的天使投资家那么琐碎和细致。

8. 按照投资的活跃程度区分

美国天使投资协会的创始人John May把天使投资家分为潜在的和现实的两

种。潜在的天使投资家是那些具有投资经济基础的，可能的天使投资家，而他们并不一定是现实的天使投资家。

在2009年4月迪拜的世界中小企业协会年会上，May先生以美国为例，解释了潜在的和现实的天使投资家之别，见图1.13。

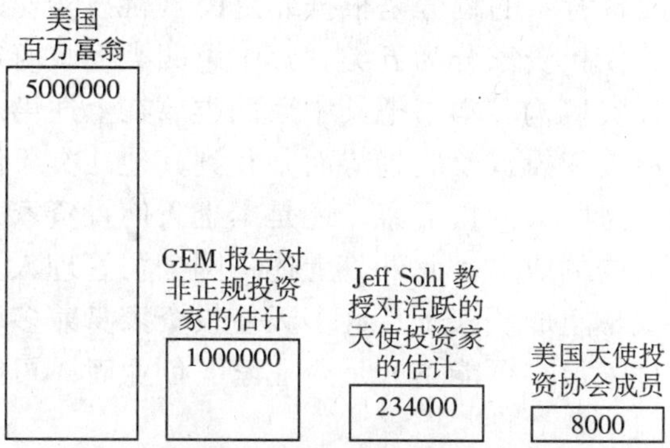

图1.13　美国的潜在的和现实的天使投资家[①]

图1.13以美国为例，说明了潜在的天使投资家和现实的天使投资家之区别。在美国，净资产在100万美元以上的人数在500万人以上；而在GEM（Global Entrepreneurship Monitor）的报告中认为这500万人中有100万人为非正规投资家（天使投资家）；而按照Jeffrey Sohl教授的估计，这100万投资家中大约有23.4万人为活跃的天使投资家，而在这些活跃的天使投资家中只有8000人为美国天使投资协会的会员。

中国的情况也类似，我们目前没有全面的统计，但富有人士及富裕人士中仅仅有一小部分是活跃的天使投资家。

在我国，天使投资家的类别除了上述8种以外，还包括具有中国特色的两种区分方式：

1. 按照出资主体区分

按照出资主体来区分，我国的天使投资主要分为：政府的天使投资和民间的天使投资。前者指各级政府出资建立的天使投资基金；后者则或是个人的天使投资家，或是小型的民间的特殊投资基金。

目前，我国的天使投资还在起步阶段，政府的作用在这个阶段还十分重要。政府除了直接出资以外，还会以各种政策制度鼓励、推进天使投资在我国的发展。另外，民间的天使投资家也会越来越走向成熟，越来越向组织化和正规化方面发展。

---

① John May. Business Angels，SMEs and the WBAA. International Network for Small and Medium Enterprises. April，2009，Dubai

2. 按照天使投资家背景区分

按照天使投资家背景区分，天使投资家在我国可以分为三类：大公司，尤其是跨国公司的企业管理人员，如 CEO、CFO、CTO 等等；活跃在我国天使投资市场的外国天使投资家及海归人员；本土的天使投资家。

以上中国天使投资背景的划分是根据北京民营科技实业家协会（2007）的研究，他们把我国天使投资家分为五类，其中第四类为政府资助的天使投资基金，第五类为天使投资机构。本书把其中第四类放在上述第八种划分方式，而第五类则由于是今后天使投资发展趋势而归并到其他几类天使投资家中。无论是外国天使投资家、海归天使投资家，还是本土天使投资家，他们都会有机会选择成为天使投资机构的成员。此外，上述跨国公司管理人员也可能是外国人士，或海归人员，或本土成功人士。许多天使投资家身兼多职，他们可能本人就是跨国公司的管理人员，可能本人是企业家、创业者，可能是海归人士，也可能是专家学者。

上述天使投资家分类的 10 种方式，各有各的特点，但有重复，有穿插。但无论如何划分，天使投资家就是天使投资家，他们是在企业创业初期，最需要资金支持的时候伸出了援助之手。他们是创业者的天使。

第二章　如何进行天使投资：天使投资的运行

第一节　天使投资与创业/创新

一、创业/创新是天使投资发展的动力

一般地，越是创业与创新活跃的地方，天使投资也越活跃。由于创业时期企业的资金来源普遍缺乏，而风险投资走向中晚期投资，更进一步造成了创业企业融资难的状况。这就使人们看到一种假象：好像创业者在围着天使投资或天使投资机构生长。而事实上，哪里有创业者，哪里就有天使投资家。创业者是鲜花，而天使投资家则是采蜜的蜜蜂。

在英国，剑桥大学是创业者十分活跃的地区，那里的天使投资也随着发达。在美国，硅谷的创业旺盛，天使投资如同风险投资，也在那里聚集。在我国，中关村创业气氛浓，天使投资也开始发展。

天使投资发展的真正内在推动力是创业与创新。没有创业和创新，就没有对天使投资的需求，也就没有天使投资的发展。只有在创业与创新十分活跃的地方，天使投资才能够长足发展。创业与创新带来对于天使投资的需求，而这种需求在一个地方的强弱直接关系到天使投资在当地的活跃程度。天使投资的这个特征与风险投资相同。创业与创新带来融资的需求，而这种需求越强大，越能够推动风险投资和天使投资的发展。美国哈佛大学商学院的 Gompers 教授和 Lerner 教授早在 20 世纪 90 年代就注意到这个问题。[①] 他们研究风险投资基金的融资过程，以及影响这一过程的因素。他们发现，政府可以从风险投资的供给方和需求方推动地方上风险投资的发展。如从供给方推进，政府可以直接建

---

① Gompers and Lerner. “What Drives Venture Capital Fundraising?” Brooking Paper on Economic Activity, 1998

立风险投资基金，或者出资以“基金的基金”的模式参与私人的风险投资基金。如果从需求方，政府可以出台各种政策，以鼓励对于风险投资的需求。例如，政府的减税政策鼓励了创业者的创业热情，同时鼓励了投资者的积极参与；政府和企业增大 R&D 支出，也会有利于推动创业从而带动投资于早期的风险投资的发展。他们发现，美国西海岸，尤其是硅谷地区的风险投资繁荣昌盛，特别是投资于早期的风险投资基金十分活跃，这和硅谷地区的创业活动的兴旺息息相关。而投资于早期项目的风险投资基金与天使投资所从事的事业一致。这种由于创业/创新的活跃带来投资事业的活跃的状况在我国也存在。我国的风险投资和天使投资之所以活跃于北京、上海、深圳等地，是因为当地的创业与创新的兴旺。从某种意义上说，创业者在拉动风险投资家和天使投资家的投资活动。而天使投资家/风险投资家又进一步推动了创业者的创业热情。

天使投资弥补了企业的融资过程中，在 3F 和风险投资之间的资本空白。天使投资只是企业成长过程中融资链上的一个链条，而不是全部。它的运行与前面的融资，如 3F 和它后面的融资，与风险投资密切相关。

图 2.1 说明了天使投资在企业融资链中的位置。在企业成长过程中的种子期，3F（家庭、朋友、创业者本人：family，friends and fools or founders）是它们的最主要的资金来源。除了 3F 以外，天使投资、政府资助、科技孵化器等也是种子期可以寻求的资金来源。如果项目的确优秀，发展潜力巨大，甚至可以获得一些专门投资于早期项目的风险投资基金的青睐。当企业进入创始期，天使投资、政府资助、科技孵化器，仍然是投资的主力，风险投资有时也投资于创始期的项目。事实上，从 20 世纪中期一直到 80 年代，风险投资的主投领域是企业发展的创始期。我们把那个时期的风险投资称为“古典式”的风险投资。

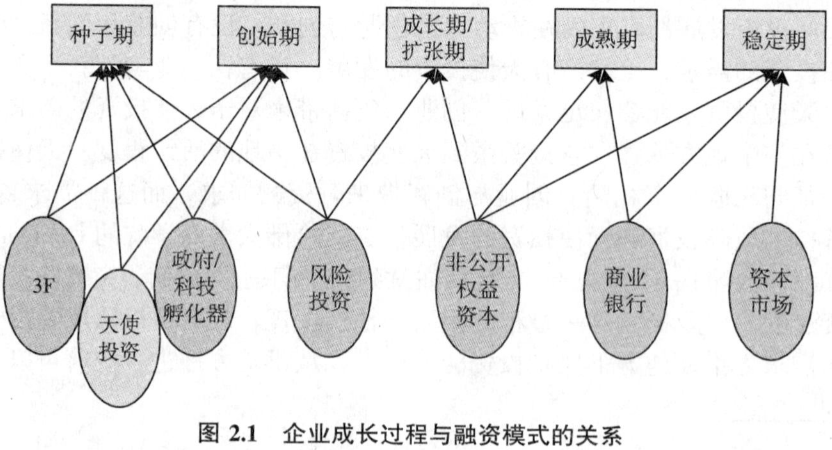

图 2.1 企业成长过程与融资模式的关系

二、天使投资的项目来源

天使投资的成功与否很大程度上取决于是否具有高质量的项目，是否有源源不断的项目流（Deal Flow）。项目流一词最初起源于投资银行。投资银行把可以选择的项目流入的速度称为“项目流”。后来这个术语被风险投资家和天使投资家使用，作为向他们申请融资的项目群。

天使投资家即“非正式的私人股权投资者”。天使投资家通常是拥有高资产净值或具有稳定的高现金收入的个人，如成功的企业家、职业经理人、律师、医生、教授等等，由于天使投资家只是利用自己的税后收入，或个人、家庭积累的资本进行投资，其资本金不能支持较大规模的资金需要，这正是天使投资家和风险投资家的区别之一。天使投资家只投资于早期的项目尤其是种子期的项目。同时，由于初创企业的风险比成长期和成熟期的企业有很大的不确定性，没有稳定的现金流量，也没有详尽的财务数据以寻求银行贷款，即使是风险投资家也往往投资于企业的扩张期/成长期。而天使投资家是自己进行投资，投资决策主要根据人来进行，相对有更多的自主性，创业者就更有可能得到天使投资家的投资。对于发展初期严重缺乏启动资金的创业者来说，天使投资家可以说是他们名副其实的“天使”了。同时，天使投资家自身丰富的经验和广泛的人际关系也能给创业者提供经营和管理上的有益的建议和意见。这对创业者来说也是一笔宝贵的资源。

2006 年，加州天使乐团基金的创始人和基金管理人 Sobieski 博士应邀到美国国会的听证会向议员们讲述天使投资对于中小企业的重要作用，以及天使乐团项目来源问题。Sobieski 博士认为天使乐团的项目流主要来自两个方面：一个是天使乐团的天使投资家会员，很多人自己就是创业者或和创业者关系密切；另一个是来源于天使乐团的声誉。天使乐团越是成功，就有越来越多的创业者向它们提交商业计划书，向它们提出融资申请。

一般地，天使投资的项目有如下来源：

1. 私人朋友、亲戚或家人推荐

朋友推荐是最原始的，也是至今仍然畅行的一种模式。这种方法简便、实用，且成本微乎其微。当然，这种方法也有很大局限性，在很大程度上取决于天使投资人的人际关系是否广泛。对于经验丰富、具有很广泛的私人关系网的天使投资家来说，这种方法不但成功的概率高、成本低，而且由于创业者和天使投资家之间能够相互了解，可以做到“一拍即合”或“一见钟情”。这有助于创业者得到天使投资家的信任，使双方能够更好地合作。当然创业者也可以直接去找自己认识的“天使”，这是由于天使投资家是拥有比较多的个人资产的私人投资者，如律师、会计师、大学教授等，他们一般缺乏合适的投资机会，而他们又想寻找机会使自己的资产增值，因此他们很愿意有创业者主动去和他们接触，如果投资项目比较合适的话，他们会乐意投资的。

2. 职业关系：律师、会计师、经纪人、咨询师等

由于天使投资同风险投资一样，需要进行投资项目的评估和投资决策，签订投资协议和进行投资监控，投资收益的实现以及最后投资资本的退出。在此过程中，会计师、律师、审计师、咨询师以及经纪人是必不可少的环节。因此会计师、律师、审计师以及经纪人手中往往有不少很好的项目。另外，创业者也往往通过自己企业所聘用的或自己所认识的会计师、律师、审计师找到天使投资家。当然这些律师、会计师、审计师和经纪人本身就可能是天使投资家。

3. 互联网

随着互联网得到越来越广泛的应用，信息的交流也越来越方便和快捷，世界越来越扁平了，整个地球紧密地联系在一起，再远的距离也变得近在咫尺。而创业企业的融资也越来越离不开互联网的存在。在网络中，人们可以获得大量的信息和数据。

4. 项目推荐会或其他会议

许多中介机构都在举行各种各样的项目推荐会，以此作为一个平台，吸引投资者和优秀的创业者。天使投资家往往发现这些项目推荐会是获得比较好的项目的十分实用的来源。除了项目推荐会以外，其他的会议，如研讨会、商业计划书竞赛大会、专业论坛等也可以是很好的项目来源地。

5. 天使投资协会、天使投资联盟或其他天使投资机构

过去，天使投资家大多数是个体的、私人的、分散的。到 20 世纪末，尤其是 21 世纪初，越来越多的天使投资家进入了各种类型的天使投资机构，如天使投资联盟、天使俱乐部、天使投资协会等等。它们提供专门的中介服务，使得天使投资系统化、条理化，给它们的会员提供支持和信息，增强天使投资家按照严格的天使投资过程进行投资的意识，改善投资环境。天使投资家发现参加天使联盟后可以很容易地对创业者进行投资，而且也减轻了自己的负担。这样，越来越多的天使投资家加入了天使投资团体，使得这些团体聚集了很多志同道合的天使投资家。与此同时，天使投资机构也越来越受到创业者的关注。他们通过天使机构也可以很方便地找到符合自己要求的天使投资家。同时，天使投资机构往往建立了自己的网站，以吸引具有潜力的投资项目。因此，天使投资机构越来越成为天使投资家的重要项目来源地。

6. 风险投资基金

风险投资基金往往会收到很多的商业计划书。有的项目虽然很有发展潜力，但它们仍然属于种子期或创始期的项目。对于风险投资家来说，这些项目还欠成熟，投资期限还偏早。他们可能把这些项目推荐给天使投资家或天使投资机

构。一般地，天使投资机构都与当地的风险投资基金建立密切的联系。

以上是从天使投资家的角度看，而这些要素也能够帮助创业者去寻求天使投资。此外，一些创业者也选择中介机构为他们融资，以打开通往“天使”之路。

一般地，中介机构可以提供从编制商业计划书、信息咨询服务到直接帮创业者联系天使投资家进行融资的广泛的中介服务业务。它们构成了创业者寻觅天使投资家的一个比较重要的途径。然而，由于这种方法成功与否，在很大程度上取决于中介人和中介机构的素质，并不是每个中介机构都能满足创业者的资金需求，整个中介市场也是良莠不齐，因此创业者在选择中介机构时，一定要慎之又慎，一定要选择那些在同行业中有优势的、关系广泛、声誉良好、没有不良记录的中介机构才有能力完成创业者提出的吸引资金的要求。当然，这样的中介机构收费可能高一点，但成功的把握性较大。

在确定了中介机构后，创业者要做的就是向中介机构提出自己的资金需求，以及其他的相关要求，让中介机构根据自己提出的要求去寻找合适的天使投资家。同时确定是否委托中介机构帮助完成商业计划书或是提供其他的中介服务，如调查同行业中的竞争情况、市场饱和程度以及协助参加和天使投资家的谈判。

当然，得到了中介机构提供的服务，创业者必须付出相应的费用。对于处于发展初期的创业者和中小企业来说，要严格控制自己的费用，因此每一笔服务的价格都要以合同的形式确定下来。创业者可以要求专人负责中介机构和创业者之间信息的传递和交流，使创业者的意见、要求能够及时、准确、完整地转达给中介机构，以保证能找到一个最大限度地满足创业者要求的天使投资家。当创业者开始和天使投资家交流接触时，创业者也可以要求中介机构提供专人负责他们和天使投资家之间的联系。

通过中介机构寻觅天使投资家是创业者常用的一种途径。这种方法有其自身的优势，也有不足之处。优势为：

（1）中介机构可作为创业者的专业参谋。职业的中介机构在处理大量相似的融资案例中积累了丰富的经验，同时拥有了一批高素质的相关的专业人员，可以为创业者出谋划策。此外，天使投资的过程中也会有一些非常专业的问题，如企业的融资结构，天使投资家投资的形式，所占的股份多少，以及有关可转换债券、再稀释条款、天使投资家最后退出等问题。这些都需要专家才能很好地处理。

（2）为创业者节约时间，使他们可以腾出宝贵的时间和精力去完成企业初创期的各项工作。例如：建立和完善各项规章制度，形成一个高效的团结的高素质专业人才的管理层，等等，这对处于发展初期的创业者来说，是非常重要的。创业者的这种需求正是中介机构的优势。对于拥有丰富经验的中介机构来说，在长期开展业务的过程中，积累了许多宝贵的信息资源，可以很快地找到符合创业者要求的天使投资家。中介机构可以大大节省创业者和天使投资家双方的时间，加快了把天使投资家闲置的资金转化为生产资本的过程。

(3) 为创业者提供多样化服务。中介机构提供给创业者的不仅仅是联系天使投资家，而且他还可以利用自己所掌握的信息资源为创业者提供一系列的附加服务，可以帮助创业者解决会计及法律方面的问题，帮助创业者完善企业的管理，提高企业的效率。好的中介机构在把创业者和天使投资家联系上以后，他们还会做好跟踪服务工作，以保证双方合作的顺利进行。

(4) 成功概率高。正是中介机构所拥有的丰富的经验、广泛的人际关系、高素质的工作人员、比较负责的态度保证了创业者和天使投资家双方合作的顺利进行，双方各取所需，成功的概率自然会有所提高。很多成功的案例都证明了这一点。因此中介机构成为创业者寻找天使投资家重要的方式。

利用中介机构的缺点在于：

(1) 这种方式的成功在很大程度上取决于中介机构的素质和办事能力。一些中介机构并不具备提供服务的能力，只是以骗取中介费为目标。这自然损害了创业者的利益。

(2) 要防止商业计划的泄露。由于中介机构有可能参与商业计划书的制作，多了一道中间的环节，就增加了商业计划泄密的可能性。商业计划书可能会涉及企业的定位、核心技术、经营管理模式、投资的回报以及财务计划书等众多的商业机密，这些机密一旦泄露，企业就有可能丧失自己的竞争优势，轻易地被其他企业击败或吞并。

(3) 利用中介机构，成本较高。中介机构提供了众多的融资服务，就要收取相关的费用，由于信息的独占性，这些收费一般是较高的。费用一般由两部分组成：基本服务费和融资提成。在融资成功前，中介机构按照提供的具体服务项目收费，如参与商业计划书的制订、有关信息的提供、相关的法律支持等。而在融资成功后，中介机构还要提取占融资总额一定百分比的业务提成。对于创业初期资金匮乏的创业者来说，是一笔不小的开支。虽然融资成功后的提成往往高于融资前期固定费用，然而，对于初创企业来说，前期收费的风险更大。即使融资不成功，这笔费用也要支付。另外，如果没有前期费用，中介机构就要负担全部融资风险，中介机构似乎也很难接受。

第二节 创业企业获取天使投资的敲门砖：商业计划书

商业计划书是一份创业宣言，是创业者对其项目发展蓝图的完整描述，是企业吸纳资金的敲门砖，也是创业者与天使投资家之间进行全面沟通的桥梁。任何一家希望得到天使投资的企业都要向天使投资家提供一份详尽的商业计划书。它是天使投资家对初创企业进行综合评估的依据。美国一位著名风险投资家曾说过："创业企业邀人投资或加盟，就像向离过婚的女人求婚，而不像和青春少女的初恋。双方各有打算，仅靠空口许诺是无济于事的。"对于正在寻求资金的初创企业来说，商业计划书就是企业的电话通话卡片。商业计划书的质量高低，往往决定了融资的成败。

一、商业计划书的重要性

商业计划书的重要性表现在两个方面。首先，它能帮助创业者理清项目的发展思路。创业者自己要扪心自问：我们做这个项目究竟为了什么？人们对于一个酝酿中的项目，往往很模糊，通过制订商业计划书，能够使自己的心静下来，使自己的思路条理分明，有利于逐条推敲。这样，创业者就能对这一项目有更清晰的认识，使思维更接近理性和现实。有一位天使投资家说得好：要想把你的企业卖给别人，首先能够把它卖给自己。商业计划书的书写过程是把计划中要创立的企业推销给创业者自己。创业者本身首先要建立自己对于自己创业的信心、热情和美好前景的憧憬。其次，商业计划书还能帮助把计划中的初创企业推销给天使投资家、风险投资家或其他投资者。筹集到所需资金，寻找到合作伙伴。

当然，一份优秀的商业计划书是成功的基石，并不是全部。创业者和天使投资家会晤时，真正的挑战才刚刚开始，这是对创业者个人魅力和语言艺术的巨大考验，只有创业者能够说服天使投资家，自己的项目是有竞争实力的，可以保证天使投资家的最大利益，才能使天使投资家信服地对自己进行投资，而且放心地让自己管理。一些创业者在撰写商业计划书时，往往过多强调自己企业的未来远大前程，而忽略了投资者的潜在收益，没有站在投资者的角度考虑问题。

一份内容详细、经得起反复推敲的商业计划书，对于创业者能否顺利地融到资金以及未来的发展具有关键性的作用。商业计划书是融资的敲门砖。一个热情洋溢又理智分析的商业计划书能够吸引天使投资家的注意和青睐，天使投资家才有可能和创业者进行会谈，造成投资的可能性。因此可以说，商业计划书是获取天使投资比较关键的一个环节，是创业者融资是否成功的关键。

此外，商业计划书的重要性还表现为：

（1）天使投资家并不属于创业者的亲戚或朋友。他们是一群陌生人，然而他们本身已经事业有成，具有一定的资本金，他们心怀创业的激情，愿意以资金、自己的经验与智慧帮助他们认为具有前途的创业家一道创业。对于他们来讲，创业家也是陌生人。商业计划书是连接这两个陌生人的一架桥梁。

（2）如前所述，商业计划书不仅能够帮助潜在投资者了解创业企业的概况、发展前景、现金流及其他财务状况，更重要的是，它能够帮助创业者自己梳理自己的创业理念，分析自己本身的优劣势，发掘自己企业的发展前景，找到企业前进的"瓶颈"。正因为上述原因，商业计划书最好由创业者本人书写，而不要找别人替代，利用抄袭或购买的方法提供的商业计划书完全没有起到上述作用，这种商业计划书如同废纸一张。因为：

①真正的创业理念、核心的科技概念、重要的市场开发潜力，只有创业者本人最清楚。

②只有创业者本人亲自动笔，才能表述创业的精华，才能真正打动投资者的心。

③创业者本人应当凭借书写商业计划书来静下心很好地梳理自己的思想、自己的创业理念，发掘自己的核心竞争力。很多创业者在书写商业计划书的过程中，发现了自己的弊病，或进一步升华了自己，看到自己从未看到的发展潜力或竞争优势。创业者应当把商业计划书的写作看成是梳理自己思想的一种必修课。

（3）对于企业融资来说，商业计划书虽然必不可少，但一个言简意赅的商业计划书的执行摘要是至关重要的。事实上，由于天使投资家大都收到过很多商业计划书，他们在最初并没有时间逐一浏览。在项目初选阶段，他们一般只阅读一页纸的执行摘要。所以，在向天使投资家或天使投资机构递交商业计划书时，最好先递交执行摘要。一旦天使投资家感兴趣，他们会主动向企业家索取完整的商业计划书。

二、商业计划书的四大要素

根据哈佛商学院 William Sahlman 教授的研究，商业计划书的四个要素是：人；机会；环境；风险/收益均衡分析。①

---

① William Sahlman. How to Write a Great Business Plan. Harvard Business Review，July–Aug. 1997

人：包括谁来创业，谁是消费者群，谁是供应商，谁是专利持有人，等等。天使投资家十分关注管理团队的素质、能力及决心。绝大多数投资家认为管理团队是每一笔天使投资成功的关键。

一般地，创业者的简历会作为附录放在商业计划书的后面。但投资者却往往首先翻阅这些简历。看看他们有什么教育背景，什么经历和经验。他们认识什么人，他们是否创过业，创业是成功还是失败，他们具有什么业绩。他们是否具有相关行业经验，以及他们是否有一个互补的团队。

当然，天使投资家在投资前，一定会实地考察创业者的状况，看看他们是否与商业计划书中的描绘一致。从某种意义上说，投资者对于创业团队的考察有些像中医的"四诊法"，即"望、闻、问、切"。望：首先是对于创业者的观察，看他们是否有自信心，是否身心健康，是否具有耐心，是否可以合作；闻：即是从其他的来源听一听人们对于创业者的看法，如公司员工、家人、朋友、供应商、市场等等；问：就是向创业者提出问题，如企业的经营状况、财务状况、现金流、生产和销售等等；切，就是亲自去创业企业看看现实是否与企业家的书面描绘一致。

天使投资家往往更重视创业者的失败经历。他们认为成功是从经验中来，而经验是从失败中来。成功的创业者可能会有许多偶然因素，而失败的创业者往往痛定思痛，学习到很多东西。一些天使投资家偏爱失败过但东山再起的创业者，认为这种人有毅力，有意志，也有韧性。迪斯尼公司曾经7次宣布破产，而福特汽车公司也两度破产。失败没有什么可怕，可怕的是失败了便一蹶不振。在面对失败的问题上，我们中国人应当向西方国家学习。我们应当承认失败，容忍失败，接受失败，而不是一味地颂扬成功。我们的创业宣传应当不仅讲成功的故事，而且还应当多多讲述失败的故事，尤其那种失败后仍旧不屈不挠、继续努力的创业者。在哈佛商学院所通用的教学案例中，有许许多多失败的案例。因为失败的故事更深刻，更发人深省。人们可以从失败中认识到深层的寓意，而不是表面的东西。成功固然光荣，失败也并不耻辱。那种"胜者王侯，败者寇"的传统思想值得推敲。Mayfield 风险投资基金的基金管理人 Bill Unger 把一个创业者是否有过失败的经历作为他投资标准的重要因素。

机会：商业计划书中必要有很大篇幅阐述机会。机会包含四大内容：①企业所在的行业是否朝阳行业？②成品/服务是否具有竞争力？③商业模型：即采取什么方式赚钱？如果企业所在行业正在蓬勃兴旺，如果它们的产品/服务具有很强的竞争力，那么，企业用什么商业模型来盈利？对于商业模型的描述是讨论"机会"的重要内容。既然有商业机会，就说明市场存在一些没有解决的问题。对于这些问题，创业者有什么具体的解决办法，以及解决办法的实施途径？④竞争对手：谁是企业的竞争对手？如果没有现实的竞争对手，有没有潜在的呢？什么是企业的特殊性？什么能够使得企业具有竞争力？

环境：环境主要指宏观经济环境、政治环境和法律环境。在作者撰写这本书的同时，金融危机的火焰从美国燃到全世界，随着金融危机的爆发，世界经济进入了“二战”以后最为严重的经济衰退时期。这种宏观经济环境必然给创业者带来极大影响。除了宏观经济环境，还有宏观政治环境、宏观法律环境。假定一个国家处于政治动乱之中，创业与投资都会遇到不可逾越的障碍。另外，国家的法律法规、方针政策都会对创业的成功与失败带来直接的影响，尤其是国家的税收政策，对于创业的税收鼓励政策是商业计划书中必不可少的内容。

风险/收益均衡分析：任何创业都具有一定的风险，为创业者提供外部资金来源的天使投资家更面临各种不确定性带来的风险。人们往往有一种误解，认为创业者都是喜欢风险的。事实上，创业者是看到了机会，市场机会对于创业者的吸引力大大地压过了他们对承担风险的顾虑。创业者常常是乐观主义者。他们先看到机会，看到可能的成功，看到美好的未来。他们常常对于风险、困难、资金缺口没有足够的认识。在风险与收益之间，他们看收益多于风险。正因为这样，天使投资家在对创业企业投资时往往比较慎重。如前所述，创业者一定要站在投资者的角度考虑，不能仅仅考虑自己的企业如何赚钱，如何发展。而是设身处地地为投资者着想：“投资者为什么对我的企业感兴趣？他们为什么投资？他们在什么情况下可以投资，而在什么情况下将拒绝投资？”在企业的商业计划书的风险/收益分析中，企业家一定要有对于投资者如何退出，在什么时候退出，以及以什么收获退出等加以详尽说明。不站在投资者的角度，而单纯站在自己企业的角度考虑的创业者往往不容易获取天使投资。

三、商业计划书的写作原则

1. 清晰、客观、简洁

创业者应当知道，天使投资家每天都要阅读很多份商业计划书，而其中能够引起他（她）的兴趣和认真阅读的为数甚少。因此，好的商业计划书必须在几分钟的时间里就能抓住天使投资家的注意力。商业计划书中很重要的一个部分是一个简洁摘要或概述。这份摘要和商业计划书内容上非常相似，只是篇幅稍短（通常 1~2 页就可以了）并且较少涉及细节问题。一份好的商业计划书摘要要使投资者能够在最短的时间内了解公司的概况，以及企业的特点与优势。

商业计划书不是融资的终结，而是开始。因此，一切数字都要尽可能做到言之有据。投资者最忌讳的是不切实际地夸大未来收入的潜力或者过度低估成本。

2. 创业者自身思路的梳理

如前所述，商业计划书一定要创业者亲自书写，它可以使企业家在创业的激情上加入冷静思考的成分，用相对理性的眼光来考察企业生存的外部空间和内部强弱要素。写作商业计划书最耗费时间的是对于市场的全面调研，广泛收集各种信息资料。认真进行行业分析和对发展前景的思考，弄清楚企业的使命，企业面临的挑战、机遇和不确定性，以及企业所处的行业的发展状况。

3. 技术与市场的位置

商业计划书干预技术与市场细节可以用附录的形式放在最后。很多创业者是技术工作出身，他们喜欢在商业计划书中用大量的篇幅描述其技术的创新性和专一性，而忽略了最根本的一个问题：技术如何向市场转化。技术问题十分重要，但市场、产品、行业、商业模型更为根本。同时，准备一份 PPT 文件也是必要的，它不仅可以给读者更清晰的思路，也有利于将来向投资者进行路演。

4. 换位思考

在写作商业计划书的全过程中，创业者应该站在天使投资家的角度对自己的商业计划进行评估，设身处地，假定自己就是天使投资家，自己在用自己辛苦积累下来的资本进行投资，想到自己这种投资所可能带来的风险，自己应当慎重地考虑什么因素？投资者最为关注的问题有：预期收益、风险防范、商业模型（上市？购并？赎回？其他?），等等。

5. 少愿景、多细节

很多创业者在自己的商业计划书中费尽篇幅描绘自己创业的美好前景，而忽略了创业过程的细节，而细节正是天使投资家关注的（见图 2.2）。[1]

"An admirable plan, Mr Gribbs, but short on detail"

图 2.2 天使投资家："Gribbs 先生，你的商业计划书真不错，可惜缺少细节"

四、商业计划书注意事项：九加十四

商业计划书可能会根据不同的行业、不同的产品、不同的地区、不同的消费群体的不同而不同。但无论什么样内容的商业计划书，都少不了要回答如下

① Jay Schwartz，Ph.D. Preparing For A Visit From angels. Member-Boston Harbor Angels，2007

具体的问题，包括关于商业模式的九大问题和关于创业者的十四大问题(William Sahlman，1997)。

商业计划书中关于商业模式的叙述必定要能够回答以下九大问题：

(1) 谁是你企业的消费者？

(2) 消费者是如何决定是否使用你的产品/服务？

(3) 在什么程度上你的产品/服务使得消费者不得不购买？

(4) 你的产品/服务是如何定价的？

(5) 你的产品/服务是如何进入你锁定的消费者群体的？

(6) 对于你的产品/服务，每增加一个消费者的成本（时间和资源）是多少？

(7) 你的产品/服务的生产、营销成本是多少？

(8) 为每一个消费者提供销售及售后服务的成本是多少？

(9) 保留现成的消费者的成本是多少？

在商业计划书中，除了关于商业模式的上述九大问题以外，更重要的是要详尽地说明创业者本人及创业者团队。人的问题始终是创业是否能够成功的决定性问题。关于创业者的十四大问题如下：

(1) 他们是哪里人？

(2) 他们在哪里受的教育？

(3) 他们在哪里工作过和给谁工作过？

(4) 他们过去无论在事业上还是在个人生活中取得过什么成绩？

(5) 他们在自己的商业圈中的信誉如何？

(6) 他们有多少与本次创业相关的经验？

(7) 他们有什么技巧、知识和能力？

(8) 对于他们创业成功的几率和面临的困境，他们是否有充分的比较现实的认识？

(9) 这个创业团队是否需要加强，还需要增加什么样的人？

(10) 他们是否愿意吸纳更有经验、更有能力的人加入？

(11) 对于创业中不可避免的各种困难，他们将如何应对？

(12) 他们是否具有创业的胆量？

(13) 他们是否全力以赴？

(14) 他们创业的动机是什么？

五、商业计划书的格式与内容

一个完整的商业计划书应由以下 11 个方面的内容构成：摘要；创业者宣言；企业介绍；产品或服务；市场营销；竞争；风险/收益分析；管理团队；融资需求；财务计划；附件。

1. 摘要

这部分是商业计划书的整体介绍。它浓缩了商业计划书的整个内容，是商业计划书的精华所在。一般情况下，天使投资家都是通过首先阅读商业计划书的概要部分获取信息，来判断是否有进一步阅读商业计划书的必要性。可见，概要部分的重要性不言而喻。其描述一定要条理清晰、文字简洁、内容客观、逻辑严密，使人一目了然。

2. 创业者宣言

这是用一句话概括创业者的使命。这句话也称为创业者宣言（Mission Statement）。

3. 企业介绍

这里的企业介绍不是一般意义上的企业概要介绍，而是包含了企业发展目标、市场竞争策略、企业发展策略等更为全面的内容。它在前面概述中有关企业简介的基础上，进行更为全面的补充和细化。具体包括以下一些内容：①基本情况，包括企业名称、地点、成立时间、注册资本、主要股东、股份比例、主营业务、以往经营业绩、主要管理者介绍；②企业业务范围；③企业成长目标；④企业组织结构；⑤企业人力资源发展计划，包括人才招聘计划、员工培训计划、报酬及分红体系和激励机制等；⑥介绍企业聘请的财务顾问、会计师、律师、银行家，包括费用情况和业务往来情况。

4. 产品或服务

准确描述企业将要推出的产品或服务，避免用太多的专业术语。描述产品或服务的用途和好处，有关产品的专利、政府批文。

商业计划书的核心是提出一项产品或服务，以及它对最终客户的价值。产品或服务的市场价值主要表现在两个方面：一是其技术的独特性。天使投资家希望企业的产品或服务在技术上独具匠心，在手段上标新立异，这定能提高产品的技术进入壁垒。而产品的技术进入壁垒越高，产品就能以比较高的价格进入市场。二是其技术的利润性。而这两点恰恰是企业特有的优势。

5. 市场营销

对于一种产品而言，技术的先进性并不代表其能拥有市场，只有能真正满足市场需求的技术才是可行的技术。产品有没有客户购买，决定着企业的成功与失败。技术成果不一定等于商品。这里科技成果向市场的转化是关键。从某种意义上说，一个企业的成功与否取决于它的市场营销。有人把企业比作以营销为核心的集合，一个企业只有两个部门：市场营销部门以及为它服务的部门。企业能够销售什么，市场的需求是什么，企业就提供什么样的产品/服务。对于市场的分析中还包括对于企业所在行业的分析。例如：企业产品在行业中发展程度如何？行业的发展动态如何？创新和技术进步对行业的影响如何？经济发展、政府政策对该行业影响程度如何？企业应描述出将要进入的行业全貌，指出影响该行业发展的关键因素。

6. 竞争

商业计划书成功的一个重要的因素是对于市场竞争的分析。只要有机会，就会有竞争。有的创业者宣布他们没有竞争对手。没有竞争对手的状况只有两种：或者你们所谓的市场根本就不存在，或者你们没有意识到现实的及潜在的竞争者。市场是商品经济的活动载体，哪里有商品，哪里就有市场；哪里有市场，哪里就有竞争。竞争是企业求得生存和发展的必由之路。对于创业者来说，必须认真考察了解市场竞争状况，做到未雨绸缪。

7. 风险/收益分析

在指出企业在未来发展中各种各样潜在的风险的前提下，为投资者指出光明的盈利前景。没有诚实的、坦白的风险分析，无论对于自己的创业还是对于投资者的资金都没有一个负责任的态度。创业的风险包括：技术风险、市场风险、工艺风险、生产风险、政治风险、宏观环境风险、法律风险、政策风险、汇率风险，当然最大的风险是人的风险，即管理层的风险。天使投资家特别希望创业者能对计划的潜在风险进行全面的分析，这主要是由于：一方面，投资者可以了解创业者的风险意识；另一方面，也为投资者的风险评估工作提供了依据。对可能出现的风险，无论大小都要认真对待，以确保投资者的投资安全。

在全面分析各种风险的前提下，提出投资回报与退出机制问题。这是投资者非常关心的问题。投资者进行投资是为了获得较为丰厚的回报。因此，创业者在商业计划书中必须预测天使投资家的投资回报率。

8. 管理团队

一个企业能否最终获得成功，除了拥有好的技术、产品和市场外，更重要的是一个管理团队去实施业务计划。风险投资之父，美国哈佛大学教授 Doriot 有句至理名言："我愿意选择一个有'B'级计划但是'A'级创业团队，也不选择有'A'级计划但只是'B'级的创业团队。"某些时候一个并不非常出色的业务计划由一个一流的管理团队去操作，往往会获得成功，因为第一流的管理团队往往会根据客观状况修改原来的计划，使之具有实施效益。相反，一个出色的业务计划由一个平庸的团队去操作，往往夭折。

一个优秀的管理团队至少应具有以下特点：①共同的目标和价值观；②品质、能力，经验等，优势互补；③一般至少两三个人，但人数不宜过多；④能够团结一致。

2006 年美国天使投资 Hans Severiens 奖得主，美国 Tech Coast 天使投资团的负责人 Luis Villalobos 指出，天使投资最重要的是选对创业团队，尤其是创业团队的 CEO。他认为，他所投资的 CEO 必定具有无瑕的人品，正直无私，全力以赴工作，敢于负责任，敢于承担风险；这个人要深知商业模型，能够观察细节，又顾全大局。

对于许多天使投资家来说，人仍然是第一重要的。他们选择投资项目时，管理团队是最重要的考察对象。天使投资家在这方面的做法与风险投资家十分相似。这一点与风险投资家一致。著名风险投资家 Bill Unger 曾经总结了他本人选择企业家的 6 个标准。他认为，这些企业家必须具有下述特征：

（1）他曾经失败过，并吸取了沉痛的教训。只有失败过的人痛定思痛，才能够真正从中吸取教训。这样的创业者已经用别人的钱交了“学费”，他们一般比没有失败过的人更有经验，更有毅力，也更有韧性。

（2）他雇用的人，曾经被很快地提升到很重要的位置。企业家应当可以“慧眼识珠”，他们具有识别人的能力。一个企业要做好，最终还是要靠人，靠一个有执行能力的团队。

（3）他经历过各种不同岗位的转型，企业家要有变通的能力。创业企业往往随时要调节自己的商业模型，以适应市场日新月异的变迁。一个企业家若曾经适应过不同的岗位，他们的这种应变能力就相对强些。

（4）他曾经在小公司里工作过。我们知道，大公司的工作往往分得十分细致，每一个人只是熟悉一个部门或一道工序，而不懂得各个部门的联系，缺乏全局的概念。而在小公司中工作过的人恰恰是“多面手”，能够应付各种情况，能够做好部门间的协调。

（5）他不拘小节，不怕那些细致的具体的工作，甚至不惜打扫厕所。这里从细节出发是关键（Details Oriented）。那些只会作宏大规划，不能从细节入手的人是不能够管理好企业的。

（6）他不急于求成。创业是一个艰巨的、长期的事业。如果缺乏耐心，没有长远打算的人是不可能成功的。过于急于求成的创业者不仅耐心不够、韧力不足，他们还可能目光短浅，不是天使投资家的首选。

9. 融资需求

很多创业者在其商业计划书中没有明确的融资要求，言外之意：越多越好。然而无论从企业发展考虑，还是从创业者本身考虑，融资的额度应当以适度为准。何谓“适度”？适度是企业能够用于正常运行的最低额度，即企业最需要的资本额。融资额越高，企业出让的股权就越多，付出的代价就越大。

10. 财务计划

企业应提供最近 1~3 年的财务报表及当期财务报表，包括资产负债表、现金流量表、损益表和年度财务报表，以供天使投资家分析企业的财务状况。对于初创企业来说，虽然损益表不能反映真实情况，但可以考察创业者对财务管理重要性的认识。详见本章附录。

11. 附件

提供相关的证明资料，包括市场调查表、市场调查报告及相关参考资料。

按照美国小企业局公布的要求，商业计划书的上述内容可综合为四个部分：公司介绍、市场营销、财务计划、管理结构。①

第三节 创业企业如何获取天使投资

一、创业者要了解天使投资家的心理

创业者有时会觉得向风险投资家融资太难，而从天使投资家那里融资又何尝容易？他们有时会抱怨天使投资家没有慧眼识珠。但创业者应当检查一下自己的不足，反省自己的缺欠。他们应当了解天使投资家的思路，在选择投资项目时，天使投资家是怎么考虑的。为什么一些项目更容易获得天使投资家的青睐？什么是天使投资家不喜欢，也不会投资的项目？是什么原因使某些项目很难获得天使投资呢？

在天使投资家看来，创业企业融资时，往往存在最致命的几个弱点：

（1）没有准备一份完整的商业计划书。没有一份经过自己辛勤劳动造就出来的商业计划书，是不可能实现融资愿望的。而天使投资家几乎每天都接触很多份商业计划书。他们一眼就能够看出创业者在这里面下了多少工夫。商业计划书绝不是用手写出来的，它是用创业者的脑子、眼光、胆量、能力、梦想编织出来的。

（2）企业所开拓的市场不是朝阳市场，企业的发展前途受到局限。如果创业企业所处的行业没有很大的发展余地，再好的创意也很难为投资者获取高额收益。

（3）过多地强调创业的商业设想，而阐明自己的执行力过少。创业者是理想主义者，他们往往看到光明的前途，而忽视到达那个前途的路途的艰辛。成功的企业靠理想，更靠艰苦的、夜以继日的努力。一个强有力的管理团队是创业企业成功的根本保证。

（4）没有充分估计自己在最困难时刻所需要的资金量。美国银行做的一项调研指出，79%的创业者失败是因为没有足够的资金。很多创业者在财务计划方面知识欠缺。他们往往对企业正常运作所需要的资金量缺乏充分的认识。

① 见本章附录：《美国小企业局（SBA）商业计划书指南》。

（5）很多创业者喜欢借款，而不大情愿稀释自己的股权。而他们不清楚，债权人与投资人的区别在于，前者只给予金钱，后者还给予智慧、经验、关系网。如果创业者只想获得资本金，而不愿意出让股权，就会给天使投资带来不可逾越的障碍。

（6）有时企业家对自己的企业估值过高。虽然天使投资家很看好这个项目，也愿意投资，但无奈企业家要价太高。如同风险投资一样，天使投资的过程也是买卖的交易过程。在这个过程中，天使投资家是买方，而创业者是卖方。天使投资家是用自己的资本购买创业者企业的一部分股权（天使投资也属于“买方金融”，这个问题我们将在第四章展开讨论）。买方只有在他们认为合适的价格条件下才愿意购买。买方希望价格低些，而卖方希望价格高些。这些愿望都是可以理解的。但如果买卖双方对于企业的估值差距太大，二者给出的价格相差太远，交易是不会完成的。

（7）没有适当的法律文件保护。这个问题在我国尤其严重。如果创业者拥有知识产权，就应当有适当的保护文件，如专利、商标等。

（8）不知道如何做好现金管理。由于创业者大都具有科技背景，他们中很多人都不太懂得金融与财务，不知道如何控制支出，如何开源节流。而一个企业就像一个家庭一样，不管收入多高，只要不控制支出，仍然可以负债累累。对于这样的企业，天使投资家的资金像投入了无底洞，再好的项目也不可能成功。

创业者在寻求天使投资时，应当知道对方的思路，了解天使投资家的顾虑。上述几点恰恰是天使投资家在作出投资决策以前的一些不尽如人意的地方，是妨碍他们投资的重要原因。

二、创业者如何选择天使投资人

创业者向天使投资家融资，与天使投资家向创业者投资是同一个过程的两个侧面。交易的形成是要根据双方的意愿。天使投资家是创业者身后的创业者。他们的目标是一致的，即如何把企业建设好。从某种意义上说，投资者与创业者的结合像是一种婚姻，二者一旦结合，就变成一家人。一个美满的婚姻是需要双方的努力的，一相情愿是不可能成功的。与天使投资家以各种方式考量创业者一样，创业者也常常对于潜在天使投资人作一番考察。双方都有一个选择的过程。那么，从创业企业的角度，如何获取天使投资？如何选择天使投资人？下述三个方面可供参考：

1．“合格投资者”

创业者首先要考察天使投资家是否符合“合格投资者”的身份。虽然没有这个身份也可能是一个出色的天使投资家，但在不太熟悉对方的情况下，企业家应当首选具有“合格投资者”身份的天使投资家。

2.“聪明的钱还是傻钱”

创业者要考察天使投资家是否具有一定的经验和经历，能够在企业成长过程中给予一定的非金钱的支持。不要低估天使投资家的潜力。在过去，创业者往往认为寻求天使投资比寻求风险投资容易，但这种想法显然已经过时。创业者必须做好思想准备，天使投资家的要求越来越接近于风险投资家，他们同样要求一个出色的团队，一种非凡的技术创新，一个具有巨大潜力的市场。

3.“投资者加辅导员”

创业者应当心甘情愿地勤向天使投资家寻求意见和指导。许多天使投资家不仅仅是为了赚钱，他们更喜欢帮助一个初创企业成长，他们喜欢卷入这种创业的冲动，他们喜欢卷入企业从小到大的过程，他们喜欢把自己过去的经验和教训与年轻的创业者分享，他们在帮助创业者的过程中找到了自我的价值，得到了精神的充实和满足。天使投资家最不喜欢的是自以为是的创业者，他们往往不会把自己的资金投给自高自大的企业家。创业者要理解天使投资家的胸怀。许多天使投资家已经在事业上获得成功，他们做投资在一定程度上是“回报”于社会，“回报”于使得自己成功的社区或社团。他们的投资有寻求经济回报的意义，也有寻求奉献途径的意义。他们一方面希望通过投资而赚钱；另一方面，他们也希望通过自己的资金扶植一些真正具有创业精神的企业家，扶植一些能够为社会未来造就福利的科技创新。

三、天使投资小案例

案例1　融资不是越多越好

企业家往往是乐观主义者，他们往往先看到机会，再寻找机会所需要的资源。

企业往往被要求通常若干可能情况，并根据可能情况安排自己的生产、销售、市场和资金使用。例如：种子期基金或天使投资家往往给企业几个投资可能性，使得企业在特种情况下分别制作出自己的商业计划。假定天使投资家给予创业者三种可能性：

A. 10 万元投资；

B. 17.5 万元投资；

C. 25 万元投资。

天使投资家希望企业家在以上三种假设条件下能够调整自己的商业计划，同时做出实际的对比，看看到底融资多少才对于自己的企业最合适。在融资 10万元的情况下，企业应当如何安排自己的生产、经营、市场及人员雇用。而在融资 17.5 万元和 25 万元的情况下企业的生产经营有何变化，这种变化是否有利于企业的长远发展，是否能够提高企业的发展速度，等等。

创业者在融资时常常存在一个误区，他们认为融资的原则是多多益善，能够多融资就多融资，能够得到天使投资家的 20 万元，就绝不要 10 万元。这种认识是不正确的。融资太少固然不能满足企业成长发展的需要，但融资太多又往往以丧失过多的股权，对企业失去控制为代价。企业家应当明白，企业的发展是不断需要补充资金的，企业发展速度越快，自己自有资金就越可能不够，需要外来资金的补充。但企业的发展是一步一步的，企业的融资以应与其发展的步调相适应。企业不可能一夜之间成长为巨人，企业的融资也不可能一步到位。

案例 2　费城创新经济投资基金

费城的创新经济投资基金从属于大费城区的一家非营利机构：创新费城。创新费城意在促进大费城地区年轻人的创意创业，鼓励该地区的年轻人（一般在 25~34 岁之间）的创业行为。创新经济基金本身是一家私人的，以盈利为目的的公司。它是专门为费城地区的创意产业的种子期融资的。可以说，费城创新经济基金是一只从事早期投资的天使投资基金。它们的投资额一般仅限于 2.5 万~15 万美元。正因为投资期限偏早，它们也称自己为"前种子期"（Pre-seed Stage Investment）投资。它们投资的对象往往在于建筑学、室内设计、城市规划、形象艺术、软件、服装设计、音像制品、摄影、音乐、多媒体等领域。

费城创新经济投资基金的投资对象是还在萌芽期的创意产业，它们的投资额度较小，而且投资方式灵活。它们不仅采取股权投资，也为企业通过短期或长期贷款。有时，它们采取股权投资与债权投资相结合的模式。

它们的投资过程为：

（1）前种子期或种子期的创意产业在网上提交商业计划书和其他相关文件。

（2）由创新经济基金管理人员对于所提交的商业计划书进行初步评阅。

（3）创新经济基金管理人员组织对于该企业进行尽职调查。

（4）合格企业的负责人到创新经济基金作路演。

（5）创新经济基金的投资委员会决定是否投资。

向创新经济基金申请融资的企业家必须注意该基金的特色：如果你不在创意产业，如果你的企业已经越过了种子期，如果你的企业不在大费城区域，也没有在近期搬进该地区的计划，或者你已经不再是年轻人，那么，你最好不要向该基金提出申请。此外，即使你的创业符合上述种种条件，但你没有准备好一份像样的商业计划书，那么，你也先不要急于提交申请。

（1）创业者必须有决心创立一个真正的强有力的企业。如果创业者仅仅为了赚钱，急功近利，对于如何建设自己的企业没有一个长远的计划，天使投资家往往是不会投资的。

（2）创业者要有一定的市场预测，如果创业者的项目具有较大的市场前景，或是在上升的市场中能够具有一定的份额，才能吸引天使投资家的投资兴趣。

（3）创业者必须要有一支较好的团队。创业者个人能力再强，经验再丰富，愿景再宏大，一个人也很难实现创业理想。俗话说，"三个臭皮匠，顶一个诸葛亮"。创业者的管理团队不仅应当团结合作，还能够在知识、技能、经验、性格等方面互补。例如：管理团队中的三个人若都是科技创新的能手，没有一个人具有管理、市场或财务技能，这个团队不一定是一支理想的创业团队。相反，如果这三个人中，一个具有科技背景，一个具有管理经验和市场开拓能力，另一个具有财务专长，三人相辅相成，互相补充，可能会成为一个强有力的领导班子。

（4）创业者对于潜在投资者要坦诚相待，对潜在投资者公布所有信息。创业者往往希望在投资者面前表现得十全十美。但这是一种误会。天使投资家不怕有欠缺的创业团队，就怕不诚实的团队。不怕不会或不懂，就怕不懂装懂。

（5）了解市场，了解竞争者。投资者不怕你存在竞争对手，就怕你不知道竞争对手的存在。一些创业者非常自信自己的事业是"前无古人"的，认为他们没有竞争对手，或他们的竞争对手还没有出生。而这种目中无人的态度是投资者最反感的。一定要明确竞争的威胁，一个最新的产品，只要具有市场前景，就会存在现实的或潜在的竞争对手。

（6）承诺少，实践多。不要夸下海口，一定要在短期内实现某些宏远目标，一旦不能实现，就会丧失自己的信誉。不如把近期目标制定在客观的可能实现的范围内，但努力工作，争取突破自己的目标。

（7）愿意分权。为了企业的发展，如果必要，可以放弃对企业的控制权。这是创业者最需要面对的一道难关。而投资者最不能容忍的就是企业家不愿意分散自己的权限。

四、对天使投资家的忠告

天使投资是一项风险相对高的投资活动。作为天使投资家，一定要对投资的风险有足够的认识。在作投资决策时，如果遇到一些心里感到不大舒服的情况，就应当考虑放弃。有时天使投资家的直觉是对的。下面是对天使投资家们的九大忠告：

1. 确定自己的最高投资限额

作为天使投资家，最好在投资决策前先冷静考虑自己的经济状况、现金流和风险承受度。如果是已婚的投资者，投资项目是否需要与家人协商？如前所述，天使投资家最高的投资额是自己所能够接受的最大损失额，考虑到自己的经济状况、家人意见、自己的心理承受力、自己对于风险的容忍程度等。在客观冷静地对自己的投资能力进行了分析的情况下决定自己是否投资，以及投资上下限。如果发现自己的家人难以协调，或自己的资金能力不足，或自己心理对于风险的承受力不够，就应立即放弃。

2. 了解企业家的心态、人品和能力

企业家往往具有乐观的天性。基于这种乐观的天性，他们往往过高估计自己企业的发展前景，他们对企业未来的市场估计、产品的设计、生产过程等都容易偏于乐观，对于困难容易估计不足。一旦发现创业者过于乐观，或创业者的创业设想不切实际，就应立即放弃。投资是投人，不仅仅是投科技或项目。如果认为创业者人品有问题，就应立即放弃。此外，创业团队的协调一致很重要。如果看见创业管理团队虽然各个精明强干，但他们对于企业的发展前景，对于商业模型，对于企业的战略部署看法不同，就应立即放弃。

3. 深入了解创业企业的商业模型

如果不能真正地、透彻地理解该模型，最好不要投资。如果对于企业的商业模型有任何疑问，一定主动提出。一旦对于对方的答案有所怀疑，就应立即放弃。通常创业企业在申请天使投资时还没有营业收入，或刚刚有少许收入。他们为天使投资家展示的往往是预期收入。初创企业的预期收入常常呈现“曲棍球柄”的形态（见图 2.3）。

图 2.3　“曲棍球柄”形态

开始时发展缓慢，过一段时间后突变——呈直线上升的趋势。如果看到企业的"曲棍球柄"的呈现远远早于该工业正常发展平均值，就应立即放弃。

4. 对于企业财务状况了如指掌

一定要查看企业的现金流，不仅是年度现金流，更重要的是每个月的现金流。如果按月现金流不能解释年度现金流的趋势，应当与创业者进一步沟通；如果看到现金流有明显漏洞，就应立即放弃。除了现金流外，企业的支出状况也要关注。天使投资家要仔细查看企业的预期支出，看其支出预算是否与其预期的企业成长成比例。不少创业企业最初的预算支出还是合情合理的，但其支出并不随企业的成长壮大而增加，这就会出现问题。尤其是要看企业的债务状况。如果企业隐藏其真实的债务状况，就应立即放弃。

5. 市场、产品/服务及竞争力

如果企业家对于市场前景过于乐观，天使投资家应当主动与他们交谈，使他们调整自己的预测。如果企业家对于市场前景的估计与现实相差甚远，就应立即放弃。天使投资家还应当查看企业产品与服务的价格定位。如果企业的市场定位为高端客户，产品或服务的价格过低就会导致企业的最终倒台。另外，如果企业的市场定位为低端客户，那么太高的价格自然会破坏企业的竞争力。如果看到创业者的价格定位与其产品服务的市场定位大相径庭，就应立即放弃。

看一个产品/服务是否具有发展前景，要看它的竞争力，尤其是科技竞争力。对于科技创业企业，科技竞争力是关键。企业的核心科技是否具有发展前景，该核心竞争力是否具有一定的进入门槛，是否很容易被竞争对手所淘汰，创业者对于科技竞争的思想准备是否充分。如果看到创业者过分地夸大其科技竞争力，或仅仅依赖其现有的科技水平，而无视潜在的或现实的科技竞争对手，投资者应当立即放弃。随着科技竞争力的问题，天使投资家自然要关心企业的知识产权保护问题。科技创业企业是否具有一定形式的知识产权保护能力，如专利、商标、版权等等。如果企业在知识产权方面有抄袭之嫌，投资者应当立即放弃。

6. 价值评估

天使投资家往往投资于初创企业，尤其在种子期的企业，而对于这种企业的价值评估是有一定难度的。投资者如果认为企业有发展潜力，如果有较强的投资意向，可以寻找专家对其进行正规的价值评估。如果评估结果与企业家的自我评估相去甚远，那么，即使再好的项目投资者也应当考虑立即放弃。

7. 退出渠道

天使投资家应当注意到创业者是否为投资者设想了合适的、合理的退出途径。如果创业者只想自己成功、自己赚钱，丝毫没有想到投资者的必要资金上的和风险承担方面的补偿，那么投资者应当立即放弃。

8. 注重细节

千万不要小看细节。有时天使投资家对于每一个项目非常感兴趣，其管理团队、市场前景、现金流预测等方面也都比较满意，只是在一些非常小的细节方面意见不一致。这时投资者应当尽量与创业者沟通，求大同，存小异，保持步调的一致。如果创业者在细节上斤斤计较，如果投资者在让步之后创业者一步不让，投资者最好立即放弃。

9. 及时的决策

该出手时则出手，该放弃时立即放弃。出手要快，放弃要果断。

第四节 天使投资的投资过程

一、天使投资的项目筛选

由于天使投资家对于项目的筛选标准及过程与风险投资家的类似。这里以风险投资家的选项和尽职调查为例，对照分析天使投资在选择投资项目过程中的注意事项及评选标准。

对于风险投资来说，投资项目筛选和尽职审查大约分为五个步骤：

（一）投资项目的初步筛选

风险投资家对于投资项目的初步筛选见图 2.4。天使投资家的初步筛选过程也类似。对于天使投资家来说，项目的来源往往是熟人、同事、朋友及天使投资家联盟（协会等）。这与风险投资家选择项目时常常借助于他人推荐十分相似。如果没有人推荐，风险投资家往往没有时间去考察一个全然不知的项目。

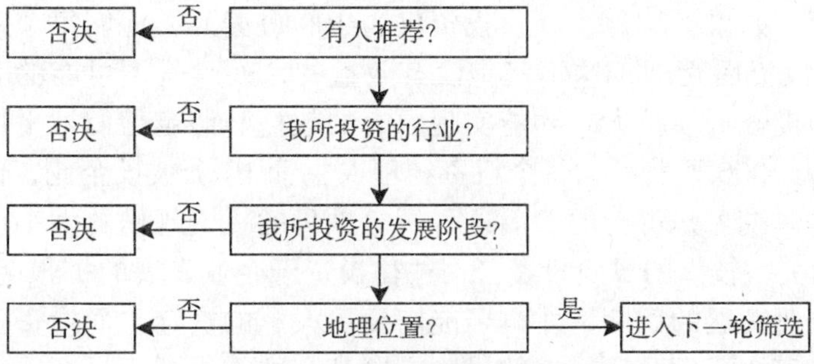

图 2.4 投资项目的初步筛选

如果有人推荐，风险投资家便进一步考虑该项目是否属于自己的投资行业。

风险投资家分为一般型风险投资家和专业型风险投资家。前者涉足于所有行业、所有领域，只要项目具有发展潜力，只要投资有利可图，他们就会投资，而后者则仅投资于他们所专长的领域或行业。对于专业型风险投资家，再好的投资项目，只要不是他们的投资领域，他们也不会投资。例如：投资于软件行业的风险投资家对于生物工程项目往往不感兴趣，他们对于不是自己投资行业或投资领域的项目绝对不投。目前，由于科技发展越来越深入，科技方面的分工也越来越细，导致专业型风险投资家越来越细化自己所投专业：那些仅投资于软件行业的风险投资家，可能把自己的投资范围仅限于管理软件，或进一步限于财务管理软件。因为只有把自己的投资范围局限于一个较小的范围，才能集中精力，不断学习该领域的夜以继日的创新，才能跟得上科技发展的速度。对于专业型风险投资家来说，如果他们恰巧遇到一些自己投资专业以外的优秀项目，他们往往推荐给其他风险投资家。

天使投资也颇类似。他们也可被分为一般型天使投资家和专业型天使投资家。第一章所述的财务收益型天使投资家往往即一般型天使投资家。他们的原则是：只要有好项目便投。与此相反，专业型天使投资家往往仅投资于自己熟悉的领域或行业。由于天使投资家往往是在某些领域的成功人士，他们往往更偏向于做专业型投资。

对于风险投资家来说，如果投资项目属于自己的投资领域或行业，他们还要看所选项目是否属于自己投资的阶段。风险投资基金往往基于其规模和偏好制定其投资阶段。规模较大的基金往往所投项目额度也较大。因为基金管理的资本规模虽然大，而基金管理人员却往往有限。一只规模大的基金如果投资于众多的小项目，那么他们将没有足够的资金管理人员深入被投企业参与企业的建设与发展。而投资后积极参与被投企业的建设乃是风险投资的特征之一。假定一只风险投资基金具有 10 亿美元的投资资本，再假定这只基金共有 10 名基金经理，那么每个人需要管理 1 亿美元的投资资本。这种现状本身就限制了他们的投资规模。如果平均每个项目投资仅为 100 万美元，他们每个人就要参与 100 个企业的投资后管理，这不仅是没有效益的，而且是不可能的。他们只有把每笔项目的投资规模扩大，才能实现原有的效益。假定他们把平均投资规模扩大 10 倍，为 1000 万美元，每个投资经理人主管 10 个被投企业，他们积极创业被投企业的建设才是可行的。而这种每笔项目的投资规模的大小也与其投资的期限密切相关。较大的风险投资公司往往投资于企业发展的扩张期或成熟期。因为只有在企业发展的后期，才有可能需要更大笔的资金。而投资基金规模较小，风险投资家的资历又比较老的风险投资基金往往投资于早期项目。我们知道投资于早期项目，尤其是种子期的科技项目需要风险投资家对于项目具有相当的判断力。

风险投资家在考察项目时，除了注意投资的行业、投资的领域，还要看其是否属于自己的投资地理范围。过去在硅谷砂石路的风险投资家们常把自己的投资地理范围划为 1~2 个小时的行车路程之内。如果超出自己投资的地理范围，风险投资家会觉得这样的项目有碍于投资后的管理，因而再好的项目也会放弃。近年来，风险投资家往往扩大了自己投资的区域范围。不少硅谷的风险投资家甚至把业务扩大到海外，他们在中国、印度、以色列和欧洲都有投资。不少风险投资家已经渐渐从传统型的、地方型的投资模式走入全球化模式。与此相反，天使投资仍然保留着传统风险投资家的投资习惯，把投资项目锁定在较小的地理范围。由于天使投资家是个体投资行为，投资后，他们往往需要亲自到被投企业考察，参与各种重要会议，等等。因此，天使投资家仍然遵循传统的风险投资家的战略，他们往往仅投资于距离自己办公地点或自己的住所不太远的项目。

（二）项目发展潜力的估定

在经过初步筛选之后，天使投资家也如风险投资家那样，进一步考察该项目的发展潜力，见图 2.5。

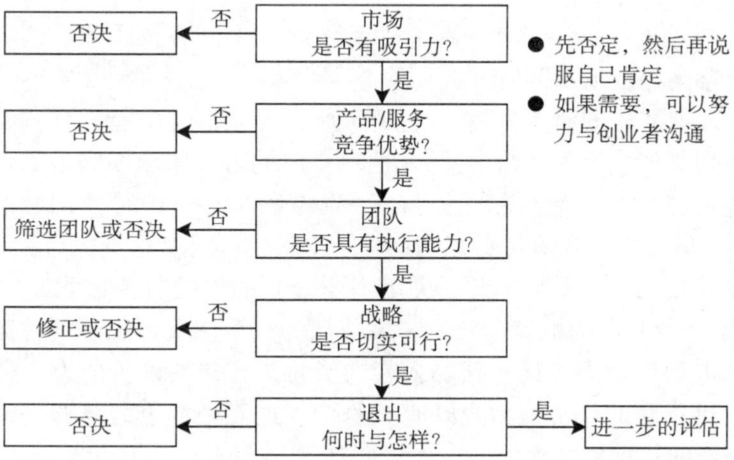

图 2.5 项目发展潜力

在判断项目是否具有发展潜力的过程中，不同的风险投资家有不同的判断标准。有的风险投资家把市场作为第一位，因为没有一个具有潜力的市场，再好的项目也将是没有商业前途的。他们认为创业团队当然也很重要，但只要项目的市场前景好，团队不好可以补充甚或更换。另外，一些风险投资家则坚持人是最重要的。正如美国的风险投资之父 General Georges Doriot 的至理名言："我宁可投资于第一流的创业团队，第二流的项目；而不愿投资于第二流的创业团队，第一流的项目"（"I preferred a Grade 'A' entrepreneurial team with a

Grade ‘B’ idea to a Grade ‘B’ team with a Grade ‘A’ idea”）。Doriot 的这句话成为许多风险投资家的座右铭。他们认为，总结自己过去的投资经验，成功也在人失败也在人。成功在于投对了人，失败则在于投错了人。天使投资家也对此非常认可。认为投资成功与否的关键在于是否看准了人。一个项目可能十分优秀，也可能有划时代的意义，但如果没有合适的人操作，再好的项目也会付诸东流。

无论风险投资家还是天使投资家，也无论是把市场因素放在第一位，还是把创业团队放在第一位，图 2.5 的五个因素都是阶段项目发展潜力的关键。

市场是否有吸引力？产品是否有竞争优势？创业团队是否具有执行能力？创业企业的战略是否切实可行？最后，但绝非不重要的是退出问题，企业是否为投资者制定了退出的方案，何时退出？以什么方式退出？风险投资家在分析这五个方面的策略是先否定，再肯定，或是采取“否定之否定”的分析策略：首先假定该项目的市场前景不好，然后根据企业的商业计划书或根据自己的调查研究一步一步地否定自己的否定假设。同样，首先对该产品/服务的可行性或其质量数量等方面持否定态度，然后一步一步地通过各种事实和数据来否定自己的否定假定，以此类推。

上述五个问题中，我们将分别论述市场、产品/服务及团队。这里我们首先分析一下战略问题及退出问题。

在企业发展战略的研究方面，哈佛商学院的迈克尔·波特教授颇有造诣，波特教授被誉为“现代竞争战略之父”。他在自己的著作中全面阐述了企业竞争战略，为企业发展奠定了重要的理论基础。他的著作包括 1980 年出版的《竞争战略》、1985 年出版的《竞争优势》、1990 年出版的《国家竞争优势》、1998 年出版的《竞争论》。这些著作指出：决定企业获利能力的首要因素是“产业吸引力”，及决定产业吸引力的竞争法则。波特认为竞争法则可以用五种竞争力来具体分析，这五种竞争力包括：新加入者的威胁、客户的议价能力、替代品或服务的威胁、供货商的议价能力及既有竞争者。这五种竞争力能够决定产业的获利能力及企业的长远发展潜力。

企业发展战略问题一直是企业成功与否的关键问题，也是容易为企业，尤其是初创企业忽视的问题。随着中国经济的迅猛发展，中国众多的企业，包括创业企业需要有一个切实可行的发展战略或竞争战略。而中国企业往往在制定企业发展战略方针时不太注意企业的长远发展，不少企业仅仅看到目前的市场需求，仅仅看到近年或近几年的发展方向，而忽略了非常重要的长远战略发展。没有远谋必有近虑。中国企业在战略发展制定方面还缺乏整体性，没有一个整体规划，好像是走一步，算一步。此外，不少创业企业在战略规划中仅有远大宏图，而没有具体实施步骤。例如，不少创业企业打出发展战略口号：“到某某年进入世界500强”或“争取3年内上市”等。但究竟如何进入世界500强，究竟通过什么步骤实现上市的理想，企业并没有清楚的途径。它们提出非常打动人心的口号，但缺乏具体实施的细节。这种企业发展战略是没有现实意义的，如果风险投资家或天使投资家看到这种没有实施细节的发展战略，他们是不会投资的。

另一个重要关键是创业企业如何为投资者制定退出渠道。事实上，投资者常常把企业退出渠道的设计看得至关重要。创业者是否把投资者看做自己的合伙人，是否看成创业道路上的志同道合的同伴，是否能够理解投资者在企业这么弱小的时候就投资，他们也在相当大的程度上与创业者共同担当了创业风险，投资者（不管是风险投资家还是天使投资家）此时此刻也是创业者，他们也应当得到承担风险所带来的巨大的回报。虽然这种回报是未来的，是潜在的，还不是现实，但投资者的这种勇气和魄力本身就有价值。在企业的初创期，尤其是在企业的种子期，投资者的资金往往对于创业者是雪中送炭，是起死回生的灵丹妙药。如果创业者对此并无认识，或认识浅薄，如果他们仅仅想着自己企业的成功与否，自己事业的成功与否，而全然不考虑投资者为自己的事业付出的代价，全然不了解投资者对于自己的创业所承担的高风险，他们就不可能为投资者考虑，就不可能为投资者设计合适的退出模式。这种创业者是自私的、狭隘的，是做不成大事的。而投资者也很少为这种创业企业投资。

一些创业者在融资时只想他们自己如何成长壮大，他们本人如何事业有成，他们的公司有朝一日能够成功上市。他们在融资时心情迫切，希望投资者看到自己的事业的前景，希望投资者像自己一样对于自己的创业充满信心，但他们从未从投资者的角度着想，从未考虑投资者的利益。如果他们冷静下来，想一想为什么投资者向他们投资？投资者是否承担很大风险？投资者的风险是否应当得到回报？投资者在创业初期的资金是否应当得到回报？作为创业者如何使得投资者获取丰厚的资金上的收益？如何帮助投资者在适当的时候，以适当的方式退出他们的投资？如果创业者在这方面没有全面的考虑，证明创业者不是一个能够容人的、大度的合作者，这种人常常也很难有所成就，投资者往往不情愿向这种人投资。

（三）市场抉择步骤

一般地，市场的决策分为四个步骤：市场的生命周期；市场的容量；市场的消费者群体；市场的竞争程度（见图2.6）。

1. 市场的生命周期

一个市场就像一个企业，它有如同人一样的生命，也有着生命的周期。市场从诞生到幼小，从幼小到少年，以至到成年，到衰老，到死亡。看一个项目是否有经济价值，自然要看它所面向的市场，而看一个市场，先要看它的生命

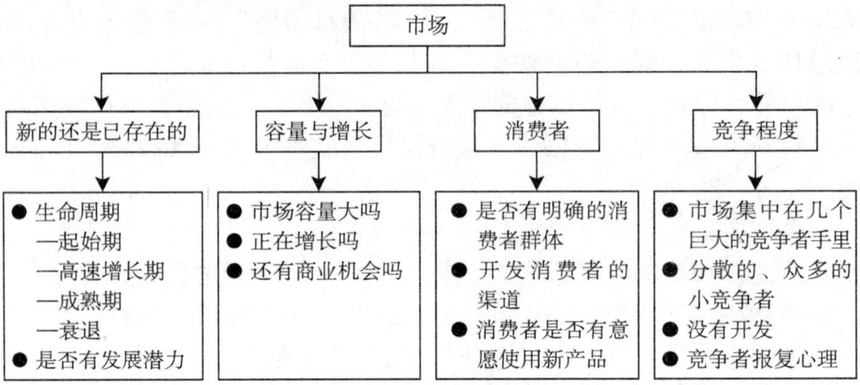

图 2.6 市场抉择步骤

周期。这个市场是一个朝阳市场，还是一个夕阳市场？是一个正在迅速发展的市场，还是一个正在走下坡路的市场？是一个成长着的市场，还是一个已经饱和的市场？例如，VCD 市场曾经是火热的市场，现在早已被 DVD 市场所替代。在电脑、软件方面，科技发展更是日新月异。最早的 5.5 英寸的外接软盘已被 3.25 英寸软盘所替代，而 3.25 英寸又早已被容量更大、体积更小、携带方便的 U 盘所替代。现在，就是再好的外接软盘也已经没有了市场，就连外接 CD 也逐渐被取代。就电脑硬件来说，就 21 世纪初来论，可能 3.25 英寸的外接软盘市场已经死亡，而外接 CD 也是步入晚年，只有 U 盘市场仍然朝气蓬勃。自然，就是这样朝气蓬勃的市场也不是永远不变的，有一天，它也会从青壮年到中年，再到老年。自然科学的规律就是这样的无情，市场的生命周期就是这样的无情。投资者对于市场生命周期的考察是决定其是否投资的关键之一。一般地，处于朝阳地位的市场是融资的必要条件。

2. 市场的容量

市场的容量是项目是否能够形成规模效益的基本因素。这里仅以互联网市场为例，我国的互联网有着巨大的市场容量。互联网市场从 20 世纪 80 年代末开始在我国发展，到 21 世纪初，其发展的速度和力度可以说是史无前例的。根据新华网 2008 年 5 月 6 日报道，中国网民人数已逾 2.21 亿人，略高于美国（约为 2.20 亿人），居世界第一。1987 年 9 月 14 日，北京计算机应用技术研究所发出中国第一封电子邮件，拉开了中国人使用互联网的序幕；10 年后的 1997 年，中国拥有 2 万多个入网用户；20 年后的 2007 年，中国有 5824 万宽带用户数量，仅次于美国；而到 2008 年，中国的宽带用户数量已经是全球第一。伴随着互联网一起成长的，是出生在 1980 年以后的中国年轻一代。被称为“80 后”的热血青年，正在成为网络的重要力量。中国互联网络信息中心 10 年监测数据表明，中国网民年轻化趋势明显，25 岁以下网民比例从 1997 年的 41.9%上升至

2006 年的 51.89%。与此同时，网上购物也成为当代青年购物的重要方式。2007 年中国网购总交易量达 594 亿元，同比增长 90.4%；预计到 2010 年，中国网购用户规模将突破 1 亿人。由此可见，与互联网相联系的产品，其市场容量是十分巨大的。除了巨大的市场容量外，我们可以肯定这个市场还是具有潜力的，还是有很大发展余地的。中国目前的网民还集中在城市，如果广大农村家庭也进入互联网，那么中国的网民数量还会有很大的增长。

具有潜力的、庞大的市场并不一定就是还在发展的市场，庞大的、正在发展的市场也并不一定就是某一个创业项目成功的必然市场。应当认识到，市场容量、不断增长等条件都仅是一个项目是否成功的必要条件，而不是充分条件。创业者应当对自己的企业、自己的产品/服务的市场容量和潜力作一定的调研，应当知道市场问题是投资者是否投资的关键之一。

3. 市场的消费者群体

群体是指若干社会成员在长期接触交往过程中，在相互作用与相互依存的基础上形成的集合体。而消费者群体则指具有某些共同消费特征的消费者所组成的群体。一般地，消费者群体的形成来自于如下因素：消费者的年龄、性别、性格、经济收入、生活方式、地理环境、兴趣爱好，以及民族、宗教信仰、文化传统、政治背景等各个方面。

创业者很多时候对于自己产品/服务的消费者群体只是有一个大概的估计，他们很多时候没有在这方面下苦工夫作研究。具有明确的消费者群体是创业成功与否的十分重要的一个环节。对于消费者群体问题，创业者可以从如下几方面判断：

（1）自己提供的产品/服务是否具备一个明确的消费者群体？这个群体在哪里？例如，款式新颖的、色彩明快的、形状小巧的手机，其消费者群体大约是具有一定收入水平的、年轻的白领女士。而即使收入水平相当、年龄相当、年轻的男士们大概也不可能对于这种手机感兴趣。可以肯定，这款手机具有明确的现成的消费者群体。

（2）如果消费者群体明确，却没有现实形成，第二个问题就是如何开发既定的消费者群体：是通过广告？通过促销？还是通过其他方式？可见，即使具有消费者群体的清晰概念，也不一定具备其实体。

（3）如果产品/服务是全新的，那么接下来的问题就是如何培养教育新的消费者群体？现有的消费者是否愿意接受新事物，他们是否愿意尝试新产品？

以上三个问题应当是创业者在融资之前就经过深思熟虑，应当做到胸有成竹的。因为这些方面的问题，投资者，不管是风险投资家还是天使投资家都会向创业者提出的。

4. 市场的竞争程度

不同的市场具有不同的竞争模式。有的市场竞争相当激励，有些就略略缓和。

（四）产品/服务抉择步骤

质量和内容是创业者所提供的产品/服务是否能够占领市场的核心。创业者应当了解，任何产品/服务都可能是有替代者的。竞争者或是现成的，或是潜在的。只要市场有需求，你所希望提供的产品/服务就不可能永久是唯一的。能够战胜竞争对手的只是你的产品/服务带来的其他产品/服务还没有带来的实用价值。对于创业企业的产品/服务的考核如图 2.7 所示。

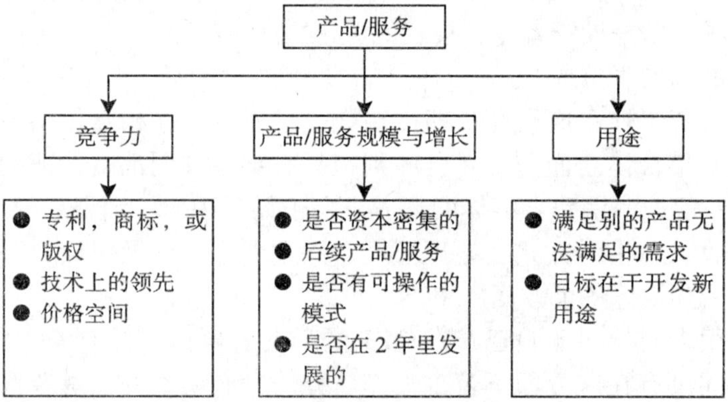

图 2.7　产品/服务决策过程

前面进过，新的产品/服务在市场上能够有一席之地是它能够通过别的产品/服务目前还不能提供的使用价值。发现这种没有被提供的市场需求是创业者特有的企业家的眼光。这种需求可能一直就存在，也可能随着经济的发展和社会的变迁才刚刚出现，但具有企业家的洞察力的创业企业才能抓住这个市场空隙，以自己崭新的或革新的产品/服务弥补市场的空缺。在考察市场发展点（Market Niche）的时候，投资者往往注意如下几个侧面：

1. 产品/服务的竞争力

对于科技创业企业来说，产品/服务的核心竞争力常常与知识产权的保护相联系，投资者也恰恰以知识产权的保护作为企业核心竞争力的指标之一。例如，创业企业有没有申请专利？专利有没有获得批准？专利有效期如何？专利本身是否已经对于该企业的核心竞争力加以保护？更重要的是，该企业是否涉嫌侵占其他人的专利？如果该创业企业不是科技型企业，如果专利保护对它们并不适用，那么，它们是否有注册商标？在商标或版权方面有没有和其他企业或个人的争议？

即使该项目既没有专利保护，又没有商标或版权的保护，那么该项目是否具有一定的科技领先地位？这种领先地位是否长久？是否相对稳定？如何保护这种领先地位？

此外，价格的优惠也是产品/服务具有竞争力的重要因素。如果一个产品/服务已经没有了价格空间，它就没有很大余地以价格变动来开拓市场。价格空间越大，该产品/服务越可以施展促销、降价等营销手段。相反，价格空间越小，创业企业在市场营销方面就越被动。

2. 产品/服务的规模与增长

产品/服务的规模也十分重要，规模越大，竞争力就相对越强。以手机市场为例，据专业人士预测，2008~2010 年，中国手机售后服务市场将在现有基础上持续快速增长，预计 2008 年整体市场规模超过 46 亿元，至 2010 年整体市场规模将超过 60 亿元。与此同时，消费者对于手机服务的不满意度日渐明显。中国消费者协会指出，2007 年全国消协受理手机投诉 8 万余件，虽然与 2006 年相比有所下降，但仍是投诉量最大的单项商品，占全部消费者投诉总量的 12.3%，手机的质量和服务等方面也存在诸多不足。在所有手机投诉中，质量投诉就占到 78.9%，问题主要表现在电池、通话质量、自动关机、黑屏等。当然，有问题，就有机会，有机会，就有创业者，自然也就有潜在的、具有巨大发展前景的投资项目为风险投资家或天使投资家选用。

如果产品/服务是资本密集型的，天使投资往往持保留态度。资本密集型的产品/服务是指在单位产品成本中，与劳动成本相比，资本成本所占比重较大，即每个劳动者所占用的固定资本和流动资本金额较高。一般地，资本密集型产业主要指钢铁业、水电业、大型制造业，如：电子与通信设备制造业、运输设备制造业、石油化工、重型机械工业、电力工业等。资本密集型工业是一个国家经济发展的重要支柱，主要分布在基础工业和重加工业，是发展国民经济、实现工业化的重要基础。资本密集型的产品/服务虽然至关重要，但对于个体投资者的天使投资家来说，往往是可望而不可即的。除了资本密集型，还有劳动密集型和技术密集型。天使投资家比较偏好技术密集型的项目。技术密集型的项目是指在生产过程中，主要依赖于技术和智力要素，它们的作用远远大于其他生产要素。一般地，技术密集型产业包括：微电子与信息产品制造业、航空航天工业、原子能工业、现代制药工业、新材料工业等。技术密集型项目一贯受到风险投资家和天使投资家的青睐。在中国，以微电子、信息产品制造业为代表的技术密集型产业正迅猛发展，正在逐步成为带动我国经济增长的主导产业。事实上，技术密集型产业的发展水平将决定一个国家的竞争力和经济增长的前景。

此外，风险投资家和天使投资家往往还要考察项目的其他因素，如有没有后续项目，有没有再开发能力，是否可持续发展，是否有较快的发展速度，等等。

3. 产品/服务的用途

产品/服务的用途是其是否具有竞争力的关键之一。最重要的是，该项目是否可以提供市场存在的，而其他产品/服务所不能提供的需要。这里暂以蓝牙技术为例。“蓝牙”（Bluetooth）原是丹麦的一位国王的名字：Harald I Bluetooth，蓝牙在位于公元940~985年。他将当时的瑞典、芬兰与丹麦统一起来。人们用他的名字来命名一种新的划时代的技术，含有将四分五裂的局面统一起来的意思。蓝牙技术实际上是一种短距离无线通信技术，它的惊人之处在于它可在近距离内最廉价地将几台数字化设备，如移动设备、固定通信设备、计算机及其终端设备，以及各种数字数据系统，如数字相机、数字摄像机等，甚至各种家用电器、自动化设备等呈网状链接起来。蓝牙技术像一座无形的桥梁，把网络中各种外围设备接口连接起来。总之，蓝牙技术使得现代一些轻易携带的移动通信设备和电脑设备实现无线连接。它的实际应用范围可以进一步拓展到各种家电产品、消费电子产品和汽车等信息家电，具有巨大的发展潜力。

（五）管理团队的选择

一个企业是否具备合格的管理团队是天使投资是否成功的关键。在考察企业的管理团队时，天使投资家可以从下面四个方面进行，见图2.8。

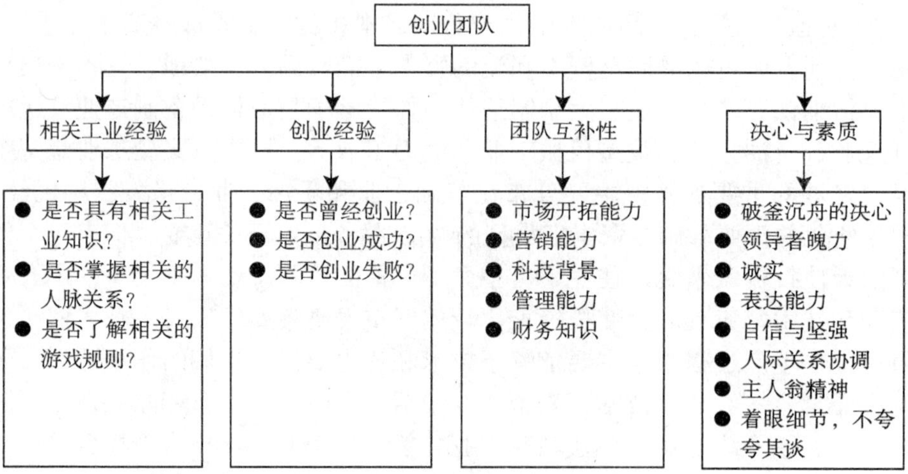

图2.8　创业团队决策过程

从图2.8可以看出，这些方面包含：创业团队的相关工业经验、创业经验，创业团队作为整体的互补性，以及每个人的个人创业决心和素质。

1. 创业团队的相关工业经验

创业团队具有与创业本身相关的经验是投资者需要考察的重要因素之一。例如，互联网 B to B 的项目，创业者是否曾经在互联网 B to B 或相似的产业中工作过？是否掌握该产业的发展状况？是否了解该产业的一些基本的游戏规则？是否在该产业有一定的人脉关系？等等。此外，创业者是否具有比较深厚的相关工业知识也是十分重要的。

2. 创业团队的创业经验

创业者是否具有创业经验，创业经验不一定与本次创业的工业相关，不论在哪一个工业领域，也无论在哪一个行业，只要曾经参与创业，就会是一段十分珍贵的经历。中国在改革开放以来，人们如鱼得水，积极参与经济改革，努力改善自己个人的经济地位。中国的创业事业如火如荼。但我们仍然缺乏真正的创业氛围：称赞成功容忍失败的商业氛围。中国历史上曾有"胜者王侯，败者寇"之说。人们仍然为成功者高唱颂歌，但并不十分理解失败者的境遇，并不能充分容忍失败行为。作者在《做生意》（机械工业出版社，2002）一书的序言中曾经这样阐述自己的观点："风险资本家对于企业家的帮助不仅体现在资金上，而且体现在管理上、战略上、市场开发上、退出渠道的设计上；不仅体现在商务上，而且体现在商业伦理上、思想上、精神上。风险投资家不仅赞慕创业者的成功，更重要的是，他们容忍创业者的失败。正如著名的风险资本家约翰·多尔所述，你可以尝试，失败，再尝试，但最好不要再犯同样的错误。赚钱是风险资本家的经营目的，但绝不是唯一的目的。"风险资本家瑞德·哈斯亭斯就是明显例证。哈斯亭斯在 1997 年出售了他所投资的公司"纯软件"赚了 7.5 亿美元，但他并没有因此中断自己的事业。相反，他将资本的一部分投入了"新学校教育基金"，同时自己回到斯坦福大学就读教育学，以推动美国教育事业的改革。新型的具有巨大发展潜力的企业的创立才是经济发展的真正动力，而风险资本往往是为这种企业的初创雪中送炭。中国经济的进一步发展需要企业家精神，需要风险资本家精神，需要鼓励成功、容忍失败的商业氛围。风险投资家对于创业者的这种辅佐精神也适用于天使投资家。许多天使投资家对于曾经创业过，而且失败过的人更加崇敬。有些天使投资家专门投资于创业失败后再次创业的企业家。

鼓励创业行为，发扬创业精神的重要因素之一是逐渐建立起一种新型的企业文化，使得人们都以平常心对待创业者的失败。既然有成功，自然就有失败。人们最能够得到经验教训的往往不是成功的经验，而是失败的教训。人们在失败时往往能够刻骨铭心的思考，寻找自己的不足，只要不放弃，就能够东山再起。

3. 创业团队的知识和能力的互补性

对于投资者来说，一个具有互补性的创业团队才是理想的创业团队。创业团队的成员应当在知识和能力方面互相补充，协调统一。创业企业，尤其是科技创业企业往往具有比较强的技术力量，而缺乏具有管理经验、财务背景和市场开拓能力的人才。这种创业团队将是不健全的，不能真正实现创业理想。比较理想的创业团队应当包括各类管理人才，不仅有科技人才，还要有企业管理人才、市场营销人才，等等。仅仅依靠科技力量可以突破技术关口，但创业毕竟是商业行为，是创业者希望把科技创新转入市场的行为，是实现科技创新产业化的过程。这一过程自然需要管理人才、市场人才和财务人才。

4. 创业团队个人的决心与素质

许多投资者认为，在创业团队的诸项考核条件中，创业团队个人的决心和素质是至为重要的。投资者可能会在以下几个方面进行考察：

（1）创业者究竟有没有破釜沉舟的创业决心？他们在创立自己的企业时是否把它当成自己全力以赴追求的事业？是否一心一意？是否在经济上付出了代价？例如，他们是不是自己对自己的企业有所投入？包括资金上的投入和其他机会成本的投入？他们是否牺牲了自己稳定的工作？是否放弃了自己比较高的收入？等等。

（2）创业者是否具有领导人的魄力？能不能够团结一群志同道合的人们共同开发事业？是否能够听取不同的意见？

（3）创业者最重要的素质是诚实，包括对于他们自己诚实，是否能够认识现实，能够承认现实，在现实的基础上一往无前。

（4）创业者是否具有一定的表达能力。较好的表达能力是创业家说服投资者，获取资金支持的重要素质之一。较好的表达能力还有助于组织训练管理团队的其他人员，能够使大家团结一致，为实现共同的理想而奋斗。

（5）创业者是否坚强和自信。毫无疑问，创业过程会遇到各种各样的困难，各种各样的险境，创业者若不坚强，就很难克服困难、坚持不懈，而没有这种坚持不懈的精神，任何创业都是不会成功的。创业者意志力的坚强往往来自于他们对于本身能力、经验的自信，对于他们所正在从事的事业的自信。没有这种自信，就不能有坚强的意志，也就不可能具有一往无前的创业者精神。

（6）创业者是否具有领导能力，还要看他们是否能够把不同的人们都团结在自己的周围。能够和不同类型的人共事是一个人是否具有领导才能的一个重要方面。

（7）创业者是否具有主人翁精神，是否具有较强的事业心。在处理业务过程中不是被动等待，而是积极进攻。如果仅仅采取守株待兔的态度，缺乏主动性，往往不能全力以赴，推进自己的事业。

（8）从细节做起，而不是仅有一个宏伟蓝图。如果创业者仅仅高高在上、夸夸其谈，而不是一个从细节着眼、一步一个脚印的人，他（她）将不是一个成功的创业者。

二、天使投资的项目评估

天使投资家对于被投项目的价值评估是一个比较复杂的过程。从某种意义上看，天使投资家的项目评估更像一种艺术，而不像一种科学。

与风险投资相同，天使投资也把对被投企业的评估分为“Pre Money Valuation”、“Post Money Valuation”。我们可称为“投资前估值”和“投资后估值”。假定：天使投资家对于某企业的评估为 100 万元，天使投资家决定投资 50 万元，占 33.3%的股份。那么，该企业的“投资前估值”为 100 万元，而其“投资后估值”为 150 万元。因此：

投资后估值=投资前估值+投资额

投资者所占股份=投资额/投资后估值

根据加拿大天使投资协会的研究，天使投资的收益率可有如下一种简单估计方法，这种方法是根据多年的投资实践积累的，是一组可供一般天使投资人作为参考的经验数据：

年回报 7.2%，投资 10 年=2 倍收益

年回报 11.6%，投资 10 年=3 倍收益

年回报 25.9%，投资 10 年=10 倍收益

年回报 35%，投资 10 年=20 倍收益

年回报 115%，投资 3 年=10 倍收益

年回报 46.8%，投资 6 年=10 倍收益

这样看来，平均每年回报越高，投资收益就越高。而投资收益的高低还和投资期限相关。值得注意的是，虽然年回报越高，投资收益越高，但这两个数字不是同比的。

天使投资一般采取下列评估模式：

第一种：简单模式：三分之一法则。

投资者大约占被投企业股份的 30%，往往在 20%~40%，取决于投资者与被投企业之间的谈判。如果投资者认为企业未来具有很大发展潜力，投资者可能占股份 20%，而创业企业占 80%。有时，三分之一法则也被解释为：三分之一股份为投资者；三分之一为创业者；三分之一为管理层。

第二种：博卡斯模式。

博卡斯模式可简述如表 2.1 所示。

表 2.1 博卡斯模式

评估考察对象	估 值
出色的想法	50 万~100 万美元
出色的管理团队	50 万~200 万美元
战略伙伴，市场进入门槛	可达 50 万美元
产品/服务样品完成	50 万~100 万美元
有一定质量的董事会成员	可达 100 万美元
已有销售	可达 100 万美元
估值总额	250 万~600 万美元

第三种：乘数模式。

乘数模式比较简单，一般是以一个行业通用的数字乘以被评估企业的销售收入或利润。如果被投企业是零售业，投资者往往也考虑企业现有的存货。假定网上购物行业的乘数是 3，一个初创企业的销售收入为 300 万元，那么乘数模式给予该企业的估值为 900 万元。

第四种：风险投资模式。

风险投资评估模式基于若干假定：首先假定投资是一次进行的，没有稀释情况的发生。其次假定内部收益率（风险投资家要求的投资回报率），退出时间；退出时该企业的净收益，退出时该行业的市盈率。然后根据所假定的条件计算出该企业的未来市值，再把对于企业的投资额换算成退出时的未来值，即可计算出投资所占的股份比例，即投资额对该企业投资后的估值比率。也可把该企业退出时的市值换算成现值，以现在的投资额除以企业成功退出后市值的现值，计算出所占股权的比率。

以下面假定数据为例：[①]

假定 1：假定投资内部收益率为 50%，以此为折现率；

假定 2：假定该投资 5 年退出；

假定 3：假定该企业 5 年后的净收入为 8000 万元；

假定 4：假定该行业的市盈率为 20；

假定 5：假定该企业投资为 300 万元；

那么企业第五年的市值（P/E）为：P/E = 20；P/300 万元 = 20。

未来的市值为：P = 300 万元 × 20 = 6000 万元。

投资的 300 万元，五年后的未来值为：

$(1 + 50\%)^5 \times$（300 万元）= 2278.125 万元

投资家所得股份 = 投资额的未来值/企业未来市值 = 2278.125/6000 = 38%

① 风险投资的评估办法详见刘曼红《风险投资讲义》（2007 年）。

三、天使投资家股权的稀释

由于天使投资的投资期限较早，后来跟进投资的风险投资或其他资本的进入，都会使得早期投入的天使投资家的股份一步一步地稀释。自然投资越早，其同样投资额度所获取的股份就越高，这是基于金融的最基本的理论之一：风险收益关系理论。表 2.2 是作者根据加拿大天使投资协会的研究加以修改、补充，以适应中国具体国情。

表 2.2 天使投资的股权稀释问题（单位：百万元）

	天使投资	风险投资 A 轮	风险投资 B 轮	风险投资 C 轮	退出
被投企业营业收入	0	2	6	15	30
投资前估值	2	7	15	30	100 （退出市值）
投资额	1	3	6	10	13 倍 （天使投资家收益）
天使投资股权	33%	23%	17%	13%	

表 2.2 很清晰地分析了投资后，天使投资家手中的股权稀释的过程。

这个稀释过程可以从表 2.2 中的几种假定情况分析：

（1）在天使投资家投入企业时，被投企业没有营业收入，但由于它具有巨大的发展潜力，天使投资家根据尽职审查认为该企业具有投资价值，天使投资家给予该企业的投资前估值为 200 万元，天使投资家投入 100 万元。这时，天使投资家在被投企业中的股份为 33%；而该企业的投资后估值为 300 万元。

（2）如果该项目表现出色，风险投资跟进投资。风险投资首轮投资（A 轮）时，风险投资家投入 300 万元，而此时被投企业已经具有一定的营业收入，他们的投资前估值有所提高，为 700 万元。风险投资投入后，天使投资家的股权稀释为 23%。投资后股权的分配关系为：风险投资为 3 成；被投企业（包括天使投资家已经投入的 100 万元）为 7 成；使得天使投资家的股权稀释为：33%×70%=23.1%，约为 23%。

（3）风险投资第二轮投资（B 轮）600 万元，此时被投企业估值为 1500 万元（值得注意的是，天使投资家和第一轮投资的风险投资家都已经作为被投企业的股东，共同享有 1500 万元企业价值），风险投资的 B 轮投资占股份 28.6% [600 万元/(1500 万元 + 600 万元) = 28.6%]，而天使投资家的股份再度被稀释，过程与上述相似：23.1% × 71.4% = 16.5%，约为 17%。

（4）风险投资第三轮（C 轮）投资 1000 万元，被投企业估值为 3000 万元，C 轮风险投资家占 25%股份［投资的 1000 万元/(1000 万元 + 3000 万元) =

25%]，而最初投资的天使投资家的股份进一步稀释为：17%×(1－25%)=12.75%，约为13%。

(5) 假定被投企业成功上市，市值为1亿元。天使投资家最初的100万元投资此时市值为1300万元（1亿元×13%=1300万元），是原来投资额的13倍，其投资回报率要依据退出期限而定，投资期限越短，投资回报率就越高。

第五节 天使投资的投资管理

一、投资条款确定

风险投资家通常喜欢通过投资条款的附加款项对被投企业实施风险控制。这些投资条款中往往有各种各样的附加条款，如反稀释条款、优先股可转换条款、意外事件股份变动条款，等等。而天使投资家却往往仅持有普通股，并没有要求可转换优先股，以防止企业一旦运作失败，从而造成清产的风险。当然，天使投资由于投资较早，投资风险较高，同样的投资额，他们所获取的股份也就偏高。天使投资以此手段作为控制早期进入的高风险。一般地，同等的投资资本投入同一个企业，投资阶段越早，其所获得的股份就越高。这是因为投资越早，投资者所承担的风险就越高，投资者往往期望在所投企业中获取更高的股权比例，以弥补较高的投资风险。风险越高，投资者对于未来预期的回报要求也就越高。例如，同样投资100万元到一个企业。若在企业创建1年内投资，可能获取30%的股份；在企业创建的第二年，这100万元可能仅获取企业股权的20%；在企业创建的第五年，这100万元可能仅仅得到1%股份，以此类推。被投企业的潜在风险越大，天使投资家的平均投资额就越小。这种企业想获取天使投资往往需要得到天使投资家的联合投资。

二、投资风险的控制

天使投资在风险控制方面往往采取与风险投资相同的措施。例如，他们采取共同投资的模式以减少投资风险。然而，一般地，天使投资往往更偏重于个人信任，没有像风险投资家那样，更重视正规的、有组织的、制度性的风险控制手段。风险投资家往往把分阶段投资作为控制投资风险的重要手段。而天使投资家却大多不采取这种风险控制机制。

与风险投资一样，天使投资家也经常采取共同投资的模式以规避投资风险。与风险投资不同，天使投资的共同投资更频繁，参与者也更多。Andrew Wong

(2002) 发现，天使投资在每轮投资过程中，平均有 12.2 个天使投资家参与，而每轮投资的天使投资家人数的中位值是 8 人。也就是说，天使投资对于每个投资项目，平均有 12 位以上的天使投资家共同投资，通常情况下，每轮投资项目有 8 位天使投资家共同进行。这些天使投资家或基于个人的悟性，或基于个人的经验，或基于个人对于创业者的直观，或基于个人的投资偏好，或基于种种其他原因走到一起，对于被投企业的前景或多或少持有相似的看法。

三、天使投资参与被投企业的管理

大多数天使投资家会积极参与被投企业的管理。在他们看来，如果企业家仅仅要他们的资金，他们是没有兴趣参与的。只有那些既需要天使投资家的资金，又需要他们的经验、经历和建议的创业者才会得到天使投资家的真正帮助。风险投资家也是如此。有些风险投资家把参与被投企业的管理比作“生命周期式投资”：投资后，参与被投企业的整个成长过程，从种子期到初创期，到初创后期，到发展期，到成熟期，到最后的退出。其投资过程就是企业的整个成长过程。

（1）参与董事会。天使投资家虽然也偶然参加被投企业的董事会，但大多数天使投资家并不要求把参与董事会作为投资条款之一。此外，由于天使投资所投企业往往还很年轻，可能刚刚成立，很多时候企业还未建立董事会，天使投资很少把董事会席位作为控制企业的手段。风险投资家往往把董事会席位作为减少委托代理成本、控制风险的一种必要的制度上的安排。而天使投资却并不采取这种管理方式。天使投资家并不像风险投资家那样重视董事会席位问题。按照 Kaplan and Strömberg（2001）的研究，在被投企业的董事会中，风险投资家通常占 37%~47%的席位。天使投资家却仅占 18%。

（2）管理层安排。

（3）市场开发。天使投资家往往能够在市场开发方面给予被投企业很多帮助。因为许多天使投资家曾经是成功的企业家，或出色的管理者。他们具有丰富的市场开发经验，还经过多年的积累，拥有广泛的商业关系。这些都是天使投资家的非资金的，然而又十分宝贵的价值。

（4）再融资。企业家往往发现虽然投资于他们的天使投资家对于他们的事业起到了“雪中送炭”的作用，然而，在企业发展的一定阶段，天使投资的投资规模往往不足以帮助他们进一步扩张。企业需要再融资，天使投资家通常是被投企业最志同道合的助手。天使投资家往往通过自己的业务关系，通过自己过去的合作者、自己熟悉的律师、自己信任的会计师，或者他们通过自己的私人关系：自己的朋友、亲人、同学、同事帮助被投企业的再融资。尽管再融资是天使投资帮助被投企业的重要内容之一，但大多数被天使投资支持过的企业还是很难获取风险投资的。[1]

（5）其他。

四、天使投资在投资后管理上的特殊性

在参与被投企业的管理方面，天使投资在许多方面与风险投资不同，具有自己的特殊性。

天使投资家投资后的要求依个人情况的不同而不同。有的天使投资家坚持要一席董事会席位，有的则可有可无；有的要求更大程度上的参与，有的则不要；有的要求每周一次工作汇报，有的则只要季度甚或年度汇报即可。对于投资工具的选择，有的只要普通股，但大多数都在普通股加入其他条款，如否定权和优先清产权。如果使用优先股，则大多数要求具有可转换性质。一般地，天使投资家要求在被投企业占有一部分股权，5%~25%不等。有的天使投资家更为苛刻，他们选择可转债，或可赎回优先股。对于投资回报，天使投资家也是各有千秋：从 30%的内部收益率到 5 倍以上的回报。

第六节 天使投资的退出

一、天使投资退出的重要性

天使投资的提出是天使投资过程中的最后一个环节，但却是天使投资家最终获取回报的关键环节。退出既是过去的天使投资行为的终点，又是新的天使投资行为的起点。天使投资资本随着被投企业的成长而获得了增值，但如果没有合适的退出渠道，这种增值只是账面上的增值，只有完成了有效的退出才能实现实际收益的增长。

退出对于天使投资家的意义与其对于风险投资家相似。虽然风险投资全过程为四个环节，而天使投资为三个环节。但退出对于二者来说，都是第一个循环的终结，第二个循环的开始（见第一章）。

如同风险投资一样，天使投资家的投资目的并不在于长期经营该企业，而在于投资获利。在经过一段时间的投资管理之后，天使投资家会退出其所投资

---

① Brent D. Goldfarb, David A. Kirsch, Michael D. Pfarrer, Robert H. Smith. Searching for Ghosts: Business Survival, Unmeasured Entrepreneurial Activity and Private Equity Investment in the Dot-Com Era. School of Business, University of Maryland, 2005

的企业，也就是通过一定的方式，将其所拥有的企业产权转让给他人或其他的机构。天使投资的退出机制在整个天使投资过程中处于核心地位。这是出于天使投资的高风险、高收益的特性：天使投资家之所以愿意承担巨大的风险，是期望获取高额回报，而高额回报预期能否实现的关键就在于能不能及时且顺利地将资金撤出、变现。天使投资家一旦退出他们所投企业，便完成了天使投资的一个过程。职业天使投资家会以自己的资本金投入到新一轮的资本增值活动中。由此看来，天使资本能否顺利退出对天使投资的最终成败有着举足轻重的作用。

二、天使投资退出的模式

与风险投资相似，天使投资的退出途径也大约为三种：成功的退出；失败的退出；持平的退出。由于天使投资承担了巨大的投资风险，以及天使投资所需要的相对长的投资期限，持平的退出即失败的退出。

天使投资成功的退出包括：首次公开发行（IPO）、财务型并购、战略型并购、管理层回购。失败的退出是指被投企业的清产。此外，一些不好不坏的项目令投资者搔首。例如，受伤型（Walking Wounded）和“鸡肋”型（the Living Dead），指食之无味，弃之可惜。[①] 在这种情况下，被投企业并没有破产，但业绩平平，投资者处于进退两难的境地。

上述退出模式中，公开上市是天使投资者和企业家的首选。通过上市，企业获得了几十倍乃至上百倍的收益。并购与企业家回购则是较为普遍的退出途径，虽其收益率往往比不上公开上市，但却是最现实的退出途径。至于破产清算则标志着完全失败，其损失要由成功企业的盈利来弥补。而企业若成为“鸡肋”，则会令投资者感到头痛。无论在欧洲还是在美国，首次公开发行和并购都是两种最常用的方式。对于天使投资来说，后者是最常采取的退出模式。一方面，天使投资是企业初创期或种子期的投资，它的投资期太早，天使投资家有时会在被投企业再融资时退出，如在风险投资家进入的同时退出。另一方面，越是早期投资，其投资期限越长，所投资本流动性很差。如果天使投资家需要资金周转，他们可能不会等待被投企业最终上市，而是采取购并、回购或股权出售等方式退出。

对于图 2.9，我们可以作出如下分析。

①《三国志·魏志·武帝纪》裴松之注引《九州春秋》：“时王欲还，出令曰‘鸡肋’，官属不知所谓。主簿杨修便自严装。人惊问修何以知之，修曰：‘夫鸡肋，弃之如可惜，食之无所得。以比汉中，知王欲还也。’”

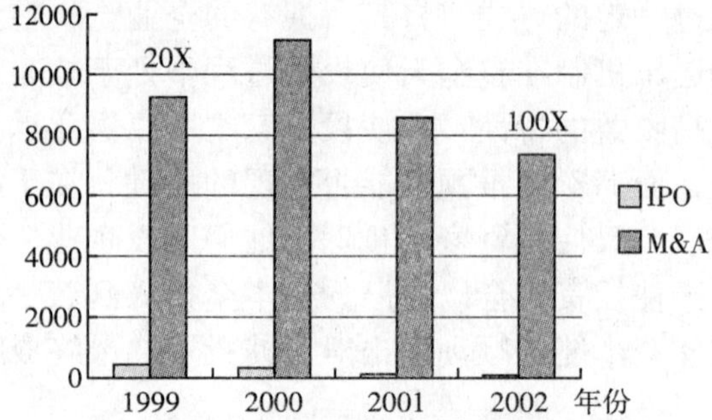

图 2.9 美国风险投资退出模式及回报①

（1）一般地，被投企业往往更偏好采取购并方式退出。不论是在资本市场比较发达的美国，还是资本市场正在逐步发展、健全的中国，采取首次公开上市的方式退出的被投企业仍然是少数。

（2）即便是在互联网泡沫盛行，股票市场一片凯歌的 20 世纪末、21 世纪初，首次公开上市（IPO）仍然是极少数被投企业的退出模式。绝大部分被投企业仍然采取兼收、并购的方式退出。

（3）这个图所表述的是风险投资的退出状况，而一般情况下，天使投资比风险投资更少采取上市方式退出。

三、天使投资预期回报

一般地，越是早期投资，其投资风险越高，而其预期收益也就越高。天使投资是企业早期，尤其是种子期投资模式之一，它自然就有高风险、高潜在收益的特征。虽然图 2.10 的数据比较旧，但它仍可以说明天使投资家作为早期投资者的投资预期回报。

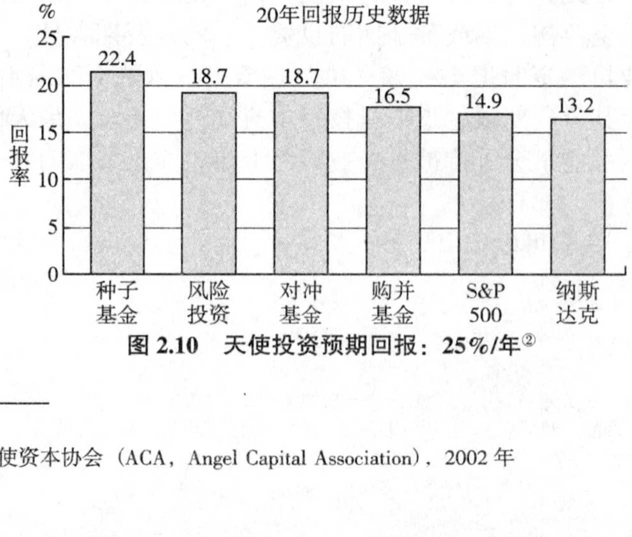

图 2.10 天使投资预期回报：25%/年②

①② 美国天使资本协会（ACA，Angel Capital Association），2002 年

附录 美国小企业局（SBA）商业计划书指南

一、商业计划大纲

商业计划中包括些什么呢？计划的主体可以分为四个不同的部分：

（1）公司介绍；

（2）市场营销；

（3）财务分析；

（4）管理结构。

计划中应当包括一份执行摘要、补充文件以及财务预算。虽然没有撰写商业计划的统一模板，但是一些要素对于所有的商业计划来说普遍适用。归纳起来包括以下几点：

1. 封面
2. 目标陈述
3. 目录表

Ⅰ. 企业

A. 公司介绍

B. 市场营销

C. 竞争分析

D. 业务流程

E. 人员管理

F. 商业保险

Ⅱ. 财务数据

A. 贷款申请

B. 固定设备和供应清单

C. 资产负债表

D. 盈亏平衡分析

E. 收入预算

F.（未来）三年发展摘要

G. 第一年的月度计划

H. 第二年和第三年的季度计划

I. 预算的假设条件

J. 现金流预算

Ⅲ. 补充材料

A. 近三年的退税报表（所有的银行都有这类表格）

B. 对于特许经营公司，准备一份特许经营合同以及特许经营经办人所提供的所有支持性文件

C. 办公场所租用或购买合同的复印件

D. 执照及其他法律文件的复印件

E. 所有创业者的简历复印件

F. 供应商提供的意向书等文件的副本

二、商业计划关键点

第一部分：执行摘要

执行摘要是一份商业计划中最重要的部分。它是与公司发展历史相联系的、一份完整商业计划的精简概括。报告的这一部分会告诉读者，公司的发展状态和你的预期目标。它是你的读者将要看到的第一份材料，因此，它将能吸引读者的兴趣使他们想要继续读下去，抑或被读者丢弃遗忘。最重要的一点是，这一部分的重要性在于它将告诉读者为什么你认为你的想法会成功。

执行摘要应该放在最后来写。当你完成了报告的所有细节后，你将能够更好地对它进行总结——而执行摘要就应当是一份总结（例如，不超过 4 页）。

执行摘要的内容：

1. 任务陈述

任务陈述简洁地介绍公司的发展动力，可以是几个字，几句话，一个段落，甚至是一张图片。它应当尽可能地明确，让读者清楚地知道你所经营的是怎样的一个公司。它包括以下几项内容：公司的创立时间；公司创立者的姓名和职务；雇员数量；公司地址、分公司或子公司；对车间和设备的描述；制造的产品/提供的服务；与银行的关系及当前投资者的信息。

2. 公司成长摘要

这部分包括财务或市场的重要信息（例如，公司的价值在 12 个月内翻了一番；你的公司成为行业中首个提供某项服务的公司）。

3. 未来管理计划摘要

除任务陈述外，执行摘要中的所有信息应当高度简洁，因为这些信息将在后面的报告中深入展开。

如果你的公司刚刚成立，你将不会有很多与上述内容相关的东西可讲。那么，你可以着重介绍你的经历和背景，以及那些一步步引导着你最终创立了这家公司的决定。这包括你的目标市场所存在的问题和你的对策。向读者展示你

所具备的专业技术将如何帮助你成功地占领这个市场，告诉他们你将有哪些与众不同或出类拔萃的举动。让读者相信市场需要你所提供的服务或产品，然后大胆地宣讲你对于（公司）未来的构想吧！

在执行摘要后附上一份目录表，以帮助读者定位商业计划中的特定章节。要确保目录标题非常宽泛，换句话说就是要避免在目录表中出现细节性描述。

第二部分：市场分析

市场分析部分需要展示你对于你公司所在行业的了解。同时，它应提供行业概况以及任何你所收集到的市场研究数据的结论；但你的研究细节应该出现在商业计划的附录中。

这部分应该包括：行业描述和展望、目标市场的信息、市场测验结果、研制周期、竞争分析以及法规限制。

1. 行业描述和展望

这个综述部分应包括：对公司所属一级产业的描述，行业目前的规模及历史成长率，行业的整体趋势和特征（例如，行业处于生命周期的哪个阶段？行业的预期成长率是多少?），以及行业的主要客户群（例如，企业、政府、消费者等）。

2. 目标市场的信息

你的目标市场即是你所希望瞄准（或关注并销售商品给之）的市场（或消费者群体）。当你要界定你的目标市场时，很重要的一点是将其控制在一个可控的规模内；企图占领整个市场是许多企业犯过的错误。通常情况下，这种想法会以失败告终。

在这部分中，你要收集能够鉴别出以下几点的信息：

辨别你所要瞄准的主要的/第一位的市场的特征。包括你的潜在客户的迫切需求，这些需求目前被（或未被）满足的程度，以及这个团队的性别、年龄、教育背景及经验经历等。同时还要包括目标市场的地理位置，识别谁是主要决策者，找出任何可能影响到行业或公司的季节性或周期性趋势。

主要目标市场的规模。在这里，你需要了解这个市场中的潜在客户的数量，他们每年购买的与你所提供的产品或服务相类似的产品或服务的数量，他们的地理分布以及这个群体的预期市场增长情况。

你认为你能够占有的市场份额和原因。在这项研究中，你应该测定在一个确定的地域内，你预期获得的市场份额和客户数量，并同时略述你做出这些估计的方法。

你的定价和总利润目标。你应当定义你的价格水平、总利润水平，以及任何你为公司设计的折扣策略，例如总量折扣或及时付款折扣。

寻找目标市场相关信息的信息来源。这些来源可能包括工商名录、贸易协会出版物及政府文件。

用来影响目标受众的媒体。可能包括出版物、广播或电视，或其他任何类型的、可以影响到你的目标市场的可靠信息来源。

潜在客户的购买周期。你需要搞清楚你目标市场的需求，研究满足他们需求的方法，评估你得出的方法，最后搞清谁真正拥有选择何种解决途径的权利。

可能影响你主要目标市场的趋势和潜在变化。你的次要目标市场的关键特征。就像对待你的主要目标市场，你同意会希望搞清他们的需求、人口特征，以及那些将会在日后影响你的次要目标市场的重要趋势。

3. 市场测验结果

当你要加入任何你为了商业计划所做的市场测验的相关信息时，切记只关注这些测验所得到的结果。任何细节都应该出现在附录中。市场测验结果应该包括：被联系过的潜在客户，任何向预期客户所提供的信息和讲解示范，满足目标市场需求的重要性，以及目标市场在不同价位购买你的产品或服务的意愿。

4. 研制周期

研制周期是指从客户下订单到企业提供产品或服务的时间跨度。在研究这方面信息时，你需要测定你在初次接受订单、再次接受订单和接受批量订单时的不同研制周期。

5. 竞争分析

进行竞争分析时，你需要确定你的由生产线或服务以及市场占有量所决定的竞争力；评估这些方面的强弱；测定你的目标市场对于你竞争对手的重要性；确认任何可能妨碍你进入市场的因素。

明确你的每件产品或每项服务的所有主要竞争对手。对于每一位主要竞争对手，确定他们的市场份额，然后试着估计新的竞争者进入市场所需要的时间。换句话说，你的机会有多大？最后，认清所有那些可能影响你公司成功的间接或次要的竞争对手。

你竞争对手的优势，也同样能够成为你在竞争中的优势。这些优势可能表现为多种形式，但是最普遍的几种包括：满足消费者需求的能力；占有大的市场份额以及随之而来的知名度；好的业绩和声誉；稳定的资金来源和它所带来的持久力；核心人员。

弱项就是强项的反面。换句话说，重复你刚刚所做过的事情，分析同样的几个方面来确定你竞争对手的弱项。他们是否没有能力来满足客户的需求？他们的市场渗入程度是否很低？他们的业绩是否不达标、声誉较差？他们的资金来源受限吗？他们是不是不能留住人才？所有这些对于任何一家企业来说都是亮起的红灯。如果你在你的竞争对手那里发现了这些弱项，记得找出他们存在这些问题的原因所在，这样，你就可以避免犯下他们所犯过的错误。

如果你的目标市场在你的竞争中不重要，那么如果你的点子不错的话，你将更有可能在一片开放的领域去经营你的公司——至少在一段时间内如此。然而如果你的目标市场上竞争激烈的话，要准备好去克服一些障碍。对于任何市场来说，这些障碍可能包括：高投资成本；成立公司所要花费的时间；技术的变革；缺乏能够胜任的人员；消费者的抵制（例如，长期存在的关系、品牌忠诚度）；已经存在的、你不能侵犯的专利权和注册商标。

6. 法规限制

为这部分进行的调查研究的最后一步，是要看一看法规限制，包括与当前的消费者或政府部门有关的法规要求及其可能出现的变化。一些需要被包括进来的特殊细节是：那些将会影响到你公司的、为达到某些要求所要采取的措施，所需时间（例如，你需要遵守一项规定多长时间？这项规定何时生效？）以及相关的成本。

第三部分：公司介绍

这部分需要你从一个较高的层次去俯瞰公司里的所有部门是如何相互配合、协调运作的，而非对细节进行描述。公司介绍部分应该包括公司的性质，并列出那些你认为能够保证公司成功的关键因素。

在界定公司性质（或介绍你经营公司的原因）时，切记指出你要满足的市场需求；包括你计划如何用你的产品或服务来满足这些需求。最后，列出那些你认为有着这方面需求的个人和（或）机构。

导致成功的关键因素可能包括：超强的满足客户需求的能力、提供产品或服务的高效手段、出色的员工或坐落于关键地段。以上任何一点都将成为你企业的竞争优势。

第四部分：组织和管理

这部分应该包括：公司的组织结构、详细的公司所有权信息、管理团队简介，以及董事会成员的背景资格。

谁在你的公司里做什么？他们有什么样的背景，你为什么雇用他们或聘请他们做董事会成员？他们负有什么样的责任？这些问题对于一个只有一两个人的组织来说，看似无关紧要，但对阅读你的商业计划的人来说，他们希望了解谁在负责这件事情，那么，你就告诉他们。详细地描述公司内所有部门及其职能。

这部分需要包括顾问委员会中有些什么人（如果你有顾问委员会的话）以及你打算如何留住他们。你的雇员的工资和福利待遇如何？你有怎样的激励机制和晋升机制？让你的读者相信，你所提供的雇员名单不仅仅只是一份名单而已。

1. 组织结构

一种介绍公司结构的简单有效的方法是绘制一份配有介绍性文字的组织结

构图。这可以保证你不会遗漏任何部分，你清楚地知道谁负责什么工作，而你公司的任何职位都有人来担当，不重不漏。对于一个潜在的投资者或雇员来说，这一点非常重要。

2. 所有权信息

这部分还应包括公司的法律结构及相关的所有权信息。你是否已经成立了一家公司？如果是的话，那么它是C型公司还是S型公司呢？或者如果你和其他人合伙经营的话，你们是一般合伙经营还是有限合伙经营呢？又或者你所经营的是个人企业。

商业计划中应包括的重要的所有权信息有：企业所有者名称；企业所有权百分比；多大程度参与企业的运营；所有权形式（例如，普通股、优先股，一般合伙人、有限责任合伙人）；现存的资产等价物（例如，期权、权证、可转债）；普通股（例如，已授权的或已发行的）。

3. 管理团队简介

专家们认为，成长中的公司取得成功的最关键因素在于其所有者/管理层的能力和业绩，因此，让读者了解你公司的关键人员和他们的背景。提供包括以下信息的个人简历：姓名；职位（包括对职位及其主要责任的简介）；主要的责任和权力；教育背景；独特的经历和技能；工作经验；特殊技能；过去的业绩；行业认知度；社会活动；在公司的时间；基本薪酬和级别（确保其合理性——不至过高或过低）；量化所取得的成绩（例如，“管理10人的销售团队”，“管理15人的部门”，“在最初的6个月内总收入增加了15%”，“零售点数量每年增加2个”，“客户满意度从60%改进到90%”）。

同时，指出你周围的人是如何补充你所不具备的能力的。如果你刚刚起步，就要说明每个人的独特经验将如何为你以后的成功作出贡献。

4. 董事会成员的背景资格

不受报酬的顾问委员会的主要好处在于，它可以为你的公司提供你所支付不起的专家意见和专门技术。一份知名的成功企业家/经理人名单，将大大有利于提高公司的可信度，并加强公司对专业管理技术的理解。

如果公司拥有董事会的话，在撰写商业计划的框架时要收集下列信息：姓名；在董事会中的职务；参与公司业务的程度；背景；过去和未来将为公司的成功作出的贡献。

第五部分：市场营销和销售策略

市场营销是开发客户的过程，而客户是企业的血液。在这一部分当中，你首先要做的是明确你的营销策略。不存在实现营销策略的唯一确定途径；你的策略应当是一个不断自我评估的过程的一部分，它是你的企业所独有的。然而，你可以遵循一定的步骤来帮助你思考自己所愿意采用的策略。

一份全面的营销策略应当包括：

1. 市场渗入策略

2. 企业的成长策略

企业成长策略可以包括：一种内部策略——如何强大人力资源；一种购并策略——如何收购另一家企业；一种经营特许权策略——如何设立分公司；一种横向经营策略——如何向不同客户提供同一种产品；或者一种纵向经营策略——如何从不同批发渠道持续地提供同种产品。

3. 销售渠道策略

销售渠道的选择可以包括：原设备制造商、内部营销人员、经销商或零售商。

4. 传播策略

你打算如何影响你的顾客？通常，下列方法组合起来效果最好：促销、广告、公共关系、人员推销，以及类似于小册子、商品目录、传单这样的印刷品等。

一旦你决定了你的营销策略，你就可以决定你的销售策略了。你究竟打算要如何销售你的产品呢？

你的整体的销售策略应当包括：

1. 销售团队的策略

如果你打算成立销售团队，那么你打算用内部人员还是独立的销售代表呢？你的销售团队将招募多少成员？你将采取何种招聘策略？你会如何培训你的销售团队？他们的薪酬如何计算？

2. 你的销售行为

当你在确定销售策略时，将其分解为一个个的行动是很重要的。例如，你需要明确发展的前景。列下所有的发展前景后，你要区分它们的优先次序。接下来，搞清楚在一段特定时间内你将会拨打的销售电话的数目。你要决定每单生意你平均要打多少个电话，平均每单生意的资金规模和每个供应商的平均资金规模。

第六部分：服务或生产线

你出售的是什么？在这部分中，描述你所提供的服务或产品，强调他们对于潜在以及当前顾客的好处。例如，不要告诉读者你的《最佳食品指南》（Gourmet to Go）中的食品店里出售哪 89 种食品；告诉他们，为什么忙碌的双职工夫妇更加偏爱到那些有顾客食物偏好记录、并能够迅速满足即使是极小部分客户的需求的服务型商场中购物。

集中介绍那些你拥有独特优势的方面。明确你的服务或产品将会解决的、你的目标市场中所存在的问题。

向读者充分证明人们愿意购买你的服务或产品。列出你的服务或产品并附上所有营销/促销材料。提供关于供应商、产品/服务的可获得性及其成本的详细信息。同时还应提供公司生产线上即将新增的服务或产品的信息。

总的来说，这部分应当包括：

1. 一份关于你的产品或服务（从客户的角度）的详细信息

介绍你的产品或服务所特有的好处，及其满足消费者需求的能力。你的产品与同类竞争产品相比优势是什么，以及你的产品目前所处的开发阶段（例如，构想、原型等）。

2. 产品生命周期的相关信息

确信提供了产品或服务在其生命周期中所处阶段的相关信息，以及任何将会在日后影响其周期的因素。

3. 任何版权、专利权和可能相关的商业机密

你需要提供这方面的信息——与你的产品/服务的关键特征相关的，已经存在的、即将出现的或预期到的，而你所不能取得的版权和专利申请。同时，你还要在这里提供有可能会被认为是商业机密的、你的产品/服务的关键方面的信息。最后，不要忘记加进任何从属于已有合法协议的信息，例如保密协议或竞业禁止协议。

4. 你所参与或将参与的研发活动

研发活动包括所有有关开发新产品/服务的、正在进行的或将展开的活动。这部分还包括你对于未来研发活动结果的预期。不仅要分析自己企业的研发成效，同时还要分析行业中其他企业的研发结果。

第七部分：融资请求

在这部分里，你将提出为了启动或扩张你的企业，你所需要的资金额。如果有必要的话，你可以提出不同的资助方案，如最佳和最差的情景方案，然而你要记得在随后的财务章节中，你要能够以相应的财务报告支持这些请求和情景方案。

在这部分中你可以包括以下内容：你目前的资金需求、你未来五年中的资金需求、你将如何运用你得到的投资，以及任何你计划采取的、将对你的融资请求产生影响的长期财务策略。

当你概括性地描述你当前和未来的资金需求时，要分别包括你目前和以后希望得到的金额、每个请求所将覆盖的时间段、你希望得到何种形式的资助（例如，资产、负债），以及其他你所希望加入的相关条款。

对于债权人来说，你将如何运用你筹得的资金很重要。这些钱是用来做资本性支出、流动资本、偿还债务还是用作收购？不论用在何处，要将其列示在这一部分当中。

最后，要将与公司有关的、可能影响到你未来财务状况的战略信息包括进来。例如，公开上市、杠杆收购、被其他公司并购、偿债方式，以及你是否打算日后出售你的企业。所有这些对于一个未来的债权人来说都极其重要，因为他们都直接关系到你偿还贷款的能力。

第八部分：财务因素

对财务因素的分析应当在分析过市场并制定了明确的目标后进行，因为那时你将能够有效地配置资源。下面列出的是一份商业计划中应包括的关键财务指标。

1. 历史财务数据

如果你已经成立了一家公司，那么你需要提供与公司运行相关的历史数据。大多数债权人会根据公司成立的时间长短要求你提供过去 3~5 年的数据。

你要提供的历史财务数据包括：公司历年（通常是 3~5 年）的损益表、资产负债表、现金流量表。一般说来，债权人同样会对你可能拥有的、可以保障你偿债能力的抵押物感兴趣而不论你的公司发展到什么程度。

2. 预期财务数据

所有的公司，不论是刚刚起步的还是处于成长阶段的，都会被要求提供一份未来预期财务数据。多数情况下，债权人希望了解你对未来五年中公司所将具备能力的预期。每年的材料应该包括预测的损益表、资产负债表、现金流量表和资本支出预算。对第一年来说，你要提供月度或季度预测。然后由此预测第二至第五年的季度和（或）年度财务数据。

确保你的预测与你的融资请求相匹配；债权人会关注两者是否一致。在他们之前更正类似的错误有利于筹资活动的进行。如果你在预测过程中有任何的假设，切记要对你的假设内容进行介绍。这样，读者就不会一直猜想。

最后，对你的财务信息进行简短的分析。这包括一份对所有财务报表的比例和趋势的分析（包括历史数据和预测数据）。鉴于图片比文字更直观、更有说服力，在进行趋势分析时你可以加入图表（特别是当数据有利时）。

第九部分：附录

是否为读者提供附录应当以必要性为前提。换句话说，附录部分不应当被包括在商业计划的主体部分里。你的计划是一种沟通工具，因此它将会被很多人阅读。 有一些信息你不希望被所有人了解，而这类信息又对一些人（例如债权人）来说非常重要，因为他们要依此决定是否提供资金，所以撰写附录是有必要的。附录应包括：信贷历史（个人的和企业的）；主要管理者的个人简历；产品图片；推荐信；市场研究的详细资料；相关的杂志文章或参考书目；执照、许可证或专利权；法律文件；房租合同的副本；房屋建造许可证；合同；企业顾问名单，包括律师和会计师。

管理好所有的商业计划副本；对其发放进行记录。这将帮助你在必要时对其进行更新和维护。同时要记住，如果你打算融资的话，要在你的商业计划中加入一条私募融资免责声明。

第三章 为何需要天使投资：天使投资的作用

风险投资对于经济发展的作用已为人们所知。以美国为例，自 1970 年以来，美国风险投资共投入 60700 个企业，累计投资额度达 4660 亿美元。这个数目比起银行贷款，比起股票市场融资额，是微不足道的，然而，它对于经济发展所起的作用却令人咋舌。截至 2007 年年末，风险投资投入的企业为美国创造了 1040 万个就业岗位，创造了全美 GDP 的 18%。[①] 目前，我国风险投资对于经济发展的作用的研究也才刚刚开始。这是由于我国风险投资的统计数据刚刚积累若干年，而风险投资对于经济的作用有很大的后滞的因素。

风险投资作为一种投资职业，诞生于"二战"后的美国，至今已有 60 余年的历史。与风险投资事业相比，天使投资还是一个年轻的行业。天使投资对于经济发展的贡献度也才刚刚开始研究。然而，天使投资对于经济发展的巨大作用已经引起许多从业人员和专家学者的重视。正如 Ibrahim 教授指出，没有天使投资，一个以创新为基础的经济就会遇到危机。因为没有天使投资，就没有众多的创新型的小企业的生存，而这些创新型企业创造了 1250 万个新的就业岗位，创造了 11%的 GDP。[②]

在企业从诞生到成长的生物链中，天使投资是早于风险投资的，为企业提供外部资金支持的重要资金来源。像人类的生物链一样，没有新生儿，就没有婴幼儿，就没有青少年，就没有成为社会生活主力的青壮年。没有创业企业，就没有成熟企业，就没有大型的成为经济命脉的明星企业。而资本匮乏是创业企业夭折的最主要的原因之一。天使投资正是为创业企业，包括种子前期、种子期、创始期企业提供外部资金的，正在全球风起云涌，迅速发展的一支资本生力军。

---

① 全美风险投资协会网站

② Darian M. Ibrahim. The (Not So) Puzzling Behavior of Angel Investors. James E. Rogers College of Law, University of Arizona, Feb. 2008

第一节 中小企业的类型及其不同的融资模式

一、创业企业与中小企业

中小企业的定义根据不同国家的不同情况而有不同。在美国，一般雇员为100人以下为小企业，而雇员为100~500人的为中型企业；在欧洲，其定义更窄一些：雇员为50人以下的为小企业，而雇员为50~250人的为中型企业。在我国，中小企业标准根据企业职工人数、销售额、资产总额等指标，结合行业特点制定。工业、建筑业、零售业中小企业的定义各有不同。例如，工业领域的中小型企业须符合以下条件：职工人数2000人以下，或销售额30000万元以下，或资产总额为40000万元以下。其中，中型企业须同时满足职工人数300人及以上，销售额3000万元及以上，资产总额4000万元及以上；其余为小型企业。

在探讨天使投资的作用时，我们不能不首先探讨创业企业和中小企业这两个概念。无论在学术讨论中，还是在实际操作中，人们往往混淆这两个概念，把二者看做是一回事。然而，创业企业和中小企业是相互联系又不尽相同的两个范畴。

一般地，企业在初创期大都属于中小企业，更确切地说，大都属于小企业。与此相反，中小企业不一定都是创业企业（见图3.1）。

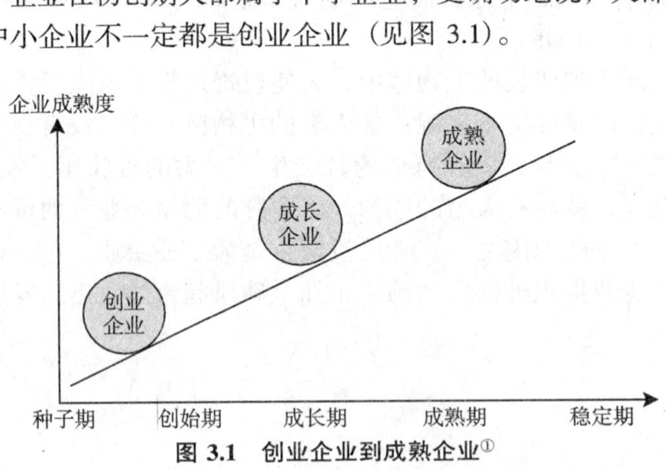

图 3.1 创业企业到成熟企业[①]

① 刘曼红. 中小企业与创业企业的一致与区别. 中国人民大学风险投资发展研究中心文稿，2009

如图 3.1 所示，企业从出生，到成长，到成熟，到稳定，以至到衰老，需要经过一个较长的时间。在种子期、创始期的企业属于创业企业，这些创业企业大都是小企业，它们都经历了成长、成熟，到稳定的过程，但它们最终将分化：一些企业会成长为大型企业，一些企业会成为中型企业，而另一些企业则永远保持小企业的形态，当然，还有相当一些企业会夭折。

任何大型企业都是从创业企业开始的，所谓"千里之行始于足下"，微软、谷歌、英特尔等大型企业都是从创业企业开始的。然而，并不是每一个创业企业都会成为大型企业。一方面，企业所从事的行业、经营的性质、从业的环境往往限定它们未来的规模，规定了它们是否可以成长壮大的路径。此外它们是否愿意成为大企业的主观意愿也起到重要作用。另一方面，即使创业企业主观意愿上希望能够成长壮大，然而，它们自身的条件，它们的经营理念、管理团队、战略方针等又制约它们的发展。例如，街头巷尾的小商小贩可能很难成长为大型企业。还有些企业则因为业务性质，愿意保持小企业的模式。如果我们以企业的员工人数来界定企业的规模，那么，风险投资公司，或风险投资有限合伙制大都是小企业。美国目前只有不到 700 家风险投资公司，风险投资家不足 3000 人。从这个意义上说，美国的风险投资公司都是小企业。当然，从风险投资公司所运作的资本额看，它们的可动用资本又比普通大型企业还丰富。

创业企业和中小企业的关系可由图 3.2 解释。

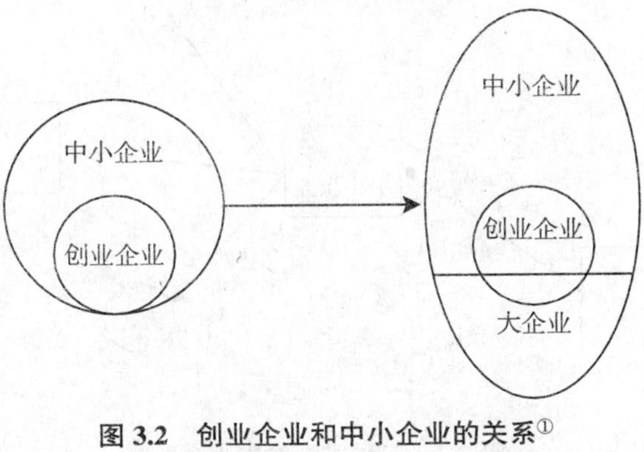

图 3.2 创业企业和中小企业的关系①

如图 3.2 所示，创业企业和中小企业是两个不同的范畴。一般地，创业企业都是中小企业，而中小企业并非都是创业企业。创业企业经过优胜劣汰的成长过程，成功的企业或蜕化为大企业，或仍然保留中小企业模式。这里的逻辑是：大型企业一定是成功的小企业所蜕化而成，但成功的小企业不一定都成为

① 刘曼红. 中小企业与创业企业的一致与区别. 中国人民大学风险投资发展研究中心文稿，2009

大型企业，即小企业成功后，会分为成功的大型企业和成功的中小企业。即使企业发展并不一定很成功，但它们战胜了死亡，走出了死亡谷，它们存活了。既存活，就具有进一步发展的余地。它们成为成熟企业。

在企业发展初期，创业企业属于中小企业的一个子范畴。然而，当企业成长和成熟后，创业企业却分化为大型企业和中小企业两种模式。因此，在企业发展初期，几乎所有创业企业都是小企业。另外，不是所有成熟企业都是大企业，很多成熟企业仍然是小企业。从现实情况看，绝大多数成熟期的企业是中小企业。

二、中小企业的三种类型

我们可以把中小企业划分为成熟型中小企业、成长型中小企业和创业型中小企业。在种子期或创始期中，一部分创业型中小企业会夭折，而另一部分则继续成长；同样，在企业的成长期，一部分成长型中小企业也会夭折，而另一部分则继续发展；即使到了成熟期，一部分成熟型中小企业仍然会倒闭，另一部分则会成为大型企业，还有一部分由于内在因素，或受制于外在因素，它们将永远保持中小企业的地位（见图 3.3）。

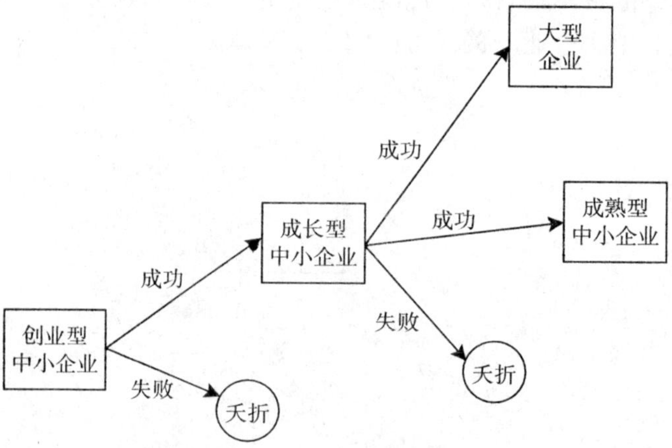

图 3.3 三种类型的中小企业①

图 3.3 从一个侧面展示了创业企业和中小企业的关系。创业企业或成功，或失败。成功者成为成长型中小企业，失败者退出历史舞台。成长型中小企业继续发展，或成功，或失败。失败者同样退出历史舞台，而成功者却有两种结果：或成为大型企业，或保持中小企业规模。从创业企业成长为成熟型中小企

① 刘曼红. 中小企业与创业企业的一致与区别. 中国人民大学风险投资发展研究中心文稿，2009

业并不是创业的失败，而是创业成功的结果之一。当然，如果一个企业在成长过程中本来是期望，也可能成为大型企业，但由于自身原因，如管理不善、经营方针不妥、发展战略不佳等而始终维持在中小企业的形态。这时的企业仍然处于成长型中小企业，它们的状态是暂时的，它们或者调整自己，成长为大型企业，或者修正自己的战略目标，选择维持中小企业形态。

三、不同类型的中小企业，采取不同的融资模式

上述三种类型的中小企业：创业型中小企业、成长型中小企业和成熟型中小企业，其融资模式大不相同，如图 3.4 所示。

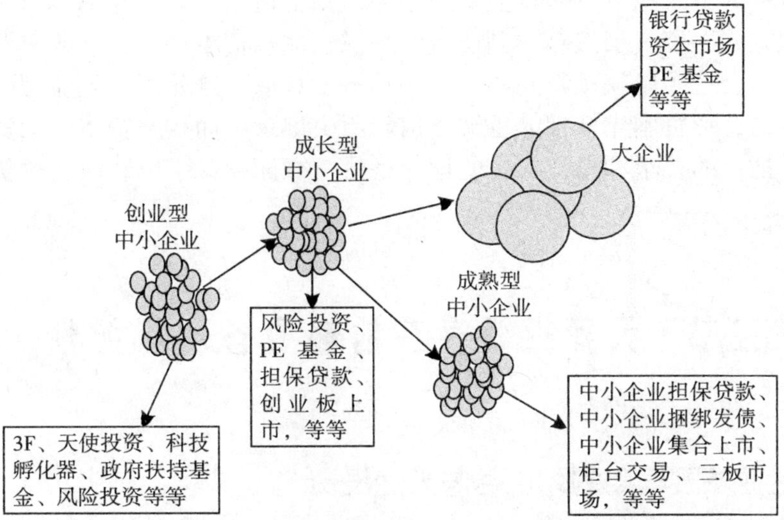

图 3.4 不同类型的中小企业：不同的融资模式①

从图 3.4 可以看出，中小企业类型不同，所适用的融资模式也不同。创业型中小企业没有厂房设备等作抵押，很难获取银行贷款。它们的资金来源往往是 3F、天使投资、科技孵化器、政府扶持基金、风险投资等等。这里，科技孵化器本身不是融资机构，也不一定为创业型中小企业直接提供流动资金，但它们会向在孵企业提供间接的资金来源，如廉价的办公室/厂房、免费的文件秘书、公用的电话/电传等等。

值得注意的是，天使投资、科技孵化器、政府扶持基金、风险投资等大都不是针对一般创业型中小企业的，而是针对那些投资者认为具有巨大市场潜力、增长速度较快，具有巨大发展前景的企业，这些企业中不少都是高科技企业。

① 刘曼红. 中小企业与创业企业的一致与区别. 中国人民大学风险投资发展研究中心文稿，2009

其中，科技孵化器、政府扶持基金等资金来源可能专门投资于高科技企业，风险投资的重要支持对象也是高科技企业。而一般的创业型中小企业往往依赖于3F作为主要资金来源。例如，一对退休夫妻在街角开了一家杂货店，他们也是创业型中小企业，但他们的发展前景，他们的增长速度可能使他们难以获得天使投资或风险投资，更难获取科技孵化器的资助。

与创业型中小企业不同，成长型中小企业的资金来源主要有：风险投资、PE基金、银行发放的中小企业担保贷款，或创业板上市等。

成熟型中小企业的融资方式则可以选择中小企业担保贷款、中小企业捆绑发债、中小企业集合上市、柜台交易、三板市场等等。成熟型中小企业比较适合以债权资本的方式融资，而创业型中小企业则更适用于以权益资本（又称股权资本）的方式融资。虽然对于创业企业来说，债权资本往往比起股权资本更加便宜，它不会产生股权稀释问题，但比较不易获取。这是因为创业型中小企业没有足够的有形资本作抵押，也缺乏信贷历史记录，而权益资本的融资一方面可以免去抵押的要求和信贷历史的记录，另一方面，又可以暂缓支付贷款利息的压力。

第二节 天使投资存在的必要性和可能性

一、企业发展早期的死亡谷与天使投资

企业从出生，到长大，到成熟往往要经历许多艰难困苦，而创业初期最困难的莫过于“死亡谷”。顾名思义，“死亡谷”多存在于创业型中小企业，是企业发展过程最困难的时期，也是企业最容易夭折的时期（见图3.5）。

图3.5清晰地描绘了“死亡谷”的存在。图的横轴表示时间，即企业成长过程：从种子期到创始期，到成长期（扩张期），到成熟期，到稳定期。而图的纵轴表示企业的营业收入。

在企业发展的种子期，3F往往是它们的最主要的资金来源。在进入创始期时，除了3F，还有天使投资、政府扶持基金、科技孵化器等其他资金来源相助。在上述资金来源中，天使投资是唯一的外部股权投资。当企业进入成长期，也称为扩张期，它们有可能寻求风险投资（如果它们是高增长型的，如果它们具有巨大的发展潜力，它们可能是风险投资的对象）。企业进入成熟期，私人权益资本（又称为非公开权益资本），或商业银行就会介入。步入稳定期的企业还可以通过资本市场融资。

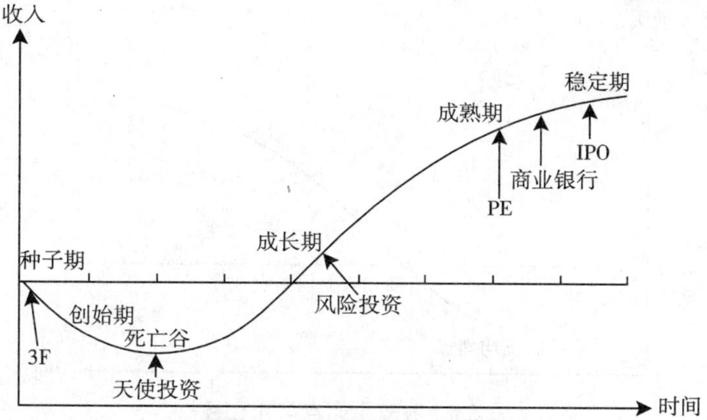

图 3.5 企业成长与死亡谷[①]

“死亡谷”的问题大都存在于创业型中小企业。在企业创立时，从理论上企业的财务状况应当是零：没有收入，也还没有支出。企业一旦正常运营，不管有没有收入，必定会产生支出。当企业从种子期步入创始期时，企业或者没有任何收入，或者即使有了一定的收入，但还不能弥补它的各种费用支出，企业面临财务困境。即使企业开发了一些业务，产生了一定的收入，但其支出仍然大于其收入时，企业处于“死亡谷”之中。顾名思义，“死亡谷”是企业最易死亡的地带（或时段）。这时，企业收不付支，它们或没有收入，却存在支出，或很少收入，而存在大于收入的支出。大批创业企业在“死亡谷”中夭折。这个时期是创业企业最最艰难的时期。企业面临数之不尽的困难，而融资难常常名列榜首。此时许多企业已经枯竭了来自 3F 的自有资金，由于缺乏其他资金来源而不得不到处举债。如果已经穷竭了融资的渠道，企业恐怕就会濒临死亡。这是为什么我们把企业成长过程的这个特殊的阶段称为“死亡谷”。这也是为什么天使投资在企业成长过程中能够起到举足轻重的作用。因为处于“死亡谷”中的创业企业融资难，天使投资是能够为它们提供帮助的不多的资金来源之一。

“死亡谷”的概念也可以从企业的财务状况来分析（见图 3.6）。图 3.6 的纵轴为企业的收入线，零以上为正收入，零以下为负收入。它的横轴为企业发展期。企业创建时为零点，随着企业的成长壮大，从种子期到创始期，到成长期（扩张期），到成熟期，到稳定期。图中的曲线为企业的收支曲线。该曲线向下时（从零点到第一均衡点）企业的收入小于支出，而该曲线向上时（从第一均衡点往后），企业的收入大于支出。应当指出，图 3.6 中的曲线是对正常发展企业而言。但很多企业可能会消失在“死亡谷”，还有一些企业会在“死亡谷”苦苦挣扎，持续一个相当长的时间。

---

① 刘曼红. 中国人民大学风险投资课程讲义，2009 年

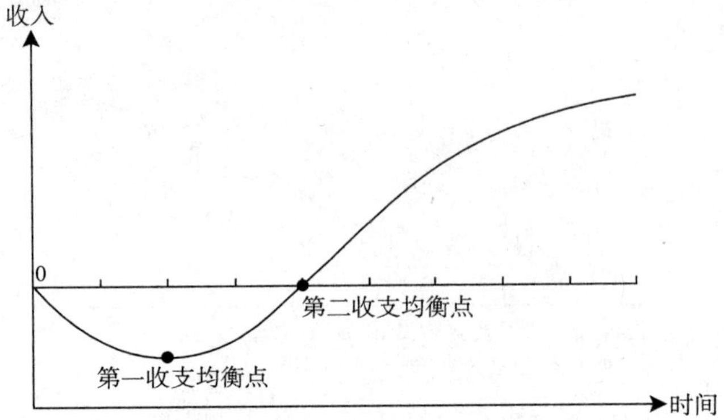

图 3.6 收支平衡点与死亡谷①

在正常情况下，企业在其创立初期，收入为零，支出（负收入）也为零。企业创立后，需要雇人，需要办公室/生产厂房，需要原材料，需要仪器设备，等等。这时，企业的现金流呈收不付支的状况。企业开始进入“死亡谷”。随着企业生产/服务的进一步展开，其现金流有所好转，收入逐步增加，净亏损逐渐减小，达到现金流的收支平衡，即企业实现了“第一均衡点”。这时，企业的收入与支出（负收入）基本持平，但企业最初投入的资金仍然没有收回，企业的总收入仍然是负数。

第一均衡点也正是企业“死亡谷”的谷底。从这一点起，如果企业继续向前发展，它将进一步扩大收入，逐步改善现金流，保持收入大于支出的状况，逐渐使得企业一步步走出“死亡谷”。当企业最终达到“第二均衡点”时，其总收入与总支出持平，即收入最终弥补了企业创建时的总投入，从第二均衡点开始，企业开始盈利。因此，第二均衡点也是企业转亏为盈的拐点。

与图 3.5 不同，图 3.6 从另一个侧面描绘了企业发展过程中的“死亡谷”。而死亡谷的存在原因是资本金的不足，是现金流的问题，是暂时的收不付支。解决的办法或是企业减少资金运用，或是增加资金来源，而资金来源不外乎为：

（1）3F；

（2）天使投资；

（3）国家科技发展扶持项目基金；

（4）科技孵化器；

（5）企业担保贷款。

在进入“死亡谷”时，很多企业穷竭了 3F 的来源。此外，上述第三、第四项可能仅仅适用于高科技企业，而银行担保贷款往往适用于已经走出“死亡谷”

① 刘曼红. 中国人民大学风险投资课程讲义，2009 年

的企业。这样看来，天使投资在帮助企业走出“死亡谷”的过程中会起到至关重要的作用。

二、企业发展早期资本缺口的普遍存在

企业在萌芽、出生、成长、壮大的过程中，每时每刻都离不开资金。资金对于企业，就像血液对于人体一样，鲜血不断地由心脏的跳动流入全身各个器官，以保持一个人旺盛的生命。与自然人相似，对于企业这个具有生命周期的“法律人”来说，资金就是它的血液，资金在各个部门的注入与吐出，起到吐故纳新的作用，使得企业成长、壮大，给企业以无限的生命力。

可以说，没有资金，企业就没有生命力。资本是企业赖以生存的命脉。对于初创企业来说，资本的作用就更加重要。如前所述，创业型中小企业的资金来源无外 3F、天使投资、科技孵化器、政府扶持基金、风险投资等等。过去，风险投资在为具有巨大发展潜力的创业型中小企业的融资中起到举足轻重的作用。然而，风险投资的这个作用似乎有减弱的趋势。

自 20 世纪末开始，风险投资越来越走向企业生物链的中后期发展。风险投资的重点越来越从创业型中小企业，转向成长型中小企业，越来越从企业的创始期投向扩张期。近年来，一些风险投资基金似乎又进一步从扩张期投向企业的扩张后期，甚至是企业的成熟期。以美国风险投资为例，美国风险投资总额虽然从 2000 年的高潮跌入 2001 年的低谷，但从 2002 年始，全美风险投资总额是不断上升的。同时，风险投资的融资规模也在不断扩大，从而风险投资基金的规模也日趋上升。风险投资基金平均规模从 2002 年的 2200 万美元到 2007 年的 1.43 亿美元；2008 年，受到金融危机的影响，风险投资基金的平均规模略有下降，为 1.32 亿美元（见图 3.7）。

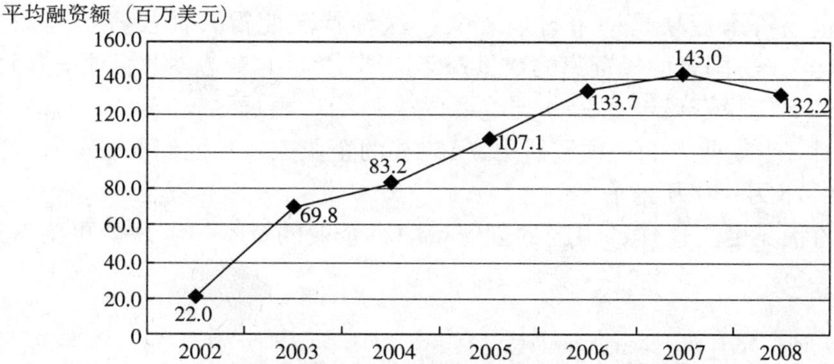

图 3.7 美国风险投资基金的平均规模不断攀升[①]

① 资料来源：美国风险投资协会网站。

随着风险投资基金规模的不断扩大，风险资本投入企业的每笔金额也不断增加。这种状况的产生是必然的：风险资本的规模虽然增大，但风险投资基金管理人的数量并未与之同比增长。在有限的时间内，每一位风险投资家只能参与有限的被投企业的管理。假定每个风险投资基金投入 10 家企业，那么，2002 年的基金规模平均为 2200 万美元，平均每个项目投入 220 万美元，而 2007 年的平均基金规模为 1.47 亿美元，每个项目平均投入的风险资本为 1470 万美元，五年的时间，增长了约 568%。风险投资基金规模的增大不可避免地促成每笔风险资本的投资额度的增长，而这却恰恰导致了风险投资的整体转向晚期投资的趋向，造成企业早期融资的资本的空缺。

根据 Sohl 教授的研究，1997 年，风险资本投入早期（包括种子期和初创期）项目的资本额占其全部投资额的 6%；2000 年，这个比例下降到 3%，减少了一半；2001 年，又进一步下降到 2%，仅仅一年的时间，下降了 33%；到 2002 年，这个比例降为 1.4%；2007 年，为 1%（见图 3.8）。

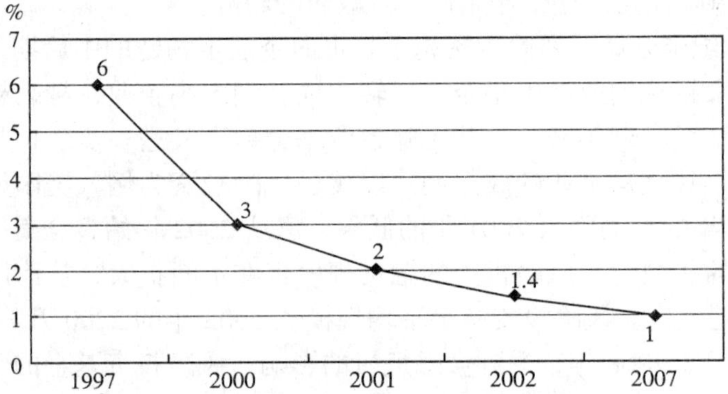

图 3.8 风险资本投资于早期项目的比重逐年下降①

早期企业资本短缺是一个普遍现象，这种状况使得天使投资应运而生。1997~2003 年，美国天使投资家的数量每年递增 12%~14%。创业企业的各种融资渠道中，天使投资已经成为一支重要的生力军。根据 Scott Shane 的最近研究，在美国对于创业者的一项调研中，15.1%的企业家表示他们需要外部投资，投资额约在 25 万~50 万美元。②

中国的状况更是这样，中国的创业型中小企业的资本短缺现象更为普遍。

---

① Jeffrey Sohl. Angel investing: a market perspective. 2003, in "State of the Art: AN EXECUTIVE BRIEFING ON Cutting-edge Practices in American Angel Investing". ed. By John May and Elizabeth F. O'Halloran, the Darden School Batten Institute, University of Virginia, 2003

② Scott Shane. The Importance of Angel Investing in Financing the Growth of Entrepreneurial Ventures. Working Paper, a report for Small Business Administration, Office of Advocacy, September 2008

这种状况与我国的中小企业在国民经济中的重要作用相悖。随着我国经济的快速发展，我国中小企业在国民经济中发挥着越来越重要的作用，中小企业已经占到我国企业总户数的99.3%，GDP的55.6%，企业税收的46.2%，就业岗位的75%以上。然而，中小企业，尤其是创业型中小企业融资难已经成为企业发展的一个重要瓶颈。

天使投资的使命是弥补企业早期融资缺口。在欧洲，这个融资缺口大约在20万~200万欧元；在中国，这个缺口大约在100万~1000万元人民币。值得注意的是，作者在与各国天使投资家接触时常常问他们这么一个问题：你们投资的目标是什么？至此，没有一个天使投资家的回答是“创业”，几乎所有天使投资家都给出了同一个回答：“我们寻求的是创新”（We look for innovation）。不是所有处于融资缺口境况的创业企业都可以融到天使投资，只有那些具有创新内容的创业企业是天使投资的对象。这里，“创新”不仅仅是指科技创新，也包括管理创新、商业模式创新、市场创新，等等。

三、天使投资存在的必要性：企业早期资本需求

中小企业往往很难从银行取得贷款，短期贷款谈不上，中长期贷款就更是可遇而不可求。根据一项调查，我国中小企业中81%的企业认为一年内的流动资金仅能满足部分需要，60.5%的企业没有1~3年的中长期贷款，在我国停产的中小企业中，47%是因为资金短缺。[①] 融资难引起的中小企业资金匮乏已制约和影响到中小企业的生存和发展，这与中小企业对我国经济和社会发展的贡献极不相称。一方面，中小企业的融资需求越来越高；另一方面，针对中小企业的资金供给却没有相应提高。如上所述，以往作为创业型中小企业资金来源之一的风险投资又呈现了投资规模越来越大，投资期限越来越晚的趋向。这种现象不仅在美国，也不仅在中国，而是全球普遍存在的（见表3.1）。

如表3.1所示，2007年美国风险资本投资总额为303亿美元，而中国为25亿美元（约合171亿元人民币）；美国的每轮资本投资额（中间值）为760万美元，而中国却高达800万美元。这么大的投资额很难是针对创业型中小企业的。这种状况在印度、在以色列、在欧洲各国都有程度不同的表现。风险资本的投资越来越趋向企业发展的中后期，加重了创业型中小企业的融资困难。而这种状况却进一步拉动了企业对天使投资的需求，从客观上促进了天使投资的发展。

① 郭祖军. 中小企业融资需要新思维. 科技创业月刊，2006年第4期

表 3.1 2007 年各国风险投资每轮投资额（中间值）对比[①]

2007 年数据	美国	欧洲	中国	印度	以色列
风险投资总额，$	30.3b	6.6b	2.5b	862m	1.5b
投资轮	2695	991	249	77	218
每轮投资额，$（中间值）	7.6m	4.9m	8.0m	9.0m	5.0m
被投企业[②]的 IPO，$	6.7b	1.0b	3.6b	—	533m
被投企业的 IPO，个数	74	39	30	—	4
IPO 的时间（中间值）	6.8	6.3	1.9	—	5.2
被投企业的购并，$	93m	28m	—	—	31m
被投企业的购并，个数	435	271	6	—	31
购并的时间（中间值）	6.1y	6.6y	4.5y	—	6.5y

天使投资的必要性不仅来自于创业型中小企业可选择的资金来源的有限性，而且还由于创业型中小企业的投资风险性。

企业从出生，到婴儿，到青壮年，到中老年，到衰亡，在各个不同的生命周期，其所需的资金量不同，其所承受的风险也不同。一般地，企业越是年幼，它们所需要的资本量越少，而它们本身所面临的风险越高。同样，给予它们资金支持的投资者也越承受更高的风险。而随着企业的成长与发展，它们所需要的资本量越来越大，投资者所面临的风险也就越来越低。企业作为"法律人"的年龄的长短与其对于资本量的需求成正比，而与其所面临的风险成反比。同样，不同的投资者会根据自己对于风险的承受能力，自己对于回报的追求程度界定自己的投资期。例如，商业银行的资金来源大多是来自于短期银行存款，它们所承受风险的能力有限，而它们对于高额回报的预期也有限。与其相对应，商业银行往往愿意投资于企业的发展后期，即成熟期和稳定期。因为这个时候，企业往往仅需要流动资金以解决其短期资金不足的问题，这时，企业已经相对成熟，它们对于资本金的需求量比较大，但它们的风险相对减小，这种现状比较适合商业银行的资本特征。

企业的成长过程及其对于资金的需求和其面临的风险的高低可由图 3.9 表示。

从图 3.9 我们可以看出，企业成长从小到大，它们所面临的风险越来越小，而它们所需的资本量越来越大。在种子期，只要很少的资本量就能使企业渡过难关，但这很小的资本金仍然不易获取，其原因很简单：它们所需的资金虽小，但投资风险却极高。没有一定经验的投资者是很难把握对于所投项目的真实评

---

① Martin Haemmig. 中国人民大学财政金融学院风险投资专业课件，2008

② 被投企业：这里指接受过风险投资的企业（venture backed companies）。

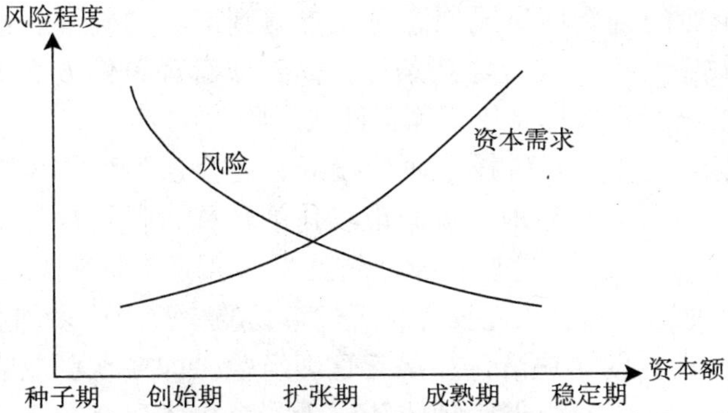

图 3.9 风险程度与资本需求[①]

估，很难在这个时期作出投资决策的。同时，没有扶持创业企业的热情，没有追求高回报的欲望也不可能有这个胆量作出这种投资决策。相反，在企业成长的后期，企业对于资本量的需求越来越大，但它们反而相对容易获取资金。其原因在于，企业这时已经发展到了成熟期或稳定期，它们已经在市场上经受过风风雨雨的磨炼，它们的产品已经成型，它们的技术已经接受了市场的考验，它们的商业模式已经为实践所验证，它们的团队已经富有一定的经验，投资者的预期风险比较小。

企业发展早期融资难原因不在于它们的融资额度，而在于它们的融资风险。而高风险是天使投资的本质之一。天使投资存在的必要性恰恰在于企业在其生命周期早期发展的资本需要和其供给之间存在着矛盾。

在投资者看来，企业在其生命周期的早期融资面临种种风险，主要包括技术风险、市场风险、管理风险。这些高风险的存在大约有如下五个原因：

（1）信息的不对称。对于创业企业的真实状况，如资金状况、市场潜力、材料供应、销售渠道等信息，企业家才真正掌握实情，而投资者往往很难把握全部信息。如果企业已经发展到成长期或成熟期，企业的上述经济状况可以从市场运作有所反映。但因为企业还处于种子期或创始期，上述信息无法识别，投资者往往比较谨慎。

（2）新兴的企业具有价值的资产往往是无形资产。这些无形资产或是专利，或是商标，或是创意，或是没有专利的科技发明或创新，或是新的信息。总之，这些无形资产可能在未来具有巨大价值，但在当时其价值还很难体现。投资者很难以这些无形资产作为投资的抵押品。此外，对于这些无形资产的知识产权的保护也是投资者关注的问题。如果知识产权保护方面的法律法规不健全，投资者将面临较大的风险。

---

① 刘曼红. 中国人民大学风险投资课程讲义，2007 年

(3) 创业企业的创新项目或创意还没有得到市场的确认。这些新兴事物很可能会在国家政策方面，宏观经济条件方面，或管理条例方面遇到没有想到的障碍，这些在投资者看来都具有不确定性或风险。

(4) 如果创业企业是高科技企业，投资者还会遇到科技风险。投资者担心这些科技产品是否可以平稳地实现向市场化的转移，科技含量是否经受得住时间的考验，在进入市场前，这些科技创新是否已经为新的科技成果所替代。

(5) 创业企业的管理团队还没有经历过市场的检验。许多创业者是专业技术人员，他们虽然具有创业热情，却缺乏管理经验。即使在创业管理团队中某些管理人员具有一定的经验，但管理团队作为一个集体还有待于时间的考验。从创业者最终成为大型企业最高管理层的人，如微软的比尔·盖茨，在历史上寥寥无几。

上述种种原因导致企业生命周期的早期融资难的状况。然而，正如人的生长过程一样，没有婴儿期，就不可能有幼儿期；没有青春期，就没有壮年期。企业也如此，没有弱小，就没有强大；没有种子期，就没有成熟期。事实上，企业最需要资金支持的时期正是其发展阶段的早期，即种子期和创始期。Inc. 500 每年评比出美国 500 家最佳小企业，其中在创业时其资本金小于 2 万美元的企业占 60%。

一个国家真正的国际竞争力不仅在于具有实力强大的大型企业，更重要的是具有大批的具有发展潜力的创业企业。它们是大企业的预备军，它们是国家的未来。而扶持创业型中小企业的一项重要的资金来源是天使投资。在企业最需要资金，在企业的最弱小时期，天使投资的到来对于初创企业来说犹如天使下凡一般。

天使投资在企业成长链中起着不可替代的重要作用，可以用一句话来概括：天使投资是弥补 3F 和风险投资之间的资本空白（见图 3.10）。

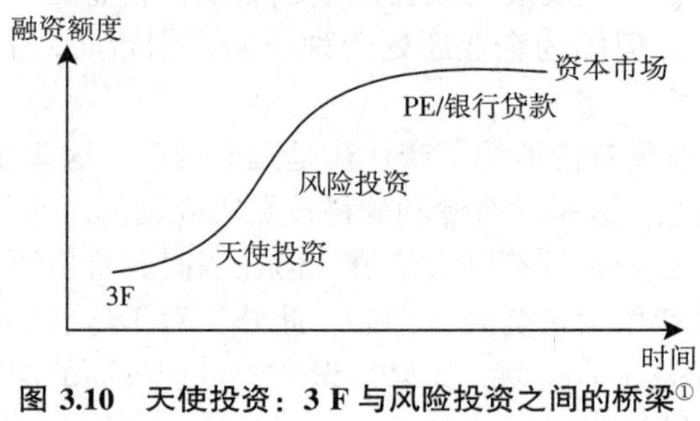

图 3.10 天使投资：3 F 与风险投资之间的桥梁[①]

① 刘曼红. 中国人民大学风险投资课程讲义，2006 年

图 3.10 的纵轴是投资额度或企业的融资额度，而它的横轴是企业发展期。一般地，企业发展的时间越长，它所需求的资金量就越大。图 3.10 描述了企业在发展过程中的资金需求随着时间的推移而增长的状况。在企业发展的初期，尤其是种子期，企业所需资金不多，3F 是其最主要的资金来源。在成长期（扩张期），风险投资往往是其可选择的资金来源之一，而后企业可选择银行贷款作为债权融资，或 PE 作为股权融资，当企业走向稳定期，则可上市融资。天使投资是衔接 3F 和风险投资之间的一种重要的融资模式。如前所述，天使投资是弥补企业早期融资缺口，这个缺口大约在 100 万~1000 万元。小于 100 万元，创业者往往可以通过 3F 来实现，大于 1000 万元，创业者可以寻觅风险投资，而天使投资是 3F 与风险投资之间的融资桥梁。

在解释图 3.10 时应注意：

（1）这种企业发展的事态适用于一部分创业型中小企业，而不是全部。只有那些具备发展潜力的创业企业才是天使投资的对象。

（2）从投资时期上，虽然天使投资往往居于 3F 与风险投资之间，但这种界定不是僵死的。天使投资有时也与 3F 一样，投资于企业的种子期；天使投资有时也与风险投资一样，投资于企业的成长期。同样，风险投资有时也投资于企业的种子期，有时也投资于企业的创始期，甚或投资于企业的成熟期。

四、天使投资存在的可能性：民间资本的供给

中国自改革开放以来，国民经济飞速发展。国内生产总值（GDP）从 1978 年的 3624.1 亿元以惊人的速度增长到 2007 年的 24.6619 万亿元，而 2008 年，我国 GDP 达到 30.0670 万亿元人民币（见图 3.11）。我国经济发展的速度虽然受到席卷全球的金融风暴的影响，但我们经济增长的势头仍然在全球首屈一指。在这种经济发展背景下，越来越多的人具有一定的剩余的资金可以进行投资。

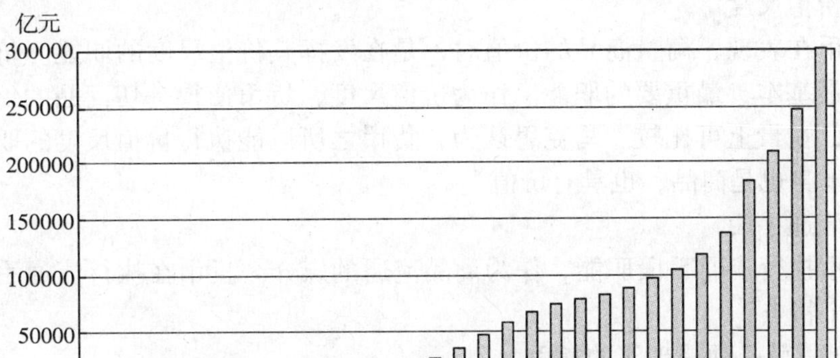

图 3.11 中国 GDP 增长

一般地，人们的投资渠道往往限定在资本市场、贵金属、房地产、有增值空间的艺术品等等，很少有人投资于实业。一方面，投资于创业企业需要较大的资本金；另一方面，投资者也需要更多的知识和经验。这样看来，有钱人的增加是天使投资队伍扩大的基础。

如前所述，天使投资具有投资额度偏小、投资期限偏早、投资成本偏低、投资风险偏高、投资决策偏快等特征。而天使投资的这种特征恰恰适用于具有一定资金能力的、具备一定投资经验的人群。这部分人包括成功的企业家，经验丰富的资本管理者、银行家、教育家、著名演员、学者、成功的较早退休的运动员等等。在一个经济发达的社会，这类人还是比较多的。在像中国这样经济迅速发展的国家，潜在的天使投资家的群体也正在形成。

天使投资在一个国家的中小企业发展过程中起到了不可替代的重大作用。它为创业企业，尤其是科技型创业企业的种子期/早期的发展作出了巨大的贡献。它填补了企业早期发展中资本供给与资本需求之间的空白。天使投资以其灵活性、自发性、分散性和小型多样性做到了其他类型的融资模式所不能做到的作用：它们为企业家“雪中送炭”。

第三节 从金融理论看天使投资的作用

一、用基本金融理论解释天使投资的作用

按照马克思政治经济学的理论，金融的职能，或更确切地说，货币功能如下：①

1. 价值尺度

货币在表现、衡量商品的价值时，是在发挥其价值尺度的职能。价值尺度是货币最基本、最重要的职能。作为价值尺度，货币使得一切商品的价值在质上相同，在量上可比较。马克思认为，货币之所以能执行价值尺度的职能，是因为它本身也是商品，也具有价值。

2. 流通手段

货币执行流通手段职能，作为商品流通的媒介。货币在执行流通手段职能时有两个特点：

（1）货币必须是现实的货币。

---

① 黄达. 货币银行学. 中国人民大学出版社，2000 年

（2）货币可以用货币符号来代替。例如，纸币。

3. 贮藏手段

持币人可以把货币作为独立的价值形态和社会财富的代表，把它保存起来，这时，货币就发挥贮藏手段职能。

4. 支付手段

当货币用于清偿债务、缴纳税费、支付租金和工资等，即其价值作单方面转移时，货币执行的便是支付手段的职能。

5. 世界货币

随着国际贸易交往的发展，货币可以在世界市场上发挥一般等价物作用，这时，货币发挥其世界货币的职能。然而，马克思曾经指出："货币一越出国内流通领域，便失去了在这一领域内获得的价格标准、铸币、辅币和价值符号等地方形式，又恢复了原来的贵金属块的形式。"[①] 按照马克思的论点，世界货币的职能是以贵金属为条件的，而纸币、电子货币由于没有内在价值，是不能执行世界货币的职能的。而在现实经济生活中，货币却在世界市场作为一般等价物出现，起着世界货币的作用。

在现代西方金融学中，对于金融的功能有着不同的看法。作者比较认同 Bodie 教授的观点。Zvi Bodie 教授认为金融的内涵可以用它的功能来解释。在他看来，金融共有六大功能：[②]

（1）支付手段，提供商品、服务的交易的便利；

（2）提供分散、转移和管理风险的途径；

（3）资源在时间和空间上的转移；

（4）提供集中资本和股份分割的机制；

（5）提供价格信息；

（6）解决"激励机制"问题。

在上述六大功能中，除了第一个功能（支付功能）以外，其余的五大功能都可以在风险投资、天使投资中得以体现。[③]

按照 Bodie 教授的理论，天使投资的作用/功能如何呢？

（1）金融的支付手段功能：天使投资是不具备一般货币，或其他金融工具的支付手段的功能的。

（2）提供分散、转移和管理风险的途径：天使投资是能够为投资与被投双方提供分散、转移和管理风险的渠道的。首先，当天使投资家投资于某一个创

---

① 马克思恩格斯全集. 第 23 卷. 第 163 页

② Bodie，Zvi and Robert Merton. Finance. Prentice Hall，1999

③ 刘曼红，Zvi Bodie. 风险投资与金融体制改革. 中国金融出版社，2002 年 7 月

业企业时，他（她）为被投企业提供了一个分散风险的渠道：被投企业往往处于种子期或初创期，它们的技术还不成熟，它们的市场还待开发，它们的团队还欠训练，它们的商业模型还没有经过检验，它们的企业具有高度投资风险。这时，天使投资家的进入事实上是承担了一部分创业者的风险，从一个侧面，分散了创业者的风险。在创业者的创业过程中，由于天使投资的进入，有相当一部分风险通过资金的注入分散到投资人身上。企业在弱小的时期，天使投资家就置身于创业领域，毋庸置疑，他们本身承担了一部分创业风险，从这个意义上，他们也是创业者。天使投资家和投入种子期的风险投资家都被誉为“创业者背后的创业者”。同时，如果天使投资家除了投资于创业企业外，还在其他领域投资，如在股票市场有投资，那么，天使投资可以看作是他们投资一揽子工程的一个部分。从单一项目来看，天使投资是增大了投资者的投资风险，但从一揽子项目来看，也起到分散风险的作用。其次，天使资本从进入企业的一瞬间开始，就起到了风险转移的作用。它将企业创业早期的风险向中晚期转移，将创业风险从企业转移到天使投资家，或天使投资家团体。而天使投资家们积极地参与企业的创建，不但为企业提供其成长壮大不可或缺的资本金，而且提供他们自身的时间，他们的经验，他们的关系，以及在很多情况下，他们的情感。可见，天使投资过程是天使投资家帮助企业家管理风险的过程。

（3）资源在时间和空间上的转移：天使投资为投资双方，被投企业及天使投资家本人实现了资源在时间和空间上的转移。天使资本从天使投资家的手中，转移到创业者手中，从而实现了资源在空间上的转移；同时，天使投资从目前的相对闲置的资本，转化为实用资本，从而实现了资源在时间上的转移。天使资本的投入的确为种子期/早期企业提供了及时的资源：资本。有了这笔天使资本，创业企业可以购买原材料、发放工资、缴纳租金等等，以从事生产或再生产。而对于天使投资家来说，天使资本的投出，意味着踏出了获取潜在巨大收益的第一步。天使投资家手中的资源在从事天使投资过程中实现了时间上和空间上的转移。

（4）提供集中资本和股份分割的机制：天使投资往往被创业者誉为“雪中送炭的救星”。这是因为天使资本进入创业企业的同时，为该企业提供了一笔它们生产、发展所急需的资本金。没有这笔资本金，即使创业企业具有再好的商业模型，再优秀的创业团队，再出类拔萃的科技发明，也只能作为“有潜力的资源”，而不是现实的资源。它们只能是有着创业成功的畅想，而没有创业的基本工具，没有创业资本，它们只能是“望洋兴叹”。而天使资本为它们提供一笔它们急需的资本金，为它们通向自己的理想提供了一个现实可行的阶梯。与此同时，天使投资的进入，股权从创业者手中分割出一部分给天使投资家。在很多情况下，天使资本进入的同时，天使投资家要求创业团队对于其内部股份实现重新合理的分割，起到了集中资本和股份分割机制的作用。

（5）提供价格信息：价值评估是天使投资的过程中的重要一环。天使投资的过程实际上可以用一个倒三角来比喻（见图 3.12）。

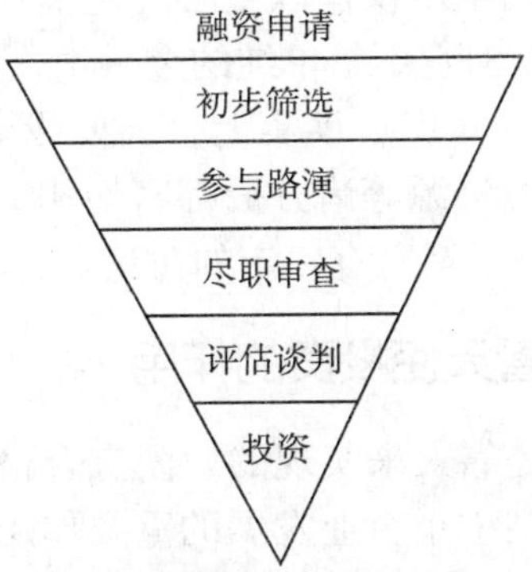

图 3.12　天使投资过程是一个提供价格信息的过程

天使投资的选项过程是从申请融资的公司中，最终选拔出投资对象的一个复杂的过程。企业要获取天使投资，首先要具备合格的商业计划书，用以提交融资申请。经过初步筛选、路演，进入尽职审查。即使通过了尽职审查，投资也不一定能够实现。这是因为天使投资家对于企业的价值评估，创业者不一定能够接受，投资双方需要进行交流谈判。一旦谈判成功，天使资本才能顺利进入企业。而天使投资家对于企业价值的评估，就是为企业提供了一种价格信息。创业者对于天使投资家的价值评估或接受、或拒绝是基于他们自己对于自己企业的价值判断。这也是一种价值的评估，也是对于企业提供的一个价格信息。可见，天使投资的过程是天使投资家和企业家共同参与的为企业提供价格信息的过程。

（6）解决“激励机制”问题：天使投资是从两个方面解决“激励机制”问题的。首先，天使投资家在投入他们的资金以前，一般要求被投企业的管理团队结构合理，包括管理团队每个成员的业绩与他们的收益相对应，即解决企业管理的激励机制问题。创业者在申请融资的同时，往往对自己企业的管理团队加以梳理，改进或完善自己企业管理团队的整体性和配套性，建立健全一定的激励机制，因为他们知道投资者是要关注有关激励机制的问题的。其次，天使投资在注入资金后，如何和创业者分担创业风险，分享创业果实，也是一个激励机制的问题，是如何在创业者与投资者之间落实的激励机制问题。一般地，天使投资家对被投企业不实行控股。一方面，他们所投入的资本额有限，不可能实现控股。另一方面，他们也不愿意对被投企业控股。如果天使投资家控股，将彻底改变被投企业的股权结构，使得创业者失去他们创业的积极性，失去他们创业的初衷。被投企业这驾马车就会彻底易主：创业者不再是驾车人，天使投资家却喧宾夺主，成为驾车人。这样会破坏企业原有的激励机制，最终导致企业的失败。

自然，天使投资的作用很难仅仅以金融理论解释。因为天使投资如同风险投资一样，它是一门学问，但它不是单纯的金融学，而是跨越金融学、管理学、企业家理论等多方面的综合知识。事实上，天使投资与管理学中的领导艺术、战略方针、市场营销、人力资源等诸方面都密切相关。关于天使投资与管理学上述理论的关系，我们在第二章已有一定的讨论。

二、从人的重要性看天使投资的作用

天使投资的上述作用是靠人来实现的。没有合格的天使投资人，天使投资就不可能发挥其推动创业型中小企业发展的重要作用。同时，没有生气勃勃的创业者群体，天使投资也不可能发挥其作用。

1. 人是最宝贵的

房地产销售商的名言是："Location，Location，Location"（地点、地点、地点），而天使投资家的至理名言与风险投资家的一致："People，People，People"（人、人、人）。

房地产销售商认为，房子的内部装修是可以改变的，房子的外部形态在很多方面也是可以改变的。如果是独门独户的别墅，房产主甚至可以"推倒重来"，把旧房子全面翻新。而房产主无论怎么改动，地点是很难变更的。这是为什么对于房地产来说，地点是选择房产的非常重要的基本点，房地产的地理位置也是决定其市场价值的关键。

风险投资/天使投资也是同样的道理。著名的风险投资家，被称为"风险投资之父"的 General Georges Doriot 曾经说：我宁可投资于第一流的创业团队，第二流的项目，而不投资于第二流的创业团队，第一流的项目。Doriot 先生的这句话多少年来一直作为许多风险投资家的座右铭。他的这段至理名言也是许多天使投资家的投资指南。

Doriot 先生于 1899 年出生于法国的巴黎。20 世纪 20 年代，他来到美国攻读工商管理硕士学位，后任教于哈佛大学商学院。1940 年，Doriot 先生加入美国国籍，"二战"时，他被征兵，提升为美国陆军中校，后来进一步被晋升为将军。战后的 1946 年，Doriot 先生回到哈佛商学院，再次执教。同年，他与其他几位知名人士共同创立了"美国研究发展公司"（American Research and Development Corp.，ARDC）。这是最早的两家风险投资公司之一。ARDC 当时的使命是以投资的方式帮助"二战"退伍军人创业。1957 年，Doriot 先生创建了"INSEAD"：法国国际商学院。同年，Doriot 先生的 ARDC 以 7 万美元投资了一家创业企业：数字仪器公司（Digital Equipment Corporation，DEC），1968 年，ARDC 以 3.55 亿美元的价值成功地退出，实现了 500 多倍的收益。Doriot 先生 1987 年在美国波士顿逝世，享年 88 岁。直到临终，他始终与他所投资的企业：DEC 的创始人 Ken Olsen 保持着深厚的友谊。

Doriot 先生无愧于“风险投资之父”的荣誉，因为他提出了许多至关重要的风险投资原则，如风险投资不是一般性投资，它是“增值性的投资”；它不是投资后袖手旁观、守株待兔，而是要帮助被投企业建设企业、管理企业、发展企业。最重要的是风险投资不是投资到项目上，而是投资到人上。Doriot 先生的这些重要理念也是天使投资的宗旨。

从某种意义上，天使投资就像风险投资一样，它也不是投资于项目，而是投资于人。成功也在“人”，失败也在“人”。天使投资的成功与失败要看是否投对了人。正如塔克学院的研究指出：“不是公司筑造公司，是人筑造公司。”①

2. 鱼与渔之别

中国古语道：授之以鱼不如授之以渔。“鱼”即可以饮食的鸡鸭鱼肉的鱼；“渔”即捕鱼之道。“授之以鱼不如授之以渔”即送给人们鱼以食，不如教授他们如何捕鱼的本领。前者仅仅为人们解决当前的温饱问题，而后者却可以帮助人们真正找到生存之道。

人们也常常运用“授之以鱼不如授之以渔”的道理来比喻科学的教学方法。“授之以鱼”是指教师们单方面地给学生们灌输知识；而“授之以渔”则指教师们更偏重于教授学生们以一种科学的学习方法，培养他们正确的学习态度和健康的学习兴趣，而不是一味强调死记硬背、生吞活咽书本知识。由于科学知识的迅速发展，尤其是在网络时代，知识爆炸的情况比比皆是，知识的传授受到了时间和空间的挑战。在这种情况下，仅仅做到知识的传授，而不重视方法的传授是会被科学技术的迅速发展所淘汰的。

鱼与渔之区别的道理也适用于天使投资。

当天使投资家仅仅给予创业者以资金支持，这是“授之以鱼”；而当他们在投资的同时，尤其是投资之后积极参与企业的成长壮大，那么，他们就是既做到“授之以鱼”又做到“授之以渔”：他们在给予创业者以资金支持的同时，教授创业者如何成长为成功的企业。他们不但投入创业企业不可或缺的营运资本，而且还投入他们的经验、经历、商业关系、理想、感情、聪明智慧。

3. 聪明的钱和愚昧的钱

天使投资家与风险投资家一样，他们反复强调“聪明的钱”和“愚昧的钱”

① “A Note on Angel investing”. Center for Private Equity and Entrepreneurship，Tuck School of Business at Dartmouth，Jan. 2005

之区别（Smart Money vs. Dumb Money）。

什么是“聪明的钱”，什么是“愚昧的钱”呢？

我们知道金钱本身是中性的，无所谓“聪明”还是“愚昧”。货币就是货币。金钱本身并没有罪过，虽然在为追求金钱的过程中，有些人暴露了许多丑陋的一面。英国剧作家莎士比亚的《威尼斯商人》中曾讽刺地揭露了这种丑陋：“金子！黄黄的、发光的、宝贵的金子！只这一点点，就可使黑的变成白的，丑的变成美的，错的变成对的，卑贱的变成尊贵的，老人变成少年，懦夫变成勇士……”

然而货币或资金本身并不是丑陋的化身，它只是财富的代表。

既然货币本身并无美丽与丑恶之分，它也没有聪明和愚昧之别。那么，为什么天使投资家把资本金划分为“聪明的钱”和“愚昧的钱”呢？

事实上，“聪明的钱”和“愚昧的钱”并不是指钱本身，而是指投资人，是拥有这些钱的人。不论是金融家们，还是非公开权益资本（PE）的投资家们，包括风险投资家和天使投资家，只要具有一定的投资经验，又肯于将这些投资经验分享给被投者，我们就称他们为“聪明的钱”；一般的非职业投资者，没有经验训练的投资人，则也可能（绝不是全部）成为“愚昧的钱”。

“聪明的钱”和“愚昧的钱”的概念最初为风险投资家们所采用。在风险投资界，人们称那些帮助被投企业增值的投资者为“聪明的钱”；那些仅仅投资，对于被投企业并没有任何帮助的，更有甚者，对被投企业反而横加指责，越俎代庖的投资者称为“愚昧的钱”。

创业企业获取风险投资/天使投资就像给自己找对象一样。风险投资及天使投资是一种相对长期的“耐心资本”。由于投入到种子期/早期的创业企业，天使投资就更是“耐心资本”。风险投资家投入一个企业，就要和企业家共同奋斗几年，天使投资家与创业者共同奋斗的时间也很长，或更长。一旦风险投资/天使投资进入一家企业，投资者和企业家的“婚姻”关系就已经形成。因此，企业寻找风险投资/天使投资就像找共同生活的“另一半”。谨慎不仅是应当的，而且是必要的。有的投资者本身不是被投企业的内行，又没有很丰厚的企业管理经验，然而却事无巨细，每每干涉企业的生产、市场、人事等方面，坚持自己的意见，不愿意与企业家协商。这时，企业家可能很后悔为自己找了一个脾气坏的“婆婆”。自己的企业，自己不能做主，而外来的“婆婆”又不能提供有价值的建议。事实上，如果投资者是“愚昧的钱”，那么，许多企业家宁可不要这笔钱。“你不愿意雇用一个有害于企业的雇员，你当然也不愿意把你的企业嫁给一个愚昧的有钱人。”[①] 另外，如果创业者获得的是“聪明的钱”，投资者不仅

① VentureHacks. “What is dumb money?” Oct. 30, 2007

提供资本，他们还提供他们的经验、专长、关系、不惧困难的坚韧精神，以及他们的创业热情。

企业家是需要资金支持，但他们真正需要的是带有智慧的资金的支持，他们需要的是“聪明的钱”。

企业家可以这样一个简单的问题来检验潜在的投资者是不是“聪明的钱”：“如果他（她）不投资，你是否愿意邀请他（她）成为你的董事会成员？”如果回答是肯定的，那么他（她）很可能就是“聪明的钱”。

有的风险投资家把投资资本分为三类：“聪明的钱”、“愚昧的钱”和“仅仅是钱”。“聪明的钱”除了投资资本外，还为被投企业提供各种各样其他的帮助；“愚昧的钱”虽然投入一定的资本金，却在其他方面为企业的增长带来障碍；而“仅仅是钱”是中性的，它们为被投企业仅仅提供资本金，没有其他的正面影响，也没有负面影响。

“聪明的钱”的投资案例很多。其中天使投资先入，而风险投资跟进的典型是谷歌公司。此外，软银投资于雅虎，KPBC 投资于网景，IDG 投资于当当网，等等，也都是为人们所效仿的榜样。

“愚昧的钱”的案例也不少。例如，2000 年，美国在线宣布购买时代华纳公司，2001 年这个购并正式成功。然而，购并后，美国在线的利润大幅下滑。2002 年，美国时代华纳公司亏损 990 亿美元，是历史上任何一个公司的最大的一笔亏损。再如，1998 年，奔驰汽车投资 460 亿美元收购了克莱斯勒汽车公司，原来设想以此购并形成一个跨国汽车公司，但购并后，克莱斯勒汽车公司总裁辞职，市场下降 50%，损失 450 亿美元。

对于天使投资来说，“聪明的钱”是指那些成功的企业家、金融家和其他专业人士。他们不仅为初创企业投入资金，还投入自己宝贵的时间。一般地，合格投资人、天使投资机构的会员们的钱大都是“聪明的钱”。他们不仅为企业家出钱，还出智慧。常言道，“当局者迷，旁观者清”。企业家每天都处理日常事务，不一定能够看清企业发展的长远方向。而天使投资家由于是企业的“外来者”，有时反而可以从一个新的角度帮助企业家设立战略目标。

“聪明的钱”所带来的是智慧，是经验、经历、关系网、再融资的可能性。“聪明的钱”是企业家最好的老师。

4. 天使投资家和创业者的培养

天使投资成功的关键在人：在于优秀的天使投资家和出类拔萃的创业家，是这二者的结合。既然人的因素至关重要，对于人的培养也就十分必要。

许多天使投资机构在帮助天使投资家寻求投资对象，帮助创业者寻找潜在投资人外，还为天使投资家和创业者提供各种各样的培训和学习机会。例如，美国天使资本协会创立了“天使资本教育基金”。它们设立了各类培训课程。与一般的培训课程不同，天使资本教育基金的培训仅仅针对现实的天使投资家或潜在的天使投资家。它们认为，对于创业者的培训已经比较普遍，很多商学院都提供创业课程。而对于投资者，尤其是天使投资家的培训还相对比较小。因此，天使资本教育基金专门设立培训天使投资家的课程及培训班。

此外，一些天使投资机构也设立了类似课程。例如，英国伦敦商业天使联盟就为投资者及融资的企业家创立了各种培训课程。

除了天使投资机构的培训课程外，一些天使投资人自己致力于培养、训练新的或未来的投资人。例如，美国天使资本协会的创始人 John May、著名天使投资家 William Payne 等都自身参与天使投资的培训。他们有的在大学商学院兼职授课，他们并不是为了赚取课时费，而是致力于培养新一代天使投资家的事业。

第四节　天使投资机构与天使投资的作用

天使投资在帮助创业型中小企业融资难的过程中起到越来越重要的作用。而近年来，天使投资越来越从分散的、个体的投资行为走向有组织的、合作式的投资方式。天使投资的组织化大大促进了天使投资的作用，天使投资的影响力由于天使投资机构的出现而大大加强。

一、天使投资组织的发展

天使投资活动由来已久。天使投资的案例比比皆是，例如，1877 年，亚历山大·贝尔是借助于天使资本创立了他的贝尔电话公司。1903 年，五位天使投资家的 4 万美元使得亨利·福特创立了他的福特汽车公司。

天使投资一直是创业企业融资的福音。过去天使投资往往是个体的、分散的、私人的投资活动。天使投资曾经被称为“非正规风险投资”。然而自 20 世纪 90 年代中期，各国的天使投资家们纷纷创建了自己的天使投资机构。天使投资正在走向正规化。正如《商业周刊》（Business Week）2008 年 4 月的一篇文章指出，目前天使投资的新的趋向是正规化天使投资的出现。[①] 过去，天使投资一直是一种分散的、个体的、私人的投资行为。天使投资家们通过朋友、亲戚介绍一些项目，或者是通过自己的个人生活圈了解一些项目。同样，创业者也是通过个人关系接触或寻找天使投资家。而天使投资机构的出现为天使投资家与

① Business Week，April 2008

创业者的接触搭建了合作的平台，有助于进一步推动天使投资的发展。

天使投资的组织发展大约分为三个阶段：

第一阶段：松散式的会员管理式的天使投资机构；

第二阶段：密切合作式的经理人管理式的天使投资机构；

第三阶段：管理天使投资基金的天使投资机构。

最早的天使投资机构是1994年在美国硅谷创立的“天使乐团”（Band of Angels）。天使乐团是由Hans Severiens博士和他的同事们共同创建的（详见第五章）。此后，天使投资机构在美国、欧洲及世界各地纷纷建立起来。

早期的天使投资机构虽然也有各种各样的类型，但大都是会员管理式的机构。它们大部分具有如下特征：

（1）一般采取自愿自助的形式；

（2）一般比较松散，来去自由；

（3）一般具有强烈的地区性色彩；

（4）一般投资在天使投资家居住地或办公地附近；

（5）由会员自愿分工管理。

会员管理式的天使投资机构由会员自愿参与、分工负责的管理办法。例如，一部分会员负责进行项目的初步筛选，另一些会员负责项目的尽职审查，再一部分会员作为领投人，等等。会员们还分工负责各种各样的委员会，如融资委员会、招聘委员会、投资委员会、对外交流委员会，等等。

在天使投资组织发展的第二个阶段，更为正规的经理人管理式的天使投资机构出现。这种天使投资机构利用天使投资家的会员费或其他资源雇用专门的天使投资机构管理人。这些经理人是全职的、有薪酬的职业经理人。这类的天使投资机构往往管理效益比较高，当然，其管理成本也比较高。

为了阐述方便，我们把会员管理式的天使投资机构称为A类天使投资机构；而经理人管理式的天使投资机构称为B类天使投资机构。

天使投资机构发展的第三个阶段是有组织的天使投资基金的出现。这些天使投资基金与投资于早期的风险投资基金或风险投资种子基金相似，是正规的、有组织的、有基金管理人的、非公开权益资本基金。天使投资基金的出现拉近了天使投资运作方面与风险投资的距离。与风险投资基金不同的是：

（1）天使投资基金往往规模较小，往往小于风险投资种子基金。

（2）天使投资基金管理人往往都是天使投资家本身，因此他们很少有全职的基金经理人。作为天使投资基金的基金管理人，天使投资家们往往是兼职的，很多人是成功的企业家或投资家或其他成功人士。与风险投资家相同，天使投资基金的管理人也收取一定的管理费，也获取利润分成，又称为携带利润（Carried Interests）。不同的是，天使投资基金管理人的管理费相对较低，他们的利润分成相对较小。

(3) 天使投资基金往往仅仅作为跟投基金。它们运作模式虽有不同，但大都是跟随本天使投资机构的天使投资家的投资项目进行追加投资。天使投资基金大多本身不做投资前的尽职审查，而是基于天使投资家个人或天使投资机构对于被投项目的基本估计。

天使投资基金的出现使得天使投资从根本上改变了它原有的分散、零星、个体、非正规的性质；是天使投资趋于正规化的关键一步。例如，美国最早的天使投资机构：天使乐团在自己的旗下建立了一支5000万美元的专门投入种子期和初创期的天使投资基金：天使乐团基金（Band of Angels Fund，BAF）。这只天使投资基金与风险投资种子基金一样，也由投资者LP（Limited Partner）和基金管理人GP（General Partner）组成。它的有限合伙人LP由三家大型企业、两家大学的捐赠基金及一家养老金组成。而它的普通合伙人，GP只有一家：天使乐团。天使乐团的成员所选择的投资项目是这个天使投资基金的投资对象。

从某种意义上，天使投资基金的出现与经理人管理式的天使投资机构（B类天使投资机构）的存在是互相依存，相互补充的。这样看来，天使投资机构发展的第二个阶段和其第三个阶段可以说是重叠的。天使投资机构发展到经理人管理式的模式，这是因为这些天使投资机构的经理人又同时是他们管辖的天使投资基金的经理人。管理一家或多家天使投资基金使得天使投资机构有了一种新的使命。一方面，由于基金管理费的存在，天使投资机构本身的费用有了一定的保障；另一方面，参与天使投资基金的管理给予作为基金管理人的天使投资家一个更好的机会学习，提高自己的投资管理经验，更有效地管理基金，同时更能够有效地帮助提高其他天使投资家的投资质量和投资效率。

正规天使投资基金分为如下几类：

(1) 它们有若干家比较大的投资者，作为它们的投资人即LP（Limited Partners）；而天使投资机构本身是唯一的一家投资管理人即GP（General Partner）。上述天使乐团基金属于这一类。

(2) 这类天使投资基金接近于投资于早期/种子期的风险投资基金。基金雇用全职的基金管理人，而基金的投资人LP，则是它们的会员，即天使投资家们。例如，华盛顿晚餐俱乐部就是这样一家投资于早期的、有天使投资家作为后盾的风险投资基金。这家基金目前已经全部投资完毕。它有60名天使投资家作为它的LP。每一位天使投资家投资8万美元，共有资本金500万美元。它投资的额度在50万~100万美元之间，大约投入8个到12个项目。它投资的领域在“破坏性科技”、“破坏性创新”，[①] 即 “Disruptive Technologies”、[②] “Disruptive Innovation”，[③] 或技术平台。

如前所述，天使投资组织大都是地区性很强的。直到 21 世纪初，世界各国才纷纷成立了全国性的天使投资组织。例如，美国全国的天使资本协会正式创立于 2005 年。英国的全国性天使投资机构是 2006 年创立的。澳大利亚全国天使投资协会创立于 2007 年。加拿大全国天使投资机构：NAO（National Angel Organization）是在 2002 年创立的。德国的全国天使投资机构：德国天使投资联盟建立的比较早，是 1998 年创建的，但进入 21 世纪后，才有蓬勃发展。瑞士商业天使联盟，ASBAN 则是 2003 年创立的。

二、天使投资组织结构的选择

天使投资组织结构可有多种类型，但无外乎如下几种：

（1）天使投资俱乐部类型。

（2）天使投资协会类型：天使投资协会往往比天使投资俱乐部更正规些。它们大都也采取会员制，但在管理上，在对于会员的约束上都往往比天使投资俱乐部要更加严格。

（3）天使投资有限责任公司（营利性或者非营利性有限责任公司）。

在已经存在可供选择的天使投资机构的地区，天使投资家们可以根据自身的条件和偏好选择适合于自己的天使投资机构。而在天使投资机构缺乏或者现存机构较少的情况下，天使投资家们可以根据自己的需要组织新的天使投资机构。

根据美国天使资本协会的研究，天使投资家们参与或组织什么类型的天使投资机构应根据自己的需求不同而不同。我们把会员管理式的天使投资机构称为 A 类天使投资机构；而经理人管理式的天使投资机构称为 B 类天使投资机构。前者结构比较松散，会员们是利用业余时间参与天使投资机构的志愿者。而后者的管理结构较为正规化。它们往往是雇用专职管理人员从事天使投资机构的日常管理的。那么，如果需要新创立一家天使投资机构，人们应当采取哪

---

① 知识经济时代的到来和现代信息技术的发展科技创新的速度不断加快。而“破坏性创新”（Destructive Innovation）的概念在这种环境下应运而生。所谓“破坏性创新”是通过推出一种性能差些、结构简单些、产品价格便宜些的替代产品来代替技术更先进的、价格更昂贵的产品。当破坏性创新出现时，有些企业表现出很强的适应性，发展得非常迅速；而另一些企业则发展减缓，甚至走下坡路。数码相机就是对机械相机的一种破坏性科技创新。前者简捷方便，物美价廉，虽然在摄影质量上不如机械相机，但深受广大摄影爱好者的欢迎。数码相机的出现培育了一代摄影爱好者，创造了一个巨大的市场。

② Bower，Joseph L. & Christensen，Clayton M. Disruptive Technologies：Catching the Wave. Harvard Business Review，January-February 1995

③ Christensen，Clayton M. The Innovator's Dilemma. Harvard Business School Press，1997

种管理模式呢？美国天使资本协会提出下列建议性标准：[①]

1. 审阅融资申请（见图 3.13）

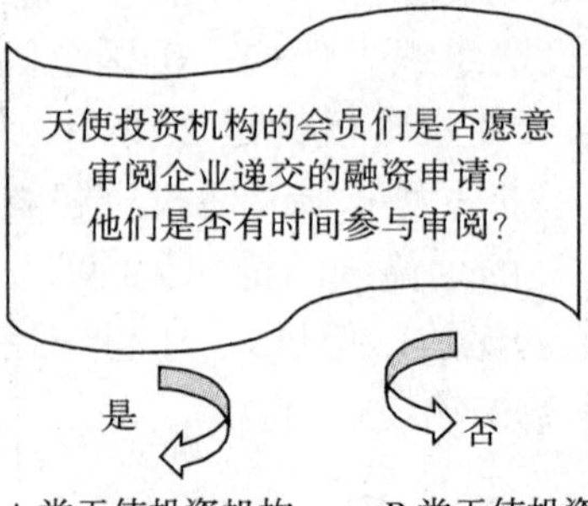

图 3.13　是否参与审阅融资申请

每个天使投资机构都会收到许多份投资申请书。这些投资申请往往以商业计划书的形式出现。不要说细看，就是把这么多商业计划书都过目一遍也需要不少时间和精力。会员们是否愿意积极参与对于这些商业计划书的审阅？审阅商业计划书是很费时间的。即使有这个心愿，会员们是否有这份时间？如果上述答案是肯定的，那么 A 类天使投资机构比较合适，反之，B 类天使投资机构比较合适。

2. 指导路演（见图 3.14）

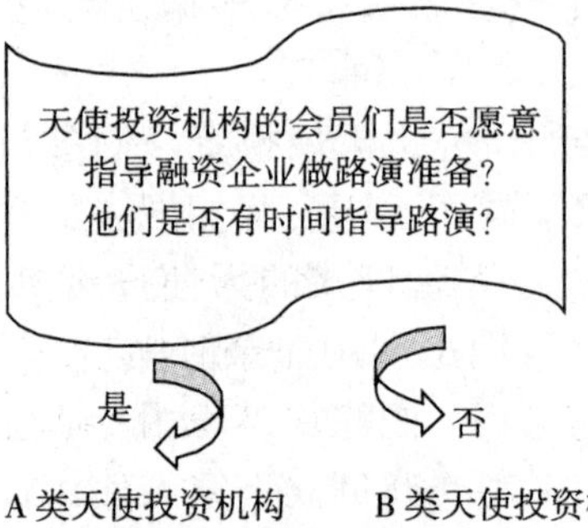

图 3.14　是否指导路演

天使投资机构通过对于企业商业计划书或融资申请的筛选，选择那些具有投资潜力的企业为感兴趣的天使投资家们演讲他们的创业计划，这就是所谓的“路演”。许多天使投资机构为有资格参加路演的企业家进行一定的培训，以指导他们如何将自己最优秀的内涵向天使投资家披露，如何表述自己的未来愿景

① 美国天使资本协会：www.angelcapitalassociation.org

以打动天使投资家的心。这种指导是需要热情和时间的。那么天使投资机构的会员们是否有这份意愿，是否有这个时间指导，帮助融资企业做好路演？如果上述答案是肯定的，那么，A 类天使投资机构比较合适，反之，B 类天使投资机构比较合适。

3. 天使投资机构的全部决策（见图 3.15）

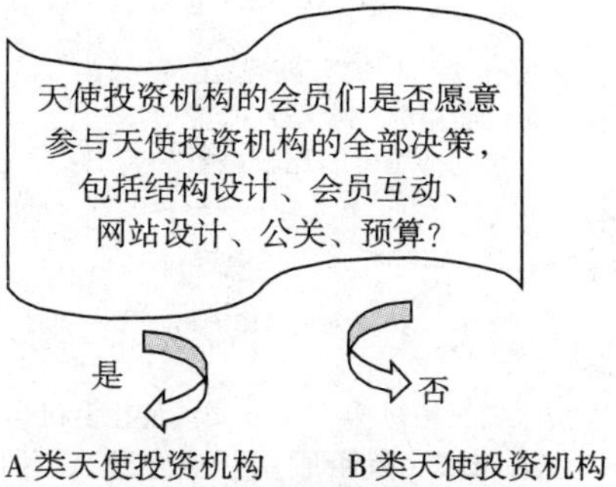

图 3.15 是否参与全部决策

可以说，帮助天使投资家选择投资项目，进行项目评估，最终导致投资决策是天使投资机构的首要任务。然而，除此之外，天使投资机构还有许多辅助性的但又不可或缺的工作。例如，天使投资机构的各级分支机构如何设立？它所辖什么样的委员会？谁来主持这些委员会？会员们如何互动？天使投资机构的网站如何设置？谁来辅助这些设置？公共关系问题如何处理？谁来负责预算？等等。如果上述答案是天使投资会员可以自愿参与，那么，A 类天使投资机构比较合适，反之，B 类天使投资机构比较合适。

4. 执行、操作层面的深入参与（见图 3.16）

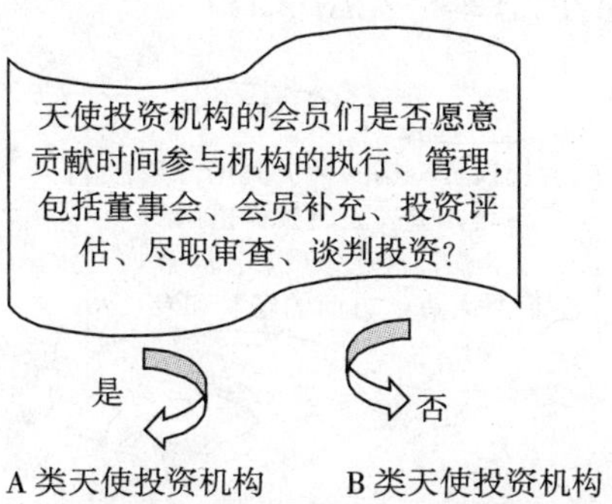

图 3.16 是否参与操作层面管理

天使投资机构的日常工作需要很多时间，会员们是否有这个意愿贡献自己宝贵的时间参与各种具体管理、执行工作？ 例如，谁来参与董事会/理事会，补充新会员的标准谁来拟定，投资评估由谁来拍板？尽职审查和谈判投资由谁来进行？等等。如果上述答案是肯定的，那么，A类天使投资机构比较合适，反之，B类天使投资机构比较合适。

5. 支付职业经理人的费用（见图3.17）

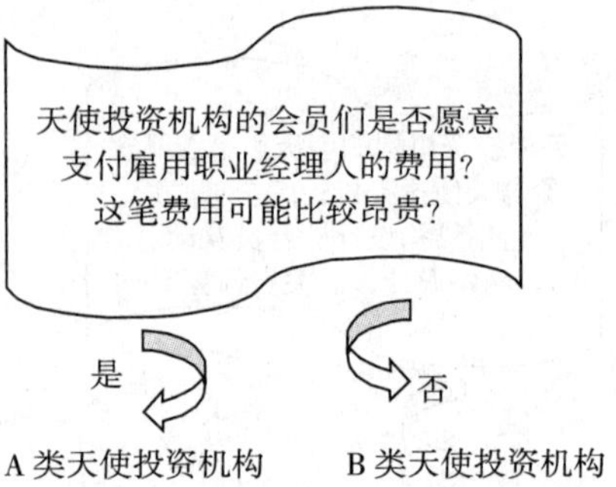

图3.17　是否雇用职业经理人

天使投资机构的日常管理的确是事无巨细，很繁琐，却又不可或缺。许多事宜都需要有人作出及时的准确无误的判断与决策。从管理效益上看，雇用合格的职业经理人可能是有利的。然而，雇用职业经理人的问题就会落入我们常见的悖论：越是没有经验的经理人其相对费用越低，然而机构需要支付一定的代价来培养他们，至少在运营初期，管理效率会受到影响；越是优秀的职业经理人就越能够提高管理效率，机构管理就越有前途，然而越是优秀的职业经理人其费用越是昂贵，这笔费用谁来承担？ 天使投资机构的会员们是否愿意以目前的支付获取未来的更高的效益？如果上述答案是肯定的，那么，A类天使投资机构比较合适，反之，B类天使投资机构比较合适。

6. 天使投资机构本身的管理（见图3.18）

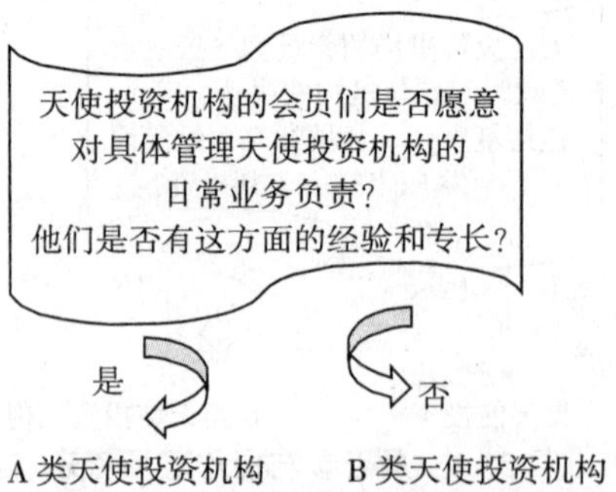

图3.18　是否参与机构日常业务管理

天使投资机构的日常业务需要人来负责，会员们是否愿意承担这些责任？即使某些会员愿意承担这份责任，他们是否具有这方面的专长？他们是否具备这些领域的经验？如果上述答案是肯定的，那么，A 类天使投资机构比较合适，反之，B 类天使投资机构比较合适。

7. 天使投资机构的办公室人员（见图 3.19）

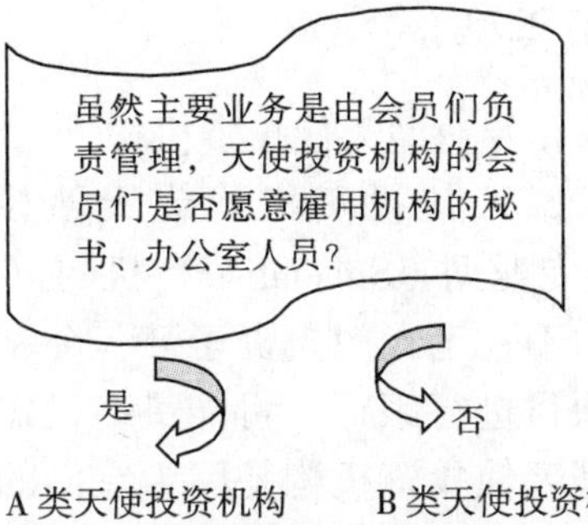

图 3.19　是否雇用天使投资机构办公室人员

即使天使投资机构的会员们愿意并且可能（具有经验和专长）负责各类重要业务，但天使投资机构还需要处理日常业务的辅助人员，例如机构秘书、办公室业务员等，会员们是否愿意雇用这些专职的办公室人员？如果上述答案是肯定的，那么，A 类天使投资机构比较合适，反之，B 类天使投资机构比较合适。

8. 天使投资基金（见图 3.20）

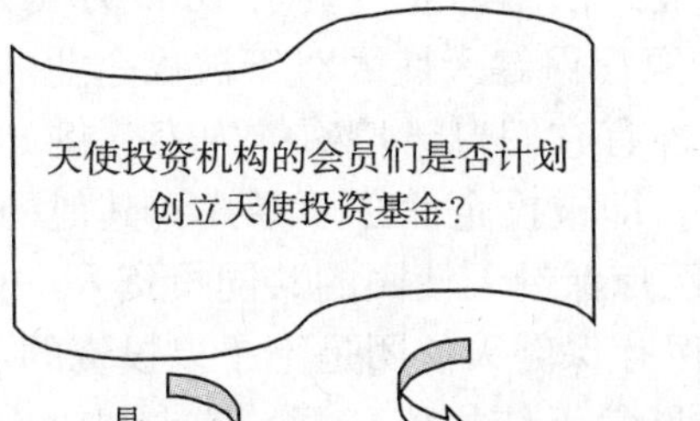

图 3.20　是否创立天使投资基金

最后，绝非最不重要：天使投资机构的会员们是否计划创立自己的天使投资基金？进入 21 世纪以来，越来越多的天使投资机构创立了属于自己的天使投资基金。如前所述，这些天使投资基金可能类似规模较小的风险投资基金，或者作为自己机构会员们投资的跟投基金，或追加基金。有的天使投资基金运作是相对独立的。但更多的天使投资基金与天使投资机构的会员们合作，或者是天使投资家们选项目，参加路演、评估、尽职审查、谈判投资，然后天使投资基金做跟投；或者相反，天使投资基金作为领投人，主持上述各类投资前期准备，一旦做出投资决策，机构的天使投资家会员们随即跟投。事实上，如果天使投资机构的会员们计划创建自己的天使投资基金，那么B类天使投资机构更合适，反之，A类更合适。

三、天使投资的组织类型

1. 一般型天使投资机构和专业型天使投资机构

与风险投资公司类似，天使投资机构或天使投资基金也分为一般型（Generalists）机构或基金与专业型（Specialists）机构（基金）。

一般型的天使投资机构不一定专门投资于某一个领域。只要项目好、具有投资潜力，它们都会对该项目进行跟踪，可能最终投资。专业型的天使投资机构又各有不同。有的专业型天使投资机构是因为它们的很多会员都具有一定的专业知识，而他们的专业知识和经验又往往集中在某一个领域。

例如，波士顿的医疗保健天使团（Angel Healthcare Investors）是一家专门从事医疗保健领域的天使投资的有限责任公司。它们的投资一般限于波士顿或新英格兰地区的医疗保健、生命科学等领域的创业企业。如果企业十分出色、投资潜力极大，它们也会考虑投资于新英格兰以外的地区，或者是医疗保健以外的行业。波士顿是美国医疗保健行业和医疗研究领域最集中的城市。医疗保健天使团成立于1998年，创始人是几位在医疗保健方面经验丰富的成功企业家。迄今为止，医疗保健天使团已经投资了1800万美元到30个企业中，投资额为25万~75万美元。医疗保健天使团对于被投企业的要求除了管理团队、市场优势、技术创新外，还有它们自己特殊的内容。例如，被投企业必须有能力融到其他投资人的资本，即被投企业必须寻找到其他的天使投资家或风险投资家或政府辅佐项目作为医疗保健天使团的共同投资人。如果企业没有这个能力，或没有这个资源，那么医疗保健天使团是不予以投资的。

再如，加州的生命科学天使投资公司，它与波士顿医疗保健天使团相似，也是一家专门的天使投资机构。生命科学天使投资公司成立于2004年，是一家非营利的有限责任公司，全称为“Life Science Angels，Inc.”（LSA）。成立初期，它有80名会员，到2006年，发展为120名。这些都是十分富有的合格天使投资家。此外，LSA还由23家大型机构作赞助商，包括硅谷银行等商业机构和美国糖尿病协会等慈善机构。

LSA旗下的天使投资家中有80%是生命科学公司的高级管理人员、董事会主席、创始人；10%来自医生、医疗专家/学者；10%来自风险投资家。这些天使投资家中有86%为男性，14%为女性。

LSA 投资的领域仅限于生物科学和医疗仪器。2005 年，也是 LSA 正式运行的第一年，LSA 投资了 7 个公司，所有的被投公司都在后来成功地得到了风险投资或其他形式的追加投资。

生命科学天使投资公司的董事长 Allan May 先生指出："我们是专门投资于生命科学的新兴企业的天使投资组织，我们非常荣幸我们能够从事这项投资业务。"

LSA 的天使投资家们每两个月聚会一次。凡是在聚会上作演讲的项目必须通过"生物科学"投资委员会或者"医疗仪器"投资委员会进行尽职审查。每个投资委员会由 12 名天使投资家组成，这些天使投资家包括董事会资深的科学家或企业家。由于 LSA 是一家非营利机构，它们对于演讲的企业不收取任何费用。对于被投企业也不收取资金管理费或项目介绍费。一旦通过投资委员会的审批，天使投资家们自己作出投资决策。但投资本身是通过 LSA 公司进行的。从被投企业看，投资者只有一家，即 LSA。投资额度一般在 25 万~75 万美元。如果必要，LSA 会组织与其他投资公司的组合投资，投资额可高达 150 万~600 万美元。除了两个投资委员会外，LSA 还具备社会活动委员会和会员资格审批委员会。为了促进其会员与其他天使投资组织或其他社会组织的交流，LSA 每年组织两次社会活动，并与斯坦福大学等著名院校保持密切的合作关系。

《商业周刊》(Business Week) 报道了生命科学天使投资公司这样一个新生事物，并一针见血地指出，风险投资已经从早期投资中撤离，而天使投资家正好弥补这个资本空白。[①] 近年来，生命科学领域的创业企业是天使投资的对象。2004 年，天使投资向生命科学领域投资将近 20 亿美元，比 2003 年提高了 10%，比 2002 年提高了 52%。

2. 女性天使投资机构的发展

一些天使投资机构虽然也属于专业型机构，但它们并不是以专门工业领域区分。例如，女性天使投资机构是专门为女天使投资家服务的机构。在美国，这种天使投资机构是相当活跃的。比较著名的一家是金种子天使团 (Golden Seeds)。它是专门为女企业家实现她们创业梦想的。它的座右铭是：我们挑战保守，尊崇创新，追求变化。

与我国高校的状况类似，美国大学生也是男女比例失调，女生人数大大超过男生。21 世纪初，美国 18~24 岁人口中 49%为女性，但大学生中女学生的比例高达 57%。这个比例预示了未来就业和创业中女性比例会越来越高。20 世纪 90 年代，女企业家的数量在美国增长了 16%，而女企业家拥有的企业的收入增

---

① Where VCs Fear to Trend: Angel investors are filling a critical gap by providing early backing for biotechs. Business Week, March 7, 2005

长了33%。相比之下，企业家总数（男企业家和女企业家）在同时期仅增长了6%，企业收入仅增长了24%。在美国，大约1060万家企业的主要所有者是女性，即女企业家占该企业至少50%的股份。这些企业是美国全部私人企业的47.7%，其中包括：29.9%的企业是女性持有，而17.8%的企业，其所有权为男女各占一半（见图3.21）。虽然女大学生和女企业家人数不少，但女天使投资家却人数不多。

2006年，美国女天使投资家占天使投资家总数的13.8%，比上一年的8.7%有了很大提高。2008年，美国的女性天使投资家数量又进一步提高，约占总数的16.5%。在申请天使投资的企业家中女企业家占12.9%，而获取天使投资的企业家中，女企业家占21.5%。从比例上看出，女企业家人数虽然有限，但女企业家获取天使投资机会却比她们的男同胞高。①

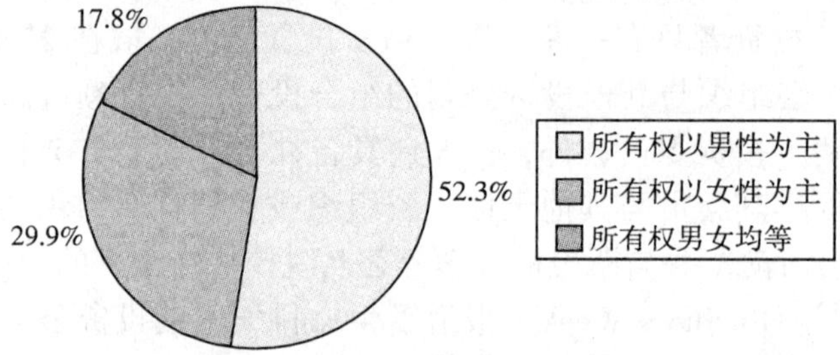

图3.21 美国企业家性别问题②

为了进一步扶持女企业家，金种子天使团投资的对象仅限于妇女拥有的企业或者是妇女主管的企业，即该企业或是妇女有控股权，或是妇女作为CEO、CFO、CTO、COO、CAO及其他主管职务。

金种子天使团并不把它们的投资局限于某一个工业或行业。它们主要的使命是以资金支持创业的女企业家。一大群成功女性聚集于金种子天使团的旗下。对于成功的女企业家或女金融家或各类女性专业人士来说，做天使投资应当是别有特色的，带有挑战性的第二职业。

天使投资具有巨大风险。金种子天使团告诫自己现有的和未来的女天使投资人：只能投资你能够输掉的资本（No one should invest capital that they cannot afford to lose）。她们还提出，天使投资之所以风险高，不仅因为它会涉及平常的风险，如经济周期、利息率、工业变动、股票市场等，最重要的是，它还会涉及人的风险，而人的风险最不可预测。然而，作为天使投资家，我们往往喜欢承担这类风险。我们喜欢接触新的创业者，喜欢辅导他们，帮助他们，观察

---

①② Golden Seeds Angels 网站。

他们是否具有执行能力。如果不喜欢这类挑战，最好不要做天使投资家。

金种子天使团成立于2005年，现有会员80余名，包括少数男会员。金种子天使团把它的男会员比例限制到15%以下，因为美国银行业的女管理人员的比例为15%。金种子天使团总部在纽约，但在波士顿和费城均有分支机构。到2008年年初，它已投资18个女性创业企业，包括gDiapers（它生产了全球第一个可冲洗的婴儿尿布）；高科技创业企业，如eJamming Inc.（它提供了一个软件平台，音乐家可以在这个平台上合作，以丰富他们的创作）。金种子天使团要求自己的会员每18个月至少投资10万美元，每个项目的投资不应低于2.5万美元。2008年5月8日，金种子天使团的创始人，Stephanie Hanbury-Brown女士获得了天使资本教育基金的每年一度的Hans Severiens奖。

截止到2008年4月，全美现有9个女性天使投资联盟，此外还有15家天使投资团体有相当的女性天使投资家为会员。[①] 根据北美天使投资联盟2007年的调研，这些女性天使投资团体每年平均投7个项目，共投180万美元，平均每个项目投资24万美元，每个天使投资家大约投3.1万美元。

3. 天使投资机构的其他趋向

有些天使投资机构与当地科技孵化器相结合。例如，纽约天使团的总裁David Rose创立了一个科技孵化器：Sparkspace，坐落在曼哈顿区。这个孵化器是为那些最聪明能干的、最富有远见的、彻头彻尾的实干家准备的。驻入孵化器的创业企业可以作出如下选择：月租200美元可以获得一个虚拟办公室，可以有通信地址、电话服务、免费使用会议室等；月租400美元，可以和别人分享一张办公桌；月租600美元，可以有自己单独的办公桌；月租1500~4000美元，则可以有自己单独的办公室。

此外，不少天使投资机构和著名大学密切联系。如纽约天使团的创始人David Rose经常到哈佛大学、耶鲁大学、哥伦比亚大学和纽约大学做讲座，并且是耶鲁大学年度商业计划书大赛的评判官。

不同的天使投资机构有其不同的发展趋向，取决于它们本身的特点及发展战略。但从全局来看，天使投资机构的总体趋向为：

（1）大学院校支持的天使投资机构逐渐增加。随着大学生创业活动的日益活跃，为大学生创业服务的机构也应运而生，包括大学生创业园、咨询公司、会计师事务所、律师事务所、科技孵化器及为大学师生创业融资服务的天使投资机构。

（2）投资于绿色/清洁工程领域的天使投资机构迅速增长。2008年全球金融风暴爆发之前，作为现代工业“粮食”的石油价格高涨，人们不得不寻求其他

---

① Ty McMahan. Angel Investors Watch Over Women Entrepreneurs. Venture Wire，April 2008

可替代、可再生能源。加之气候变化和地球变暖的趋势也使人们认识到人类不可能不采取行动，保护自己赖以生存的环境，为子孙后代造福。在这种形式下，风险投资越来越热衷于投资在“Cleantech”（译为清洁技术工程）领域，作者称之为“绿色风险投资”领域。根据美国风险投资协会统计，2008 年风险投资的融资额和投资额都受到金融危机的影响而大幅减小，只有在绿色风险投资（Cleantech）领域是例外，该领域的风险投资额同比增长了 54%。与风险投资的这种状况相似，天使投资对于绿色领域投资的趋势也十分明显。

（3）妇女天使投资机构已经在许多国家或地区形成。传统上，天使投资以男性为主。20 世纪末，美国的一项天使投资调研发现，98%的天使投资家为男性。这种状况在 21 世纪的今天已有明显的变化。许多女性企业家、大公司的女性高管人员、女性电影明星，以及其他女性成功人士呈现强势增长，她们中越来越多的人开始了解天使投资状况，并参与天使投资活动。

（4）天使投资家与风险投资家之间的合作更加亲密。天使投资和风险投资都是企业融资链中的重要环节。天使投资是企业成长过程中融资接力赛的前棒，而风险投资则是它的后棒。只有二者的紧密结合，才能更好地帮助企业实现顺利融资、茁壮成长的目标。

（5）各地域间的天使投资家共同投资在不断增强。在 2007 年欧盟“创新融资”峰会上，天使投资家们就开始讨论跨区域的天使投资（Cross Boarder Investing）的可能性和必要性。欧洲各国开始尝试跨区域投融资活动并取得一定进展。

（6）各国天使投资机构的交流，如欧洲天使投资联盟、南美天使投资联盟。各国天使投资机构交流的最近的发展是世界天使投资协会的创立。世界天使投资协会（World Business Angel Association，WBAA）于 2007 年在葡萄牙里斯本筹建，经过多方努力，最终完成了各种法律手续，并于 2009 年 4 月 20 日于迪拜正式成立（见图 3.22）。世界天使投资协会有 11 个理事国：美国、英国、法国、意大利、葡萄牙、西班牙、中国、印度、阿联酋、澳大利亚、智利。

四、天使投资组织的特征

1. 营利式组织与非营利组织

天使投资机构，无论是天使投资俱乐部，还是天使投资协会，还是天使投资团，都是为天使投资家提供服务的组织。有的天使投资机构是营利机构，有的则是非营利机构。根据美国天使投资协会 2008 年 5 月的调研，美国的天使投资机构中有 48%为营利机构，35%为非营利机构，而其余的 17%的机构并没有明确的组织形式（见图 3.23）。

图 3.22 世界天使投资协会（WBAA）在迪拜正式成立，首次理事会由 11 个理事参加
前排右一为 WBAA 秘书，前排右二为本书作者（摄于 2009 年 4 月 20 日，迪拜）

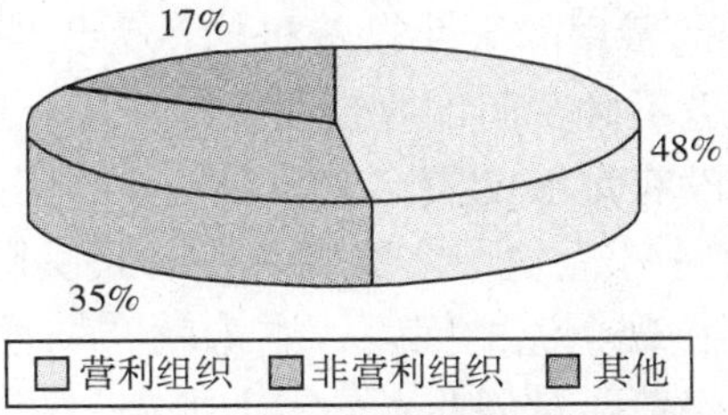

图 3.23 美国天使投资机构的性质

从图 3.23 可以看出，美国的天使投资机构中，接近一半的机构（48%）为营利组织，而非营利组织仅占总数的 35%。美国天使投资协会的这项调查与人们对于天使投资机构的认识相悖。人们往往认为，大多数天使投资机构是非营利组织。而事实上，营利性机构是天使投资机构的主要模式。一方面，这是天使投资家自己的选择；另一方面，也是客观状况的一种写照。大多数天使投资机构选择营利性组织形式是因为它简便易行，而注册非营利机构往往手续复杂，程序繁琐，层层报告，申报时间冗长。而注册营利性机构手续简便得多。从概念上，营利性的天使投资机构，其成立的宗旨也往往并非盈利，而是为广大天使投资家提供便利。另外，非营利机构也不是不可以盈利，只是不以盈利为主要经营目的而已。

2. 收费式与非收费式天使投资机构

大多数天使投资机构对于其会员（天使投资家）收取会员费。对于向天使投资机构申请投资的创业者，有的天使投资机构收取一定的申请费，有的则没有这项费用。如果通过初步筛选，一些创业企业被给予路演机会，它们可以在天使投资家的正式的或非正式的聚会上宣讲它们的商业计划书。对于这部分企业，有的天使投资机构收取一定的路演费，有的则不收取。

从是否向企业收取费用的角度，天使投资机构可分为收费式天使投资组织和非收费式天使投资组织。无论以什么形式收取费用，凡是向企业收取一定的费用的天使投资机构为收费式机构，否则，为非收费式机构。根据美国天使投资协会 2008 年 1 月的调查，在 72 家参与调查的天使投资组织中，有 25 家（34.7%）为收费式机构，而其余的 47 家（65.3%）为非收费式机构。从美国天使投资协会的这项调研可以看出，大多数天使投资组织是不向企业收取任何费用的。在收费的天使投资机构中，收取申请费的有 19 家机构，收费从 55 美元到 300 美元不等（但有一家的费用高达 3000 美元）；平均值为 325 美元，中值为 200 美元。收取企业路演费的有 10 家机构，收费水平从 200 美元到 750 美元不等，最低为 30 美元，最高为 1500 美元；平均值为 529 美元，中值为 500 美元。

对于是否应当向创业企业收取一定的费用的问题，天使投资机构各持己见。那些拒绝向企业收取任何费用的天使投资机构认为天使投资机构是为创业企业服务的，它们不应当，也不必要向创业企业收取费用。原因如下：

（1）创业企业往往没有足够的资金来支付这类费用。创业企业，或按照我们本章的定义，“创业型中小企业”之所以希望向天使投资家融资是因为它们资金匮乏。它们本来就存在现金流的问题，本来就“勒紧裤腰带”过日子，天使投资家向它们索取“入门费”对创业者是雪上加霜。

（2）向早期企业收费可能导致逆向选择：好的企业可能会有各种不同的资金来源，如果天使投资机构收费太高，它们可能就会走掉，选择其他融资模式。而不太好的企业本来就没有太多的选择，它们可能宁可支付费用，不惜代价以获取投资机会。

（3）向企业收取费用，就应当为企业提供一定的服务，如咨询服务、财务服务等。而这些服务会使得天使投资机构远离它们的主要业务：天使投资。天使投资机构应当将主要精力放在正确的选择投资项目及提高投资回报等核心问题上。

（4）天使投资机构的主要资金来源在于会员费及赞助费。向企业收取费用是不正确的。

（5）投资者向企业提供一些服务是理所应当的，是包括在投资费用之中的。

那些向企业收取费用的天使投资机构归纳它们收费的理由如下：

（1）天使投资机构是非营利组织，向企业收取费用是向它们提供服务的。为缴费的企业提供 90 分钟的指导课程，教授它们如何融资。对于那些没有获取投资的缴费企业，给它们两个半小时的培训，帮助它们提高融资能力。

(2) 如果企业提交 300 美元，它们可以得到两名以上的天使投资家的反馈意见。我们认为天使投资家的反馈意见对于申请融资的企业是价值连城的。企业所缴费用是十分值得的。

(3) 收取一定的费用是把不合格的企业排除在外。一些企业并没有做好融资准备，它们并没有具备一个合格的商业计划书。对于这类企业，如果天使投资机构收取一些费用，它们可能就会更慎重一些，它们就不大会急于求成，它们也不会耽误投资者的宝贵时间。因此，收取费用有利于天使投资机构选择更加严肃的企业做融资路演。如果企业真的需要融资，它们就会下工夫准备商业计划书，它们就会下工夫学习如何向投资者融资的基本常识，它们就会不惜花费一些费用以换取融资机会。

(4) 投资者的时间都是十分珍贵的。向企业收取一定的费用以换取投资者的评选项目的时间是合情合理的。

五、天使投资机构的作用

在天使投资机构正式出现之前，摆在天使投资家面前最大的挑战是与企业家之间的沟通，似乎投资者和融资者之间存在着一条鸿沟。投资者要花费很大的精力和很多的时间寻找好的投资项目，而创业者更是缺乏有效的融资渠道。

天使投资机构的创立为天使投资家带来众多益处，大大地推动了天使投资的发展。

(1) 天使投资机构建立了天使投资家与创业家交流的平台，促进了天使投资家和创业者的相互交流和沟通。有人说，创业者和天使投资家的关系是项目找钱；创业者是有求于天使投资家的。在很多情况下，创业者是在积极地寻求资金来源。然而，天使投资家寻求好项目的现象也屡见不鲜。成功的天使投资离不开经验丰富的天使投资家，也离不开出类拔萃的创业者。没有天使投资家的资助，很多创业者的梦想就难以实现。而没有真正有创意的、有发展潜力的创业项目，也就没有天使投资家的巨额利润。然而，现实生活中，有钱的人和找钱的人之间往往存在一个鸿沟，而天使投资机构的最大作用就是填补了这个鸿沟。天使投资组织为投资者和融资者搭建了一个沟通的平台，大大提高了投融资双方的经济效益。按照著名的天使投资家 William Payne 的评价：天使投资机构的出现造成了投资者和融资者双赢的局面。

(2) 天使投资机构不仅为天使投资家提供了更多的项目，而且提高了项目流的质量。这些天使投资机构增加了天使投资家可选择项目的数量，也提高了可选择项目的质量，单独的天使投资家的项目来源有限，往往很难遇到高质量的具有投资潜质的优秀项目，而天使投资机构创立了一个天使投资家与创业者互惠的平台，优秀项目的数量自然大大增加。一个人的力量不如一个团体的力量。一个人的关系网也远远不如一个团体的关系网。天使投资机构成立后，许多好的项目慕名而来，大大增加了天使投资家可投项目的数量。

（3）天使投资机构增大了某一个项目的可投资本量，主要原因是天使投资机构聚集了越来越多的天使投资家，而天使投资家数量的增加自然增大了可投资本量。

（4）天使投资机构为天使投资家们共同作尽职审查提供了可能性。正如本书第一章所述，天使投资家具有不同的类型，有些天使投资家曾经多次创业，了解创业者的苦衷，知道创业者所面临的困难，但并无管理经验。另一些天使投资家则具有丰富的管理经验，并无创业尝试。此外，一些天使投资家拥有某个行业的专业知识，另一些人却缺乏这种知识。天使投资机构的存在使得这几类天使投资家能够互补有无，相互帮助，共同进行必要的尽职审查，以实现规避风险，增加盈利的可能性。

（5）天使投资机构的存在为天使投资家提供了学习、培训的机会。天使投资家是不甘寂寞的人们。他们很多人已经事业有成，也积累了不少资本，本来可以悠闲度日、颐养天年。但他们愿意贡献、愿意参与、愿意体现自己的价值。他们具有一定的可支配的资本，而体现自己价值的最好方式莫过于天使投资。许多天使投资家在以自己的金钱帮助创业者成长的过程中得到了精神上的满足，还获取了更多的利润。他们是边赚钱边享受的。

（6）天使投资机构还为天使投资家们开通了相互学习、相互帮助的渠道。天使投资家大都具有一定的工业、产业或创业的经验，而这些经验和知识是可以互相补充、取长补短的。

（7）这点与上述第六点密切相关。天使投资机构在提供交流平台，提供互相学习、互相帮助的渠道的同时，建立了天使投资家的关系网。天使投资家都知道，做生意不是物与物的交易，而是人与人的交易。天使投资机构为天使投资家建立了关系网将有助于天使投资家们提高业务水平，更上一层楼。

（8）天使投资机构扩大了天使投资家的专业知识，例如，某天使投资家具有生物工程方面的专业知识，他/她对于生物工程项目的鉴定为其他没有这方面知识的天使投资家提供了重要的依据。

（9）天使投资组织的重要使命在于游说政府，影响政府的政策，使之有利于天使投资的发展。例如，说服中央政府和省政府建立有利于天使投资的税收政策，使得天使投资成为更有利可图的、具有吸引力的投资模式，吸引更多的富有阶层的人参与天使投资活动。天使投资机构建立的平台还可以帮助天使投资家与中央政府、省政府、市政府的决策者之间建立经常的定期的通话机制，以促进天使投资的进一步发展。鼓励有资金能力的个人敢于承担风险，投资到种子期/早期的企业中，帮助这些企业的发展。

不少天使投资机构设有专人对于项目进行首轮筛选，也称为“看门人”(Gatekeeper)。投入到天使投资机构的商务计划书先由“看门人”过目。他们的任务就是对融资申请进行初步的筛选。天使投资机构的“看门人”或由该机构的会员们义务奉献，或由该机构雇用专门的资金管理人员，或是来实习的工商管理硕士和其他学生。

作为同业联盟，天使投资组织应当加强天使投资家之间的联络，促进天使投资的学习，提高投资效益。不少天使投资机构能够收集成功的投资案例，总结经验，分享投资成功的方法和途径，还可为天使投资家提供一个较高规格的投资信息资源库，以便进一步推进天使投资活动。

总之，天使投资机构的建立为广大天使投资家提供了一个投资平台，为他们提供了相互交流、学习的场地，为他们取长补短，共同投资打开了一条通道。另外，天使投资机构也为创业者提供了寻求天使投资的一扇门户。天使投资机构大大促进了各国天使投资事业的发展，为创业者，尤其是创新型创业者开启了天使投资之门。

第五节 园丁与伐木匠之说

关于天使投资对于创业企业发展的重要作用，本章以一个颇有意义的比喻总结。

本书作者在 2009 年秋与意大利天使投资团于上海会晤。意大利天使投资团——意大利天使投资推动增长（Italian Angels for Growth），是意大利最大的天使投资机构，共有天使投资家成员 45 人，其中女性为 3 人（关于意大利天使投资团，请参考本书第五章）。

意大利天使投资团的主席 Francesco Clarelli 先生反复强调了天使投资的早期性和风险性。天使投资由于投资于种子期/创始期的企业而承担了更大的风险。比起一般股权投资，如风险投资、PE 等投资模式，天使投资更具有明显的“高风险、高收益”的性质。该天使团的创始人之一，执行董事 Marco Villa 先生也全力支持这种观点。他指出，人们一般仅仅注意天使投资的高回报：平均年回报率为 27%，殊不知天使投资家承担了巨大投资风险。

参会的上海市创业投资协会理事兼副秘书长王强先生则用了一个十分恰当的比喻描绘了天使投资的重要性。他指出，种子期/早期投资者就像园丁，而晚期投资者则有些像伐木匠。天使投资家正是这种辛辛苦苦培育幼苗的园丁。

伐木匠在树木生长的价值链中也是重要的一环：当幼苗最终成长为参天大树时，伐木匠把这些大树推向市场，帮助它们实现自己的价值。然而，没有幼苗，就没有大树；没有园丁，焉有伐木匠？

我国目前的状况是，人们往往只看见大树上市后的价值，而忽略了园丁的重要作用。伐木匠好做，园丁难当。没有一定的知识、技巧，没有一定的责任心、奉献精神，不可能成为一名成功的园丁。

现在国际国内许多知名企业都是在幼苗阶段有幸遇到“天使投资家”作为园丁。例如，谷歌、亚马逊、Cosco、福特汽车、贝尔实验室，等等（见图 3.24）。我们应当大量提倡园丁精神，鼓励有资力、有经验的人们成为育苗的园丁，成为培养创业企业的天使投资家。

图 3.24 被天使投资支持过的若干成功企业

从 2008 年美国风险投资和天使投资的数据中，我们可以进一步看到天使投资在扶持种子期/创始期企业中的巨大的不可低估的作用（见图 3.25）。

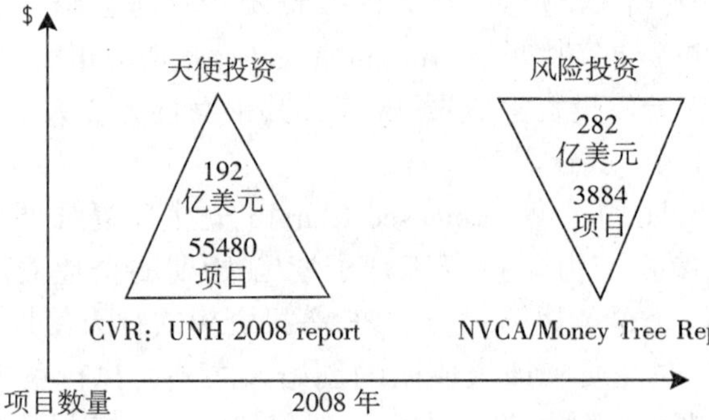

图 3.25 天使投资与风险投资的对比

2008 年，全美的天使投资总额为 192 亿美元，由于金融危机的影响，天使投资总额比上年下降了 26.2%，但所投项目数量却仅仅下降了 2.9%，高达 55480 个。与天使投资不同，2008 年，全美的风险投资总额为 282 亿美元，较上年下降了 8.4%；投资项目（投资轮数）为 3884 个，较上年下降了 2%。虽然天使投资与风险投资都或多或少受到全球金融危机的影响有所下降，但它们对于创业企业种子期/早期融资的作用仍然十分明显。天使投资投入了 55480 个项目是风险投资所投项目数的 14.3 倍。天使投资的平均每个项目投资额为 34.6 万美元，而风险投资的平均投资额却高达 726 万美元，是天使投资的近 21 倍。

对于创业型中小企业，尤其是“创新型创业企业”来说，天使投资的的确确是“雪中送炭”。天使投资是创新的福星。

第四章　理论天使投资：天使投资的金融内涵

第一节　天使投资研究综述

一、天使投资理论研究综述

天使投资虽然在理论上与风险投资相近，但由于天使投资是分散的、个体的和零星的个人投资行为，对于这种投资模式的研究也还仅仅处于比较初级的阶段。直到最近几年，有组织的天使投资群体才出现，对于天使投资研究也才逐渐引起专家学者的注意。最早在这方面作比较系统的研究的是 Wetzel 教授，[①]早在 20 世纪 80 年代初，他在 *Angels and Informal Risk Capital* 一文中，第一次从理论上讨论了天使投资性质及其与风险投资的不同。此后，他又在多篇论文中探讨了天使投资问题。他认为，天使投资的研究的指导应在四个方面：天使投资的规模；天使投资家的特征；天使投资信息交流问题；天使投资与风险投资的关系。Freear、Wetzel 教授（1992）曾从上述四个方面对于天使投资问题加以探讨。[②]

D. Amis 和 H. Stevenson 2001 年的著作 *Winning Angels：The 7 Fundamentals of Early Stage Investing* 被认为是研究天使投资的第一本著作。通过对 50 位成功的天使投资家的面谈，该书深入、细致地分析了天使投资的投资特征，它与风险投资的一致与区别。该书采访的这 50 位天使投资家共投资 1000 多个项目。丰富的投资经验是这些天使投资家获得成功的最根本因素。

Andrew Wong（2002）一针见血地指出，天使投资虽然对于创业企业的生

---

① Wetzel，William E. Angels and Informal Risk Capital. Sloan Management Review，1983，pp. 23-34

② Wetzel，W.E. The informal venture capital market：aspects of scale and market efficiency. Journal of Business Venturing，1987

存和成长起着不可替代的巨大作用，但对于天使投资的学术研究还十分缺乏。他的研究分析了天使投资家对于风险的态度。他指出，由于投资于创业初期，天使投资家面临着各种各样的高风险，但他们却往往不采用风险投资家的规避风险的模式。例如，他们并不像风险投资家那样重视在被投企业的董事会席位，他们也往往并不采取风险投资家的分期投资的办法。此外，天使投资家也很少在投资条款上加注各种限制条例。相反，他们是用经济利益来控制被投企业的资金运用的：他们赋予被投企业绝对控股权，以减少代理成本。

D. Ibrahim 教授（2008）同样指出，天使投资由于投资期限较早，他们面对的各种风险也较高。然而，与一般人的想象相反，天使投资家似乎没有采取传统的方式来规避他们的投资风险。例如，风险投资家往往通过分期注资、董事会席位、优先股等方式以规避风险，而天使投资家虽然面临更高的风险，但他们却往往没有像风险投资家那样采取种种方式规避风险。Ibrahim 认为，与风险投资家不同，天使投资家往往不是出于纯粹的金融动机。很多天使投资家对于所投企业不仅投入了金钱，而且还灌注了心血和情感。近年来，天使投资家越来越有组织化的倾向，而天使投资的组织化使得他们的投资行为越来越向风险投资家靠近，他们也采取风险投资家所采取的尽职审查、价格评估等方法，以规避风险。

达特茅斯的塔克（TUCK）商学院的 Fred Wainwright 教授（2005）认为天使投资家与风险投资家不同，前者不仅仅寻求投资回报，更重要的是，他们喜欢创业，喜欢帮助创业者，喜欢向创业者传授自己的经验和见地。他们喜欢这种创新最前沿的氛围，喜欢创业的挑战，喜欢战胜困难的成就感。

J. Benjamin 和 J. Margulis（2001）指出，虽然很多天使投资家在对于早期项目的投资中获得巨额回报，但没有经验的投资者难免失误。在天使投资中，最忌讳的是对于早期项目的复杂性缺乏足够的认识。他们在 *The Angel Investor's Handbook*：*How to Profit from Early-Stage Investing* 一书中，全面介绍了天使投资的过程，尤其是天使投资对于所投项目的评估，并在 *Angel Capital*：*How to Raise Early-Stage Private Equity Financing*（2005）一书中站在天使投资家的角度分析了一个成功的商业计划书应当如何书写。

Gompers，Paul 和 Lerner（2004）在他们的著名著作 *The Venture Capital Cycle*（*2nd Edition*）中从理论上对于风险投资进行了全面分析，他们将风险投资过程看做是一个循环：从融资，到投资，再到投资后的增值服务，最后到退出。而天使投资与风险投资类似，它的过程也是一个循环，与风险投资不同的是，由于用自己的资本投资，天使投资没有融资这一过程。Freear，Sohl 和 Wetzel（1997），以及 Osnabrugge（2000）从不同的侧面分析了天使投资与风险投资的一致与区别。[①]

天使投资家的投资回报与他们做尽职审查的程度成正比，做尽职审查越仔细，他们的投资回报就相对越高；投资回报也与天使投资家的经验成正比，经验越丰富的天使投资家，回报相对越高；自然，投资回报又与天使投资家的投资后参与直接相关：积极参与被投企业管理的天使投资家，其投资回报也越高。[②]

天使投资家本人就相当重视创业经验。在美国绝大多数天使投资家（87%）具有一定的创业/实业经验（Freear and Wetzel，1991），而在英国这个数字也高达75%~83%（Van Osnabrugge & Robinson，2000）。Harrison 和 Mason（2003）认为天使投资家在投资时更重视“骑手”（Jockey）而不是“马匹”(horse)。[③]他们认为，马匹不好是可以更换的，而一个优秀的骑手却需要长期培养。著名的风险投资家 Arthur Rock 也曾经说过，我历次投资失误都是由于选错了人，而不是选错了项目。

我国对于天使投资的研究还刚刚开始，对于广大创业者，天使投资仍然是一个陌生的概念。天使投资是创业者的“伯乐”。[④]张维等（2007）分析了我国天使投资发展的经济环境，强调应当加强对于天使投资的学术研究。[⑤]梁桂(2005)、[⑥]刘超（2006）[⑦]则强调天使投资对于我国科技型中小企业发展的巨大作用。李华、王鹏（2003）指出，我国的天使投资家主要由三类人士构成：第一类为外国公司在中国的代表或者管理者；第二类为对中国市场感兴趣的外国人和海外华侨；而第三类则为本地的富人和成功的民营企业家。[⑧]刘丁已等(2005）则认为，我国天使投资家的三类人士分别为：海外归国的高学历的新富阶层和外企中的中方高级管理阶层；国内的一些个体经营者包括个体公司老板、一些行业的高收入个人等群体；一些手上拥有家族几代积累的大笔财富的群体。[⑨]

---

① Van Osnabrugge，M. & Robinson，R. J. Angel investing：matching start-up funds with start-up companies：the guide for entrepreneurs，individual investors，and venture capitalist. San Francisco：Jossey-Bass，2000

② Robert Wiltbank，Willamette University and Warren Boeker，University of Washington. Returns to angel investors in groups，2007

③ Richard T. Harrison，University Of Edinburgh，Scotland and Colin M. Mason，University Of Strathclyde In Glasgow，Scotland. Backing The Horse Or The Jockey? Agency Costs，Information And The Evaluation Of Risk By Business Angels. Babson College，2003

④ 徐志峰. 天使投资：创业企业股权融资的“伯乐”. 2005；http：//www.fx120.net/man/200512/man_114617.html

⑤ 张维，邱勇，熊熊. 天使投资在中国的发展环境研究. 科技管理研究，2007 年第 6 期

⑥ 梁桂. 商业天使、天使投资与我国科技型中小企业发展战略. 中国风险投资，2005，4（2）

⑦ 刘超. 高科技创业企业的融资渠道：天使投资研究. 技术经济，2006 年第 2 期

⑧ 李华，王鹏. “天使投资”在 OECD 国家的运作——兼论“天使投资”在我国的发展前景. 世界经济研究，2003 年第 4 期

⑨ 刘丁已，周纯，何国全. 天使投资与风险投资基金的比较分析. 商业经济与管理，2005 年第 5 期

李姚矿、杨善林（2005）总结了天使投资政府行为方面的研究。[①] 天使投资是对于创业企业种子期/创始期的投资，理论上，其投资风险更高，它对于创业型中小企业，尤其是创新型中小企业的推进作用更大。各国政府都在一定程度上建立了支持天使投资的政策（见本书第五章）。

在天使投资理论研究方面，Van Osnabrugge 和 Robinson（2000）作出了巨大贡献。[②] 他们用了相当长的时间，组织并参与了对于天使投资家的调研，并总汇了 300 多篇有关文献，对于天使投资问题做了比较全面的研究。他们强调天使投资对于被投企业的创新和成长性的要求。他们发现，天使投资总量与同期的风险投资总量旗鼓相当，甚或更多，但其投资的项目质量却是风险投资项目的 30~40 倍。Van Osnabrugge 和 Robinson 研究了天使投资与风险投资的共性与个性，并总结概括了天使投资，作为一种重要的早期股权融资模式的优势与劣势。在他们看来，天使投资具有如下优势：

（1）天使投资的投资规模比风险投资小，一般在 10 万~50 万美元（2000 年）；

（2）天使投资的投资期一般在种子期和创始期；

（3）天使投资的投资领域可以在经济生活的各个方面，不仅是高科技，还可以是传统领域，只要有新的创意，只要是快速增长的企业，都是天使投资的投资对象；

（4）天使投资的灵活性很高；

（5）比较机构投资者，创业者向天使投资家融资的费用相对较低；

（6）天使投资家是“增值性”的投资者，他们投资后帮助企业家建筑企业；

（7）天使投资家的投资区域一般限于他们的所在地附近；但天使投资家分布在全国各地；

（8）被天使投资家投入的企业更容易融到其他模式的资金；

（9）天使投资家除了自己投资外，还帮助被投企业进行再融资；

（10）虽然天使投资的投资领域不限于高科技，但他们偏向于高科技领域的投资。在投资高科技创业企业（或科技型中小企业）时，天使投资不惧怕风险；在规模小于 100 万美元的融资中，60%的美国科技型创业企业是由天使投资提供的。尤其在硅谷，1998 年一年内，天使投资共资助了 786 个创业企业。

当然，天使投资也存在如下劣势：

（1）天使投资往往没有更多的追加资金；

（2）有些天使投资家过多地干预企业日常管理；

---

① 李姚矿，杨善林. 天使投资研究综述. 生产力研究，2005 年第 9 期

② Van Osnabrugge，M. & Robinson，R. J. Angel investing：matching start-up funds with start-up companies：the guide for entrepreneurs，individual investors，and venture capitalist，San Francisco：Jossey-Bass，2005

（3）有些天使投资家可能成为创业者的累赘；

（4）缺乏全国性的再融资的权威性。

二、天使投资实证研究综述

Freear、Sohl 和 Wetzel（1997）在研究天使投资规模时指出，至少在美国，天使投资市场很大，其总量应当大于风险投资总量。[①]

Robert Wiltbank 教授和 Warren Boeker 教授（2007）[②] 对 86 个天使投资机构的 539 名天使投资家作了调研，发现这些天使投资人共进行了 3097 个投资，其中 1137 个投资已经退出。这次大型调研是由 Kauffman 基金会资助进行的，是截至 2008 年年末，全美规模最大的一次天使投资调研，调研的对象是加入天使投资机构的天使投资家。通过这次调研，Robert Wiltbank 和 Warren Boeker 两位教授发现天使投资家有如下特征：

他们中的 86%是男性，14%为女性；

他们中的 99%具有大学文凭，55%有工商管理硕士（MBA）学位；

他们平均每年大约作一次天使投资；

他们大都具有丰富的创业经验：平均每人作企业家年限为 14.5 年；

他们大都具有一定的投资经验：平均每人投资 2.7 个项目；

他们用于从事天使投资的资本大约占自己私人财富的 10%；

他们投资的平均回报：在 3 年半时间中获得最初投资额的 2.6 倍；

年内部收益率为 27%。

在所有的退出项目中，竟有 42%的回报额少于投资额，但有 7%的退出实现了 10 倍以上的回报，而这些成功的退出占投资回报总额的 75%。

这些天使投资家普遍投资于早期项目（见图 4.1）。其中，34%投资于种子期，41%投资于创始期，18%投资于成长期，而晚期项目仅占 7%。投资时，45%项目没有任何营业收入。

他们的平均投资回报率虽然很高，但投资失误也颇频繁（见表 4.1）。这些天使投资家平均投资额度为 11.9 万美元，平均回报为 48.6 万美元。但投资中间值为 5 万美元，而回报中间值仅为 4.5 万美元，低于投资中间值。这证明许多项投资是失误的。

他们从事的天使投资中，35%的项目后有风险投资跟进投资。

---

① Freear，J.，Sohl，J.E. & Wetzel，W.E. The informal venture capital market：milestones passed and the road ahead. In D. Sexton and R. Smilor（eds）Entrepreneurship 2000. Chicago：Upstart Publishing Company，1997

② Robert Wiltbank，Willamette University and Warren Boeker，University of Washington. Angel Performance Project，2007

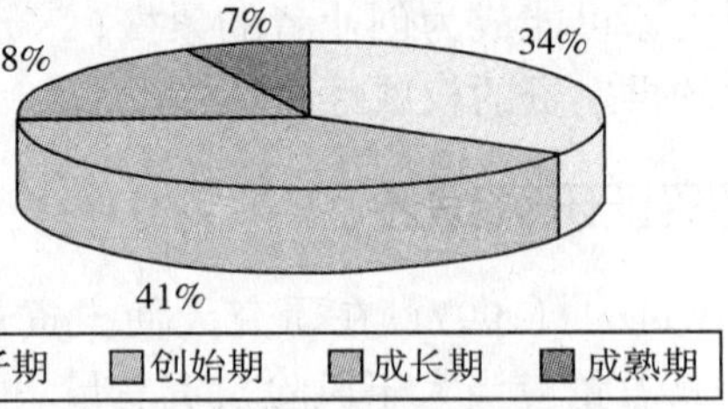

图 4.1 天使投资家的投资期限所占比例

表 4.1 天使投资平均投资回报

单位：万美元

	天使投资平均每笔投资	
	投资额	回报额
中间值	5	4.5
平均值	11.9	48.6

Sudek（2007）以加州科技海岸天使投资团（TCA：Tech Coast Angels）为基础，对天使投资家们的投资标准作了一个实证研究。截至 2004 年底，TCA 共有 173 名天使投资家作为它的会员。他们最低投资额为 2.5 万美元，一般地，每笔天使投资在 25 万~100 万美元，约占被投企业股权的 10%~40%不等。Sudek 的这个调研分为两个阶段：第一阶段为质量分析，第二阶段则为数量分析。被调研的 173 名天使投资家中有 73 名参加了这项研究，回馈率为 42%。如果说 Van Osnabrugge（1998）的调研结果是针对英国天使投资状况的，那么，Sudek 的研究是对于美国天使投资标准的一个总结。Van Osnabrugge 与 Sudek 的研究总结见表 4.2 及表 4.3。

表 4.2 Van Osnabrugge 的天使投资准则①

选定的投资准则	排 序
创业家的热情	1
创业家的诚信	2
产品的销售潜力	3
创业家的专业知识	4
投资者会面时对创业家的好印象	5
市场的增长潜力	6
产品质量	7
投资者能够看得到的财务收益	8

① Van Osnabrugge，M. The Financing of Entrepreneurial Firms in the UK. Unpublished doctoral dissertation，University of Oxford，1998

续表

选定的投资准则	排 序
利基市场	9
创业家的履历	10
预期回报率	11
产品的非正规竞争保护	12
投资者参与可能性（提供技能）	13
投资者的优势能填补业务中的空白	14
业务的高利润率	15
较低的成本费用	16
竞争性质	17
不需进一步筹资而达到盈亏平衡的能力	18
较低的（用于形成资产的）初始资本支出	19
投资规模	20
产品的整体竞争保护	21
较低的用于测试市场的初始成本	22
企业或项目的本地化	23
投资者对企业/行业有所了解	24
可能的退出渠道（变现能力）	25
存在（潜在的）共同投资者	26
产品（专利）的正规竞争保护	27

Van Osnabrugge 的调研说明天使投资家还是非常看重人的因素的。在他列出的天使投资准则中，前五位中有四位是与人相关的，即第一位：创业家的热情；第二位：创业家的诚信；第四位：创业家的专业知识；第五位：投资者会面时对创业家的好印象。更确切地说，投资者非常重视创业者的素质、经验、知识和能力。

Van Osnabrugge 的研究是基于英国的天使投资家的调研，而 Sudek 的研究是基于对美国天使投资家的调研结果。二者调研的对象不同，调研的国情不同，研究的时间不同，得到的结论自然有一定的区别。

表 4.3 投资准则对比（Van Osnabrugge 与 Sudek）(N=72)

投资准则	Sudek 的排序	平均值	标准值	Van Osnabrugge 的排序
创业家的诚信/诚实	1	4.81	0.399	2
管理团队	2	4.64	0.657	N/A
创业家的热情/投入	3	4.63	0.592	1
可能的退出渠道（潜在变现能力）	4	4.53	0.712	25
收益前景	5	4.47	0.581	3

续表

投资准则	Sudek 的排序	平均值	标准值	Van Osnabrugge 的排序
创业家的领域内专业知识	6	4.44	0.603	4
市场的增长潜力	7	4.29	0.701	6
投资回报（投资报酬率）	8	4.26	0.805	11
竞争者进入障碍（竞争门槛）	9	4.19	0.781	N/A
产品的整体竞争保护（在细分市场上）	10	4.11	0.815	21
业务利润率	11	4.08	0.746	15
创业家的履历	12	4.00	0.839	10
细分市场的竞争	13	3.94	0.785	17
会面时即被（投资者）喜爱的创业家	14	3.90	0.922	5
产品（专利）的正规竞争保护	15	3.56	0.933	27
（投资者）个人对于企业/行业的了解	16	3.53	0.822	24
保持较低成本费用的能力	17	3.46	1.020	16
当前可能的共同投资者	18	3.44	1.033	26
当前参与的（投资）顾问	19	3.40	0.899	N/A
利基市场	20	3.31	1.121	9
投资规模	21	3.26	0.769	20
不需进一步筹资而达到盈亏平衡的能力	22	3.24	1.000	18
较低的初始资本支出（即用于形成资产的）	23	3.22	0.996	19
投资者的优势能填补业务中的空白	24	2.92	1.017	14
（投资者）参与的可能性（提供技能）	25	2.85	0.914	13

从表 4.3 中我们可以看出，Sudek 在对比 Van Osnabrugge 的研究时又加入了自己认为重要的投资标准，如管理团队竞争者进入障碍等。值得注意的是，在 Sudek 的标准系列中，前五位竟有三位是与人相关的（创业者，管理团队）而这前五位因素与 Van Osnabrugge 的结果的前三位是不谋而合的。

在《傻瓜的金矿》（Fool's Gold）一书中，Scott Shane 发现，大多数天使投资家不是一般人认为的退休的企业家、银行家，而是一些仍然在职的中产阶级：他们工作很忙，闲暇时间做些天使投资，投资额往往不高于 1 万美元。他们往往没有时间，没有精力，也没有经验去参与被投公司的日常业务。但与此同时，Shane 指出，虽然大多数天使投资家并不是"合格投资人"，但那些真正的合格投资人无论从投资额度上，还是投资次数上都是占天使投资主流的。[①] Shane 同时发现，天使投资家投入的公司中，仅仅 0.17%~0.2% 的被投公司最终上市

① Scott Shane. The Importance of Angel Investing in Financing the Growth of Entrepreneurial Ventures. Working Paper，A Report for Small Business Administration，Office of Advocacy，2008

(IPO)，而仅仅 0.8%~1.3% 的被投公司为其他公司成功兼并。

Shane 认为，天使投资机构是促进天使投资家们相互学习、取长补短的最行之有效的方式。Shane 认为，应当从两个方面看“傻瓜”和“金矿”。一方面，天使投资家把辛苦积累下来的钱投入到种子期企业中，他们冒着极大的风险，看来像个傻瓜，但一旦投资成功，他们就发掘了金矿。另一方面，有些劣质金属看起来像是黄金，往往使得没有经验的天使投资人上当受骗，这些把废铜当做黄金的人不能不称为傻瓜。

第二节 从金融的角度看天使投资的性质

一、金融的子范畴与天使投资

由于风险投资和天使投资在许多方面类同，在研究天使投资在金融领域的位置时，我们是把天使投资与风险投资并列加以探讨的。

对于金融体系的结构，不同的专家学者有着不同的看法。黄达教授认为，中文的“金融”一词不一定与英文的“Finance”全面对应。[①] 金融的比较宽泛的诠释为：货币的事物、货币的管理、与金钱有关的财源等。在我国，金融学和财政学长期以来是作为相互关联又相对独立的两门学科。一方面，这种财政学、金融学的划分具有一定的理论基础；另一方面，也符合我国传统的计划经济体制的需要。

在本书作者看来，不同观点的存在是学术探讨和研究的最重要的基础之一。不同观点的学术探讨必定导致这门学科的发展。为了进一步研究天使投资的理论，作者在众多的金融概念中选择了一种广义的金融概念。这个概念可能在学术上存在争议，但这并不妨碍以这个概念探讨天使投资在金融中的位置和作用。

这种广义金融概念基于金融的用途：金融为政府所用，即公共理财（财政）；若为公司所用，即公司理财；而若为个人所用，即个人理财。[②] 在这种概念下，金融包括三个子范畴：财政（Public Finance）、公司理财（Corporate Finance）、个人理财（Personal Finance）。那么，天使投资及风险投资应当处于

---

① 黄达. 金融学. 中国人民大学出版社，2003 年 8 月

② Finance is used by individuals (personal finance), by governments (public finance), by businesses (corporate finance), as well as by a wide variety of organizations including schools and non-profit organizations. By Wikipedia.

哪个范畴呢（见图 4.2）？

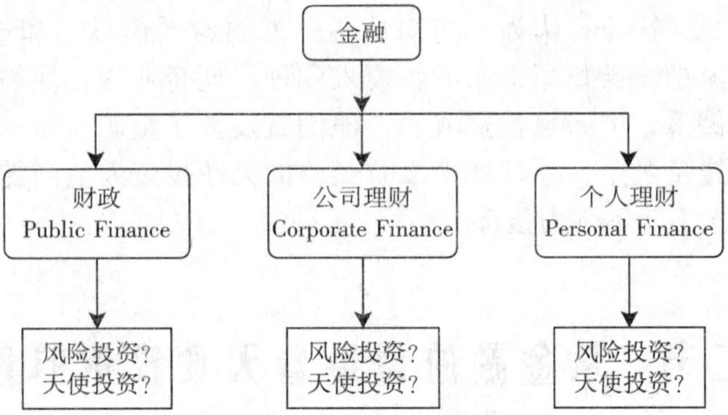

图 4.2　金融的三个领域[①]

从金融的三个领域看，财政（也可称为公共理财）、公司理财、个人理财是三个相互区别，又紧密联系的金融的三个方面。风险投资和天使投资与这三者的关系如何？

1. 风险投资/天使投资与财政

风险投资和天使投资是私人权益资本或非公开权益资本的一个子范畴。风险投资，尤其是天使投资是个体的、私人的投资行为。而财政是为国家理财，是公共理财。从理论上，风险投资/天使投资似乎与财政是风马牛不相及，但也不尽然。由于风险投资及投资于种子期的天使投资是科技创新的资本支柱，各国政府都推行各种政策，以鼓励这种资本运作。一些国家直接把风险投资纳入国家级财政预算，另一些国家则通过税收鼓励风险投资及天使投资，以促进本国创新，尤其是科技创新活动。以我国为例，科技部火炬中心下的中小企业科技发展基金就是中央财政支持风险投资的一般明显的案例。这只基金自创立以来的的确确在支持我国创新型中小企业方面起到了至关重要的作用。截至 2007 年，国家通过 67 亿元的财政资金，支持了 1.1 万个科技型中小企业创新项目。在中小企业板上市企业中，30%的企业得到过创新基金的支持。[②] 为了进一步推动天使投资的发展，科技部曾经尝试设立全国性天使投资协会，由于种种原因，这个协会被称为中国技术创业协会。

中国的风险投资仅有 20 余年的历史，但中国政府一直没有间断过对于风险投资的支持。在我国，上到中央，下到省市，各级政府都或多或少以自己的财政力量直接支持本地区的风险投资的发展。事实上，以国家财政直接出资的方

---

① 刘曼红. 中国人民大学《风险投资与风险投资管理》课程讲义，2005

② 中小企业因创新基金而精彩. 中国高新技术产业导报，2008-10-06

式进行风险投资的不仅是中国一个国家。例如，新加坡政府科技发展基金及新加坡经济发展局风险投资基金（EDB Venture Capital Fund），其资源利用都是国家财政，这些基金直接投资于初创企业，并以高科技初创企业为主。政府直接以财政资金来支持风险投资也是风险投资发展的模式之一。与此不同，国家财政一般不会直接介入天使投资。由于天使投资被称为非正规的风险投资，它们是富有或富裕的个人的投资行为，政府直接以财政资金支持的情况几乎没有。然而，政府的财政资金往往间接支持天使投资的发展。最典型的例子是英国政府（见第五章第七节）。政府以税收补贴的形式支持天使投资发展，实际上等于政府以财政资金间接地支持了天使投资的发展。

2. 风险投资/天使投资与公司理财

风险投资/天使投资与公司理财的关系如何（见图 4.3）?

根据 Douglas Emery 等人（2006）的研究，[①] 公司理财是基于三项重大决策的：投资决策；融资决策；红利决策。那么，这三个决策中是否包含风险投资或天使投资的概念呢?

先看投资决策：一个公司的投资决策决定着该公司的发展方向：公司的最佳规模应当是多大？为了建设这样一个公司，应当需要什么样的资产组合？应当增加什么资产，减少什么资产？去除什么资产？等等。可以看出，企业的投资决策一般主导企业融资决策。企业扩大生产、开辟市场、增加雇员，都需要资金的支持。而融资的规模取决于企业投资规模，即企业再生产规模。值得注意的是，风险投资虽然是“投资”，但它却不仅是公司理财概念中的“投资”范畴，而且在公司理财体系中，也属于企业融资工具。规模较大的公司，尤其是上市公司，有时也会在旗下设立一只风险投资基金，或专门从事风险投资的子公司。如英特尔风险投资公司（Intel Ventures），IBM 风险投资集团（IBM Venture Capital Groups）等。这些机构是大型公司的子公司，它们或直接（如 Intel Ventures）或间接（如 IBM Venture Capital Groups）从事风险投资业务。很多这类的风险投资公司/基金专门从事战略投资，以配合本公司的主营业务。

再看融资决策：为了实现投资的目标，企业制定其融资决策。如果企业依凭自身的积累（Retained Earnings），就可以维持生产及再生产，它们一般不需要外部融资。但如果企业的发展规模超过了它自身积累的速度，那么，企业就需要向外部融资。融资的方式有多种，风险投资和天使投资是其中的两个选择。一般地，除了在种子期和创始期，企业是不会也不可能融到天使投资的。

最后看红利决策：红利决策是有关企业如何在股东之间，在股东与债权人

---

① Douglas Emery and John Finnerty, John D. Stowe. Corporate Financial Management. Prentice Hall, Third Edition, 2006

之间，在发展与分享之间分配的问题。这个问题与企业融资（包括风险投资或天使投资）有关，但关系并不直接。

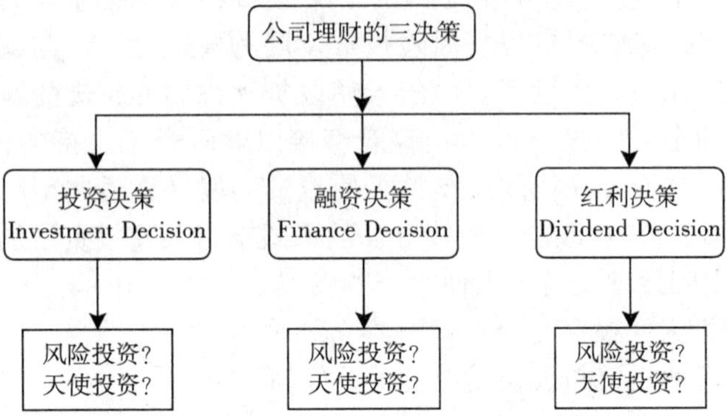

图 4.3 公司理财三决策与风险投资/天使投资①

3. 风险投资/天使投资与个人理财

非公开权益资本投资应当是个人理财中一个重要的内容，而非公开权益资本的投资中包括风险投资和天使投资，其中，天使投资是个人理财的重要投资工具。应当指出，天使投资并非每一个人都可采取的个人理财选择。按照美国SEC 的标准，只有那些符合“合格投资人”（Accredited Investor：个人年收入为20 万美元以上，夫妻年收入在 30 万美元以上或家庭净资产在 100 万美元以上）的个人才可以选择天使投资作为个人理财的一个工具。SEC 之所以制定这些标准是为了帮助个人投资人规避风险。不符合“合格投资人”标准的人不是不可以作天使投资家，而是政府不鼓励他们作天使投资业务。因为没有一定的经济实力，一旦投资失误，投资的损失就可能给个人及家庭生活带来巨大困难，而这正是我们应当避免的。

综上所述，风险投资/天使投资与金融的三个子范畴密切相关，其中，风险投资/天使投资从不同的渠道，不同程度地受到财政支持；而风险投资/天使投资与公司理财、个人理财都有联系，更确切地说，公司理财与风险投资的关系更密切；与此相反，个人理财与天使投资的关系更直接。

二、选择性金融（另类金融）与天使投资

各个国家根据自己不同的经济制度、不同的文化传统、不同的管理理念，选择不同的金融管理体系。我国采取“三驾马车”式的监管体制：银监会监管银行系统；保监会监管保险系统；证监会监管证券系统。在这三个系统下银行、

---

① 刘曼红. 中国人民大学《风险投资与风险投资管理》课程讲义，2005

保险和证券业分别运行。三者既相互联系，又相对独立。在本书作者看来，全面的金融体系除了银行、证券和保险外，也许还应当加入一类："选择性金融"，也叫作"另类金融"（Alternative Finance）。这类金融体系涵括：非公开权益资本（Private Equity 或 PE，也译为"私人权益资本"），也包括风险投资/天使投资等，这些既不属于银行，也不属于保险，又不完全属于证券业的一些金融业务。选择性金融（另类金融）中很大一部分是非公开权益资本（PE），此外，还有对冲基金、金融租赁、应收货款管理、保理业务，等等。近年来的趋向之一是对冲基金越来越多地卷入非公开权益资本业务领域。

从这种较新的理念出发，我们认为金融体系可以分为四大类型：银行业、保险业、证券业和选择性金融（另类金融）（见图 4.4）。我们看到，非公开权益资本是选择性金融的一个重要部分，它包括（但不限于）天使投资、风险投资、购并基金、对冲基金，等等。

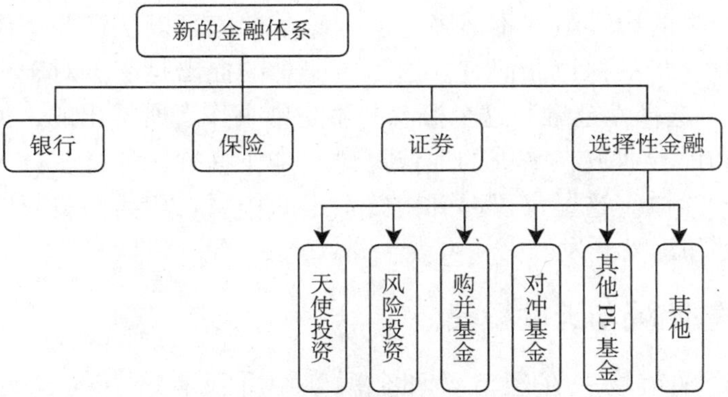

图 4.4 金融体系：四大类型[①]

与银行业、保险业和证券业不一样，选择性金融业（另类金融）缺乏一个清晰的边界，而选择性金融的这种性质也让我们对它的分析造成了很大困难。然而，定义边界不清晰的领域并不是不现实的领域。事实上，我们可以看到，在现实经济生活中，很多金融业务都可以归纳到选择性金融类。同时，定义边界不清晰的领域也不是不可以定义的领域。以选择性金融为例，我们可以把它定义为：凡是定义清晰的金融三大领域以外的，即凡是不属于银行业、保险业和证券业的所有其他类金融领域（见图 4.5）。

① 刘曼红. 中国人民大学《风险投资与风险投资管理》课程讲义，2007

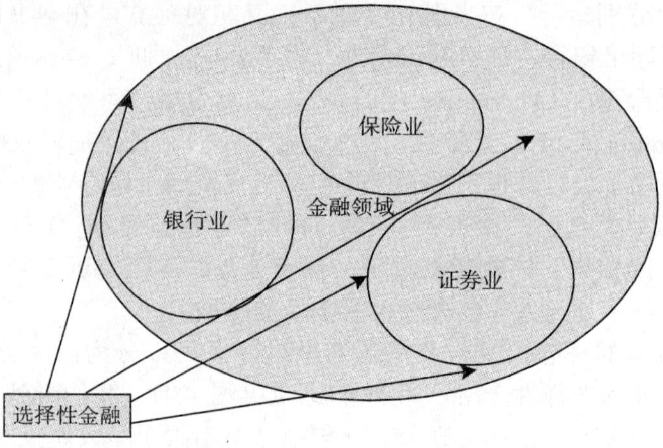

图 4.5 选择性金融（另类金融）的定义①

选择性金融的边界虽然不清晰，但专家学者们可以从资金运作的角度对它的性质加以进一步的探讨和研究。这里，概念的提出是基于对于天使投资理论论述的需要，“选择性金融”这个概念并不是本书作者所提出的，但把它与银行业、保险业和证券业放在平等的地位探讨，是作者的一种尝试。这种尝试是否成立还有待于探讨。这里仅仅起到抛砖引玉的作用。相信会引起感兴趣的人们的更正、批评和深入开发。

三、金融市场与天使投资

什么是金融市场？在经济学和金融学中并没有统一的定义。萨缪尔森（Paul A.Samuelson）（2004）指出，金融市场和其他市场一样，不同的是其产品和服务包括的是股票、债券等金融工具。米什金（F.J.Mishkin）（2006）将金融市场定义为将资金盈余方的资金转移到资金短缺方的市场。

亦春、郑振龙（2003）提出，在现代经济系统中，“金融市场”作为对经济运行起着主导作用的三类重要市场之一，是与要素市场和产品市场相对应的概念。金融市场指的是以金融资产为交易对象而形成的供求关系及其机制的总和，是在经济系统中引导资金的流向、沟通资金由盈余部门向短缺部门转移的市场。按标的物划分，包括货币市场、资本市场、外汇市场和黄金市场。郭茂佳（2005）认为，第一，就金融市场的概念而言，金融市场是买卖金融工具以融通资金的场所或机制。第二，就金融市场所包容的内容而言，有广义和狭义之分。从广义上来看，金融市场包括了资金借贷、证券、外汇、保险和黄金买卖等一

① 刘曼红. 中国人民大学《风险投资与风险投资管理》课程讲义，2007

切金融业务。从狭义上来考察，金融市场一般局限于直接金融市场或证券市场，有时甚至专指证券交易所。按融资期限分类，包括货币市场和资本市场；按交易对象分类，包括资金市场、外汇市场、黄金市场、证券市场和保险市场。胡庆康（2001）指出，金融市场旨在沟通盈余单位和赤字单位，以实现资金融通的一个有组织的经济领域，是各类金融活动的一种总和。金融市场是商品经济高度发展的产物，包括资金的直接融通和间接融通两部分。根据金融资产的期限长短，金融市场又可以分为货币市场和资本市场。易纲、吴有昌（1999）认为，金融市场是各种金融资产（或称金融工具）交易的市场。金融市场的涵盖面很广，根据不同的金融资产，金融市场可以分为多种不同的类型，如信贷市场、证券市场、外汇市场、黄金市场，以及各种衍生金融工具的交易市场。王广谦（2003）定义为：融资实现的场所是金融市场，或者说，金融市场是资金由盈余者向短缺者（需求者）转移，即实现融资的市场。广义的金融市场是包括所有融资行为即全部货币和资金交易在内的市场。而在金融市场研究中，有时不把银行借贷市场放在其中，还有的研究则把金融市场限定在资本市场范围内，只包括股票市场和债券市场。庄毓敏[①] 以及陈红[②] 观点相似，认为金融市场属要素类市场，专门提供资本。在这个市场上进行资金融通，实现借贷资金的集中和分配，完成金融资源的配置过程。通过金融市场上金融资产的交易，最终可以帮助实现社会实物资源的配置。

本书作者认为从其功能看，金融市场可以分为三大类：黄金市场、外汇市场和资金市场。这三类金融市场性质不同，作用不同，其稳定性也不同。下面探讨天使投资与这三类金融市场的关系。

先看黄金市场，黄金市场在历史上是相对稳定的市场。近年来由于美元的贬值及石油价格的不断攀升，黄金市场出现了罕见的波动。黄金价格不断攀升，然而，从历史的角度看，黄金市场仍然是相对稳定的。1944 年布雷顿森林会议将美元与黄金挂钩，黄金价格约定在 35 美元/盎司，美元与黄金可以以此价格无限兑换。此后若干年，黄金价格相对稳定。1950 年，黄金的价格为 40.25 美元/盎司（当年最高价），到 2008 年 7 月为 911.42 美元/盎司（截至 2008 年 7 月末的当年最高价），上升了 22 倍。这期间，除了几次明显跳跃以外，黄金价格基本稳定（见图 4.6）。从 1950 年到 1972 年，黄金价格基本保持平稳，1973 年石油危机使得黄金价格产生了第一次跳跃性上升；1979 年为第二次；而 2006 年至今则是第三次急剧上升。回顾黄金价格的变迁，它与石油价格的波动正相关。首先，石油对于经济发展的重大作用使得它有着“黑色黄金”的别称。其

① 黄达. 金融学. 中国人民大学出版社，2003 年 8 月

② 朱新蓉. 金融学. 中国金融出版社，2005 年 6 月

次，石油和黄金都是以美元计价，石油和黄金价格连连上升是美元贬值的直接后果。再次，石油在工业发展中的地位使得它直接影响许多产品的成本价格。石油价格的急剧上涨必然造成通货膨胀的加剧，从而使得黄金储藏成为规避通货膨胀的合理选择。而黄金需求的增加直接导致其价格的上涨。

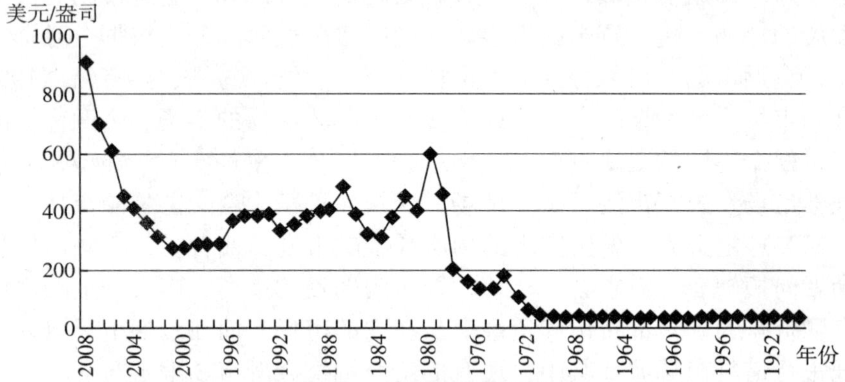

图 4.6 黄金价格变动[①]

再看外汇市场。与黄金市场和资金市场相比，外汇市场是最不稳定的市场。以 1997 年亚洲金融危机为例：1997 年 7 月 2 日凌晨 4 点半，泰国央行发表了一项重要声明——此前 10 余年盯住美元的泰铢开始自由浮动。泰铢对美元当日即贬值 15%以上。虽然泰国政府曾经不甘示弱，不惜血本地对抗，在短短几天内耗资 100 多亿美元吸纳泰铢，但却徒劳无益。到 1998 年 8 月 11 日，国际货币基金组织不得不给予泰国 170 亿美元紧急援助，以挽救泰国的经济局面。受到亚洲金融危机所冲击的远远不止泰国，还有印度尼西亚、韩国、菲律宾、中国香港等亚洲多个国家与地区。可见，外汇市场的确是波动性极高的市场。人民币与美元的兑换率一直保持相对稳定，直到 2007 年（见图 4.7）。[②]

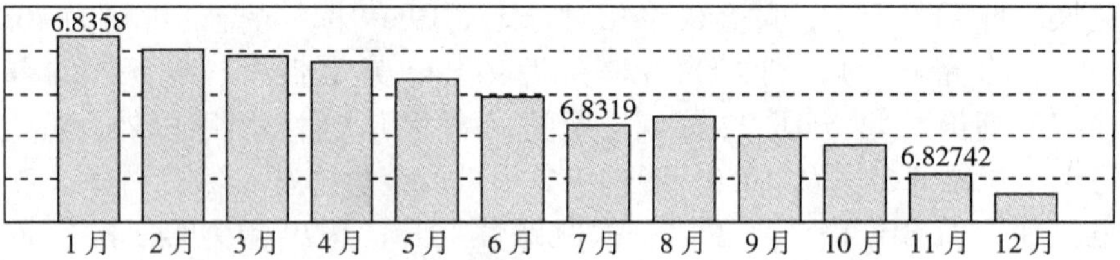

图 4.7 人民币与美元汇率：2007 年月份平均值

① http：//goldinfo.net/yearly.html
② http：//www.x-rates.com/d/CNY/USD/hist2007.html

最后看资金市场。根据融资期限的长短，资金市场分为货币市场和资本市场。货币市场（Money Market）通常又称为短期资金市场，是以期限在1年以内的短期资金为交易对象的市场，其主要功能是融通短期资金。资本市场（Capital Market）通常又称为长期资金市场，是以期限在1年以上的资金为交易对象的市场。与货币市场不同，资本市场是专门融通长期资金的金融市场。由于风险投资/天使投资的特性，它们都属于长期资金融通活动，它们与货币市场的关系不大。因此，货币市场不是本书的研究对象。这里仅就资本市场展开进一步讨论。

资本市场按照其投资工具，又分为借贷资本市场和权益资本市场。由于风险投资/天使投资属于权益资本，更确切地说，属于非公开权益资本（又称为私人权益资本），因此，借贷资本市场也不属于本书研究范畴。这里重点介绍权益资本市场，尤其是非公开权益资本市场。

权益资本市场分为公开权益资本市场和非公开权益资本市场。凡是公开上市的企业（上市公司），其权益资本在资本市场是流通的。如果人们愿意，如果人们具有购买力，人们就可以在公开的权益资本市场上购买或出售该公司的权益资本（股票）。换句话说，如果人们愿意和可能，他们就可以成为该公司的股东。这类公司是公共的公司（Public Companies）；不是这类公司的就是私人公司，或更确切地说，是非公众的或非公开的公司。投资于前者的权益资本是公开权益资本（Public Equity）；反之则是非公开权益资本（Private Equity）。运用非公开权益资本的公司是非公开权益资本投资公司，运用非公开权益资本的基金则是非公开权益资本基金。

非公开权益资本包括不同的形式，如天使投资、风险投资（又称为创业投资）、购并基金、其他非公开权益资本基金，等等。这样，通过对于金融市场的分析，我们进一步了解了天使投资的性质，以及天使投资在金融市场中的地位（见图4.8）。

图4.8清晰地分析了天使投资在金融市场中的地位。天使投资属于资金市场下的资本市场，资本市场范畴内的权益资本市场，权益资本市场下的非公开权益资本的范畴。天使投资并不从属于风险投资，它是与风险投资并列的非公开权益资本的一个子范畴。

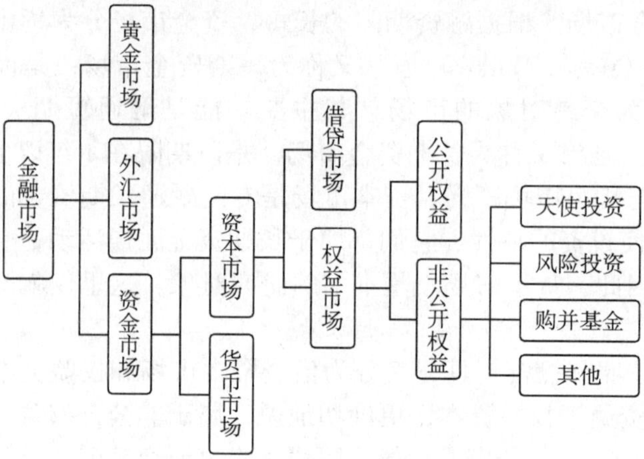

图 4.8 天使投资在金融市场中的地位①

第三节 非公开权益资本与天使投资②

非公开权益资本是活跃在金融市场上的一支强劲的金融力量。而天使投资正是非公开权益资本下的一个子范畴。为了进一步了解天使投资的特性，我们下面来深入地探讨非公开权益资本的特征。

一、非公开权益资本的内涵

非公开权益资本（Private Equity）又被译为“私人权益资本”，由于与之相对应的是公开权益资本，作者认为“Private Equity”译为“非公开权益资本”更能贴切地反映其内涵。

如前所述，从资本市场的角度看，金融的两大基本工具为：权益资本（Equity）和借贷资本（Debt）。实际上，金融市场上的各种金融衍生工具不过是这两种基本金融工具的组合、变异和衍生。

权益资本有广义和狭义两种定义。狭义权益资本仅指一般股权，广义的权益资本则包含任何带有权益资本性质的金融证券，通常包括普通股、可转换优先股、可转换债券、具有可转换条款的次级贷款（Subordinated Debt）、认股权

① 刘曼红. 中国人民大学《风险投资与风险投资管理》课程讲义，2005

② 作者声明：本节的观点是作者本人对于非公开权益资本理论的一种解释，仅供专家学者参考。此外，也希望由此引起学界的进一步探讨。

证（Warrant）以及其他可以转换为股权的金融证券。[①] 因此广义权益资本是狭义权益资本的延伸，它也被称为“权益资本连接”（Equity-linked），即其他与权益资本相连接的证券（Equity-linked Securities）。[②]

作者把基本资本类型、权益资本与借贷资本、纯权益资本、权益资本连接、公开权益资本与非公开权益资本囊括在图 4.9 中。

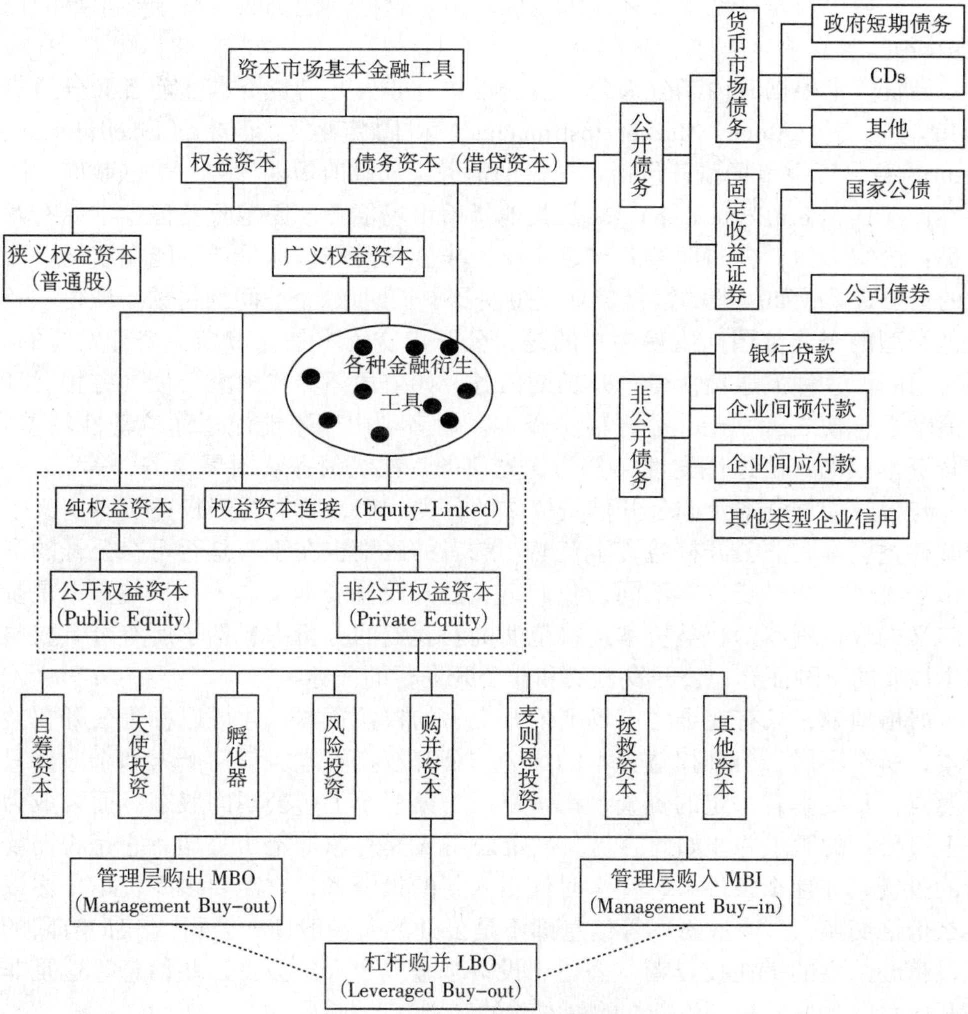

图 4.9 基本资本类型与天使投资[③]

① George W. Fenn and Nellie Liang—Staff, Board of Governors; Stephen Prowse—Staff, Federal Reserve Bank of Dallas. The Economics of the Private Equity Market. 1995

② Gompers, P. and J. Lerner. An Analysis of Compensation in the U.S. Venture Capital Partnership. Journal of Financial Economics, 51, 1999; Sahlman, W.A. The Structure and Governance of Venture-Capital Organizations. Journal of Financial Economics, 27 (1990), pp. 473-521

③ 刘曼红. 非公开权益资本概念. 中国人民大学风险投资发展研究中心论文稿，2004

图 4.9 囊括了基本资本类型：权益资本与借贷资本。这里应当说明，本节的内容大都来自于本书作者前几年的研究结果。在这些研究中，作者并没有对于对冲基金，以及其他新型的衍生金融工具，如次债、CDO 等，进行详尽分析。而这些衍生金融工具却在现实经济生活中起到至关重要的作用。例如，2008 年席卷全球的金融风暴证实这些衍生金融工具的潜力，一旦使用不当，会给金融领域以及全球经济带来极大的破坏力。这些问题仍然有待于学术界的进一步研究。

借贷资本根据其内涵分为公开借贷资本与非公开借贷资本。前者又分为货币市场债务（Money Market Instruments）和固定收益证券（Fixed Income Securities）。货币市场债务包括各类短期债务，如政府短期债务（美国政府的国库券）、CD（Certificate Deposit）及其他货币市场债务。固定收益证券主要有两大类：国家公债、公司债券。与之相反，非公开借贷资本是指不能在市场上流通的借贷资本，如一般的银行贷款（短期及中长期）、企业间预付款、应付款及其他类型的企业信用。值得注意的是，公开借贷资本是在市场上公开发行的、可流通的。这种流通性使得公开长期债务，如公司债券和国家公债具有相对高的流动性，使之区别于非公开借贷资本。后者则由于不能流通而流动性较差。借贷资本根据其偿还优先性又分为优先债务、次级债务、附属债务，等等。

与公开借贷资本及非公开借贷资本的分类相似，我们对于权益资本定义了公开权益资本和非公开权益资本范畴。二者的区别也在于其是否可在公开的资本市场流通。与借贷资本不同，我们定义公开权益资本及非公开权益资本是基于广义的权益资本即权益资本连接范畴的。我们的分析中囊括了所有带有权益资本性质的金融证券：公开发行的和非公开发行的证券。

严格地说，只有在金融市场上公开交易的权益资本，才可以称为公开权益资本，所有不属于公开权益资本的均为非公开权益资本。任何个人和企业，只要愿意，只要具有一定的资金，都可以成为某一个上市公司的股东。而要成为非上市公司的股东并非如此容易。假定公司 A 是一家非上市公司，它是否需要新的投资，在什么条件下、什么时候引入新的投资者，它需要多少资本，愿以什么价格交换（多少股份）等信息都不是公开的。一般地，公司 A 仅向有限的经过精心筛选的潜在投资者（公司、投资基金或个人）披露这些信息。这是非公开权益资本与公开权益资本的最本质的区别。

从总量上，非上市公司的数量远远大于上市公司的数量。我国上市公司总数只有 1000 余家。[①] 即使在经济发达国家，如美国，上市公司总量也不足 1 万

① 截至 2004 年年底，深交所上市公司总数为 540 家，上交所上市公司总数为 837 家。

家。[①] 与上市公司相比，非上市公司数量要多得多。因此，非公开权益资本的总量远大于公开权益资本。众多非上市公司内部发行的股票均属于非公开权益资本之列。不仅包括企业初创股东的权益资本，还包括企业发展过程中新股东的权益资本。不仅包括个人投入企业的权益资本，也包括企业投入企业的权益资本。只要这些企业是非上市公司，其独资、控股、参股的权益资本均为非公开权益资本。因此，作者认为，"Private Equity" 被译为"非公开权益资本"比"私人权益资本"更合适一些。一家非上市公司投入另一家非上市公司的权益资本，是"非公开权益资本"，却很难理解为"私人权益资本"。

二、非公开权益资本的形式

非公开权益资本的总额虽然巨大，其交易量却受到许多因素限制，如经济发展的状况、相关法律规定、资金供需规模，以及从业人员的数量和素质等。如果基于交易活跃的程度，那么，公开权益资本的交易量却远远大于非公开权益资本。

因此，交易过程中的非公开权益资本数额一般大大小于潜在的可交易的非公开权益资本数额。典型的非公开权益资本具有（并不限于）如下几种形式：自筹资本、天使投资、科技孵化器、风险资本、其他早期权益资本投资、购并资本、[②] 麦则恩投资、风险租赁、拯救资本，以及其他晚期权益资本。[③] 其中麦则恩投资、科技孵化器、风险租赁等均不是纯权益资本，而属于权益资本连接。

1. 自筹资本

自筹资本是创业者自己筹措的资本，包括个人的积累、以个人的信用借的资金等。自筹资本有时也称为"Bootstrapping"，即创业者利用非常有限的资源，缩衣节食，艰苦创业，它是一种最古老也最原始的资金来源。Bootstrap 原意为鞋带，Bootstrapping 最初用于电子计算机的一个程序，在经济生活中，Bootstrapping 是指人们试图提着鞋带把自己从困境中拉出来。Bootstrapping 包括应付款、资本短缺（勒紧裤腰带）、先现金流后利润的短期目标的设定。大多数创业者最初是依靠自筹资本创业的。自筹资本和 3F 资本是创业企业最基本的资金来源。有人也把 3F 作为自筹资本的基本内容，如前所述，3F 是指朋友

---

① 截至 2004 年年底，纽约证券交易所（NYSE）上市公司共 2800 余家；纳斯达克（Nasdaq）上市公司约 3300 家。

② 购并资本包括管理层购并和杠杆购并（Leveraged Buy-out），前者又包含管理层购出（Management Buy-outs-MBO）和管理层购入（Management Buy-ins-MBI）。

③ George W. Fenn and Nellie Liang—Staff, Board of Governors, Stephen Prowse—Staff, Federal Reserve Bank of Dallas, Board of Governors of the Federal Reserve System, Washington, DC 20551. The Economics of the Private Equity Market, December 1995

(Friends)、家庭（Family）和创业者本人（Founders），也有人称那些为创业投资的傻瓜（Fools）。

在没有引入外来资本前，创业者是否具有一定的自筹资本是其是否能够成功创业的关键。据（Inc 500）统计，增长最快的500家企业中，自筹资本是其创业时资金来源的近80%（见表4.4）。

表4.4 创业企业的资金来源

创业企业的资本来源	占总资本来源的比重
创业者本人的积累	74%
朋友和家庭	5%
天使投资	7%
风险投资	5%
非金融业公司	6%
商业银行	0%
公开市场（股票市场）	3%

2. 天使投资

天使投资（Angel Investors）被称为非正式风险投资（Informal Venture Capital or Informal Risk Capital），[1] 也是一种早期权益资本投资。与风险投资逐渐走向大型专业化的机构投资者模式相反，天使投资偏向于民间的、小型的、隐蔽的和非正规的投融资方式。如果说风险投资家是运用别人（往往是机构投资者）的资本，那么天使投资家则运用自己的资本。相对于其他投资方式，天使投资的优势为：投资期较早、投资效益较高、投资成本较低、投资决策较快。天使投资的这种民间性、自发性、个体性和分散性使它独立于风险投资和其他投资形式，成为一种具有极大生命力的个人投资方式。从投资项目上，天使投资远远大于风险投资。随着经济的发展，天使投资的这种优越性越发明显。[2]

3. 科技孵化器

科技孵化器（Technology Incubators）简称孵化器，是由政府、大学或其他科技机构支持的，帮助创新企业科技成果转化的一种组织形式。在我国，科技孵化器又以各种科技园区或创业园区的形式存在。

科技孵化器一般由政府或大学提供办公楼或厂房，以较低的房租吸引有发展潜力的创新企业入驻。一般地，创新企业向科技孵化器提出申请，经孵化器审核批准后方可入园。科技孵化器除了给予入驻企业以优越的租金，还提供其

① John D. Aram. Contract awarded in FY 1983 to Aram Research Associates, 2881 E. Overlook, Cleveland Heights, OH 44118. Informal Risk Capital in the Eastern Great Lakes Region, 1987

② 刘曼红. 天使投资与民间资本. 机械工业出版社，2003

他服务设施，如入园企业可以共用会议室、电传机、复印机等。此外，有些孵化器还为入驻企业开办学习班，辅导他们如何管理企业，如何融资，如何发展壮大。各地方政府认识到科技孵化器对于本地区经济发展的长远影响，往往提供一些优惠政策，如三免两减的税收政策等。

在我国，科技孵化器最初较多的是事业单位，现在越来越多的孵化器采取企业模式运行。孵化器在以资金和服务等方式支持小企业创业发展的方面作出了巨大的贡献。它们在向入驻企业收取租金的同时，往往也占有入驻企业的一小部分股份，孵化器的这种运行模式事实上带有权益资本连接的性质，使其从理论上成为非公开权益资本族中的一个成员。

4. 风险资本

风险资本（又译为创业资本，下同；英文为"Venture Capital"，又为"Risk Capital"）[①②③] 是一种特殊的非公开权益资本。根据美国风险投资协会的定义，风险投资是由专职资金管理者投入到新兴的、迅速发展的、有巨大竞争潜力的企业的一种权益资本投资。原则上，风险投资不仅限于投资高科技企业，只要高增长型企业都是风险投资的对象。而事实上，各国实践证明风险投资与高科技发展息息相关。Martin Haemmig 教授发现，以色列、美国和瑞士三国风险投资投入高科技的比重分别高达 97%、84%和 84%，[④⑤] 风险投资的创新内涵与高科技发展的内在因素互相吻合。在美国，学者们发现风险投资对科技创新的贡献度大约为企业 R&D 的 3~4 倍。从 20 世纪 70 年代末到 90 年代初，风险投资总资金量虽然仅占企业 R&D 的 3%，却支持了企业科技创新的 10%~12%。[⑥⑦⑧] 风险投资对科技创新、高科技产业的巨大推动作用使各国政府纷纷从资金、税收、政策上大力支持风险投资。

---

① John Downes, Jordan Elliot Goodman. Barron's Financial Guides: Dictionary Of Finance And Investment Terms, Sixth Edition. 2003, p.687

② David W. Pearce. The MIT Dictionary Of Modern Economics. 4th Edition. The MIT Press, 1992, p.53

③ The Venture Capital Report Guide to Venture Capital in Europe: How and Where to Raise Risk Capital, by Lucius Cary (Editor) Hardcover

④ 为 2003 年投资额。

⑤ The Globalization of Venture Capital; Martin Haemmig, 2003

⑥ Paul Gompers and Josh Lerner. Short Term America Revisited-Boom And Bust In The Venture Capital Industry And Its Impact On Innovation, Prepared For Innovation Policy And The Economy, Volume 3, 2002

⑦ Kortum And Lerner. Assessing The Contribution Of Venture Capital On Innovation, Rand Journal Of Economics, 2000, p.31, pp.674-692

⑧ Baty, Gordon, William Bygrave, Donald Chew, Patrick Finegan, Kenneth Froot, Thomas Gray, John Kensinger, Gary Loveman, Stephen Magee, John Martin, Bruce Petersen, William Petty, and William Wetzel. Roundtable on U.S. Risk Capital and Innovation. Journal of Applied Corporate Finance, Vol. 4 (Winter 1992), pp. 48-78

5. 购并资本

购并资本包括杠杆购并和管理层购并，二者往往相通，管理层大多采取杠杆购并的方式。

杠杆购并通常指投资者以很少一部分权益资本撬动大量借贷资金购买企业。购买方以被购并企业的资产作为抵押向银行贷款，再以收益现金流逐年偿还贷款。有时候管理层通过杠杆购并使被购并方从上市公司转变为非上市公司，以实现其对公司治理结构的全面整顿与改革。有时候投资者以其资产作为抵押向银行贷款。大多数情况下由于购买方试图收回被购方的全部上市股票，被购方的公众股东会得到高于市价的股票贴水。当一家通过杠杆购并已经退市的公司再向公众出售股票时，这种现象被称为反向杠杆购并。[①] 根据 Steve Kaplan 的研究，通过杠杆购并的公司，其平均资产负债率为 88%，而购并前则仅为 19%。

在我国，由于金融体制以及经济环境等原因，实现上述形式的杠杆购并往往比较困难，购并时通常先注册一家公司为收购主体，再以各种方式融资（如向亲朋好友临时拆借），往往采取分期付款的方式，以避免资金一次到位。这种购并行为事实上也是一种杠杆购并，不过资金不是由银行等正规渠道，而是由各种非正规渠道提供的。

管理层购并包括管理层购出（MBO）和管理层购入（MBI）。上市公司的公开发行的股票为该公司的管理层收购，其目的是将该公司退出股票市场，成为非上市公司。通常情况下，管理层需要付出高于市场价格的贴水，以吸收整个市场发行的该公司的全部股票。有时，管理层需要依靠大量银行贷款以实现这一收购，这时的 MBO 采用了杠杆购并 LBO 的方法。

管理层购并的原因很多，通常为：

（1）避免敌意收购，收购方往往企图更换管理层。

（2）避免上市公司带来的种种压力：如短期回报率、保持股票价格的节节翻高、监督部门的层层检查、信息披露的要求，等等。

（3）相信管理层自己通过拥有更多的股份，推动公司的改革，提高生产力。

管理层购入是指外部投资者企图收购该公司的大部分股份（通常是控股），并主张保留该公司现有的管理层。这些外部投资者往往是风险投资家，他们看好该公司的产品或服务，希望通过控股以提高生产力，发掘其应有的潜力。

管理层购入与管理层购出的区别在于前者的收购主导为外部投资者，而后者则为该公司管理层本身，即购并活动主要由被购并公司的管理层运作。管理层购入和管理层购出都可以采取杠杆购并的形式。而国际上通行的管理层购出

---

① John Downes, Jordan Elliot Goodman, Steve Kaplan. Barron's Financial Guides: Dictionary Of Finance And Investment Terms. Sixth Edition

往往采取杠杆购并形式，管理层利用被购并企业的资产为抵押向银行贷款来进行收购。

杠杆购并需要依靠大量借贷资本，然而杠杆购并被视为权益资本连接。这是因为，杠杆购并往往有风险资本或其他非公开权益资本参与，非公开权益资本投资公司投入一部分资金给管理层，作为其“血汗资本”(Sweat Capital)。通常，管理层占30%左右的股份，而参与购并的投资公司往往要求进入董事会，以从整体上监控公司的运作。由于被购并企业通常是资产非常大的上市公司，需要巨额资金才得以收购，同时，管理层又希望占有一定股份。要达到这种后果，以有限的资本金购买巨额资本的公司，只有通过大量贷款才能实现。①

假定被购并公司是一家资产为5亿元的上市公司，如果不采取杠杆行为，管理层只有融到1.5亿元才可以占到30%的股份。而这样一笔巨资对于管理人员来说（尽管国外大公司的管理层收入很高，但他们毕竟是工薪阶层，而不是资本家），几乎是不可能的，只有通过杠杆购并。

从国外的实践看，管理层购并往往是由购并投资公司与被购并公司管理层结合，再通过大额贷款来实现的。我国的管理层购出的操作往往与国际惯例有较大差距，被购并公司的管理层通常与非公开权益资本投资公司（或购并投资公司）联手，往往通过其他途径融资实现购并目的。

6. 麦则恩投资（Mezzanine Investment）

麦则恩（Mezzanine）是指在图书馆、仓库或大厂房中一层与二层之间的半楼，麦则恩的出现最初只是为了充分利用空间。麦则恩一词借用于金融与投资理论指介乎于两个投资期之间的一种投资。也有人把它比作介乎于股权与债券之间的一种投资。麦则恩投资往往是一种短期的桥梁式投资，它一般采取贷款方式，并带有一定的可转换证券，或认股权证等权益资本性质。原则上，麦则恩投资属于权益资本连接。

在企业已经完成了初步的股权融资，准备公开上市，即IPO（Initial Public Offering）的过程中，它们有时存在暂时的资金需求，麦则恩投资往往是它们的主要融资方式。麦则恩投资期限比较短，相对其他非公开权益资本融资，其手续相对简捷，投资决策相对快，由于其带有权益资本的性质，也往往受到投资者的青睐。

7. 拯救资本（Distressed Finance）

拯救资本分为公开发行的拯救证券（Distressed Securities）和非公开的拯救权益资本（Private Distressed Capital）。前者也被翻译成“廉价证券”，是指某些

① Steve Kaplan 的研究证明，在实现杠杆购并之后，企业的平均负债率高达98%；而对比组企业的负债率仅有44%。

在财务上遭遇一定困难的公司的股票或债券。由于这些公司的财务困难很可能是暂时的，又由于它们在财务困难时期的股票或债券价格往往偏低，使之成为有吸引力的投资工具，也是它们被称为“廉价证券”的原因。但正因为其价格低廉，投资者的资金流入，才可能使之转危为安，东山再起。

非公开权益资本中囊括的拯救资本是指一些大型公司在运作过程中出现暂时的财务困境，需要一定的资本金帮助其摆脱困境，通过内部的机制改革，实现复兴。不是任何一个处于暂时困难的公司都是拯救资本的投资对象。只有那些真正有市场、有生产能力、有发展潜力而又面临财务困境的公司，才能吸引拯救资本。这些公司往往由于企业管理不佳，或由于体制原因生产力低下，通过治理和改组能够更新。

综上所述，我们如果把天使投资的概念纳入非公开权益资本体系内，那么，天使投资仅是非公开权益资本范畴下的一个子范畴。非公开权益资本的种种特征也适于天使投资。

三、非公开权益资本、企业生命周期及其风险性分析

1. 非公开权益资本与企业生命周期

如本书第二章所述，企业从初创阶段到成长、成熟是一个有机过程，在这一过程中企业是否能够生存、发展和壮大，很大程度上取决于企业是否能够成功融资。资金像企业的血液，没有充足的血液循环，企业就没有生命力。

非公开权益资本活跃在企业生命周期的各个阶段，尤其是其种子期、初创期和发展期。通常将投入到这三个时期的资金称为早期投资，而投入成熟期、稳定期的则称为晚期投资。由于权益资本与借贷资本的不同特性，早期投资往往采取权益资本方式，而晚期投资可采取权益资本与借贷资本结合的方式。

2. 企业生命周期及风险性分析

非公开权益资本可以投入到企业生命周期的各个时期。但其投资的期限越早，所面临的风险就越高。投资在种子期的风险最高，其次为初创期，再次为扩展期，依此类推。种子期时，企业还处于萌芽状态，其核心科技或专利还没有经过生产实践的检验。企业的骨干团队还没有完全形成，生产、销售、财务等都没有走向正规化，此时的投资风险程度还相当大。而随着企业从初创走向成熟，投资者的风险也逐渐减小，相应地，投资者所预期的投资收益率也逐渐降低。

假定在最佳情况下，企业成长的每一阶段，其失败的可能性为 20%，即其平均成功率高达 80%，则投资于种子期的天使投资要经历种子期、初创期、扩张期、创始期和稳定期，天使投资的最终成功率仅为 (1–20%) × (1–20%) × (1–20%) × (1–20%) × (1–20%) = 32.78%，这个数字大约是最佳情况下天使投资

的成功率（见图 4.10）。自然，如果假定每一个成长阶段的平均成功率仅为70%，则天使投资的成功率仅为 16.8%：(1–10%) × (1–10%) × (1–10%) × (1–10%) × (1–10%) = 16.8%。这是为什么风险投资家，特别是天使投资家在投资的每一个步骤都十分谨慎，而最终面临很高的投资风险的原因。

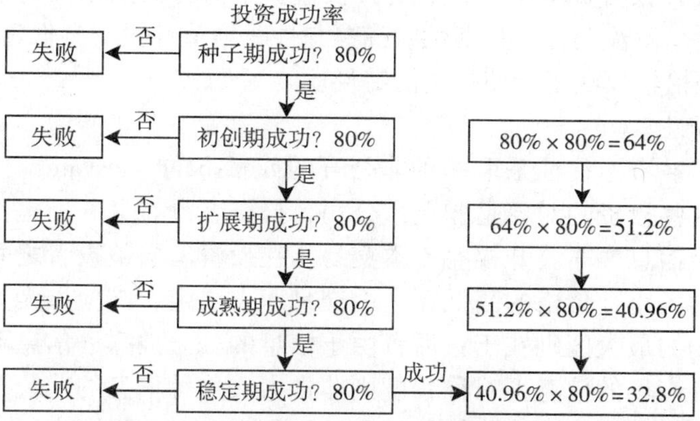

图 4.10 天使投资的成功率与风险性成反比①

图 4.10 指出，如果创业企业在种子期的成功率为 80%，那么企业如果失败了，则退出历史舞台，成功了则进入初创期；这时，企业如果失败了，则退出历史舞台，成功了则进入扩张期；进一步，企业如果失败了，则退出历史舞台，成功了则进入扩张期；最终，企业如果失败了，则退出历史舞台，成功了则进入稳定期。假定天使投资家在种子期投资，那么在企业完成它的生命周期的时候，天使投资的成功率为 37.5%。

当然，这是一个完全从理论上抽象的例子，在现实生活中往往不是这种状况。首先，天使投资家往往在企业进入下一个周期时就成功退出，很少有人一直坚持到企业走完其生命周期。很多天使投资家在风险投资家进入的同时退出。其次，企业在其生命周期的各个阶段其风险性是不同的，即它的失败的概率是不同的：显然，企业越是弱小，其失败的概率就越高。认为企业成长的每一个阶段的失败率是一致的，这种假定缺乏现实的根基。最后，假定企业生命周期的每一个阶段的成功率都为 80%，对于种子期企业来说，是过于理想化了。如前所述，很多创业企业葬身于死亡谷之中。

四、非公开权益资本的特征与天使投资

非公开权益资本的集合称为非公开权益资本市场，与公开权益资本市场的

① 刘曼红. 中国人民大学《风险投资与风险投资管理》课程讲义，2005

四大特性（公平性、有效性、流动性、透明性）相比，非公开权益资本市场相对交易效益较低、流动性较差、透明度较弱、公平性较欠缺。

公开权益资本市场的特征可以总结为FELT：公正性（Fairness）、有效性（Efficiency）、流动性（Liquidity）、透明度（Transparency）。

相较于公开权益资本市场，非公开权益资本具有截然相反的特性：非公开性、低效益性、不流动性、长期性、高参与性—增值性投资、低透明度等特征。而这六个方面恰恰反映了天使投资的特性。

1. 非公开性

非公开权益资本往往采取一种非公开的或私下的（Private）权益资本投资模式。由于这些投资的对象是非上市公司，投资者没有义务，也没有必要向其他人披露投资信息。非公开权益资本交易是在投资者与被投者之间进行的，这种交易规模的大小，价格的高低完全由交易双方决定，与他人无关。非公开市场与公开市场的最大区别在于：后者由于信息的公开披露，信息不对称的程度小，而非公开市场的信息不对称程度则非常大。这种信息的非公开性和不对称性，使非公开市场的金融运作效果可以差别很大：一些投资大获成功，而另一些投资则一无所获。如果说权益资本运作方式是非公开权益资本高风险的结果之一，那么，非公开性则是非公开权益市场高风险的原因之一。由于缺乏公平性，能够获得信息的天使投资家成功概率大大上升，而没有渠道获取信息的天使投资家则难免失败的命运。

2. 低效益性

非公开权益资本的低效益性和公开权益资本的有效性相对应。公开权益资本市场可以“有效市场”论解释。有效市场又分为强有效市场、次强有效市场和弱有效市场。强有效市场指一切相关信息都会立即反映在价格上；次强有效市场指一切公开发布的信息都会反映在价格上；而弱有效市场则规定所有历史信息都反映在价格上。与公开权益资本市场的这些不同程度的有效性相反，非公开权益资本市场是有效性最差、效益最低的市场。

由于信息的不流动，由于市场效益的低下，在非公开权益资本市场的投资成果可产生天壤之别：投资成功可大获全胜，取得10倍、20倍、50倍甚或更高的投资收益；而投资失败者可能全盘皆输、惨不忍睹。这种状况也适用于天使投资。有经验的天使投资家与缺乏经验的天使投资家，其投资回报率相差甚远。即使是经验丰富的天使投资家也免不了投资失误而血本全无。

非公开权益资本市场的低效益性是其具有高风险性的原因之一。非公开权益资本，尤其是早期投资，如天使投资具有“高风险、高预期收益”的特征。高风险与高预期回报的辩证关系在于：高风险是获取高回报的必要代价，而高回报则仅是高风险的可能结果。非公开权益资本家的投资决策过程即是权衡风险与收益的过程。他们一方面预测未来可能的收益，另一方面又估计与判断存在的风险。事实上，非公开权益资本在投资过程中，每一步骤都有防范风险的措施：对项目的初选及再选、审慎调查（尽职审查）、组织联合投资、投资后不间断的监督管理，以及退出渠道的设计等。例如，为了规避高风险，非公开权益资本公司往往采取组合投资的方式。各公司之间往往不是竞争对象，而是投资伙伴。而组合投资模式往往使各公司之间形成"领投"与"跟投"之协作关系。"领投"（Lead Investor）者往往首先完成了项目的筛选、审慎的调查（尽职审查）、评估与谈判、最终定价，而其他公司则以此评估定价为基础，跟进投资。我国目前非公开权益资本公司之间的联合投资正在逐渐形成，但"领投"与"跟投"之关系仍不鲜明，仍需不断实践与摸索。

3. 不流动性

与公开权益资本的流动性相反，非公开权益资本具有不流动的特征：它一旦投入企业，就与被投企业原有资本形成一体，或被用来购买设备、仪器，或用来发放工资、费用，或用来支付房租，成为企业资本运作的一个组成部分。除非投资者将所投企业的股份售出，实现自己的退出，否则他们所投资的资金（往往是现金，即流动性）在短期内是不能轻易抽回的。

非公开权益资本往往被称为"买方金融"。买方金融（Buy-side Financing）又译为买方融资，是区别于传统的金融服务业的一种特殊的金融运作模式。非公开权益资本向企业投入资金实际上是买方金融家用资金购买企业的资产。例如，投资公司 A 向创业企业 B 投入 100 万元资本，换取公司 B 的 30%的股份。这种经济行为可以看成是投资公司 A 以 100 万元购买了创业企业 B 的 30%的资产。在交易过程中，买方往往由于信息的不对称而不得不十分谨慎。事实上，非公开权益资本投资公司的买方金融地位是其在投资选项过程中实施种种风险防范措施的一个重要原因。然而，值得注意的是，非公开权益资本绝不是简单的金融运作，它是一种新兴的旨在帮助创建企业的投资模式。[①]

非公开权益资本的不流动性，它的买方金融的地位，使之相应具有长期性和参与性等特征。而非公开权益资本的这个特性在天使投资的实践中表现尤为突出。

4. 长期性

非公开权益资本的不流动性导致它的长期性。尤其是早期的非公开权益资本，它们也被称为"耐心的资本"。

---

① 在传统的计划经济概念中，投资与金融是两个概念，一个来自财政系统，另一个来自银行系统。但在市场经济中，投资仅是金融的一个子范畴（刘曼红. 风险投资的金融内涵. 中国人民大学风险投资发展研究中心工作论文，2002）。

非公开权益资本的长期性还在于其运作过程与传统金融模式不同。非公开权益资本家往往首先砌造一个“资金池”（Money Pool），再用这个池里的资金购买资产。从天使投资的角度看，这个资金池不是通过融资的方式从其他投资者那里融来的，而是个人财富积累。作为“买方金融”，其投资过程就是其以权益资本的形式购买资产的过程。在购买后，非公开权益资本家积极参与运作，使资产增殖，最终将资产变现，实现投资的退出。可见，非公开权益资本是一个相当长的运作过程，是一种长期性的、流动性很弱的投资。我国许多非公开权益资本偏重于晚期投资，以图减弱非公开权益资本的长期性及非流动性造成的潜在风险。这种现象的发生，一方面是由于公司制度上的原因，另一方面是宏观环境所致。而正因为非公开权益资本存在投资于晚期的趋向，天使投资就越来越处于重要地位。

5. 高参与性—增值性投资

与非公开权益资本的不流动性、长期性相联系，它是一种参与性投资。这种参与性在早期投资，如天使投资和风险投资中表现极为明显。投资家往往在投资后积极参与被投企业的管理，帮助企业增值。他们或协助企业寻找资源，或寻找市场，或协调企业与其客户及供应商之间的关系，或衔接企业与投资银行及金融机构的关联，促成企业的上市或兼并收购。因此，非公开权益资本，尤其是早期的天使投资，风险资本也被称为增值性的投资（Value Added Investment）。因此，天使投资家/风险投资家也被誉为“创业者身后的创业者”。

根据美国风险投资协会的统计，美国风险资本家在投资后花费的时间平均占他们总投资时间（不包括融资、退出等）的75%（包括参与被投企业战略决策和战略设计、为被投企业提供咨询服务、帮助被投企业招聘管理人员、协助公关、设计退出渠道和组织企业退出等），而花费在投资之前的时间仅占总时间的25%（包括寻找目标企业、审查与评估、会晤与谈判、定价、组织联合投资等）。事实上，投资后管理问题与另一大学科密切相关：企业管理学。正在这个问题上，我国需要一大批懂管理、懂技术、懂金融的风险资本家和天使投资家，这也是我国非公开权益资本市场发展的瓶颈之一。

6. 低透明度

由于非公开权益资本市场的非公开性和不流动性，它的透明度很低。这种弱透明度表现在投资者和被投者两方面。作为一种非公开的投资行为，投资者与被投者没有必要，也没有义务向公众公开披露他们的商业模式及财务信息。证监会或其他监督部门也没有责任合审他们的财务状况。尽管如此，在非公开权益资本市场上，投资者和被投者双方互相要求对方作出尽可能全面的信息披露。一方面，投资者只有在审查被投公司的科技、市场、团队、产品、财务等各方面情况后，才可能作出投资决策。另一方面，被投公司也往往要了解投资者的背景、资信、能力以实现双方的进一步合作。

正因为该市场的弱透明度特征，投资当事人、投资者和被投者双方都十分谨慎，不可掉以轻心。这往往造成投资决策过程的相对冗长。

第四节 企业家与天使投资家的博弈

一、企业家的素质

企业家（Entrepreneur），原文出于法文的“Entreprendre”，原意是“承担，作事情”，或做事情的人、做成事情的人、敢于承担风险的人。后来比喻承担风险，管理和安排事务的人，即企业家。Barron's 金融与投资词典[①]中，企业家被定义为：那些敢于承担创业风险的人。企业家理论的奠基人中有几个重要的大师。J.B. Say 最早提出“企业家”（Entrepreneur）这个概念。[②] Edward W. Younlins 认为，企业家是那些把经济资源从生产效率低的地方转到生产效率高的地方的人。而 Joseph Schumpeter 则区别了企业家（Entrepreneur）创业事业，也有人以为企业家精神（Entrepreneurship）。他强调创新，认为企业家是寻求创新机会的人，他们是社会经济发展最基本的动力。Peter Drucker 则进一步把企业家与创新相关联，他的著名著作之一就是：《企业家与创新》。[③] 斯密教授夫妇认为，企业家是：看到机会，开发资源，创造价值。[④] Arthur Rock 曾经是企业家，后来成为成功的风险投资家。他反复提出：好的想法、好的产品比比皆是，但好的管理、好的执行能力却不多见。换句话说，好的人（有管理和执行能力的人）是比较稀缺的。为了进一步推动创业教育，Rock 先生捐款帮助哈佛商学院创立了一个创业中心（Arthur Rock Center for Entrepreneurship）。

一般地，企业家应当具备如下素质：

（1）天生的乐观主义精神；

（2）能够洞察到机会，迅速捕捉机会；

（3）勇气和胆量，敢于承担风险，对于风险有着相当高的容忍度；

---

① John Downes，Jordan Elliot Goodman. Dictionary of Finance and Investment Terms，Barron's Financial Guides. sixth edition. 2003

② Edward W. Younkins. Jean-Baptiste Say's Law Of Markets：A Fundamental，Conceptual Integration. Capitalism And Commerce，Dec. 2006

③ Peter Drucker. Innovation and Entrepreneurship. Collins，1993

④ Smith，Richard，and Jenet Smith. Entrepreneurial Finance. Wiley Publishing，Oct. 2003

（4）具有较强的推销能力：能够说服消费者、供应商、投资者，能够把自己给“卖出去”；

（5）社交能力，交流能力；

（6）顽强、负责任，知道在关键时刻，没有人能够依靠，只能依靠自己；

（7）知道自己的优势和劣势。

除此以外，企业家还需具备灵活性，应当顺应市场的变动而及时调整自己的战略方向。哈佛大学教授斯蒂文斯调研[①]发现从1942~2001年，过去哈佛商学院毕业的MBA中有1/3以上是自己创业的，即自己是自己的上司，自己是自己的雇主。在成功的企业家中，高达93%的人的创业最终作了和自己最初的创业意向大相径庭的业务。例如，有的人最初要想搞高科技，最后在餐饮业上发展起来，还有的人最初是制造业，后来落实到网上销售，等等。

二、企业家的追求

世界上富有的人仍然以企业家为主。福布斯2007年富豪榜中指出，世界上拥有10亿美元以上资产的人越来越多，而且增加的速度越来越快。1986年，全世界共有140人；到2003年，共有476人；到2006年，为793人。前17年，每年平均仅仅增加不到20人，而后4年，平均每年增长近80人。在2006年的793世界级富翁中，中国人共有27人，包括中国大陆、中国台湾和中国香港。如李嘉诚，当年身价为188亿美元，高居第10位。

富豪们所创立的巨型企业固然对于国民经济发展至关重要，但大企业是从小企业来的。成熟企业是从创业企业起家的，这是不可违反的自然法则。事实上，真正的技术创新往往是从小企业来的。

企业家到底追求什么？是财富？是控制？是自由？是理想？

从亚当·斯密到约瑟夫·熊彼特，经济学家一贯主张企业家创业是为了追求利润，为了追求财富，为了追求富裕的生活。他们实现自己梦想的渠道是建立一个自己拥有股权（全部或大部分）的成功的企业。[②]

事实上，不少企业家并不以追求利润为自己的第一目标。企业家大都是乐观主义者。企业家是追求机会的，追求在创业过程中实现自我。他们往往先看到商业机会，然后再考虑追求这种机会所必需的资源。创业是一种过程，是企业家不管自己有没有足够的资源，而满怀热情地追求机会的一种过程。[③]如果企

---

① Stevenson, H.H. and Jarillo, J.C. A Paradigm of Entrepreneurship: Entrepreneurial Management. Strategic Management Journal, 1990

② Smith, Richard, and Jenet Smith. Entrepreneurial Finance, Wiley Publishing, Oct. 2003

③ Stevenson, H.H. and Jarillo, J.C.A Paradigm of Entrepreneurship: Entrepreneurial Management. Strategic Management Journal, 1990, 11: pp.17-27

业家首先看到的是商业机会和市场潜力，如果他们没有足够的资源以完成他们创业的理想，他们很可能在创业过程中突然感到资金的匮乏。这时，他们寻求外部资源是不可避免的。但有时，企业家可以依靠自己企业的成长，逐步积累一定的资本，以进一步扩张。然而，这种完全靠自身积累而实现扩张的理想状况往往不存在。他们的选择是：或者依靠外部资源以快速扩张，或依靠内部积累慢慢发展。两者择一。

对于企业家来说，创业最重要的由衷是“自由”（Freedom）。是自己能够当家作主，自己能够控制自己的命运，自己能够实现自己的理想。如果外来资本不仅占去很大一部分股权，还要指手画脚，干涉自己创业的计划，或挑战自己发展企业的逻辑，这时，企业家不仅丧失了一部分股权，更重要的是，丧失了他原来创业的初衷：自由——自己是自己企业的主人。

企业家应当和时间赛跑。你越迅速地掌握资源，包括资本（或者说主要是资本），你就越能够快速发展，你就越来越有竞争优势。而扩充资本的主要来源有两个：内部积累和外部融资。

三、财富与自由的均衡

创业者/企业家往往既希望获得巨大财富，又希望能够保持自己对于企业的控制，实现自由的境界。创业者往往把自己的创业当做自己亲生的孩子。他们对于自己创下的企业又疼爱，又呵护，又帮助，不惜一切代价，希望这个孩子长大成人。当然，父母对于自己的孩子，只有希望孩子好，并不希求孩子能够给自己带来什么物质上的回报。而创业者与自己的企业之间的关系则不同，创业者既爱护自己的企业，又满腔热情，希望通过创业能够使自己成为百万、千万，甚或亿万富翁。哈佛大学商学院 Wasserman 教授指出，企业家一般既要发财，又要保持自己对于自己创业的控制，即实现自己意志上的自由。然而他们的这种双重目标：既要财富又要称王，是很难同时实现的。弄不好，他们既丢失了发财的大好时机，又丧失了控制的权力。[①] 以企业寻求天使投资为例。企业要发展，要突破瓶颈，可能需要外部投资，在种子期和创始期，天使投资往往是发展型企业的资金来源之一。然而天使投资的进入可能会使企业家丧失一部分控制权力，从而也丧失了一定的自由度。这里，企业家面临一种选择：是引入天使投资，丧失一部分控制权，从而使得企业迅速发展，还是拒绝稀释自己的股权，拒绝接受天使投资的资金支持，从而放弃快速发展的时机？

企业家有可能为了保障自己对于企业的控制权而丧失飞速扩张的大好时机。

① Wasserman，Noam. Rich versus King：the Entrepreneur's Dilemma，Best Paper Proceedings of the Academy of Management（August 2006）

这种案例可以说比比皆是。Steria 的案例就是一个很好的说明。[①] Steria 是一家信息系统和服务的公司。在选择是吸收外部资金以迅速扩张，还是依靠内部积累和银行流动资金贷款，以稳步扩张这二者之间，创业者选择了后者。因为创业者的理想是"保持独立性，主宰自己的命运"。这种选择的结果是他失去了快速增长的大好良机。而由于失去了这个增长机会，它也失去了市场份额，最终导致企业销售大幅度下滑，自然没有能够实现他主宰自己的命运的初衷。

寻求外来资本的注入，如天使投资、风险投资或其他权益资本投资，会使得它们的企业快速增长，这种相对短时间的快速扩张，往往能够减少企业的风险，加大它们控制市场占有率的能力，能够很快地增加企业的市场价值。然而，在外来资金注入之后，创业者自然要出让股权，从而削弱他们对于企业的控制力。企业家的两难之处不仅在于要均衡发展和控制之间的关系，而且还在于企业要在多大程度上发展，在多大程度上出让控制权。企业家应当明白：企业越要发展，尤其要快速发展，就越要分散创业者自己的股权，分散他们对于企业的控制权。

Wasserman（2006）认为企业家对于企业的控制表现在两个方面：企业的管理团队和董事会。前者主要是有没有权利选择 CEO，后者是董事会席位是否能够占大多数。天使投资家对于所投企业，有时要求董事会席位，有时却没有这种要求。与此相反，风险投资家往往在投资条款上明确注明董事会席位的要求，而且有时是若干个席位。这样，创业者得到了资金，投资者得到部分股权和部分决策权。

大多数创业者希望达到的理想境界是既不丧失控制权，又可以获得天使投资等外部资金来源，使企业充分发展，以接近潜在的最高盈利点。然而，这种最佳境界往往是可遇而不可求的。企业家们往往需要在盈利和控制权这两者之间作出抉择（见图 4.11）。

	企业家的困境	
	企业价值远低于潜力	企业价值充分体现
控制权处被动地位	a. 既没自主权又不富有	b. 富有但无自主权
控制权处主动地位	c. 有自主权但不富有	d. 富有且有自主权

图 4.11　企业家在发展与控制间的抉择

① Pier A. Abetti. Case Study：The Creative Evolution of Steria：From French Venture to European Leader without Loss of Entrepreneurial Spirit and Control（1969－2004），Creativity and Innovation Management，2005，Vol. 14，No. 2

图 4.11 说明了企业家在发展与控制之间，在富有和自由之间需要作出抉择。在图 4.11 的四种选择中，最佳选择自然是 d：企业家既控制着自己的企业，又获取了天使投资。天使投资家虽然索取了一部分股权，但企业家并没有失去对于企业的控股地位。他们达到了梦寐以求的理想境地：既富有，又自由。然而，这种境地不是很容易获取的。在很多情况下，企业家或者拒绝与天使投资家分享股权，拒绝让出一定的控制权，从而保障了自己对于自己企业的完全控制。但这种状况可能使得他们很难快速发展，他们的企业永远保持小企业的地位，他们有自由，但并不富有，这使得他们处于 图 4.11 中 c 的位置。与此相反，如果企业家处于 b 的位置上，他们往往接受了天使投资，之后大约又接受几轮的风险投资，最后成功上市，十分富有，但却完全丧失了对自己创立的企业的控制权。而处于 a 位置的企业家状况最惨：他们没有在最关键的时刻融入到企业发展的必要资金，因此不能迅速成长。更有甚者，他们可能在企业现金流最急迫的时刻没有立即下决心融资，丧失了企业成长的大好时光，最终不得不将企业贱卖，既丧失了对企业的控制权，又丧失了企业成长壮大的时机。

四、股权与收益①

企业家在“富有”（Rich）和“自主权”（King）之间选择时，常常进退两难：或者放弃一些股权（可能不再控股），以取得更高的利润；或者放弃企业快速发展的机会，却能够牢牢把握自己企业的控制权。企业家应当何取何舍，要看企业家创业的初衷。如果企业家虽然也追求企业的发展壮大，但他们更重视自主权，更追求个人的自由意志，那么，他们也可能放弃天使投资等外来资本的投入，放弃快速增长的机会。如果他们创业的初衷虽然也包含个人理想的实现，包含对于个人自由的追求，但他们更重视企业的增长壮大，更希望得到经济上的回报，他们可能宁可多放弃一些股权和管理控制，而实现企业的快速增长。他们知道，他们本人对于企业的控制权虽然小了，他们的股份虽然被稀释了，但这些更小的股权却为他们带来了更大的价值（见图 4.12a 及图 4.12b）。

图 4.12a 说明了一个显而易见的道理。一个创业者如果自始至终都是一个人（或一个家庭），他/她可以控制自己企业 100%的股份，但如果他的企业不能够迅速发展。虽然创业没有失败，但也很难说取得成功。在这种状况下，企业家这 100%的控制权并没有给他/她带来财富。假定企业家的启动资本只有 10 万元，几年后，他们依靠自身的积累和银行贷款，企业总资产稳步发展到 30 万元，那么，100%的 30 万元还是 30 万元。如果他的发展策略适当，市场选择正确，也可能他的企业会很快膨胀到 200 万元或更大。相反，如果绩效不佳，企

---

① 刘曼红. 企业家与风险投资家的对弈（working paper），2008

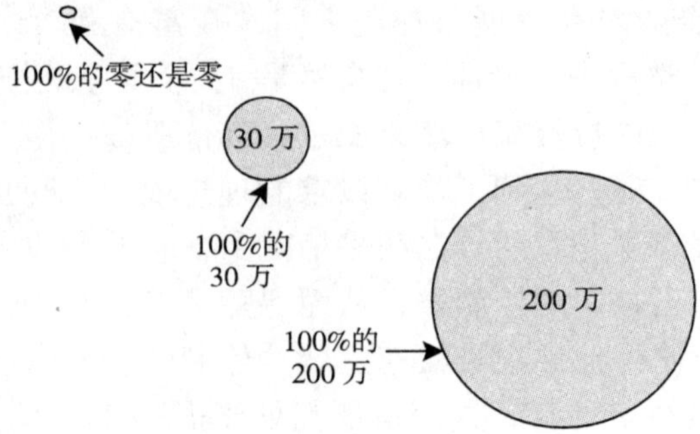

(a)

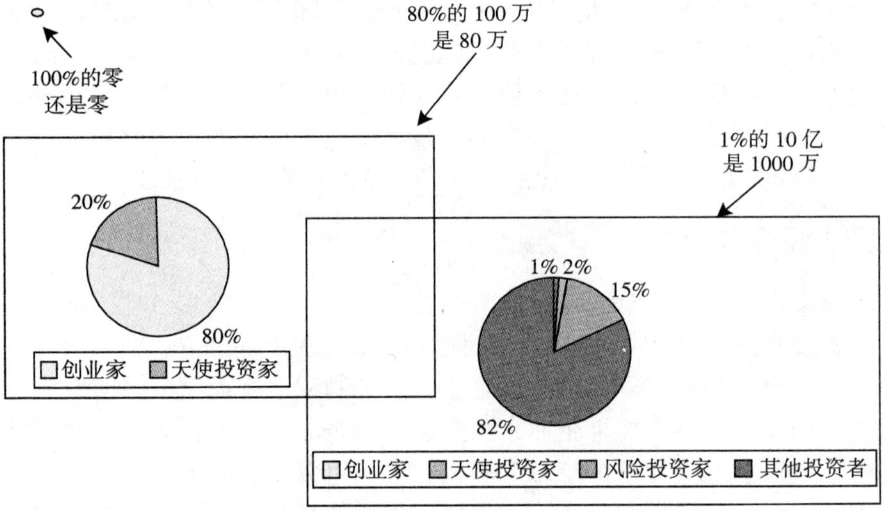

(b)

图 4.12 100%的零还是零[①]

业可能最终破产，那么，他们的 100%股份并没有任何意义，100%的零还是零。

图 4.12b 从另一个角度说明了这个问题。

图 4.12b 指出，股权比例与价值无关。这里列出三种情况：

(1) 100%的零还是零。创业者具有 100%的股权，但没有价值的全部是没有价值。

(2) 80%的 100 万则是 80 万。虽然比起 100%的股份来，80%是少了一些，但其价值却大得多。创业者让位给天使投资家 20%的股份，但自己的 80%却具有 80 万的价值，有价值的局部是部分价值的实现。

(3) 1%的 10 亿则是 1000 万。这时，创业者不但引入了天使投资，还引入

① 刘曼红. 企业家与风险投资家的对弈（working paper），2008

了风险投资，又引入了其他投资者。创业者虽然仅拥有1%的股权，但却实现了1000万的价值。

这里应当说明，不是所有凭借自身力量的企业都不能快速发展的。有的企业是可以既不从外部融资，又能够保持快速发展。当然这种状况是企业家的理想状况，若实现这种理想状况也是有相当的难度的。另外，不是所有能够从外部融资的企业都必然成功。天使投资和风险投资都是风险较高的投资，之所以风险高，是因为他们投资的企业中，有相当一部分以失败而告终。

如果该企业家终于决定从外部融资，他们可能仍然面对财富与控制权的选择。损失部分股份，丧失部分控制权可能会给企业带来他们所最需要的资金，可以促进企业的快速发展，如图4.13所示。

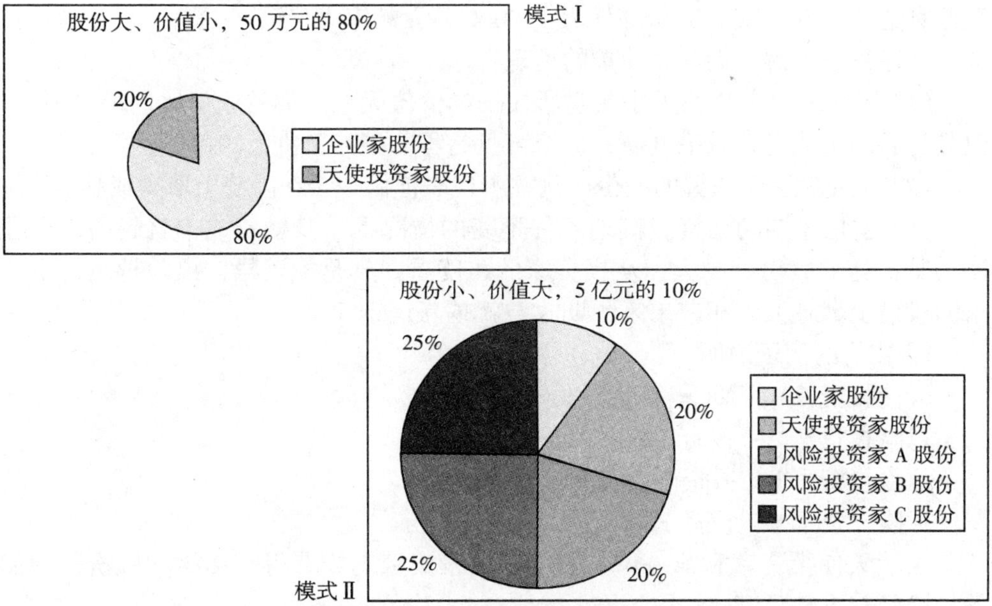

图4.13 股份的大小与其代表的价值的高低无关[①]

图4.13与图4.12b相似，说明股份的大小与其所代表的价值的多少关系不大。图4.13是一个虚构的融资案例，但它能够说明很深刻的道理。假定企业家最终决定求助于外部资本，再假定他们从天使投资家那里融资10万元种子期资本，并出让20%的股权，这10万元帮助他们解决了最急需的现金流问题，带来较快的发展。一年后，公司总价值为50万元，那么企业家的股份比例虽然从

① 刘曼红. 企业家与风险投资家的对弈（working paper）. 2008

100%下降到 80%，但这 80%所代表的价值为 40 万元（50 万元的 80%），而原来的 100%的股权，其背后仅仅是 10 万元。假定这个企业家进一步融资，一年后，他们向风险投资家Ⅰ那里融到 A 轮风险投资 100 万元，出让 20%的股份。再过一年，他们向风险投资家Ⅱ那里融到 B 轮风险投资 500 万元，出让 25%的股份。企业上市前，又向风险投资家Ⅲ那里融到 C 轮风险投资 3000 万元，仍然出让 25%的股份，那么企业家仅剩下 10%的股份（注意：这里为了分析方便，作者做了一个重要的假设，即假设所有的投资者，包括天使投资家、A 轮的风险投资家、B 轮的风险投资家，以及 C 轮的风险投资家都与企业家签订了“反稀释条款”，因此，在公司上市以前，他们均不存在股权稀释问题。当然，现实生活中，这种极端的状况是不多的，股权的稀释往往在所难免）。虽然企业家手中的股份从 100%下降到 10%，但上市后，如果该企业市场价值为 5 亿元，而企业家这小小的 10%的股份却代表了 5000 万元的庞大价值。

上述例子告诉我们几个简单的道理：

（1）股份的百分比的大小与它所代表的价值无关。你的股份比例可以很高，但其身后的价值可以微乎其微，甚至可以是零（剔除负价值的可能性）。

（2）企业家手上掌握的股份比例并不代表他们是否在经济上取得成功。

（3）越是早期的融资，其他条件不变的情况下，其融资成本就越高，企业家为其出让的股份就越大（从投资家的角度看，越是投资早，风险越高，所要求的股份也就越大，相应未来预期收益就越高）。

图 4.13 的例子说明：

天使投资：10 万元 = 20% 股份；

风险投资家 A：投资 100 万元 = 20% 股份；

风险投资家 B：投资 500 万元 = 25% 股份；

风险投资家 C：投资 3000 万元 = 25% 股份。

虽然天使投资家和第一位投资的风险投资家同样获得了 20%的股份，他们的投资额却大相径庭。

（4）这个例子的前提是反稀释条款。而事实上，绝对的无稀释是很难做到的。在企业不断的融资，不断的扩张的过程中，企业的价值不断的增加。因而，原有股东的股份很可能在再融资的过程中不断稀释。我们这里仅以该企业第一次和第二次融资为例，分析稀释过程。

第一次融资：天使投资家 20%；企业家 80%；共计：100%。

第二次融资：风险投资家 A，20%；（天使投资家 + 企业家）80%。

这证明：

天使投资家 20% × 80% = 16%；

企业家 80% × 80% = 64%；

风险投资家 A 则为 20%；

共计：100%。

股权稀释过程以此类推。而上述例子假定没有稀释过程，仅仅是为了分析方便。

投资者应当认识到，企业增长非线性的。随着企业生产/服务的任何一个进步，都会相对减少企业的科技风险和企业管理的执行风险，同时也就减少了投资者的风险。而风险的减少又会大大地推进企业的发展。

第五节 成功与失败的悖论

一、成功与失败的辩证

成功自然是“得”，失败自然是“失”。但在很多情况下这种得失也是一时的。中国古语道：塞翁失马，安知非福。得和失之间的辩证法已经超出了本书所囊括的范围，但“祸兮福所倚，福兮祸所伏”是有着其深刻的哲学道理的。这种哲学道理事实上也贯穿于天使投资的实践之中。多少成功的天使投资家曾经有过痛苦的、惨不忍睹的失败的教训。多少失败的投资才赋予天使投资家以一种“悟性”（Guts Feeling）天使投资的成功与失败是相互渗透的，很少有人能够保持常胜不败的记录。

中国有句古话：失败是成功之母。天使投资的成功与失败的一个关键是能否作出正确的投资决策。Amis 和 Stevenson 曾经这样概括：正确的决策出于经验，而经验出于错误的决策。[①] 天使投资是一门与金融学、管理学等专业关系密切的学问。需要思考，需要研究，需要动脑筋，多问几个为什么，需要虚心向别人学习。一次偶然的投资成功未必给天使投资家很深刻的启示。而投资失误的教训往往能够使天使投资家深思。天使投资家需要不断地从错误中学习。没有犯过错误，很难学习到真本事，然而，犯过错误，以至于犯过很多错误，也未必学习到真本事。

一些天使投资家的投资模式可称为“撒胡椒面”。为了规避风险，他们就在 10 个不同的行业、不同的领域投资 10 笔很小的资本金，然后就守株待兔。这种做法的确能够行之有效的减少风险，但天使投资家从中学习到的经验和教训

① David Amis and Howard Stevenson. How To Be an Angel Investor. Harvard Business School：Working Knowledge 100 years：1908-2008，September 24，2001

可能有限。事实上，一些刚刚入门的天使投资家往往采取“撒胡椒面”的办法进行“试投”，而仅有少数天使投资家能够从这种“试投”的实践中得到真知卓学。而天使投资家的真知卓学才是其后来大获成功的基础。

二、投资中常常出现的两种误差

投资失败是出于对于项目真实状况的错误估计和判断。这种判断错误有两种：统计学上称为“第Ⅰ类误差”和“第Ⅱ类误差”。前者也叫 α error，即 α 误差。α 误差是一种错误的肯定（False Positive），即对于不该肯定的作出了肯定的结论，或者说对于虚假的条件给予了肯定的答复。后者也叫 β error，即 β 误差。β 误差是一种错误的否定（False Negative），即对于不该否定的作出了否定的结论，或者说于真实的条件给予了否定的答复。[①②]

第Ⅰ类误差，即 α 误差，是否定了一个“虚无假设”或“检验假设”(Null Hypothesis)。而事实上，这个虚无假设是符合现实情况的。具体地，一个在现实中并不存在的事物，我们却观察到它的存在。对于 α 误差，最常用的例子是怀孕检测，如果检测结果是你已经怀孕了，而事实上你并没有怀孕。这就是第Ⅰ类误差（α 误差）。在天使投资中，如果一个项目不具备投资价值，却被天使投资家误认为是具有潜力的项目而作出了投资决策，这自然是一种投资的错误判断。

第Ⅱ类误差，即 β 误差，是没有去否定一个“虚无假设”或“检验假设”(Null Hypothesis)。而事实上，这个虚无假设是不符合现实情况的，即现实并不虚无，现实是存在的，而我们却没有否定这个虚无，即接受了这个虚无，而现实并不虚无。具体地，一个在现实中存在的真实事物，我们却没有观察到它的存在，或否定了它的存在。对于 β 误差，最常用的例子也是怀孕检测，如果检测结果是你没有怀孕，而事实上，你已经怀孕了。这就是第Ⅱ类误差（β 误差）。在天使投资中，一个非常好的、具有巨大发展潜力的项目却没有为天使投资家所认识，错过了投资机会。

第Ⅰ类误差和第Ⅱ类误差的区别和对比可以通过表 4.5 说明。

表 4.5 通过四种情况（Scenario）很清楚地告诉我们两类误差的发生原因和二者的区别。

---

① Neyman，J. & Pearson，E.S. The testing of statistical hypotheses in relation to probabilities a priori, reprinted at pp.186–202 in Neyman. J. & Pearson，E.S.，Joint Statistical Papers. Cambridge University Press，1967（originally published in 1933）

② Pearson，E.S. & Neyman，J. On the Problem of Two Samples，reprinted at pp.99–115 in Neyman. J. & Pearson，E.S. Joint Statistical Papers. Cambridge University Press，1967（originally published in 1930）

表 4.5 两类误差

		实际情况	
		存 在	空 缺
实验结果	肯定	A 实际情况存在 + 肯定的结果 = 正确的肯定（正确）	B 实际情况空缺 + 肯定的结果 = 错误的肯定 第Ⅰ类错误
	否定	C 实际情况存在 + 否定的结果 = 错误的否定 第Ⅱ类错误	D 实际情况空缺 + 否定的结果 = 正确的否定（正确）

这四种情况是：

A：如果实际情况是存在的，而我们对它的存在是肯定的。那么，我们得到的是正确的肯定。

B：如果实际情况并不存在，而我们却认为它是存在的。那么，我们得到的是错误的肯定。

C：如果实际情况是存在的，而我们却认为它是不存在的。那么，我们得到的是错误的否定。

D：如果实际情况是不存在的，而我们也承认它的不存在。那么，我们得到的是正确的否定。

我们在日常生活中常常遇到上述两种误差，人们的认识、判断或决策如果与现实情况不符，就会出现上述误差。这两类误差常常存在于天使投资过程中，不出现判断误差的天使投资家绝无仅有。因为一般投资项目的真实情况是创业者能够认知的，投资者作为"外部人员"（Outsider）很难了解项目的真情。有时，项目的真实情况连创业者本身也没有全部把握，如创业者过于乐观，或者创业者本身对于自己的产品/服务，对于自己潜在的市场缺乏客观的认识，而投资者对此却没有敏锐地识别出来，投资决策难免失误。

事实上，这些误差不仅存在于投资决策中，也存在于生活中其他方面的认识、判断或决策中。例如，人们身体出了毛病，自己并没有觉察。这是病人本人的判断出现了上述第Ⅱ类误差。如果他去医院，医生也没有能够诊断出他的病情，那么，医生的判断也出现了第Ⅱ类误差。如果一个人本来没病，却疑神疑鬼，非认定自己得了大病，那么，他本人的判断出现了上述第Ⅰ类误差。假定，他跟医生抱怨身体的不适，而医生没有彻底检查，就相信了患者的错觉，从而确诊。那么，这位医生的结论也出现了第Ⅰ类误差。更有甚者，假定病人本人并没有什么抱怨，而医生却误诊，认为病人得了大病，为病人错开药方，甚或错动了手术。这自然是一种更为严重的第Ⅰ类误差。在现实生活中，第Ⅰ类和第Ⅱ类误差都会给人们的社会生活、经济生活，甚至生命带来巨大的损失。从 21 世纪初最大的世界性事件来论，美军出兵伊拉克，基于伊拉克存在大规模杀伤性武器的判断。而事实证明，这种判断是基于错误的信息。伊拉克本来就没有这种所谓的“大规模杀伤性武器”。现实是“无”，结论却是“有”，自然落入上述第Ⅰ类误差。这种判断性的错误带来了巨大的经济损失，成千上万的人为此付出了生命的代价。

在天使投资中，第Ⅰ类误差是对于不该投资的项目进行了投资。第Ⅱ类误差是没有投资那些优秀项目。第Ⅰ类误差固然使得投资者遭受经济损失，有时可能是分文不归，但第Ⅱ类误差对于投资者造成的机会成本有时也令人咋舌。天使投资家 Frans Kok 曾经带有讽刺意味的态度谈到自己错过的投资机会：当美国在线（American Online）刚开始融资时，他们只有 1 万名付费会员，每人每月付费不到 20 美元。他们当时融资 500 万美元，给投资者 20%的股份。Frans 认为美国在线的年轻人对于自己企业的估值太高了。他们的创意虽然很好，但科技难度太大，网络速度又太慢，这样相互交流，还不如直接打电话。Frans 提出投资 200 万美元，所占股份不变，仍然是 20%。结果，美国在线的管理团队拒绝接受他的价值评估，从而转向其他的投资者。自然，美国在线与“Time Warner”在 2000 年 2 月合并时，它的估值高达 3500 亿美元。Frans 没有投资美国在线的损失可以想象。Frans 自然感到一些失意。他后来调侃道，我听说另外一个非常成功的天使投资家当时也放弃了美国在线项目，顿时心里觉得舒服多了。

三、成功也在人，失败也在人

在“如何成为一个天使投资家”（How To Be An Angel Investor）一文中，Amis 和 Stevenson 重申了 William Sahlman（1997）总结的创业四大要素：人、机会、环境、风险/收益均衡分析。他们把 Sahlman 的四大要素运用到天使投资方面，并指出，与风险投资一样，成功的天使投资家需要从潜在的投资机会中牢牢把握四个因素：人、商业机会、风险/收益结构和交易环境。进一步，他们把“风险/收益”结构归纳到“交易结构”中，见图 4.14。

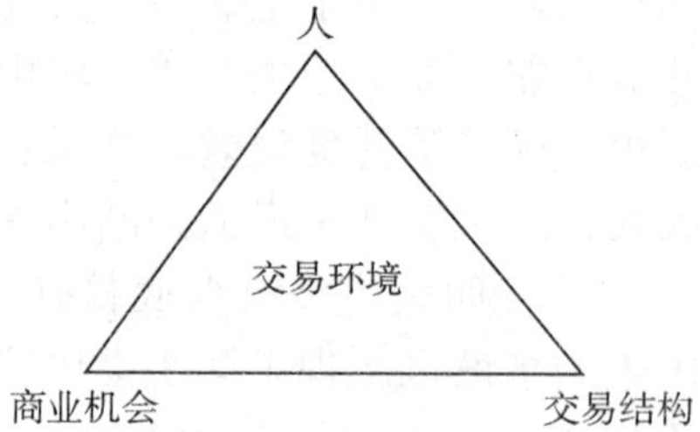

图 4.14 哈佛模式[①]

① David Amis and Howard Stevenson. How To Be an Angel Investor. Harvard Business School：Working Knowledge 100 years：1908-2008，September 24，2001

哈佛模式认为：人、商业机会、交易环境及交易结构是投资是否成功的四大要素。

人的因素是第一位的。天使投资的经验说明：成功也在人，失败也在人。人是投资成败的关键。人包括企业家、管理团队、投资者、顾问及其他重要的利益攸关者。

商业机会是指商业模型、发展潜力、未来规模、市场、消费者，等等。

交易环境包括宏观环境、科技发展、消费者需求的变化、行业趋向，等等。

风险/收益均衡表现在交易结构中，包括价格、条款、投资框架，等等。

这四个因素是相辅相成、互相联系的，而这四个方面中关键的关键是人。例如，经验丰富的管理团队能够很快地察觉到市场状况的变化，从而及时设计相应对策；他们能够敏锐地看到消费者需求的变化，及时调整自己的发展战略。

北极光创投基金创始合伙人邓锋曾说：投资就是投人。特别是早期投资、天使投资，更要看人。他投资开始先看人，尤其是人的道德因素。他认为自己在中国的一个种子期基金就曾经投错了人，大概损失了30多万美元。

IDG创业投资基金创始合伙人熊晓鸽也赞同“投资就是投人”的观点，他提出，创业者要把诚信当品牌来经营。只有把自己的诚信当作品牌来做，你才会取得成功。例如，他们曾经投过谭智的8848，但这个公司没有成功，后来谭智做框架传媒时他们继续投资他，这个公司取得了成功。熊晓鸽认为，道德风险对于创业者和投资者都是很重要的。如果在商业上一味冒着风险追求短期利益，最终得不偿失。

第六节 风险/收益分析与天使投资

天使投资是一种风险性很高的投资活动。探讨天使投资的理论内涵，我们不可能不探讨风险与收益的关系。

一、风险的定义

人们一般都不喜欢风险。但什么是风险呢？

韦伯词典：风险是一种发生损失或遭受伤害的可能性；风险蕴藏着危险。投资词汇：风险是一种可以量化的损失或小于收益的部分。

经济学家看来，风险不仅代表着发生损失的可能性，不仅蕴藏着危险，它还是一种不确定性，而这种不确定性又与潜在利润相关联。Knight（1921）认为，风险包括两重意义：第一重是可以量化的损失的可能性，第二重是不可以量化的不确定性。在正常情况下，风险并不排除完美的计划性，这种风险不能妨碍竞争的实现，也不能妨碍利润的获取。[①] 另一位著名经济学家 J.B. Say 明确指出，利润是承担风险行为的一种回报。

J.S.Rosenbloom（1972）将风险定义为损失的不确定性；F.G.Crane（1984）认为风险意味着未来损失的不确定性；Brokett、Charnes、Cooper & Ruefli 等将风险定义为不利事件或事件集发生的机会，并用概率进行描述（王明涛，2003）。

A.H.Mowbray（1995）称风险为不确定性；C.A.Williams（1985）将风险定义为在给定的条件和某一特定的时期内未来结果的变动；March 和 Shapira 认为风险是事物可能结果的不确定性，可由收益分布的方差测度；Bromiley 认为风险是公司收入流的不确定性；Markowitz 和 Sharp 将证券投资的风险定义为该证券资产的各种可能收益率的变动程度，并用收益率的方差来度量证券投资的风险，通过量化风险的概念改变了投资大众对风险的认识。由于方差计算的方便性，风险的这种定义在实际中得到了广泛的应用。

王明涛（2003）在总结各种风险描述的基础上，把风险定义为：所谓风险是指在决策过程中，由于各种不确定性因素的作用，决策方案在一定时间内出现不利结果的可能性以及可能损失的程度。它包括损失的概率、可能损失的数量以及损失的易变性三方面内容，其中可能损失的程度处于最重要的位置。

郭晓亭、蒲勇健（2002）等将风险定义为：风险是在一定时间内，以相应的风险因素为必要条件，以相应的风险事件为充分条件，有关行为主体承受相应的风险结果的可能性。叶青、易丹辉（2000）认为，风险的内涵在于它是在一定时间内，有风险因素、风险事故和风险结果递进联系而呈现的可能性。

段开龄教授认为，风险可以引申定义为预期损失的不利偏差，这里的所谓不利是指针对保险公司或被保险企业而言的。例如，若实际损失率大于预期损失率，则此正偏差对保险公司而言即为不利偏差，也就是保险公司所面临的风险（胡宣达等，2001）。

系统工程学的学者认为，风险与不确定因素的不确定性程度有关，也与收益函数的性质有关。从事后角度来看的由于不确定因素而造成的损失，必然发生的事件导致的损失，可以看成必要开支，不是风险。风险所造成的损失主要有：降低风险所需的开支、因考虑风险而失去的机会成本、为应付潜在损失而

---

① Knight, F. H. Risk, Uncertainty, and Profit. Published: Boston. MA: Hart, Schaffner & Marx; Houghton Mifflin Company（since risk, in the ordinary sense, does not preclude perfect planning（for reasons which can easily be made clear）, such risk cannot prevent the complete realization of the tendencies of competitive forces, or give rise to profit）, 1921

准备策略所需成本、无法补偿的损失。①

风险具有双重含义：一方面，风险意味着潜在的危险，意味着损失的可能性；另一方面，风险代表不确定性。既然是不确定性，就是可能损失，也可能收益。风险也孕育着可能的机会。不确定性是风险内涵中的必要条件，而不是充分条件。有风险就有不确定性，但有不确定性不一定具有风险。

风险是金融领域的一个重要的研究课题，对于风险的评估、风险的转移、风险的规避等已经成为风险管理的重要内容。而风险管理也因此成为金融学中的热门课题。天使投资理论中涉及一定的风险管理的内容。但风险管理是一门更专门的，具有丰富内涵和大量科学模型的单独的研究领域。

在 2007 年讲授《企业家融资》课程的过程中，本书作者向同学们作了一次非正规的调研（也叫作方便调研，Convenient Survey）。这种调研不是抽样式的，不具备随机性，调研样本也不具备全体性，但调研的结果也给我们一定的启示。

这次调研是匿名的，调研的题目也比较简单：

“你是否计划将来创业？”

“如果答案是‘是’，为什么？”

“如果答案是‘否’，为什么？”

在参与调研的 29 名硕士生中，有 17 位同学作出了肯定的回答，占 59%；10 名否定，占 34%；2 名未确定，占 7%（见图 4.15）。

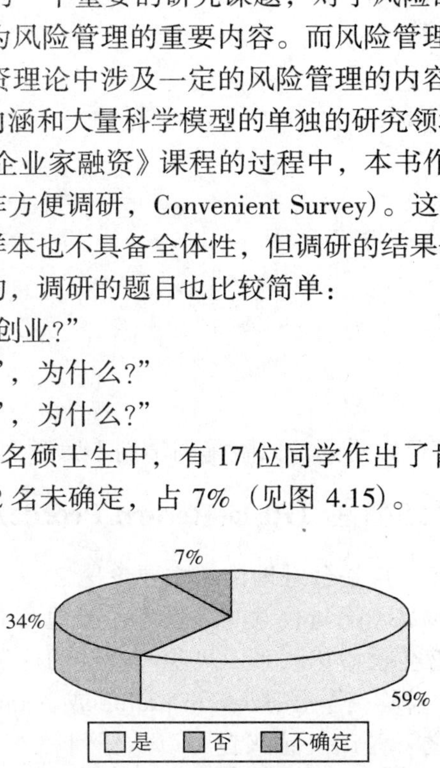

图 4.15 课堂上匿名调查：你是否计划将来创业？

这里由于调研不是抽样的，不具备随机性，调研比例很难从统计上说明什么问题。但同学们的答案中却在一定程度上反映了一些年轻人的想法。这里仅仅摘录部分调研结果，以供参考（以下系列号以回答的频率为基础，1 是回答频率最高的，2 次之，3 更次之，以此类推）。

同学们在回答创业或不创业的原因时：

是的。我计划将来创业，因为：

（1）具有挑战性；

---

① 丁义明，方福康. 风险概念分析. 系统工程学报，2001 年 10 月第 16 卷第 5 期

a. 能够学习到更多的东西；
b. 能够更有效地提高能力；
c. 能够积累更多经验。
（2）成为自己的主人（be your own boss）。
（3）能够赚更多的钱。
（4）有助于自己的创新精神。
（5）为国家作出贡献。
（6）自由、灵活。
否。我没有创业的计划，因为：
（1）风险太高了。
（2）太累了。
（3）太操心。
（4）占用太多的时间。
（5）没有资金积累。
（6）没有经验。
（7）没有商业关系。
从上述答案中我们可以看到，风险是同学们不愿意创业的首要原因。

二、风险—收益均衡性（Risk-Return Profile）

风险—收益均衡性一直是金融理论的主要论题之一。谈到金融，谈到各类金融工具，就不能不涉及风险与收益的关系。一般地，低风险与低潜在收益相联系，而高风险与高潜在收益相联系。风险—收益的这种关系称为“风险—收益交易”或“风险—收益均衡”（risk/return profile 或者 risk and return trade off）。这是金融的基本关系之一，读者感兴趣可以从任何一本基础金融教材中找到，也可以从一般金融词典中找到这个关系的定义。

风险和收益的关系是经受过多年实践的检验的。以市场相对成熟的美国为例，在过去几十年间，具有不同风险等级的各类金融资产均迅猛增长，从股票到其他证券，从 AAA 债券到垃圾债券，从多层次的公司债券到政府债券，其长期收益高低与所承担风险大小成鲜明正比。抛开 20 世纪 90 年代后期资本市场的狂热，21 世纪初的冷静调整，以及 2008 年的金融危机不论，仅从 1925~1995 年这 70 年的数据看，风险—收益组合在投资决策中的作用昭然若揭。1925 年投资 1 美元于风险较高的细价股（又称小型股：Small Cap），70 年后其市值可达 3425.25 美元，平均年收益率为 12.35%；而投资于风险极低的政府长期债券，

70 年后其市值为 30.68 美元，平均年收益率仅为 5.01%。[①] 这证明风险高低本身并不是投资者的投资决策依据，而是风险收益权衡关系（见图 4.16）。

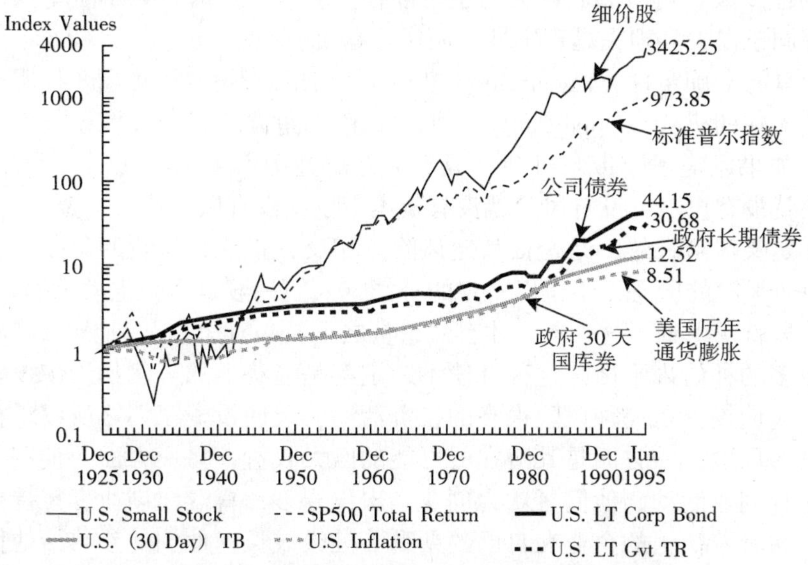

图 4.16　美国股票市场 1925~1995 年累计财富[②]

图 4.16 清晰地说明了风险与收益的关系。图中五种金融资产从 1925~1995 年长达 70 年的价格趋势。这五种金融资产，其风险性由低到高分别为：政府 30 天国库券；政府长期债券；公司债券；标准普尔指数股；细价股。明显地，风险最低的政府 30 天期的国库券，其价格走势基本和历年通货膨胀率相差无几，而风险最高的细价股 70 年的收益率也相应最高。

投资者不会投资于风险高的产品，除非他们在收益上得以足够的补偿。显然，如果潜在收益不能与投资风险相联系，人们将仅投资于风险最低的金融产品，如国库券，而成千上万的各类风险等级的金融产品将化为乌有，整个资本市场将不复存在。[③]

如上所述，风险定义的一个侧面是对于未来的不确定性。如金融风险可反映为股票价格、利息率和货币兑换率的波动性。测定风险的方法很多，但最普

① Brealey，Richard and Stewart Myers. Principles of Corporate Finance. Fourth edition. McGraw-Hill，1995

② Campbell R Harvey，Fuqua School of Business，Duke University，Durham，NC；National Bureau of Economic Research，Cambridge，MA，class materials，WWWFinance：Historical Behavior of Asset Returns——Cumulative Experience of Five U.S. Asset Classes，1995

③ 范希文，刘曼红. 中国市场投资神话浅谈. 中国人民大学风险投资发展研究中心（研究系列），2004

遍的是标准差（下面详述），一种统计办法以衡量变量的波动。自然，标准差的定义本身规定了其波动可上可下。风险较高的金融产品的不可测性高，它们上下波动的幅度大：可能赢利巨大，也可能损失惨重。风险从来不是单向的，风险绝不等同于损失。损失是现实性，而风险是可能性。

风险具有不确定性（Uncertainty）与危险（Hazard）双重性质。而不确定性又蕴涵着潜在的机会（Opportunity）。如果风险即危险，谁会投资于任何一种金融产品？如果风险不会带来机会，成千上万的金融衍生工具就没有了生命力。没有风险就没有投资，没有风险就没有资本市场，没有风险就没有金融。

这样定义风险，绝不是全面肯定风险。相反，正因为风险的负面性，正因为人们对于风险的厌恶，不予以一定的补偿，人们一般是不会主动承担风险的。中国古人早就认识到了这一点，才有“重赏之下，必有勇夫”一说。风险越大，就需要更多的补偿来平衡。这种补偿不一定都是经济上的。例如天使投资，我们知道，天使投资是一种风险很高的投资活动。天使投资家们之所以承担早期投资的巨大风险，一方面是其潜在的可能的巨大收益，另一方面，他们大都喜欢从事这种创业活动，他们喜欢为创业者出谋划策，喜欢向创业者传授自己的经验，喜欢看着初生的企业在自己的帮助下健康成长。他们的参与给他们带来一种精神上的享受，这也是一种补偿，一种经济以外的补偿，一种货币收益以上的补偿。

经济学最基础的教材指出，一般投资者不喜欢风险带来的不确定性，他们需要更高的收益以补偿所承担的风险。这种对于风险的补偿即为风险溢价。自然，风险溢价随着风险的增加而增大。纵观整个资本市场的发展，风险溢价从整体上反映了投资风险的程度。投资者的投资决策绝非仅基于风险，也绝非仅基于收益，而是风险收益组合，即其所可能获取的收益是否可能补偿其所承担的风险。4%的收益会使国库券的投资者颇满意，而典型的风险投资家的 IRR 可高达 50%。虽然没有任何风险的一夜致富的故事会偶然发生，但金融历史却反复证明，高收益不可避免伴随着高风险。在不增加风险的前提下可取得长期持续的高收益的主张不过是一席神话，是将偶然现象混同于必然规律，将个别混同于一般，将异常混同于规范。“没有免费的午餐”，理性的投资者深悟其道。

整个金融历史可以说是对于风险收益组合的再整合，再包装，再分配。各种金融创新，如可转债、信托优先证券、认股权证、保值票据等不过是上述经济行为的必然结果。此外，近年来数以万计的金融衍生工具出现，以及资产组合管理的问世，再次证明了金融发展的这一趋势。当然，衍生金融工具的失控可能是 2008 年金融危机的全球性爆发的诱因之一。

投资者群体是理智和聪睿的。在历史长河中，个别投资者或许犯很多错误，很多投资者或许犯个别错误，但投资者作为一个整体不可能永远错误。投资者一旦紧紧盯住风险收益组合的变化，就不会被轻易愚弄，他们也许很快嗅觉到垃圾债券的风险而放弃对之投资，原因是预期的收益不足以弥补巨大风险。相反，如果预期收益足以弥补所承担的风险，他们会毫不犹豫，果断决策，绝不会放弃投资的良机。

三、风险的衡量

1993 年，30 集团[①]（The Group of 30）发表了著名的特别研究报告：《衍生工具：实践与原则》，把风险定义为：经过某一时间间隔，具有一定置信区间的最大可能损失，并将这种方法命名为 Value at Risk，简称 VaR 法。[②] 1996 年国际清算银行在《巴塞尔协议修正案》中允许各国银行使用自己内部的风险估值模型去设立对付市场风险的资本金；Philippe Jorion（1997）在研究金融风险时，利用“在正常的市场环境下，给定一定的时间区间和置信度水平，预期最大损失（或最坏情况下的损失）”的测度方法来定义和度量金融风险，也将这种方法简称为 VaR 法。

根据我国银监会[③]的定义：VaR（Value at Risk）一般被称为“风险价值”或“在险价值”，指在一定的置信水平下，某一金融资产（或证券组合）在未来特定的一段时间内的最大可能损失。假定 JP 摩根公司在 2004 年置信水平为 95%的日 VaR 值为 960 万美元，其含义指该公司可以以 95%的把握保证，2004 年某一特定时点上的金融资产在未来 24 小时内，由于市场价格变动带来的损失不会超过 960 万美元。或者说，只有 5%的可能损失超过 960 万美元。与传统风险度量手段不同，VaR 完全是基于统计分析基础上的风险度量技术，它的产生是 JP 摩根公司用来计算市场风险的产物。但是，VaR 的分析方法目前正在逐步被引入信用风险管理领域。

VaR 方法是用来衡量潜在风险可能带来的损失，见图 4.17。[④]

根据图 4.17，在一个正态分布的投资组合中，假定 VaR 是 10%，即有 10%的概率，这个投资组合的价值会下降到一个价值水平，如 100 万美元。

根据不确定性的随机性特征，为了衡量某一风险单位的相对风险程度，胡宣达、沈厚才等提出了风险度的概念，即在特定的客观条件下、特定的时间内，实际损失与预测损失之间的均方误差与预测损失的数学期望之比。它表示风

---

① 30 集团：经济与货币事务顾问集团是一个国际性的非盈利组织，目前有包括中国人民银行行长周小川在内的 14 个国家的 30 多个金融界著名人士组成。

② *Derivatives*: *Practices and Principles* 1993, Global Derivatives Study Group, Group of 30, Special Report, ISBN: 1-56708-901-1

③ 中国银行业监督管理委员会网站

④ Wikipedia: Value at Risk

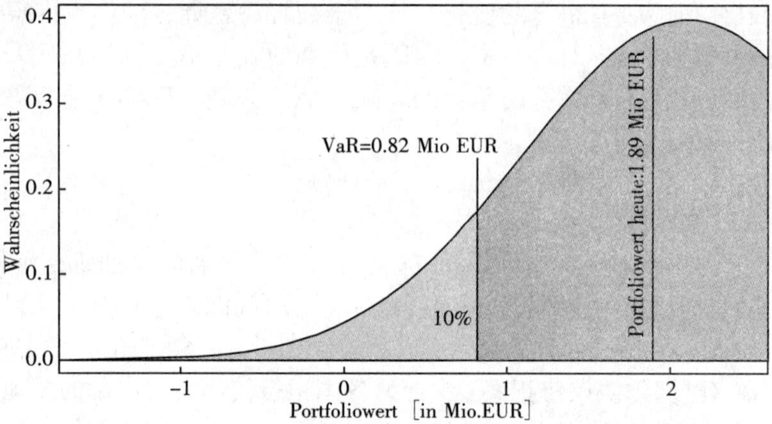

图 4.17 用 VaR 方法衡量潜在风险可能带来的损失（VaR=10%）

险损失的相对变异程度（即不可预测程度）的一个无量纲（或以百分比表示）的量。①

综上所述，风险具有双重含义：危险（损失的可能性）和不确定性。衡量风险的比较简单的办法之一是统计学中的标准差。现实生活中，以上两种类型的风险不一定都存在对称性。事实上，现实生活中的风险很少存在完全的对称性。但为了研究方便，我们假定这种对称性的存在。这样，我们可以用标准差来衡量潜在的风险。风险管理是一门十分有意思的学问，关于风险管理的深入探讨已经超出本书的范围。对于风险问题及风险的衡量问题感兴趣的读者，可以参考有关风险管理的书籍和文章。这里仅对风险问题，特别是风险与天使投资的关系作一个初步的探讨。

投资行为不能不涉及风险。事实上，股票市场可以看成是融资、投资及风险转移的场所。假定你在这个市场上购买国债 1 万元。假定年利息为 5%，那么你可以每年获取 500 元的固定收益。这时，如果某个公司债券同样提供 5% 的固定收益，显然，你会去选择购买国债。在同等收益的条件下，人们自然选择风险小的投资模式。而在风险一定的条件下，人们自然会选择收益更高的投资模式。也就是说，高风险的金融证券必须为其投资者提供潜在的高额收益，才会具有吸引力，才会具有投资效益。风险与收益的关系一直是金融理论的一个基本点：在其他条件不变的情况下，风险越高，预期收益也就会越高。

上面谈到固定收益证券。但风险/收益的道理也适用于非固定收益模式。一般地，固定收益由于较小的不确定性，其风险要小于非固定收益证券。例如，股票的收益不是固定的。投资者的年收益可能是 1000 元或更多，也可能只有 1

① 胡宣达，沈厚才. 风险管理学基础——数理方法. 东南大学出版社，2001

元，甚或是负数。自然，购买后一种金融证券比前一种风险高。只有在你估计购买后一种金融证券预期的收益会大大高于前者，你才会购买这种金融证券。那么，购买一种金融证券究竟有多大风险呢？ 现代金融可以提供各种各样工具加以测量。这里仅以最简单的方式加以说明。

再次强调，为了研究方便，我们假定了“风险对称性”的存在。我们以金融证券围绕它的中值变动的幅度，即标准差来测量风险的大小。这样，价格浮动于50~500元的金融证券，其风险应当小于价格浮动于–200~+1000元的金融证券。一般地，风险大小可由标准差的大小来说明（见图4.18）。

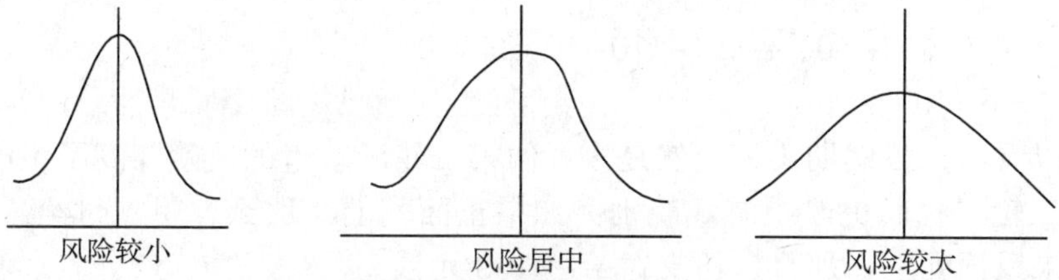

图 4.18　由标准差来衡量风险的大小

这里以一个例子来进一步说明如何以标准差来衡量投资风险。

假定甲乙二人抛掷一枚硬币，两人共作五轮抛掷，每轮均有不同的游戏规则。

第一轮：如果正面朝上，那么，甲支付给乙1元钱；如果反面朝上，那么，乙支付给甲1元钱。假定这是一枚较好的硬币，那么抛掷的结果应当是：正面朝上的概率（Probability）是50%（p=0.5）；反面朝上的概率也是50%（p=0.5）（见图4.19）。

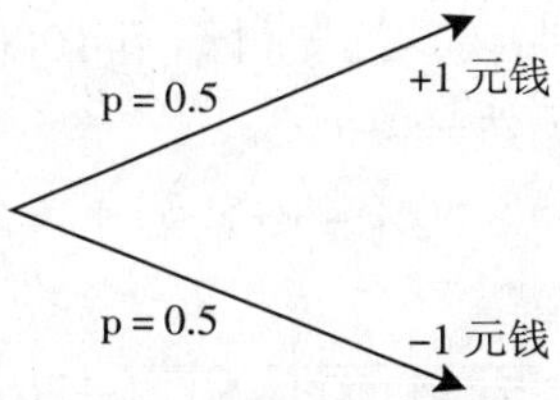

图 4.19　抛掷硬币的概率

每次抛掷的期望值应当是零：

$$(+1)\times 50\% + (-1)\times 50\% = (+0.5) + (-0.5) = 0 \qquad (4.1)$$

这种抛掷硬币的游戏看来简单，却孕育着深刻的道理。虽然每次抛掷的期望值是零，但它仍然存在不确定性，存在损失的可能性：如果甲抛掷为正面，他得到1元钱，如果他抛掷为反面，他付出1元钱。他的风险，即他潜在的损失是2元钱：付出1元，丢掉的收入1元（即机会成本），即赢与输的差距为2元钱。

而赢和输距期望值都是 1 元钱，也就是说，我们在这个游戏中假定了对称性。

以标准差来衡量，甲乙的“风险”同为 1：

$$\sigma=\sqrt{0.5(\$1-\$0)^2+0.5(-\$1-\$0)^2}=\$1$$

$$\text{VaR}=\sigma=1$$

第二轮：我们更改了游戏规则：如果正面朝上，那么，甲支付给乙 10 元钱；如果反面朝上，那么，乙支付给甲 10 元钱。

由于出现正面或反面的概率不变，每次抛掷的期望值应当仍然是零：

$$(+10)\times 50\%+(-10)\times 50\%=(+5)+(-5)=0 \tag{4.2}$$

而风险为：

$$\sigma=\sqrt{0.5(\$10-\$0)^2+0.5(-\$10-\$0)^2}=\$10$$

$$\text{VaR}=\sigma=10$$

可以看出，虽然期望值仍然是零，但第二轮游戏者的风险却高了 10 倍。

第三轮：我们更改了游戏规则：如果正面朝上，那么，甲支付给乙 100 元钱；如果反面朝上，那么，乙支付给甲 100 元钱。

每次抛掷的期望值应当仍然是零：

$$(+100)\times 50\%+(-100)\times 50\%=(+50)+(-50)=0 \tag{4.3}$$

而风险为：

$$\sigma=\sqrt{0.5(\$100-\$0)^2+0.5(-\$100-\$0)^2}=\$100$$

$$\text{VaR}=\sigma=100$$

可以看出，虽然期望值仍然是零，但第三轮游戏者的风险却是第一轮的 100 倍。

第四轮：我们再次更改了游戏规则：如果正面朝上，那么，甲支付给乙 1000 元钱；如果反面朝上，那么，乙支付给甲 1000 元钱。

每次抛掷的期望值应当仍然是零：

$$(+1000)\times 50\%+(-1000)\times 50\%=(+500)+(-500)=0 \tag{4.4}$$

而风险为：

$$\sigma=\sqrt{0.5(\$1000-\$0)^2+0.5(-\$1000-\$0)^2}=\$1000$$

$$\text{VaR}=\sigma=1000$$

可以看出，虽然期望值仍然是零，但第四轮游戏者的风险却是第一轮的 1000 倍。

第五轮：我们进一步更改了游戏规则：如果正面朝上，那么，甲支付给乙 10000 元钱；如果反面朝上，那么，乙支付给甲 10000 元钱。

每次抛掷的期望值应当仍然是零：

$$(+10000)\times 50\%+(-10000)\times 50\%=(+5000)+(-5000)=0 \tag{4.5}$$

而风险为：

$$\sigma=\sqrt{0.5(\$10000-\$0)^2+0.5(-\$10000-\$0)^2}=\$10000$$

$$VaR=\sigma=10000$$

可以看出，虽然期望值仍然是零，但第五轮游戏者由标准差所代表的风险却是第一轮的10000倍。

四、风险的悖论与天使投资

从上述游戏可以看出，虽然这五轮游戏基本原理是一致的，但风险越高，人们可能的损失或可能的收益也就越高。这个简单的游戏为我们说明了三个最基本的道理。

（1）一般地，风险越高，潜在收益越高（风险投资/天使投资的高风险、高收益的道理即在其中）。

（2）正因为是潜在收益，而不是现实的收益，才证明了风险的现实性：如果只要冒风险就可以确保高收益，就没有“风险”可谈。而正因为是“风险”，就有失败的可能性，因而“高收益”是“可能的”而不是“确定的”，是“潜在的”而不是“现实的”。

（3）高风险、高收益，绝不等于只要冒风险，就可有收益。绝不意味着风险越高，收益就一定会越高。事实上，风险越高，可能的或潜在的收益就越高。

风险投资具有很高的风险，而在一般情况下，天使投资由于投资于种子期和创始期，其风险更高。

正因为天使投资具有高风险，天使投资家就需要在投资的每一步认真仔细，以规避风险。

事实上，天使投资家从项目的筛选尽职审查、投资条款的安排、投资退出方案的设计等措施都是为了规避风险。

风险的悖论在于：越是高风险，天使投资家的投资就越要采取种种措施以规避风险。

高风险并不是天使投资家投资的目的，高收益则是天使投资家力求的目标，或目标之一。如前所述，在天使投资全过程中所得到的精神上的满足，与创业者共同创业的乐趣，给予企业家各种帮助和指导所得到的心灵上的愉悦也是天使投资家所追求的。

第五章　国际天使投资：各国天使投资状况

第一节　国际天使投资

与风险投资相比，天使投资似乎是一个默默无闻的无名英雄。

从风险投资看，2007年，世界风险投资发展如火如荼。全球风险资本投资总额为417亿美元，是2006年382亿美元的109%。被风险资本投资的企业即“风险企业”，也越来越多。风险企业中通过IPO（首次公开上市）的企业数，在全世界也有很大增长，尤其是中国。2007年中国的风险企业IPO总数为30个，是欧洲（39个）的76.9%，占美国（74个）的40.5%。这对于还处于年轻阶段的中国风险投资界来说，可以说成绩斐然（见表5.1）。在全球的风险投资温床评比中，自然美国硅谷名列第一，2007年的全年投资总额为990亿美元，中国的北京排名第十一，而上海排名第十三（见表5.1）。[①]

2008年，全球金融危机的影响自然波及风险投资。2008年，全球PE，包括风险投资总量从2007年的5340亿美元，下降到2008年的1800亿美元，下降了66.29%。这种下降趋势继续，2009年第一季度比2008年第四季度，全球PE投资总额下降了31.2%，投资的项目总数下降了31.6%。[②] 以美国为例，2008年，全美的天使投资总额为192亿美元，由于金融危机的影响，天使投资总额比上年下降了26.2%，但所投项目数量却仅仅下降了2.9%，高达55480个。与天使投资不同，2008年全美的风险投资总额为284亿美元，较上年下降了8.4%；投资项目（投资轮数）为3884个，较上年下降了2%。

在金融危机/经济危机时，风险投资业受到严重打击，但坏事有时能够转变

---

① E&Y. Innovation: the Growing Importance of Venture Capital－Global Venture Capital Insights and Trends Report 2008，2008

② Pitch book，the Private Equity Breakdown 2Q 2009，by PitchBook.com

为好事。一方面，经济危机有利于产业的调整，例如，虽然全美的风险投资2008年比起2007年有所下降，但投资到绿色领域（清洁工程技术，Cleantechnology）的投资额却反而上升了54%。[①] 另一方面，经济危机时项目的估值普遍降低，投资成本随之降低，使得投资的未来收益大大提高。

历史证明，在经济下滑、市场低谷时，恰恰是投资的好时机，在 *From Survival to Growth-Global Venture Capital Insights and trends Reports 2009* 中，安永的研究学者指出，许多出色的公司都是在经济低谷时获得风险投资的，而它们大都给予风险投资家极高的回报（见表5.1）。

表5.1 风险投资在经济低谷时投入的公司[②]

公　司	国家	行业	初始风险融资（年）	风险投资总额（美元）	当前市值（美元）	当前收入（美元）
星巴克	美国	服务业	1990	3000万	83亿	104亿
Intuit	美国	软件	1990	1800万	78亿	31亿
PetSmart	美国	零售业	1990	1700万	29亿	51亿
微芯科技	美国	半导体	1991	1400万	41亿	10亿
Onyx制药公司	美国	生物制药	1992	4100万	14亿	1.94亿
Nuance通信	美国	软件	1992	3300万	35亿	8.68亿
Masimo	美国	医疗设备	1992	8500万	16亿	3.07亿
中芯国际集成电路制造有限公司（SMIC）	中国	半导体	2001	31亿	8.71亿	14亿
Riverbed科技	美国	软件	2002	5700万	10亿	3.33亿
Skpy科技	英国	通信软件	2002	2000万	2005年被eBay以25亿收购	
盛大互动娱乐	中国	软件	2003	1000万	33亿	3.38亿
Speedel	瑞士	生物制药	2003	8100万	2008年被Novartis以8.08亿收购	

风险投资对于经济发展的巨大作用已经众所周知。美国风险资本总量不过几百亿美元，比起美国庞大的金融市场和银行系统，风险投资是一支微不足道的资金力量。美国资本市场总资产估计在51万亿美元（2007年），[③] 股票市场总市值大约为15万亿美元，而美国风险资本投资总额：2005年为230亿美元；2006年为266亿美元；2007年为305亿美元。虽然美国风险投资总额连年上升，但比起全美金融总量，风险投资仍然仅占其中很小的部分。然而，这样一项相对小的资本军却为整个美国经济作出了巨大的贡献。根据美国风险投资协会的报告，2005年，美国被风险资本投资的企业——风险企业的总收入为

① National Venture Capital Association

② E&Y. From Survival to Growth-Global Venture Capital Insights and trends Reports 2009，2009

③ Wikipedia，the free encyclopedia

21000亿美元，高达全美GDP的16.6%，而这些企业的就业人数为全美私人部门就业总数的9%。[①]截至2008年年底，全美风险投资共创造了1040万个就业岗位，其产值占GDP的18%。

风险投资的神话已为家喻户晓。然而，创业企业的真正的雪中送炭的资金来源除了风险投资外，还有默默无闻的天使投资。从某种角度看，天使投资的作用更重要。当人们纷纷讨论亚马逊、谷歌的风险投资业绩时，人们往往忽略了天使投资在这些成功企业背后的巨大作用。可以说，没有天使投资，就没有这些企业的成功。天使投资是这些企业获取风险投资的基石。

2007年10月，欧洲创新融资大会（European Union Congress on Financing Innovation）在葡萄牙里斯本召开。会议上，几乎所有参会者都发出一个共同的心声：全球风险投资向北走（Venture Capital is going north），即风险投资越来越投入晚期项目，风险投资基金的规模越来越大，其所投项目的平均投资额越来越高，创业企业的种子期及早期融资也就越来越难。早期项目的融资需求和供给之间的空白越来越大。这种早期资本短缺的存在已经是人所共知的事实。如何对待企业早期，尤其是种子期，资本的供求之间存在的资本空白，已经越来越成为摆在人们面前的不可回避的问题。

风险投资转向晚期的趋向使得专门投资于种子期/早期项目的天使投资应运而生。在里斯本欧洲大会之后各国天使投资家，召开了座谈会，倡议创建世界天使投资协会以相互帮助，共同努力，推动天使投资事业的蓬勃发展。[②]这次会议得到葡萄牙政府的大力支持，世界天使投资协会的创立倡议书于2007年10月24日在当地见报（见下页当地报刊《泰利萨日报》文章：《世界天使投资协会将于2008年3月成立》。照片中前排右二为本书作者，刘曼红女士）。但基于各种相应法律法规的要求，世界天使投资协会推迟于2008年年底注册于比利时的布鲁塞尔，并于2009年4月20日在阿联酋的迪拜正式宣布成立。

如本书第三章所述，世界天使投资协会理事会由11位成员国的天使投资协会主席构成。他们是：美国天使投资协会创始人，前主席John May先生；欧洲天使投资联盟创始人之一，前主席Anthony Clarke先生；法国天使投资协会主席Claude Rameau先生；智利天使投资联席会主席Fernando Prieto先生；中国天使投资研究中心（香港）主任刘曼红女士；印度天使投资协会主席Saurabh Strivastava先生；澳大利亚天使投资协会主席John Mactaggart先生；阿联酋天使投资协会主席Walid Hanna先生；葡萄牙天使投资协会Francisco Banha先生；

---

① Venture Impact：The Economic Importance of Venture Capital Backed Companies to the U.S. Economy，Third Edition—Data Updated Through 2005，National Venture Capital Association，2007

② 作者荣幸地参加了这次会议，并成为世界天使投资协会的发起人之一。

Diari de Terrassa Miércoles, 24 de octubre de 2007

LA WORLD BUSINESS ANGELS ASSOCIATION SE PONDRÁ EN MARCHA EN 2008

Albert Colomer -tercero por la izquierda en la segunda fila- con los participantes en el encuentro de Portugal.

Colomer participa en la nueva red mundial de Business Angels

La plataforma ha sido creada en un foro celebrado en Estoril

Josep Lluís Alonso

Albert Colomer i Espinet, director de la red privada catalana de inversores Banc (Business Angels Network Catalunya) y uno de los principales impulsores de este movimiento en España, ha participado en el foro que acaba de crear la World Business Angels Association, una red mundial. Ha sido en el seno de la reunión dirigida a los máximos dirigentes de las organizaciones nacionales relacionadas con esta temática, la Business Angels Leaders Fórum, celebrada en la ciudad portuguesa de Estoril.

Este ejecutivo terrassense, siempre vinculado a organizaciones que fomentan la autoempresa y la iniciativa empresarial, es también fundador y tesorero de la Red Española de Business Angels (Esban) e impulsor de la red centroamericana Banac.

Como representante de España, fue invitado al foro celebrado en Portugal en el marco de la Semana de la Financiación de la Innovación que este país organizó con motivo de la presidencia europea. La reunión contó con la presencia de las principales organizaciones mundiales, como la European Business Angels Network (Eban), de cuyo comité ejecutivo ("board") Colomer forma parte; la ACA (Angel Capital Association), que es la federación estadounidense de este movimiento; la Indian Angel Network; la Australiana Business Angels (AUA): la Arab Business Angels Network (Aban) y la de los países del Norte de Africa.

VEINTIÚN PAÍSES De hecho, participaron un total de 21 países, entre ellos también China, Gran Bretaña, Brasil, Japón, Malasia, Polonia, Francia, Cabo Verde, Chile y Angola.

La nueva asociación mundial entrará en funcionamiento en enero del próximo año. Su objetivo es la puesta en valor del papel de los Business Angels, y de sus redes, en todo el mundo. Se intercambiaran experiencias y se promoverán encuentros transnacionales y transcontinentales que permitan conocer las mejores prácticas en el campo de la financiación de la innovación y del espíritu emprendedor.

Albert Colomer explicó el incremento de la actividad de estas redes en España durante los últimos años y el trabajo desarrollado con el traspaso de metodología. El experto terrassense también informó sobre el papel que ha jugado en la creación de la red centroamericana Banac, que se extiende por los países de Nicaragua, Guatemala y Costa Rica.

Catalunya lidera la actividad emprendedora

Los Business Angels son los inversores que apuestan por los emprendedores que tienen buenas ideas y proyectos, pero no capital y sufren dificultades para encontrar financiación en los circuitos convencionales. Éstos forman parte, pues, del colectivo de emprendedores, un perfil que en Catalunya sigue creciendo. Según los últimos datos difundidos por la Generalitat, en Catalunya se crearon el año pasado más de dos mil microempresas y cerca de cuatro mil empleos con el apoyo del Servei de Creació d'Empreses. Con estos datos, Catalunya lidera la actividad emprendedora europea, con una tasa del 8,6%, dos puntos más que en el anterior informe "Global Entrepreneurship Monitor" (GEM), que mide la Tasa de Actividad Emprendedora (TEA). La tasa catalana supera la media española (7,3%) y europea (5,5%). Catalunya concentra el 18,4% de empresas de España.

意大利天使投资协会主席 Paolo Anselmo 先生（他同时兼任世界中小企业联盟主席）；西班牙天使投资协会主席 Albert colomer 先生。世界天使投资协会秘书长为法国的 Claire Munck 女士。

第二节　英国天使投资

一、英国天使投资概况

在天使投资的发展历史上，英美两国走在前面。

英美两国无论在经济结构上、管理体制上，还是金融组织上都存在着各种各样的区别，然而，二者在以私人资本支持小企业创新方面，在风险投资，尤其是在天使投资的发展方面，又存在着许多相似之处。应当承认，这两国政府在政策层面、在税收优惠方面都给予风险投资及天使投资以大力支持。

全球的天使投资活动，就像风险投资一样，仍然是美国第一，欧洲其次。如果不把欧盟作为一个整体，而是作为单个国家分析，中国的风险资本投资总额已经从 2006 年起一跃成为全球第二。虽然第一名（美国）与第二名（中国）之间仍然存在着巨大的差距，但中国仍然是全球第二。2006 年，美国的风险资本投资额为 256 亿美元，中国为 17.8 亿美元，二者差距很大，中国仅占美国的 6.95%，但中国仍然高居第二。这个差距正在缩小。2008 年，全美风险投资总额约为 297 亿美元，而中国则上升为 42.1 亿美元，[①] 约占美国的 14.18%。中国的风险投资虽然如火如荼，然而，中国的天使投资却还在萌芽状态，还远远落后于英美两国。

如果从欧洲内部看，无论是风险投资，还是天使投资，英国都在整个欧洲遥遥领先（见图 5.1）。以目前最热的投资领域：清洁工程投资（Cleantechnology）或称为“绿色风险投资”[②] 为例。英国在所投绿色项目的投资总额及数量上远远高于欧洲其他任何一个国家。从投资总额上，英国作为第一名，是作为第二名的德国的近 3 倍。而从所投项目的数量上，英国是第二位的德国的 3 倍多（见图 5.2）。

在天使投资领域，英国的天使投资一直是全欧洲的典范。下面我们就剖析一下英国的天使投资历史、现状及发展。

① 清科研究中心. 2009 年第一季度中国创业投资研究报告

② 刘曼红，秋永霞. 绿色风险投资推动绿色 GDP. 生产力研究，2009 年 7 月上半月刊

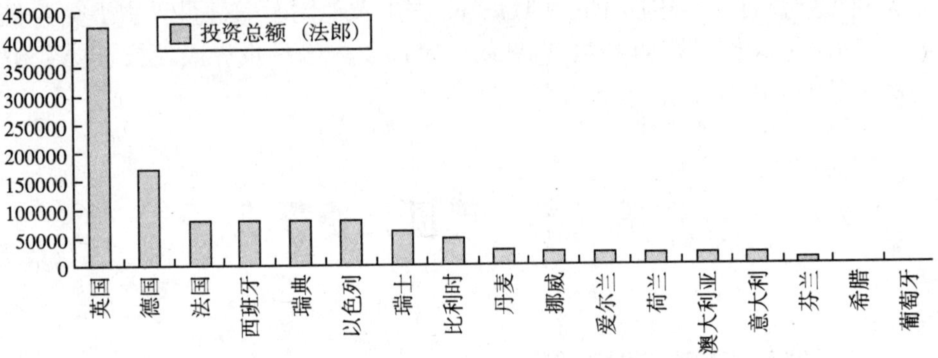

图 5.1 欧洲各国 2006 年风险投资所投额度

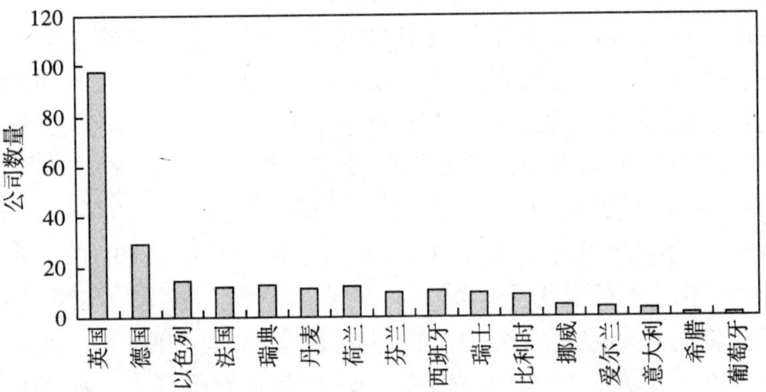

图 5.2 欧洲各国 2006 年风险投资所投项目数①

二、英格兰天使投资协会

英国的天使投资普遍活跃，尤其是伦敦地区、牛津大学及剑桥大学的天使投资家们活跃于各种创业企业，特别是高科技创业企业之间。英国的天使投资主要由英格兰天使投资协会和苏格兰天使投资协会等构成。

英格兰天使投资协会（British Business Angel Association，BBAA）是全英国各种各类天使投资协会的协会，它是 2006 年创立的一家有限责任的盈利公司。英格兰天使投资协会是世界天使投资协会（WBAA，www.wbaa.biz）的创始人之一。截至 2008 年 7 月中旬，英格兰天使投资协会共用 22 个英国的天使投资机构作为会员，包括 4991 位天使投资家，并在旗下管辖 21 个种子期/早期天使投资基金，及其他有关天使投资机构。该协会主席，Anthony Clarke 从 1995 年就开始从事天使投资，他不仅是英格兰天使投资协会的负责人，而且是欧洲天使

① Europe Venture Capital Associaton

投资联盟的创始人之一。

Anthony Clarke 先生是一位活跃在欧洲，具有 20 多年投资经验的风险投资家和天使投资家。Clarke 先生不仅是欧洲天使投资联盟的前主席、英国商业天使协会的主席，还是大伦敦区企业集团董事局主席，他同时兼任大伦敦区企业集团投资公司的董事经理，以及拥有 3000 万英镑的 Sepaphim 基金的董事经理。(Anthony Clarke 先生的照片)

欧洲天使投资联盟主席
Anthony Clarke 先生

英格兰天使投资协会对于自己的会员收取较低的会员费。作为正式会员，年费为 750 英镑，作为附属会员，年费为 500 英镑。正式会员必须是投资于英国本土的天使投资机构，而附属会员则是对于天使投资感兴趣的其他有关组织，如学术单位、律师事务所、会计事务所、风险投资机构，等等。

案例 1

英国天使投资协会所投的一个清洁工程项目是 LYSANDA LTD 公司，这家公司制作一种黑匣子可以即时观察、测量和报告汽车排放的二氧化碳和其他有害物质。英国天使投资协会组织了对于这家创业企业的种子期投资，由 10 位天使投资家共同投资 30 万英镑，同时由英国可持续科技基金追加投资 50 万英镑。天使投资家的这些资金给予 LYSANDA LTD 公司成长壮大的最重要的支持。

案例2

英国天使投资协会的下属天使投资机构：Yorkshire 天使投资联盟投资于 Validated Hygiene Solutions Ltd（VHS）公司的 4 万英镑，分两期投入：第一期为 2 万英镑，第二期同样是 2 万英镑。该公司是为医院、实验室提供清洁和除污染仪器的。天使投资家们不仅给该企业以救命的资金支持，同时还为该企业管理人提供了大量的技术和管理上的咨询与帮助。

英国的天使投资活动受到政府的大力支持，其中最重要的是税收优惠。关于英国政府的税收优惠政策，详见本章第七节。这里仅仅概括其重点：

（1）天使投资家在投资后可以直接抵扣当年的所得税，抵扣部分为投资额的 20%，最高可达 40 万英镑。

（2）天使投资的资本利得税可以豁免。

(3) 如果天使投资家的投资失败，投资额的40%可以抵免所得税。

三、大伦敦地区天使投资

伦敦天使投资基于大伦敦区企业集团（Greater London Enterprise，GLE）这样一个机构。大伦敦区企业集团基于成立于1982年的大伦敦区理事会（Greater London Council，GLC)，也称为大伦敦区企业理事会。当时，英国正处于经济萧条期，就业问题成为政府需要解决的头等大事。经济萧条造成了大批人员的失业，尤其是机械制造业丧失了成千上万的工作岗位。在这种情况下，英国的各大都市，包括伦敦，先后成立了旨在解决经济问题的都市经济理事会。

1986年，大伦敦区企业理事会决议要求其所辖33个地方自治镇，每个缴纳10万英镑作为会费，并以此为注册资本，建立一家商业化运作公司，取代效益低下的政府管理模式。13家地方自治镇出资共130万英镑，创建了大伦敦区企业集团（Greater London Enterprise，GLE)。这笔资金成为GLE的启动资本，也是GLE得到政府资助的最后一笔资金来源。到1999年，大伦敦地区的所有33个地方自治镇，包括伦敦市，都成为GLE的成员，但最早出资的13家被赋予特殊待遇。

1989年，英国政府通过一项提案，以图减少地方政府对于商业公司的干涉。随即，大伦敦区企业集团决议改革，不再实行会员制，要求各个自治镇政府减少对于GLE的控制，使得13个自治镇的投票权降低到20%以下，与此同时，董事会决议把GLE的商业运作交给了与地方政府没有任何关系的私人管理团队，以减少官僚管制，提高经济效益。

2008年4月，大伦敦区企业集团收购了YFM公司，成为欧洲最大的从事天使投资及早期风险投资的公司，旗下管理着3.3亿英镑的早期投资资本。截至2008年初，大伦敦区企业集团已经向400家创业企业提供了债权投资（贷款)。此外，集团旗下的天使投资联盟及早期风险投资基金又向创业企业提供股权投资。集团平均每年为6500中小企业提供债权或股权融资，为推动大伦敦地区的创业及中小企业的发展立下了不可磨灭的功劳。

大伦敦区企业集团是旨在推动伦敦地区的天使投资及其他早期投资，以创业解决就业问题的一家有限责任公司。大伦敦区企业集团虽然背靠政府，但它全部私营，并不依赖于公共资金来源。它既影响地方政府制定有关推动中小企业发展和早期投资，尤其是天使投资方面的政策，又直接进行投融资和基金管理等金融业务，具有良好的经营业绩。这个平台一方面有地方政府的支持，另一方面，又全面私人经营，完全商业化运作，是推动天使投资和创业企业发展的一个行之有效的模型。

大伦敦区企业集团下属四个部门，从事四种不同的却又相关的业务：大伦敦区企业发展；大伦敦区咨询服务；大伦敦区金融管理；大伦敦区不动产。

由于本书的宗旨是向中国企业家和投资者全面介绍天使投资的概念和状况，因此在上述四大领域中，我们主要分析一下大伦敦区金融管理。

大伦敦区金融管理包括四大业务：企业贷款业务、资产管理业务、现金流业务和股权融资业务。前三者以借贷为主，后者以股权投资为主，但这四类业务都是服务于小企业尤其是高速发展的创业企业的。

大伦敦区金融管理的这四大金融业务的结构如下：

（1）大伦敦区贷款业务：贷款业务是通过 OneLondon 公司专门为大伦敦地区的中小企业，尤其是成长型创业企业提供各种借贷渠道。

OneLondon 为大伦敦地区的中小企业提供贷款。贷款额度最高为 7500 英镑，年利息率为 12%，贷款手续费为 225 英镑。

申请贷款的程序为：

①打电话给 OneLondon 的贷款管理人员，以咨询是否具备贷款资格。

②提交企业的商业计划书。

③创业者或小企业家个人简历。

④企业家的带有相片的个人证件。

⑤一封银行驳回该企业（或企业家个人）申请贷款的信件，以证明该企业（或企业家个人）曾经向银行申请过贷款，由于种种原因被银行驳回。

⑥该企业或企业家个人的过去 6 个月的银行存款报告。

⑦该企业或企业家个人的房租、水电费、煤气费、办公室或家庭电话费（不是手机费）的缴款通知单。

⑧准备每月付款额度。例如，贷款总额为 5000 英镑，三年还清，每月固定还款额为£167.76（连本带息），偿还期为 36 个月。

除了小型贷款外，OneLondon 还为在伦敦特殊地区（特殊贫困区）的企业和企业家提供中小型贷款，包括高达 2 万英镑的创业企业贷款，高达 5 万英镑的发展型企业贷款和高达 25 万英镑的成熟型企业贷款。

（2）大伦敦区企业集团的资产管理业务是通过 IGF 资产管理公司进行的。IGF 资产管理公司的金融服务包括：

①中小企业金融租赁；

②坏账保护：中小企业缴纳一定的费用，并在符合 IGF 的规定条件下，可以从 IGF 得到 90% 的未偿债务；

③破产债务清偿。

（3）大伦敦区企业集团的现金流业务，这些业务包括：

①应收货款收集；

②企业保理业务（factoring）；

③工资支付管理。

(4) 大伦敦区股权投融资。

大伦敦区股权融资主要是通过大伦敦区成长资本公司提供。大伦敦区成长资本公司又有下属几个机构：

1) 伦敦天使投资。

在伦敦，天使投资家们可以通过天使投资联盟进行个人投资，其投资额一般不超过 75 万英镑，也可以通过伦敦天使投资联盟下属的伦敦种子基金投资追加投资，一般不超过 46.5 万英镑（第一轮投资一般限制在 10 万英镑左右）；或者通过 Seraphim 基金追加投资，其额度在 50 万~200 万英镑。

伦敦天使投资的重要力量在伦敦天使投资联盟。伦敦天使投资联盟成立于 1982 年，是创立比较早的天使投资机构。目前由天使投资家 130 人组成，他们大都是当地成功的企业家、银行家、投资管理人及其他成功人士。联盟共有可动用天使资本 5000 万英镑。

伦敦天使投资联盟是英格兰天使投资协会的成员，也是欧洲天使投资联盟的成员。

从 2000 年到 2007 年，伦敦天使投资联盟共投入 146 个早期项目，共投入 4460 万英镑。一般地，天使投资家个人对每个项目的投资额为 1 万~10 万英镑，而如果伦敦天使投资联盟进行联合投资，每个项目的投资额从 10 万到 75 万英镑。每个天使投资家，平均每年投入 1~6 个企业，他们预期的投资回报在 10 倍以上。同时，被投企业可以向伦敦种子基金寻求追加投资。

伦敦天使投资联盟的投资程序一般为：

①企业提交商业计划书。

②天使投资联盟的一位天使投资家会阅读这个商业计划，并在两周之内给予答复。

③如果天使投资家的评价较好，会安排企业家与天使投资家的首次会晤。如果商业计划书被接受，天使投资联盟会给予企业家一封书面邀请函，邀请其参加路演。伦敦天使投资联盟一般每 7 周安排路演一次。每次大约有 6 个公司为感兴趣的天使投资家们宣讲自己的商业计划书。

④随后，天使投资联盟给予参加路演的企业家们两个半天的路演培训，培训他们如何表达自己的商业模型，如何吸引天使投资家的投资兴趣，等等。

⑤参加路演。

在交给伦敦天使投资联盟的商业计划书中，应当具备如下内容：

①强有力的管理团队，管理者具有足够的经验。

②有吸引力的市场，具有巨大发展潜力，最好能够推进到国际市场。

③可持续的竞争优势，包括清晰的科技优势、良好的可测性及较高的进入

壁垒。

④是否具有飞速增长的潜力，在较短的时间内具有市场知名度？

⑤是否已经通过了“概念”阶段，对于高科技企业，是否已经从概念转入实际生产？

⑥是否在市场上试销，如果是高科技企业，其科技是否经过第三方的验证。

⑦是否情愿接受天使投资家参与企业管理，例如，作为非全职董事？

⑧企业是否在伦敦及大伦敦区或英国南部？

⑨是否具有获得英国政府“企业投资计划”（EIS）的优惠待遇？

⑩融资额度在10万~75万英镑，并愿意通过协商达成出让股份的协议。

创业企业提交商业计划书，与天使投资家首次会晤，对于这些活动天使投资联盟都不收取任何费用。但被批准参加路演的企业需要缴纳£1250的费用，这笔费用可用来支付培训及其路演场地等成本。一旦企业获得天使资本，伦敦天使投资联盟收取5%的成功费。

2）伦敦种子基金。

伦敦种子基金是一只专门投资于早期项目的风险投资基金。伦敦种子基金是一只跟投基金，它的投资是配合天使投资而进行的。它投资的前提是天使资本的投资。它的投资原则是：企业只有在获取天使投资后，才有可能申请伦敦种子基金。更确切地说，企业只有获取至少10万英镑的天使资本，才有可能获取最高10万英镑的伦敦种子基金的跟投资本。因为早期投资项目，尤其是种子期的投资项目往往具有很高投资风险。伦敦种子基金坚信，天使投资家为企业提供的不仅仅是金钱，更重要的，也是更有价值的是这些天使投资家在工业方面、在创业方面、在企业管理方面的经验。有了这些天使投资家的介入，种子基金的风险投资家们才更有信心。

获取天使投资家的资助仅是企业是否可以获得伦敦种子基金的必要条件，不是充分条件。企业必须还具备：

①强有力的管理团队，其管理人员的经验和特长具有互补性。

②具有吸引力的市场。

③可持续的竞争力，伦敦种子基金看中真正的具有核心竞争力的高科技项目，并认为这些项目具有天然的进入壁垒，有助于保持企业的可持续的竞争力。

④具有快速增长的巨大潜力。

伦敦种子基金一般向被投企业收取投资金额2%~6%的投资服务费。企业在同意投资条款时应缴纳50%的服务费，另外50%则在投资完成时缴纳。

目前，伦敦种子基金主要投资于四个领域：可再生能源、软件、生命科学和消费品市场。其中，前三类均属高科技领域。

3）六翼天使基金（Seraphim Fund）。

六翼天使基金是一只具有 3000 万英镑的天使基金或早期风险投资基金，是大伦敦区企业集团下属基金之一。该基金的投资平均在 50 万~200 万英镑。六翼天使基金的 3000 万英镑资本金中，私人资本为 1000 万英镑，其余的 2000 万英镑来自英国政府。

六翼天使基金的投资条件包括：

地点：主业必须在英国本土。

企业模型：必须符合英国政府的企业投资计划的条件；必须是可持续增长型；必须具备受到保护的、可鉴证的知识产权；必须是欧盟规定的中小企业，即雇员不得超过 250 人，年收入不得超过 5000 万欧元或总资产不得超过 4300 万欧元。

管理团队：这些人必须全力以赴，最好已经投入了自己的资金。

投资额度：每轮投资在 50 万~200 万英镑。

投资期限：虽然六翼天使基金专门投资于中小企业，但其投资并不分阶段，可以投资于种子期/初创期、早期、扩张期、转折期。

投资原则：六翼天使基金每笔投资都需要一个领投的商业天使，这个天使投资家应当具备相关的产业经验，至少投资 5 万英镑，并参与企业的尽职调查，和投资后管理。

4）EIS 跟踪基金。

EIS 跟踪基金是伦敦天使投资协会旗下的一个投资基金。EIS 跟踪基金旨在帮助投资者获得更多的政府 EIS（Enterprise Investment Scheme，企业投资计划）所给予的优惠。EIS 跟踪基金帮助投资者提供一揽子企业，使得投资者在投资这一揽子企业时能够享受他们在投资单个企业时所享受到的所有税收优惠。

EIS 跟踪基金投资步骤：

①伦敦天使投资协会每年初步筛选 1000 家企业，对于那些具有投资潜力的企业，协会给予 90 分钟时间以做路演。

②选中的公司在天使投资协会做演讲。

③伦敦种子基金从参与演讲的公司中寻找投资对象，与企业家面谈。

④伦敦种子基金提出投资方案 A，该方案送给由经验丰富的天使投资家组织的投资委员会，由该委员会决定投资与否。

⑤一旦决定投资，组织一组天使投资家，一般 2~5 人。

⑥确定领投的天使投资家，与伦敦种子基金会晤。

⑦伦敦种子基金与领投天使投资家商榷投资条款，包括价值评估、公司管理团队的工资等。

⑧伦敦种子基金准备 15~20 页纸的投资计划书 B 提交投资委员会审核。投资计划书 B 比 A 要详细得多。

⑨投资委员会开会正式决定是否投资，领投天使投资家和被投企业管理团队参与会议。

⑩投资决策最终决定。

以上投资过程，EIS 跟踪基金参与重要决策。

EIS 跟踪基金的投资是对于伦敦种子基金、伦敦六翼天使基金所投项目的追加投资。它的投资额平均在 3 万~10 万英镑。

5）创意企业扶植加速器。

创意企业扶植加速器是下属于大伦敦区企业集团的，它资助的对象是主业在大伦敦地区的创业企业。投资期限为种子期、初创期的，具有巨大发展潜力的企业。

①参加创意企业加速器项目的小企业应当提交申请，与曾经参加过这个项目的企业家交流，并要获得至少一位天使投资家的指导。

②创意企业扶植加速器从缴纳申请的企业中初选 70 个左右的企业参加一天的培训。

③从参加培训的 70 个企业中再选 15 个企业。这 15 个企业将有机会参加创意企业扶植加速器项目。

④加速器将帮助入选的企业做好各种准备，包括一对一的辅导，以获取天使投资或风险投资。

四、天使投资网络

总部在伦敦的天使投资网络（Angel Investment Network）目前有会员 6 万余名，遍布在世界各大洲 50 多个城市。近期在中国也建立了分公司。天使投资网络主要是通过互联网沟通项目源和天使资本，至 2008 年 10 月 2 日，天使投资网络可提供的天使资本总额为 170 亿英镑（具体数字为：£17042091540）。

天使投资网络的运作模式也值得借鉴。它的运作步骤如下：

（1）创业者，企业家可在网上免费注册。

（2）填写融资申请。

（3）在递交项目时，创业者可选择预先缴费：£129；这样，创业者就可以享受“优先会员”的待遇，在网上可以公布你的公司状况、联系方式，还可以用自己的商标作广告。创业者也可选择事后缴费，即如果你的项目为某些天使投资家看中，那么你要缴纳 £99 项目介绍费，缴费后，你可以得到对你感兴趣的天使投资家的联系方式。

（4）天使投资家与创业者接触、通信、电话、面谈等。

五、EASY 平台①

EASY 是由 GLE 基金的 Jenny Tooth 和 META 集团的 Maria Laura Fornaci 共同创建的。EASY 主要由 GLE 发起，并由 11 个国家的 17 个组织机构组成。它试图为早期投资者和高成长型企业搭建一个平台，以促进欧洲天使投资和科技创业企业的发展。

EASY 的使命是：

（1）促进早期投资者和智力型高速增长企业的密切结合，使得这些企业更容易融到风险资本。

（2）为天使投资机构和种子基金提供操作工具，以助于国际间投资，提高交易质量标准。

（3）提高利益攸关人和政策制定者对于天使投资和种子基金重要性的认识。

（4）推动政策和其他手段以促进全欧洲早期投资的发展。

从 2007 年 4 月到 2008 年 6 月，EASY 共组织了 8 次活动，包括在巴黎进行的天使投资活动，在葡萄牙的里斯本、意大利的米兰、西班牙的巴塞罗那等地举行的 EASY 投资论坛。

EASY 平台最重要的功能之一是推动了跨国天使投资和种子基金的投资活动，促进了国际间项目和投资的交流。

此外，EASY 平台创造了自己的一整套投资评价工具，叫做 EASY 工具包“EASY Toolkit”，这是一套十分切实可用的工具，帮助投资者和企业家达成交易。“EASY Toolkit”包括如下内容：

（1）EASY 提出了一个十分重要的概念，即企业家是否具备了融资（投资）准备（Investment Readiness）。要做好融资准备需要至少具备四个条件，而 EASY 的工具包可以帮助投资者或者企业家来诊断自己是否具备了这四个条件：

①公司的评估是否完成？

②财务报表是否齐备？

③管理团队是否合格？

④市场调研是否到位？

（2）帮助跨国的创业企业组织国际间投资者的合作。其中包括产业、管理、市场、产品/服务、商业模型、投资及首席投资人（Lead Investor）的确认。

（3）EASY 的评估工具，帮助企业或者投资者准备财务报表、评估和退出渠道的设计。

（4）投资前期的尽职审查。

---

① 关于专门服务于早期投资的 EASY 平台，请参考它的网站：www.earlystageinvestors.org。

（5）国际间项目的交流和项目跟踪。

六、剑桥天使投资

大东部投资论坛（Great Eastern Investment Forum）是一家著名的剑桥地区的天使投资机构。到 2008 年中期，大东部投资论坛拥有 320 名会员，包括天使投资家、风险投资家及其他投资者，也包括风险投资基金和公司型投资基金。大东部投资论坛不仅投资于高新科技，也投资于一般传统行业。一般地，通过严格的审查，大东部投资论坛每年会筛选出 40 个左右的优秀项目，作为天使投资家的投资对象。自从成立后，大东部投资论坛已经选拔了 230 家优秀企业来论坛做路演，其中 30%已经融到天使资本。

大东部投资论坛定期组织三项活动：

（1）投资日期：在这一天，论坛组织合格的企业来为天使投资家们讲演他们的项目。这些公司可能来自各种各样的工业，它们是经过精心筛选的出色的创业企业，寻求融资额一般在 10 万~100 万英镑。

（2）早餐简报：由论坛组织的早餐聚会。天使投资家、风险投资家、公司型风险投资公司、其他投资者、企业家、创业者等参加，大家交流，探讨种子期/早期投资存在的问题和经验。

（3）投资天使会：只有投资者参加。大家探讨投资时、投资后所遇到的问题、法律条款、投资评估、尽职审查等事宜。

与大东部投资论坛相似，剑桥天使团也是由活跃在英国剑桥大学的商业天使组成。创立于 2001 年的剑桥天使团具有 30 余名成员，他们大都是剑桥大学毕业的成功的企业家。其中很多是从事生物科学事业的企业家。Robert Sansom 博士是剑桥天使团的创始人和负责人。他认为剑桥天使团的使命在于帮助科技创业企业成长，弥补它们在获取风险投资以前的资本空白。剑桥天使团不是一个正式的天使投资基金，也不是一个营利性的咨询公司。它是投资于剑桥大学地区的天使投资合作机构。一般地，剑桥天使团每笔投资额在 5 万~50 万英镑。自成立以来，剑桥天使团已经投入 1150 万英镑到 29 家创业企业中。

剑桥天使团不是孤立的。剑桥地区不足 10 万人口，却云集着大批的科技创业企业、成功的企业家、天使投资家和风险投资家，因此，剑桥地区也被称为剑桥集群。活跃在剑桥地区的"图书馆屋"（Library House）是一家联系剑桥集群科技创业企业和投资者的信息研究公司。根据图书馆屋的统计，2007 年，剑桥集群共有 108 家被风险资本投资过的企业。这些企业代表了全英国风险投资在医疗保健和生命科学领域被投企业的 36%（见图 5.3）。这些企业已经吸引了 6 亿英镑的风险资本，最大的一笔投资是于 2007 年第一季度投入 Plastic Logic 的 5000 万英镑的风险资本。2006 年，在剑桥集群的最活跃的投资基金为

"Cambridge Gateway Fund"；最擅长作联合投资的是 Amadeus 风险投资公司。自 2006 年以来，最大的一笔成功的退出为 2.3 亿英镑（这次退出不是 IPO，而是购并：Glaxo Smith Kline 公司收购了 Domantis 公司）。①

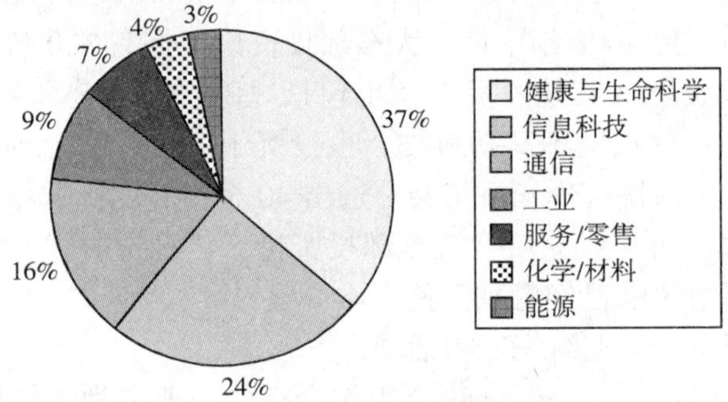

图 5.3 剑桥集群的被投企业

从图 5.3 我们可以看出，剑桥集群的风险投资/天使投资被投企业中，有 37%的企业在健康与生命科学领域；第二大领域为信息科技，为 24%；之后为通信，占被投企业的 16%。

在剑桥集群活跃的天使投资机构，除了大东部投资论坛、剑桥天使团以外，还有 NW 布朗（NW Brown）和剑桥资本集团（Cambridge Capital Group）。

NW 布朗是 1974 年在剑桥创立的一家金融服务公司，它管理的 GEIF 风险投资基金是一家拥有 500 万英镑的风险投资基金。它的规模不大，但专门投资于早期企业。从某种意义上，GEIF 基金也可以称为一只天使投资基金，事实上，它是与天使投资相配合的直接投资基金。它平均每轮投资额在 7 万英镑左右。

剑桥资本集团是一家专门从事早期投资的公司。它的使命是吸引剑桥地区以外的天使投资家或天使投资机构来剑桥地区投资，尤其是投资于剑桥集群的高科技创业企业。剑桥资本集团以投资于原始性科技发明为投资宗旨。

此外，奥美德斯及天使种子基金（Amadeus & Angels Seed Fund）也在剑桥地区进行种子期投资。奥美德斯及天使种子基金是一家具有 1000 万英镑资本的投资基金。它主要投资于英国（包括剑桥地区）的高科技企业，但也不排除投资于全球其他地区的早期高新科技。它投资的对象一般还没有成型的商业模型，但一定要具有原始性创新型的高科技。

① Looking Inwards，Reaching Outwards：The Cambridge Cluster Report-2007，by Library House

七、苏格兰天使投资

苏格兰天使投资协会（Scottish Angel Capital Association）是欧洲最早的天使投资机构之一，创立于 1993 年。截至 2009 年年初，它拥有约 200 名个人天使投资家及 19 个天使投资机构作为它的会员。苏格兰天使投资协会是一个独立的非盈利机构，由公共部门和私人部门共同资助运行。

苏格兰有重视高科技的传统。苏格兰占整个英国经济总量的 7%，但在 R&D 方面却占全英国的 15%。

苏格兰的天使投资发展得比较早，天使投资市场也比较成熟。

八、威尔士天使投资

威尔士商业天使联盟（Wales Business Angel Network）是推进威尔士天使投资发展的重要力量，拥有 120 名活跃的天使投资家作为会员。从 2007 年到 2008 年，威尔士天使投资家共投资 17 个创业项目，投资总额为 200 余万英镑。此外，天使投资还吸引了 50 万英镑的其他私人投资和 55 万英镑的地方政府投资。

第三节　美国天使投资

如同风险投资一样，在天使投资领域，美国无论在投资的项目上，还是在投资总额上仍然是遥遥领先。

一、美国天使资本协会

随着互联网投资泡沫的破裂，美国风险投资呈现一度的萎缩，而天使投资却越来越活跃。2002~2003 年，美国天使投资家们先后召开了四次天使投资峰会，近 80 个天使投资家组织参加了这些峰会。会议上，天使投资家们提出了建立北美天使投资的统一机构的必要性。

2004 年 1 月，Kauffman 基金赞助组建了北美“天使资本协会”（Angel Capital Association，ACA）又称为美国天使资本协会，作为 Kauffman 基金旗下的一个项目。2005 年 8 月，ACA 被正式注册成为一家独立的私人的机构，ACA 是世界天使投资协会的创始人之一（www.wbaa.biz）。同年 11 月，ACA 旗下建立了天使资本教育基金（Angel Capital Education Foundation，ACEF）。该基金旨在教育、培训潜在的和现成的天使投资家，使之能够更好地运作手中的资本，减少投资风险。

比起欧洲各国来，美国全国性天使投资协会虽然成立时间不长，但美国的天使投资活动却一直十分活跃。著名的天使投资人 Bill Payne 早在 1980 年就开始从事天使投资活动。他所在的拉斯维加斯天使投资天使团共有 50 名天使投资家，自 2003 年到 2007 年，他们共投资了 800 万美元到 12 个种子期和创始期的企业。据统计，截至 2007 年 11 月，全美共有天使投资机构 265 家；与风险投资基金相比，天使投资平均每个项目的投资额为 24 万美元，而风险投资每个项目的平均投资额为 700 万美元。[①] 全美最大的全国性天使投资协会即“天使资本协会”。

美国天使资本协会
John May 先生

谈到天使资本协会，我们不能不介绍它的创始人：John May 先生。May 先生在风险投资和天使投资领域具有 20 余年的经验。1991，他与朋友共同创建了“投资者共同圈”，这是一家非盈利机构，帮助 200 多家富有家庭和投资机构参与社会风险投资活动。1999 年，他创立了天使投资晚餐俱乐部（The Dinner Club）；随后，他又接连创立了 eMedia 俱乐部和华盛顿晚餐俱乐部。作为成功的风险投资家，May 先生是六家从事早期投资的风险投资公司的合伙人或顾问。他撰写了两本关于天使投资的书籍，同时兼职为弗吉尼亚大学商学院的讲师和研究员。2005 年，May 先生是美国的天使资本协会的主要创始人。

截至 2008 年 5 月，天使资本协会共有 265 家天使投资机构作为协会成员，包括 147 个会员机构，18 个预备会员机构，50 个州和省的成员（包括美国和加拿大），以及 19 家下属机构，共有天使投资家 6800 人。[②] 这些天使投资家全部都是符合 SEC 所规定“有资格的投资人”，即至少有 100 万美元的净资产，年收入在 20 万美元以上，如果是已婚，夫妻双方的年收入在 30 万美元以上。当然，很多天使投资家的净资产或个人收入都大大地高于 SEC 的标准。

从 2008 年 ACA 的调研看，天使资本协会的会员机构平均每年投资的项目为 7.3 个，投资额为 194 万美元，投资于 4.6 个公司。

美国天使资本协会是一家非盈利机构，它有一个 9 人理事会，此外，50 名天使投资家在协会的下属各个专业委员会中兼职服务。

① These Angels Like to Work as a Team，New York times，Nov. 14，2007
② John May. ACA Member Landscape–Pictures and Trends. May 8，2008

天使资本协会所辖12个区域，共有机构会员近150名。这些区域为：加州、加拿大、大湖区、墨西哥、大西洋中部、中西部/大平原、新英格兰、纽约、太平洋东北、东南、西南、西部。

除了这些地区外，还有一些全国性或国际性的天使投资机构作为成员。

这里，仅就东西海岸的一些地区，比较深入地剖析某些地方天使投资机构的运行，以供学习。

二、东海岸的天使投资

这里仅以新英格兰区、纽约区和大西洋中部区的天使投资活动为例，以分析东海岸天使投资的现状与发展。

1. 新英格兰区

新英格兰区共有六个州：缅因州、新罕布什尔州、佛蒙特州、马萨诸塞州、康涅狄格州、罗德岛州。这个地区有众多的天使投资机构，其中比较著名的是马萨诸塞州的 Common Angels （共同天使团，或一般天使团）。这是一家在大波士顿地区的天使投资机构。它的座右铭是：一般天使具有不一般的专业知识；不一般的洞察力；不一般的人，却具有和一般人一样的价值观。

共同天使团是波士顿地区最大的一家天使投资机构，专门投资于最富有创新意识的高科技创业企业。它拥有75个非常著名的私人投资人，并管辖两只“跟投基金”（Co-investment Funds）。这75个私人投资者涵盖58个工业、专业，包括金融领域。其投资额度一般在50万~100万美元，也可能高达500万美元。

共同天使团起源于1998年，天使投资家们在波士顿中心的共同地（Commons）的一个早餐聚会。共同天使团是一群敏锐、出类拔萃的天使投资家。2007年，他们每投资1美元，就会得到16美元其他投资者的追加投资。目前，这个天使投资机构基本不再接受新的会员。共同天使团的天使投资家都是波士顿地区的著名的成功企业家、金融家、专业人士，其中不少是哈佛大学和麻省理工学院的工商管理硕士校友会成员。他们的专业涵盖了58个不同的高科技领域。据统计，这些天使投资家过去曾经是超过400家公司的董事，包括58家上市公司、217家私人公司和134家非盈利组织。目前，这些天使投资家仍然是160家公司的董事（理事），包括19家上市公司、77家私人公司和65家非盈利组织。

一般地，共同天使团不接受企业直接递交的商业计划书，尤其是纸张打印出来的商业计划书全文。他们仅仅接受通过电子邮件寄送的企业商业计划书的第一部分，即一页纸的执行摘要（Executive Summary）。一旦共同天使团对于企业的执行摘要感兴趣，他们会向企业索取其商业计划书全文，如果符合天使投资家们的投资领域及投资兴趣，他们会邀请企业家进行30分钟的讲演及15分钟的与天使投资家的直接问答。非常具有投资潜力的企业家会被邀请参加每月一次的共同天使团早餐会。如果被选中，天使投资家们要对该企业进行4~6周的尽职审查。最终投资后，一位天使投资家会成为被投企业的董事会成员。

截至2007年，共同天使团已经投资115家企业，并已经获得成功退出，包括34个首次公开上市（IPO）。现在他们拥有3400万美元的天使资本，加上直接投资基金，他们可以调动的天使资本总额为1亿美元。

共同天使团是美国风险投资协会的成员，也是天使资本协会的创始人之一。

2. 大纽约地区

大纽约区有着多家天使投资机构，比较著名的有金种子天使团（见第三章）。此外，还有纽约天使团及长岛天使团等。纽约天使团（New York Angels）是东海岸比较早建立的天使投资机构。它创立于1997年作为纽约新媒体协会的一个下属机构。2004年，纽约天使投资团正式成立。到2008年初，它已经投资了2800万美元，所投企业65家。纽约天使团坐落于纽约曼哈顿区的所谓"硅巷"（Silicon Alley）。硅巷一般指纽约曼哈顿的28街到春街和在百老汇大道两边的地区。硅巷是东海岸的硅谷。纽约天使团选择这个地点办公是有意义的。

纽约天使投资团要求其会员每年至少投资5万美元到一个以上的项目。一般地，个人天使投资家每个项目平均投资2.5万~10万美元。作为天使投资家的联合投资，每个项目平均投资额为5万~50万美元。

David Rose是纽约天使团的创始人和董事长。他曾经是Inc. 500强企业的CEO，他本人多次创业，被称为"纽约天使投资之父"。David在耶鲁大学获得学士学位，在哥伦比亚大学获得工商管理硕士（MBA）。

长岛天使团具有三类会员：个人会员，年费为1000美元；公司会员，年费为2500美元；赞助商，最低赞助费为5000美元。长岛天使团是一家创立于2006年的新的天使投资机构。它是一家非盈利组织。

3. 大西洋中部区

大西洋中部区包括大华盛顿市区、马里兰州、弗吉尼亚州等。这里也是天使投资比较活跃的地区。例如，杰弗逊角落天使基金是一只有限责任制的天使投资基金。该基金由天使投资家管理。所投项目为早期，投资领域仅限于起源于弗吉尼亚大学的科技创业企业。

此外，比较活跃的是大华盛顿区天使团，它坐落在华盛顿地区，它的地理位置使得这个天使投资组织有着得天独厚的优势，与附近的大学、联邦政府研究机构、地方政府科技发展或经济发展部门等保持密切合作关系。在它的合作者中，大学院校包括：马里兰大学、霍普金斯大学、乔治·华盛顿大学、乔治·梅森大学等；联邦政府研究机构包括：国家健康研究院、国家自然科学基金、商务部技术局、国家航天局、联邦实验室联盟，等等；地方政府经济发展部门包括马里兰州、弗吉尼亚州、华盛顿市及这些州（直辖市）所属的各县的技术发展和经济发展中心。

三、西海岸的天使投资

美国西海岸是风险投资的聚集地。与风险投资状况类似，在西海岸天使投资也格外活跃。这里仅以天使乐团、科技海岸天使团和 Keiretsu 论坛（K4）为例，介绍美国西海岸天使投资的状况。

1. 天使乐团

天使乐团是加州最早的一个天使投资机构，也是美国最早的天使投资机构之一。它 1994 年成立于硅谷，由已故科学家、企业家和投资家 Severiens 博士创立。Severiens 博士昵称 Hans，在硅谷颇有名气。他是美国天使投资的鼻祖之一。他曾获得哈佛大学物理学学士学位，霍普金斯大学核物理博士学位。但他却从一位科学家、学者，转为一名风险投资家和天使投资家。作为两个风险投资基金的投资管理人，Severiens 博士是硅谷最著名的、最活跃的天使投资家之一。为了纪念他对于天使投资的贡献，天使资本协会和天使资本教育基金专门设立了每年一度的 Hans Severiens 奖金，以奖励一位最有成就的天使投资家。2006 年，该奖金给予了 New Hampshire 大学风险投资研究中心的主任 Jeffrey E. Sohl 教授；2007 年，给予了 Luis Villalobos 先生；2008 年，该奖金由金种子天使投资团的创始人 Stephanie Hanbury-Brown 女士获得。

目前，天使乐团的执行董事是 Ian Sobieski 博士，他是著名的导弹科学家、企业家。天使乐团共由 120 位天使投资家组成，这些人或是过去的或是现在的高科技企业的管理人员。他们愿意投入自己的金钱和时间，以帮助那些最出类拔萃的高科技创业家，以实现他们的起飞的理想。天使乐团旗下有一只 5000 万美元的天使乐团种子基金。这只基金的 LP 有三家大型高科技公司，有两个大学的捐赠基金，和一个资本雄厚的养老金，其 GP 只有一个，即天使乐团。天使乐团种子基金是一只追加投资基金，也称为“跟投基金”。它仅仅参与天使投资家们锁定的项目，与天使投资家们共同投资。

天使乐团每年认真审核的项目大约有 700 余家，选出 33 家作尽职调查，最终大约投资 8 家企业，但也有例外。例如 2006 年，天使乐团共投资了 14 家创业企业。天使乐团专门投资于种子期的高科技创业企业。他们投资的准则只有三个：

（1）强有力的管理团队；

（2）最尖端的高科技；

（3）巨大的市场。

天使乐团平均每轮的投资额 30 万~75 万美元。如果项目潜力很大，他们会组织天使投资或其他早期风险投资，形成组合投资，投资额度可达200万~300万美元。

到2008年，天使乐团种子基金已经投资了240家公司，并通过IPO或购并，已经从40家被投企业中成功退出。天使乐团的天使投资家们每个月聚会一次，从经过初步筛选的50家创业企业中选出3家进行尽职审查，以最终作出投资决策。

2. 科技海岸天使团

科技海岸天使团（Tech Coast Angels）是在20世纪90年代，由Luis Villalobos先生创建的。这家天使投资机构目前有会员200余人，他们平均投资额从0.5万到80万美元，最高曾投400万美元。到2008年年初，共投46个项目，投入天使资本3700万美元。

Luis Villalobos成为一个天使投资家完全是出于偶然：一个朋友介绍他认识了一群年轻人。这些人急需一笔资金，否则他们的公司面临破产。Luis Villalobos了解了他们公司的状况，在一个周末便作出投资决定。他的这笔天使资本拯救了这个企业。这个企业最终大获成功，他也因此获得了巨大利润。

科技海岸天使团创立于1997年，11年后的2008年，该机构作为会员的天使投资家达到300人，号称美国最大的一个天使投资联盟之一。作为一家有声望的天使投资协会，科技海岸天使团对于它的会员定有严格审核条例。要想成为它的会员，必须要有科技海岸天使团的邀请函。会员必须具备SEC“合格投资者”的资格，必须同意每年至少投资两个项目，投资总额不低于5万美元。

科技海岸天使团的投资领域广泛，包括医疗保险、软件、传媒、生命科学、金融、信息科技、运输服务、食品加工业、饮料、游戏、网上商务，等等。它的投资不局限于高科技领域，只要是增长型企业、只要有发展潜力、有杰出的管理团队，都可以成为它的投资对象。科技海岸天使团的投资领域虽然没有限制，但它投资的地域却有严格规定，它只投洛杉矶、橙县等五个南加州地区的创业企业。

科技海岸天使团是一个非盈利的机构，它不是一只基金，没有正规的基金管理人员。天使投资家们凭借个人对于项目的判断来决定是否投资。投资与否完全由个人决定。天使投资家们可以在项目审查和评定中相互配合、相互帮助，但投资决策则完全是个人行为。天使团也绝不收取成功费或项目介绍费。

2008年7月，科技海岸天使团达到了它的里程碑：10亿美元的融资额。即它帮助自己所投的150家公司融到第三者（包括风险投资基金）的资本额达到10亿美元。

3. 天使投资K4论坛

Keiretsu论坛，简称K4，是美国最大的天使投资网络，但它不是美国天使投资协会的成员。截至 2008 年 6 月，K4 天使论坛共有会员 750 名，遍及世界各地。Keiretsu 的原文是日文，以形容企业间的系列组合。K4 旨在联合众多的个人及小企业，形成一支投资生力军。K4 创建于旧金山，现发展到美国及其他国家，在英国、西班牙、巴塞罗那及中国等地共有 16 家分支机构。K4 在中国的分支机构由 Hal Lemmon 先生和 Jenny Shi 女士主持，总部设立在北京。

根据 K4 的规定，每个分支机构最多只能吸收 150 名会员。K4 的会员不仅有天使投资家，还有风险投资基金、银行、企业、大学院校，等等。K4 致力于投资早期项目，平均投资额为 25 万~200 万美元。K4 是一个非盈利组织，投资决策由天使投资家个人决定。

K4 最早由 Randy Williams 先生于 2000 年 9 月创立。Williams 先生在银行、金融领域有着 30 多年的工作经验，并成功创业多次。截止到 2007 年年末，K4 共投资 1.8 亿美元到 200 余个项目中。

K4 与其他天使投资机构的区别在于：

（1）它是世界性机构，在亚洲、欧洲和美洲都有其分支机构。

（2）它的投资领域不仅局限于高科技，也投资于包括房地产等的传统行业。在过去一些年中，它的资本额中 70%投入高科技领域，30%投入非高科技领域。

（3）它包含一个 K4 慈善基金，扶植慈善事业，如环保。

（4）除了投资以外的多项活动，包括高尔夫、网球、登山、郊游，等等。

（5）保持与美国其他天使投资机构和其他投资机构的联系与合作。

除了 K4 的慈善基金以外，它还在 2004 年成立了 K4 投资者研修院。研修院每年为投资者提供若干次培训，以提高他们鉴别、分析和评估项目的能力。2007 年，K4 又成立了企业 CEO 研修院，目前该研修院提供 4 天的培训，为企业家们提供公司治理、企业融资和管理艺术等方面的知识。

4. 天使论坛（Angels' Forum）

天使论坛的创立在美国天使投资发展过程中起到了重要作用，它可以称为天使投资逐渐走向正规化和专业化的一个里程碑。天使论坛为 Carol Sands 女士于 1997 年创立。Sands 女士 45 岁时已功成名就，可以退休尽情享受生活。但她却不甘寂寞，选择了天使投资这个具有传奇色彩，又充满挑战性的行业。从一开始，她就决心把她所创立的天使论坛打造成为一支更加专业化的天使投资队伍。这在 1997 年的确是一个不小的开创。当时天使投资大都呈现出分散的、个体的、零星的一种投资行为，很多天使投资家刚刚从事这种风险较高的投资活动，他们没有经验，没有受到过正规培训，也不是职业投资家。他们很多人都具有乐观天性，热情过分，而技巧不足。很多人对于所投项目的评估过高。以致一些风险投资公司拒绝投资于天使投资家已经投资过的企业。

看到这种状况，Sands 女士决定创建一家天使投资家机构，这家机构具有风险投资公司的全部正规操作模式，包括投资项目的考察、评估、尽职审查、投资后的管理，等等。她提出，专业的天使投资团队与风险投资的唯一的区别是：风险投资是投资其他人的钱，而天使投资则是投资自己的钱，更理想的是，天使投资家投入的是自己创业成功的收益，这种创业的经验和经历使得他们有可能向被投公司提供各种宝贵的、指导性的帮助。

这样，天使论坛于 1997 年 6 月正式成立。它的 16 个创始人都是财富殷实的企业家，他们每一个人都享有创业成功的声誉，都曾经参与过至少一家公司的 IPO，都具有丰富的创业经验和强烈的创业热情。

四、天使软盟（Angelsoft）

天使软盟创立于 2004 年，它的初衷是为投资者提供一个优秀创业企业集群。到 2008 年 8 月，天使软盟共有成员 402 个：它们是天使投资机构、风险投资基金等，涵括 10981 名投资者；每个月约 1800 新企业申请融资。天使软盟成为一个真正企业家与真正投资者对接的平台，形成一个健康的创业生态平衡系统。

天使软盟是由纽约天使团主席 David Rose 和 Tagandscan（一家软件公司）的 CEO，Ryan Janssen 共同创立。到 2008 年夏，Angelsoft 的软件已经升级为 Angelsoft 3.0。

天使软盟不仅为创业家提供所有 402 个成员的名字、网站、联系方式、投资方向等的信息，也为投资者提供一系列优秀的初创企业的名单、联系方式、融资额度，等等。

任何一个创业者只要注明自己企业所在的位置，就可以找到离自己最近的天使投资机构、该机构的投资特征及联系方式。

根据天使软盟的统计，在参与融资申请的企业中，有 24.72% 的企业通过初步筛选，有 12.41%的企业被容许参加路演，有 10.38%的企业被尽职审查，最终有 1.32%的企业获得天使投资（见图 5.4）。

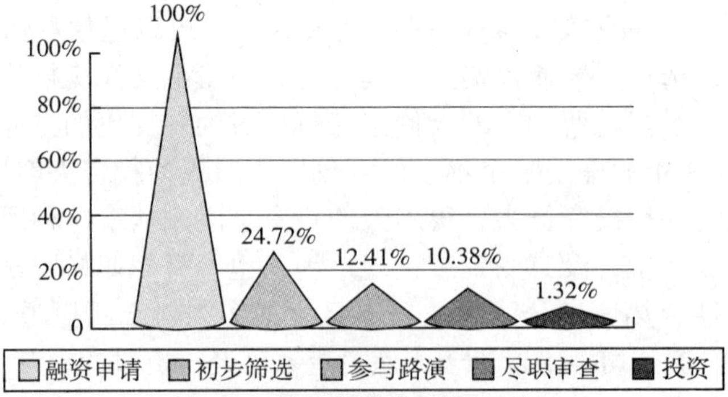

图 5.4 从融资申请到资金到位

天使软盟统计：从融资申请到最终天使资本到位，[①] 最终仅有 1.32%的融资者可以获取天使投资。

天使软盟利用最新的科技手段，提供天使投资的即时信息。例如，在 2008 年 8 月 18 日 16 点 22 分，天使软盟网站的天使投资即时统计见表 5.2。

表 5.2 天使软盟网站的天使投资即时统计

项目数	上网数	项目阅览数	文件数	各种活动	信息	项目分享
19556	59501	85665	96458	1365	15664	1082

第四节 欧洲其他国家天使投资

本章第二节专门探讨了英国的天使投资状况，这里，我们将介绍英国以外欧洲其他国家天使投资的现状及发展。

一、泛欧天使投资

在欧洲各国，人们普遍称天使投资为商业天使（Business Angels）。欧洲天使投资联盟（European Business Angel Network，EBAN）是一家成立于 1999 年的非盈利组织。自从它成立以来，欧洲天使投资联盟致力于推进全欧洲天使投资市场，为成长型企业提供早期资金。欧洲天使投资联盟通过举办年会、研讨会及其他交流活动为泛欧各国的天使投资家们提供了一个信息及合作的平台，大大推动了整个欧洲天使投资的发展。同时，联盟还通过它的关系与世界各国天使投资机构保持联系，成为欧洲天使投资与全世界天使投资联络的一架桥梁。

在欧洲，就像在世界各地一样，企业早期资本的供求出现缺口，而天使投资正是弥补这一资本缺口的重要融资手段。天使投资是一支生气蓬勃的、日趋发展的私人资本力量，它致力于为企业提供规模在 25 万~200 万欧元的早期资本，以解决企业成长壮大的燃眉之急。

2006 年，欧洲天使资本市场总规模约为 15 亿欧元，只有美国天使投资市场总量的 1/10。不是欧洲不需要天使资本，而是天使投资还不是为大多数企业家所认知的，仍然是默默无闻的，却又具有巨大潜力的，藏身于民的资本力量。许多研究证明，天使投资是企业种子期和早期阶段最重要的资金来源之一。

欧洲天使投资联盟希望通过它的服务，提高广大创业者和投资者对于天使

---

① www.angelsoft.net

投资的认知，提高天使投资的知名度，以进一步推进天使投资在全欧洲的发展。与此同时，欧洲天使投资联盟还希望通过它的平台，加强投资者和创业者之间的交流，以实现不同阶段的企业与不同特征的投资者结合，解决企业早期资本缺口问题。

2007 年，欧洲天使投资联盟调研了欧洲 117 个天使投资机构，共投资 1.43 亿欧元到 843 个早期项目中，每个项目平均投资额为 17 万欧元。欧洲天使投资联盟估计欧洲约有 234 家天使投资机构（如果加上俄罗斯、以色列和土耳其，总数是 243 家），75000 名天使投资家，已经投入天使资本 30 亿欧元。截止到 2008 年 8 月，欧洲天使投资联盟共有 77 个成员组织，包括 14 个天使投资全国联邦；40 个天使投资机构和 23 个附属成员（有风险投资基金、政府扶植基金、欧洲以外的天使投资机构，如美国天使投资协会等），共代表欧洲 24 个国家的广大天使投资家。该联盟前总裁 Anthony Clarke 先生认为，目前欧洲最大的挑战仍然是如何提高广大民众对于天使投资的重要性的认识。[①] Clarke 先生指出，欧洲的天使投资机构有如下特征：

（1）多样性，天使投资机构创建者呈现在各个领域，如大学、商学院、孵化器、企业等。除此以外，天使投资机构的组织结构，组织形式也呈多样化发展的趋势。

（2）越是成熟市场，天使投资机构数量越减少，越是发展中的市场，天使投资机构的数量越是增加。在天使投资发展比较成熟的地区，天使投资机构的规模比较大，天使投资家就越来越集中。而在天使投资刚刚起步的地区，天使投资家们往往刚刚开始组建自己的天使投资机构。这些初建的天使投资机构往往规模还不大，天使投资家会员还不多，它们还有待于进一步发展壮大。

（3）欧洲大多数天使投资机构是非盈利性质的，而这个特征与欧洲各国政府的支持不无联系。

（4）欧洲各国政府、各地方政府都大力支持本地区的天使投资活动，它们大都意识到天使投资对于推动本地区的科技创新、创业起着举足轻重的作用。它们都以各种方针政策积极支持天使投资的发展。

（5）欧洲的很多天使投资机构都雇用了独立的管理者，天使投资机构的管理者大都不直接参与投资。他们是专职的天使投资机构的管理者。这样，天使投资家就可以专心从事天使投资活动。

同时，Clarke 先生也指出，欧洲天使投资市场存在着严重的挑战，面临着很多困难，包括：天使投资机构和其他早期投资机构之间缺乏互动和沟通；各

---

① Anthony Clarke. Business Angel Leader's Forum–Overview: BA and BAN market in Europe, presentation at Estoril, Oct. 10, 2007

国政府对于天使投资税收优惠政策还应进一步落实；天使投资市场的信息和数据极难收集。由于天使投资家比较分散，对于天使投资的调研统计也比较困难，这对于天使投资的研究造成了较大的障碍。而没有深入的研究，就不可能全面了解天使投资市场，就不可能提出行之有效的推动天使投资的政策。

欧洲天使投资联盟成立多年，积累了许多经验。在它发表的白皮书中，欧洲天使投资联盟罗列了天使投资的四大重点问题。①

1. 天使投资的供给方

（1）发掘潜在优秀项目与潜在天使投资人。目前，活跃在欧洲市场的天使投资家为 5 万~10 万人。比起美国来，这个数字实在很小。事实上，具有经济实力的，又有投资兴趣的潜在天使投资人是很多的，这种状况证明欧洲的天使投资市场，或称为非正规风险投资市场应当还处于刚刚启蒙阶段。如何发掘这部分人是一个重要课题。开发潜在天使投资人的渠道可包括：

①通过政府的、公众的或媒体的宣传，提高对于天使投资的认知度。需要当前活跃的天使投资家和创业者的积极支持。

②提高天使投资家的投资理念，增加天使投资家们的培训。

③大力宣传天使投资成功的案例。

④增大天使投资家的经济激励机制，使得天使投资更加具有吸引力。

⑤政府应当支持天使投资联盟/天使投资协会，或其他形式的天使投资机构的成立。

（2）加强对于天使投资理念的宣传，建立对于天使投资家的培训。欧洲天使投资联盟和一家杂志社《科技商业》签订了合作协议，通过该杂志宣传欧洲天使投资联盟的活动和各种会议。从 2001 年到 2002 年，欧洲天使投资联盟在欧洲各地举办了 19 次大小研讨会，帮助大众认识天使投资的重要性，帮助欧洲各国建立天使投资组织。在欧洲天使投资联盟的努力下，欧洲各国的天使投资机构发展很快，从 1999 年的 50 家到 2006 年的 211 家，几乎遍及 27 个欧盟国家。

（3）加强不同市场参与者之间的交流、接触，帮助被投企业的成长及寻求退出的机会。天使投资对于企业的早期融资起到了不可取代的作用。然而，天使投资家不可能单独行动，他们必须得到市场其他参与者的支持与配合。例如，如果天使投资家帮助他们的被投企业融到追加资金（风险投资、银行贷款或其他金融渠道），那么，天使投资家们就可以轻松地、带着丰厚回报地退出所投项目。因此，天使投资家们与其他金融机构的关系对于其是否取得投资成功密切

① European Business Angel Network（EBAN），the White Paper，Stimulating the European informal venture capital market: The contribution of business angels to the EU strategy for growth and jobs，March 2007

相关。

（4）帮助企业发展，缩小企业早期资本缺口。天使投资是在企业最弱小的时期，在没有人问津的阶段向企业提供资金支持的。随着风险投资家逐渐从早期投资阶段淡出，天使投资的作用也就越来越明显。虽然天使投资家在企业早期阶段投资的作用越来越为人所知，这种投资的投资风险很高，投资额度又还小，天使投资家往往面临再融资的问题。因为即使到了第二期，甚或第三期融资阶段，企业的融资额度可能仍然偏小，其不确定性仍然偏大，天使投资的资金仍然不够维持企业的继续成长壮大。这时天使投资家往往需要借助于天使投资机构，与其他的天使投资家进行联合投资。

2. 天使投资的需求方

增加企业家、创业者的融资理念，使他们逐步具备融资条件。创业者融资失败有多种原因。但主要因素如下：

（1）没有准备好一份有说服力的商业计划书，或者是商业计划书过于异想天开，不现实地夸大事实。

（2）不清楚各种资金来源的可行性，也不清楚自己的企业究竟需要哪种资金来源，或哪些资金来源更适用于自己企业目前的状况。

（3）没有足够的融资常识，不知道如何把自己的企业、自己的创业理念向潜在的投资者表述。不知道如何向投资者出卖自己的理念。

3. 天使投资的宏观环境

（1）加强天使投资家与风险投资家之间的对话与交流。天使投资对于创业企业固然极其重要，然而，天使投资往往不足以支持企业的持续发展。企业需要成长壮大，就需要不断的融资，而且，融资额度也往往越来越大。因此，天使投资与风险投资的对接就十分必要。天使投资家们或者天使投资机构应当建立与当地风险投资的长期合作关系，不断地向风险投资输入自己投入的比较成功的企业，作为风险投资的潜在投资对象。天使投资家与风险投资家的合作是企业进一步增长的重要因素之一。天使投资家希望他们所投企业中，那些具有巨大发展潜力的企业能够获得再融资，以保障其健康发展。

（2）增大对于天使投资与天使投资家的宣传，提高市场对于天使投资的认知度。天使投资本身的特征使得对于它的调研、资料的采集等工作困难重重。这是因为天使投资是一个私人的分散的投资行为，许多天使投资家不愿意披露自己投资的细节，他们没有兴趣，也没有时间披露自己投资的细节。而这种状况恰恰加强了对于天使投资家投资功绩的宣传。在这方面，欧洲天使投资联盟可以说已经做了大量工作，但即使这样，天使投资资料仍然是零散的和不全面的。2005 年，欧洲天使投资联盟在其年度调研中荣幸地获取了 97 个样本，代表了欧洲 8000 名投资者，6000 多个商业计划书，653 个投资项目，1.23 亿欧元的投资额。通过数据的收集和发表，通过大量的宣传，天使投资的业绩会慢慢为人所知。人们会逐渐认识天使投资家的真实面貌，迄今为止，人们往往认为天使投资家是一群"业余投资者"。

（3）政府对于天使投资的政策支持。无论在欧洲还是在全世界，天使投资的发展都应当得到各级政府的大力支持。没有天使投资的发展，就不能很好地解决企业创业阶段融资难的问题。政府应当从各种政策层面对于本地区的天使投资予以多方面的支持。

4. 天使投资的税收及其他经济优惠

（1）提高对于天使投资的激励机制，例如税收优惠。在欧洲，一些国家提供了鼓励天使投资的政策，尤其是英美两家，这两个国家政府给予天使投资直接税收优惠政策（详见本章第七节）。

（2）帮助天使投资家疏通退出渠道。

综上所述，欧洲的天使投资与美国天使投资相似，都是相对活跃的。但欧美天使投资情况也有区别，见表 5.3。

表 5.3 欧美天使投资对比[①]

天使投资协会/欧洲商业天使投资团体的数据（或资料）	2006 年（2005 年的活动）		2007 年（2006 年的活动）		2008 年（2007 年的活动）	
	美国	欧洲	美国	欧洲	美国	欧洲
运作中的团体/联盟	230	211	250	234	245	298
发展中的团体/联盟	22	12	18	21	324	n/a（无）
盈利的团体比例	48%（天使投资协会的成员）	23.5%	48%（天使投资协会的成员）	6.4%	47%（天使投资协会的成员）	调查的比例 35.8%
每轮投资金额	$241528（天使投资协会成员的平均金额）	200178 欧元	前六个月，天使投资协会成员的平均金额是$211087	177311 欧元	$265926（天使投资协会成员的平均金额）	165649 欧元
交易数量	n/a（无）	653	n/a（无）	843	n/a（无）	1111
通过团体调查的总投资数量	n/a（无）	130716719 欧元	n/a（无）	149473857 欧元	n/a（无）	18420256216 欧元

从表 5.3 可以看出，欧美天使投资无论是从投资额度上还是天使投资机构的发展上都有一定的差别。首先，美国天使投资机构的发展是稳步上升的。而欧洲从活跃的天使投资机构看，似乎 2008 年比 2007 年略有下降，但如果看发

① European Business Angel Network（EBAN），Statistics Compendium：Based On The Information Provided By Business Angel Networks Having Responded To The Survey Conducted In 2008，July 17，2008

展中的天使投资机构，欧洲的发展却是十分显著的。其次，一个比较明显的差别是，美国的天使投资机构中营利性机构的比例一直保持在 48%左右，而欧洲的则起伏较大。虽然在 2008 年（统计），其比例上升到 35.8%，仍然小于美国的数字。这证明，无论美国还是欧洲，营利性的天使投资机构都在天使投资发展历史上扮演了一个重要的角色。

此外，欧洲天使投资联盟的这个统计相对保守。据统计，欧洲活跃的天使投资家在 12.5 万~100 万人。截至 2008 年年末，英国投资在早期和种子期的天使投资总额约为 30 亿欧元，荷兰为 15 亿欧元，芬兰约为 3 亿欧元，爱尔兰约为 2000 万欧元。①

二、法国天使投资

法国天使投资协会成立于 2001 年，协会主席为 Claude Rameau 先生。法国政府科学技术委员会在推动法国天使投资方面起到了举足轻重的作用。法国天使投资协会是世界天使投资协会（WBAA，www.wbaa.biz ）的创始人之一。截至 2008 年年末，法国天使投资协会共用 65 名会员，全部都是活跃在法国的天使投资机构，拥有天使投资家 3550 人。

近年来，法国的天使投资蓬勃发展，主要是来自于法国政府和法国天使投资界的大力支持。2006 年，法国中小企业局和法国天使投资协会共同举办了“天使投资周”，他们在五天内，在法国的五个主要城市举办了宣传天使投资的活动。参与人有成功的天使投资家和成功的被投企业家，有地方政府代表，还有各方其他有关人士。在法国的影响下，2007 年 3 月，葡萄牙天使投资协会举办了类似的活动。

法国是第一个创立“天使投资学院”的国家。这个学院为天使投资家的学习和培训提供了一个良好的平台。

法国政府是积极支持天使投资活动的少数欧洲国家之一。法国政府规定，天使投资的投资额可以抵免当年的收入税，单身的天使投资家抵免额最高可达 2 万欧元，而已婚的天使投资家可抵免额为 4 万欧元。

根据法国的一项调研，2007 年，法国有 67 个天使投资机构，共投资 3700 万欧元于 159 个项目。②

与美国天使投资机构的状况不同，法国的天使投资机构大多数是非营利组织，其中有一半是地区性组织，见图 5.5。

---

① Office of Science and Technology，France

② Anthony Clark. The Role of Business Angels Networks at European and Worldwide Level and Testimonial from an Early-Stage Investor Perspective：the EASY Project，presentation at INSME conference，July 10，2008

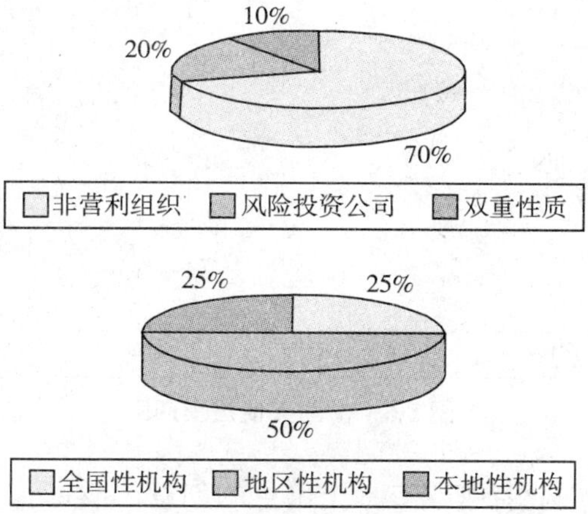

图 5.5 法国天使投资机构[①]

从图 5.5 看出，法国的天使投资机构中由风险投资公司资助的约占 20%，而 70%则是政府支持的非营利组织，还有 10%是具有双重性质。从天使投资机构所在地看，天使投资机构还是以本地为多，占 50%，全国性的机构占 25%，而区域性的占 25%。

三、德国天使投资

德国的天使投资比较活跃，其第一家天使投资组织于 1998 年创立。同年，在德国联邦经济与科技部的全力支持下，德国成立了全国性天使投资机构：德国天使投资联盟，简称 BAND（德文为：Business Angels Netzwerk Deutschland）。德国的天使投资家人数约为 4 万人，但潜在的天使投资家估计高达 27 万人左右，天使投资总额约在 4 亿~10 亿欧元。[②]

虽然欧洲各国的天使投资大都偏重于科技项目的早期投资，德国的天使投资的偏向就更加明显。此外，德国的天使投资更趋向于投资于企业早期。以德国天使投资机构 CATCAP GmbH 为例，它所投资的项目有 40%为创始期，30%为种子期，而很大一个百分比——30%投入了所谓的"前种子期"（Pre-Seed Stage），即比种子期还早的项目。在所投项目中，30%为信息通信，30%为软件，20%为生物科学，5%为能源技术，5%为其他环境科技，10%为健康科学，见图 5.6~图 5.7。

图 5.6 明确显示，德国的天使投资可以称得上名副其实的"天使投资"。从投资的项目数看，有 30%投入种子期，40%投入创始期，而另有 30%投入所谓

① 欧洲天使投资联盟

② Newsletter，published by "Max Planck Innovation：connecting science and business"

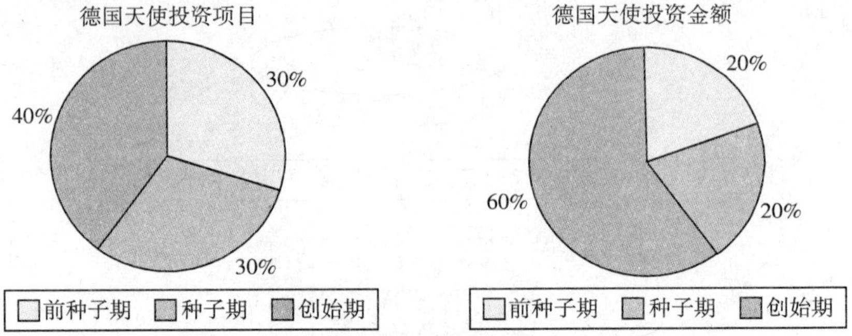

图 5.6 德国天使投资期限

的“前种子期”，即创业者刚刚有一个出色的创意，或具有一个能够向商业转化的专利，或具有一张具有市场前景的蓝图。从德国天使投资的投资额上看，有20%投入种子期，20%投入前种子期，而60%的天使资本投入了创始期。这是因为越是早期投资，每轮投资的额度越小。假定同样是投入20个企业，投资于创始期的资金自然比投入种子期的资金数量大得多。

从投资领域看，德国的天使投资与其风险投资相似，主要投资于信息通信和软件，其次为生物科学，再次为健康科学，见图5.7。

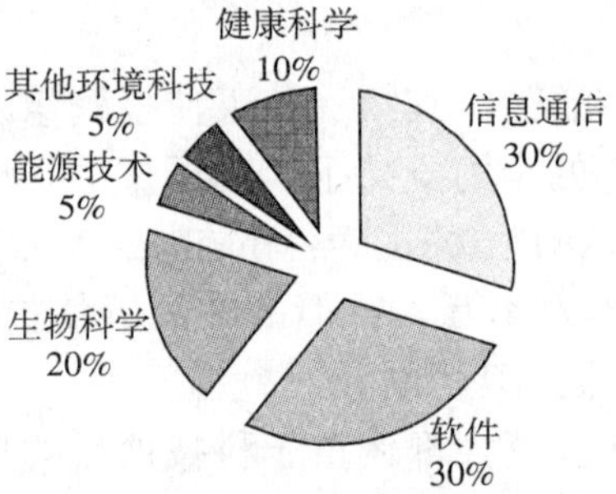

图 5.7 德国天使投资领域

四、葡萄牙天使投资

葡萄牙天使投资协会（Federação National de Associações de Business Angles，FNABA）成立于2007年2月。西班牙天使投资协会是欧洲天使投资联盟的成员，也是世界天使投资协会（WBAA，www.wbaa.biz）的创始人之一。

Francisco Banha 是葡萄牙天使投资协会主席。1999年，他创立了葡萄牙的第一家天使投资组织结构：葡萄牙天使投资俱乐部。Banha 先生是一个成功的企业家，他曾经于1986年创立了自己的公司：Gesbanha；1999年，他又创立了风险投资公司：Gesventure。Banha 先生是葡萄牙活跃的企业家、天使投资家和社会活动家。他具有丰富的创业经验，又具有投资咨询、企业管理等多种经历。事实上，Banha 先生是世界天使投资协会的主要倡导人之一。

截至 2009 年第一季度，葡萄牙天使投资协会共有 9 个天使投资机构作为其会员，旗下聚有葡萄牙天使投资家共 350 余名。

葡萄牙天使投资协会主席 Francisco Banha 先生

五、西班牙天使投资

西班牙天使投资联盟是欧洲天使投资联盟的成员，也是世界天使投资协会（WBAA，www.wbaa.biz）的创始人之一。西班牙天使投资联盟（Espana Business Angels Network，ESBAN）目前共有 10 个会员，他们都是西班牙本土的天使投资机构。西班牙天使投资联盟由 David Garrofé 先生和 Antoni Abad 为负责人。

六、意大利天使投资

意大利天使投资联盟（Italian Business Angel Network，IBAN）成立于 1999 年，是欧洲创建较早的一个天使投资机构。它是欧洲天使投资联盟的会员，也是世界天使投资协会（WBAA，www.wbaa.biz）的创始人之一。

意大利天使投资联盟主席
Paolo Anselmo 先生

意大利天使投资联盟主席 Paolo Anselmo 先生是 2009 年世界中小企业联盟（International Network for Small and Medium Sized Enterprises，INSME）的主席。他同时是欧洲天使投资联盟和世界天使投资协会的理事。

Anselmo 先生最初是一名工程师，是意大利工程师协会的成员，后进入天使投资行业。在创业、企业管理与投资方面，他具有 15 年的丰富经验，除了意大利语外，他还精通英文、法文和西班牙文。

意大利天使投资联盟共有会员 13 名，均为意大利天使投资机构，包括天使投资俱乐部、天使投资团及其他天使投资机构。目前，IBAN 每个月平均可联络 6000 名天使投资，参与项目的筛选与投资。

为了进一步推进意大利天使投资的发展，IBAN 创建了意大利的第一个商业天使教育学院，并与意大利的 KPMG 联手出版了《在天使投资帮助下创业指南》。此外，IBAN 还与其他研究单位联合发表了《意大利的非正规风险投资——2008 年调查报告》、《商业天使法律与财务手册》、《商业计划书指南》、《商业天使联盟标准行为手册》。

IBAN 平均每年收到商业计划书 300 多份，从中选出约 100 份到天使投资联盟做路演。路演的项目经过筛选，由 IBAN 推荐给注册过的天使投资家。2008 年，意大利天使投资家共投资 120 个项目，天使投资总额为 3100 万欧元。

2009 年，IBAN 筹集"意大利天使投资基金"。这只基金将由意大利天使投资联盟管理。

意大利增长天使团（Italian Angels for Growth）是意大利最大的天使投资机构之一，共有天使投资家 45 人。这些天使投资家有成功的企业家、金融家、律师、顾问、大学教授，等等，年龄从 35 到 65 岁。这 45 名天使投资家中仅有女性 3 人。而这 3 位女天使投资家是该天使投资机构十分活跃的成员。

意大利增长天使团会员缴纳年费 2000 欧元，这个费用相对于其他天使投资机构来说是比较高的。意大利增长天使团认为这种相对高的年费可以把一些不是很热衷天使投资活动的人们拒之门外。这家天使投资机构在米兰有一个办公室，专职人员两个半人（一位是兼职）。该天使投资机构的项目来源往往是自己会员的推荐。一般地，意大利增长天使团的专职人员对于推荐来的项目进行初选，然后对于入选的企业进行尽职审查，合格者参加路演。路演由天使团组织，路演后，天使投资家个人在一张事先准备好的表格上注明自己是否对该项目投资，投资多少。是否投资及投资多少完全是天使投资家个人的决策，与天使投资机构无关。天使投资机构也不组织对于该项目的投资表决。一旦投资成功，意大利天使团收取 5% 的携带利润（Carried Interests），其做法与风险投资家 GP 获取利润分成的方法类似。

七、波兰天使投资

与德国的天使投资相比，波兰的天使投资的投资更晚，投入科技项目少而传统项目多。以波兰一家天使投资机构 Lewiatan 商业天使为例，天使投资投入项目中，80%在企业的创始期，20% 则在扩张期；从投入资金看，天使投资投入创始期的资金为 60%，而扩张期则为 40%。然而，波兰天使投资家们往往看好传统产业，他们投入的领域：70%为食品/零售，而30%投入零售服务。见图5.8。①

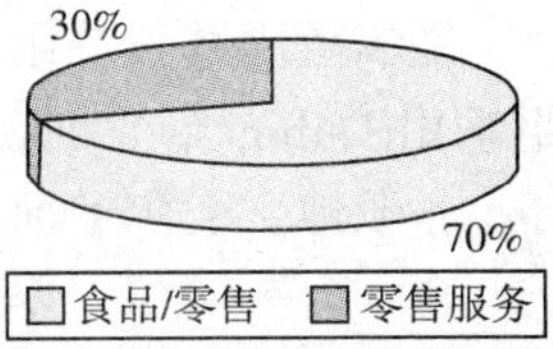

图 5.8 波兰天使投资行业领域

在波兰，以3家天使投资机构为主，除了Lewiatan商业天使外，还有PolBAN和SilBAN。这3家天使投资机构联合其他天使投资机构和没有进入任何团体的天使投资家一块共同努力，以推动波兰的天使投资活动。

八、俄罗斯天使投资

俄罗斯的天使投资机构以全俄天使投资联合会为主。根据全俄天使投资联合会主席Kashirin博士的研究，俄罗斯至少有10万~40万人拥有100万美元以上的净金融资产，这些人之中至少有10%可以成为天使投资家。假定每位天使投资家每笔投资仅为10万美元，潜在的天使资本就高达100万美元（即250万卢布，2007年11月汇率）。②

与德国相似，俄罗斯的天使投资也偏向于早期投资：创始期为40%，种子期投资则为60%。从投资领域上看，它似乎是趋向于在德国和波兰之间。如果说德国的天使投资大部分投入高科技领域，而波兰的天使投资大都投入传统领域，俄罗斯的天使投资则居于二者之间：既投入高科技，又投入传统领域。见图5.9。

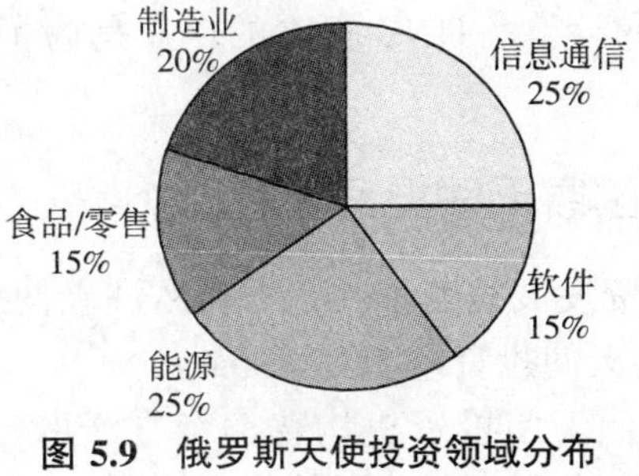

图 5.9 俄罗斯天使投资领域分布

---

① European Business Angel Network，2008，July 4，European Dictionary of Business Angel Networks in Europe

② Kashirin，Alexander-Chairman of the Board of The National Union of Business Angels of the Russian Federation（RUSSBA），2007，Russian Business Angels，First Annual Us-Russia Business Angel Symposium，Boston Region Open Doors

九、爱尔兰天使投资

爱尔兰商业天使合伙组织是爱尔兰全国天使投资机构，它由以下三种机构合作构成：爱尔兰企业家协会、爱尔兰内部贸易组织和爱尔兰企业和创新中心。目前，爱尔兰商业天使合伙组织由 Dubin 企业创新中心管理，其宗旨是建筑一个创业者与投资者沟通的平台。一般地，爱尔兰商业天使投资额为 2.5 万~25 万欧元。

十、瑞士天使投资

瑞士商业天使联盟（Association of Swiss Business Angels Networks，ASBAN）于 2003 年创立于瑞士首都苏黎世，它是瑞士的一家全国性商业天使机构，瑞士国内不少天使投资机构都是 ASBAN 的会员。ASBAN 虽然创立于 2003 年，但瑞士全国性天使投资活动一直十分活跃。全瑞士天使投资年度人物的评选可追溯到 2001 年。ASBAN 除了大力促进瑞士全国的商业天使投资的发展，而且，作为欧洲天使投资联盟的成员，它还致力于加强瑞士天使投资家与各国天使投资机构的合作。瑞士的 Hommels 博士被选为欧洲企业私人投资的 2006 年度人物。

十一、瑞典天使投资

瑞典的天使投资活动与其风险投资活动密切相关。事实上，瑞典风险投资协会是积极推进该国天使投资的最重要的力量。正因为这样，瑞典的天使投资家与风险投资家之间能够密切合作。天使投资的项目也往往能够得到风险投资家的支持。瑞典创立了一家专门用于种子期投资的风险投资基金：STING 资本。这只拥有 420 万欧元的基金，其资金来源于政府机构、天使投资家个人、风险投资以及私人的机构投资者。STING 资本的创立是为了解决种子期资金短缺问题的。

十二、其他欧洲国家天使投资

欧盟各国的天使投资发展程度不一，根据欧洲天使投资联盟（EBAN）2008 年的调研，[①] 欧洲各国的天使投资组织见表 5.4。

从表 5.4 可以看出，天使投资机构普遍存在于欧洲各国，以英国、法国、德国、瑞典、西班牙、意大利、葡萄牙等国家领先。

欧洲的天使投资实践证明，天使投资的确是企业早期融资的一个重要的资

---

① European Business Angel Network，2008，July 4，European Dictionary of Business Angel Networks in Europe

表 5.4 欧洲各国天使投资机构（2008 年）

国 家	天使投资机构数量
奥地利	3
比利时	4
保加利亚	2
克罗地亚	1
捷克共和国	2
丹麦	3
芬兰	1
法国	66
德国	38
希腊	1
匈牙利	3
爱尔兰	4
意大利	11
拉脱维亚	1
卢森堡	1
马耳他	1
挪威	7
波兰	5
葡萄牙	10
俄国	4
斯洛文尼亚	1
西班牙	37
瑞典	22
瑞士	8
荷兰	9
土耳其	2
乌克兰	1
英国	35
英国/苏格兰	18
欧洲多国	4
欧洲总计	298

金渠道。风险投资仅仅将1%的投资投入初创期，而天使投资却投入其总额的40%。此外，天使投资对于最先进的领域、最热门的项目投资反应也极其快速，例如，2007年，欧洲天使投资投入环境（清洁工程技术）领域的资本高达总投资额的20%，见图5.10。[①]

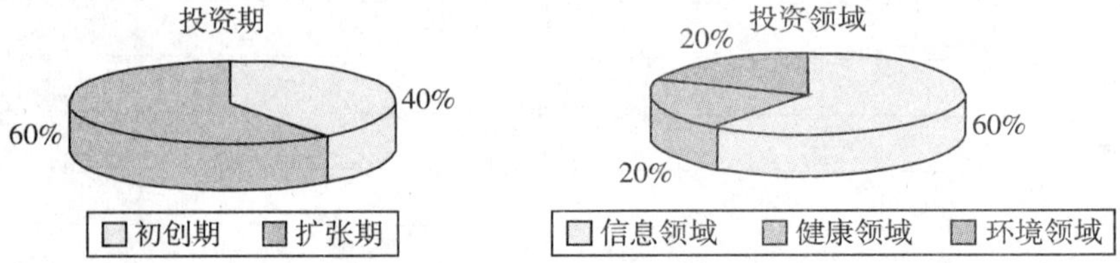

图5.10 欧洲天使投资概况（2007年）

第五节 亚太天使投资

一、澳大利亚天使投资

澳大利亚天使投资协会于2007年成立。该协会理事会由5位成员组成，而每位成员又是某一个天使投资机构的代表：John Mactaggart为澳大利亚天使投资协会主席，又是布里斯班天使团（Brisbane Angels）的创始人，见相片；John Ballard是生物工程天使团（BioAngels）的创始人；Jordan Green是VIP天使团（VIP Angels）的创始人；David Malloch是资本天使团（Capital Angels）的创始人；而Stewart Gow来自于政府部门，也是布里斯班天使团（Brisbane Angels）的创始人之一。澳大利亚天使投资协会有17名会员，全部是各个地区的天使投资机构，包括4个新西兰天使投资机构和13个澳大利亚天使投资机构。如：澳大利亚商业天使团，它成立于1995年，是澳大利亚最早的天使投资机构之一。它共有天使投资家650人作为会员，平均每个月作至少两笔天使投资。

澳大利亚天使投资协会主席 John Mactaggart 先生

① European Business Angel Network，2008，July 4，European Dictionary of Business Angel Networks in Europe

澳大利亚天使投资协会主席 John Mactaggart 同时是布里斯班天使团的创始人，这个天使投资机构拥有 90 余名天使投资家，活跃在昆士兰州的东南部各个市区。Mactaggart 家族经营各个工业领域，多年的实践使得 John 具有丰富的工业经验，尤其是农业、畜牧业、食品加工业、国际贸易、机械业及软件。John 创建、投资，并参与管理了 ASX 公司，并帮助其上市。从 1991 年起，John 一直是澳大利亚公司董事学院的高级研究员。

截至 2008 年年底，澳大利亚共有 16100 名活跃的天使投资家。他们共投资 16.9 亿澳元到大约 5000 家创业企业中。这些天使投资帮助澳大利亚创造了 35000 个工作岗位。

二、新西兰天使投资

新西兰天使投资十分活跃。2006 年，新西兰天使投资首次超过 2000 万新元。2007 年，这个数字进一步上升为 2400 万新元。2008 年，受到金融危机的影响，新西兰天使投资略有下降，为 2240 万新元。

在新西兰，天使投资分为四个阶段：种子期、创始期、扩张前期、扩张期。根据新西兰天使投资协会的统计，这四个投资期限平均每个项目的投资额为：种子期：24.2 万新元；创始期： 76.7 万新元；扩张前期：130 万新元；扩张期：110 万新元。[①]

新西兰天使投资团提出天使投资的十大原则：

（1）事前调研：对于所投人、项目、市场做调研。

（2）尽量利用网络信息。

（3）参加各种各样的论坛和会议。

（4）利用目前自己所有的各类关系。

（5）找到那些和自己投资兴趣相似的人们。

（6）向退休的企业家和投资家请教。

（7）寻找共同投资的天使投资家。

（8）投资自己的钱。

（9）整合所投企业的管理团队。

（10）保持竞争力。

三、印度天使投资

印度天使投资联盟成立于 2006 年，是世界天使投资协会的创始人之一。Saurabh Srivastava 先生为印度天使投资联盟主席，Padmaja Rapurel 女士为该联

---

① Andy

盟副主席。印度天使投资联盟共有机构会员 9 名，个人会员 78 名，旗下天使投资家共有 250 人。他们不仅投资于印度本土，还投资于美国、英国、加拿大、日本、新加坡、斯里兰卡和法国等国家。

印度天使投资联盟一般投资于种子期和创始期的企业，投资额度约为 10 万~50 万美元，最高投资一般不超过 100 万美元。

活跃在印度的天使投资网上交易公司：天使投资联盟印度，是基于英国的利用网络进行天使投资的平台。这个总部在英国的天使投资网在全世界 50 余个国家/地区建立了分支机构。它通过网络使得天使投资家和创业者见面、交流、评估，以至最终投资。截至 2009 年 5 月，天使投资联盟印度聚集了近 4000 万印度卢比的天使资本。这个平台在中国也相当活跃。

第六节　其他地区的天使投资

一、南美天使投资

南美天使投资以智利为例。智利天使投资协会也称为南部天使投资团（Southern Angels），成立于 2004 年，主席为 Fernando Prieto 先生。智利天使投资协会是世界天使投资协会（WBAA，www.wbaa.biz ）的创始人之一。智利天使投资协会目前拥有合格天使投资家 70 名。

二、中东天使投资

中东天使投资以阿联酋天使投资为例。处于阿拉伯联合酋长国的“阿拉伯商业天使联盟”（Arab Business Angels Network，ABAN）是于 2005 年由《青年阿拉伯领导者》组织（Young Arab Leaders，YAL）和迪拜控股公司（Dubai Holding）发起并由迪拜国际资本集团出资筹建的天使投资机构。该机构于 2006 年正式成立，并由富有丰富投资经验的 Walid Hanna 先生担任联盟的 CEO。

阿拉伯商业天使联盟是世界天使投资协会（WBAA，www.wbaa.biz）的创始人之一。阿拉伯商业天使联盟是中东及北非地区（Middle East and North Africa，MENA）最大的天使投资机构，它共有 5 个机构会员，活跃在阿拉伯 20 余个国家中。

阿拉伯商业天使联盟旗下有两只特殊投资基金：一只 1000 万美元的种子基金，专门投资于创业企业的种子期；另一只 500 万美元的专项基金投资于阿拉伯世界妇女创业者的企业。

三、以色列天使投资

以色列天使团成立于2005年，是积极推动以色列种子期/早期投资的民间组织。该组织中的天使投资家们一般投资于创业企业初期，投资额为50万~200万美元。他们投资的企业通常为创新型的高科技企业，投资的标准如下：

（1）高增长的科技型公司，仅仅需要少量资金就能够顺利开展业务，具有快速发展的潜力，能够为投资者带来高收益。

（2）具有确定的可升级的产品/服务，具有创新型科技含量，具有知识产权保护。

（3）概念已经被确认，进入实验过程，或生产过程，或已经进入销售阶段。

（4）强有力的、充满活力的管理团队，具备科技知识和管理方面的业绩。

除了在以色列、美国，也有一些天使投资机构专门投资于以色列本土的项目，或以色列以外犹太人的创新型项目。

在纽约，Oren Fuerst 博士和 Oren Heiman 先生于2007年成立了“Tevel 天使俱乐部”。这是一个非营利组织，所有的会员都必须具备“合格投资者”身份。这里的天使投资家专门投资以色列本土的创业项目。这个俱乐部每两个月在纽约市聚会一次，每次聚会邀请3~5个科技创新项目做路演，如果为天使投资家看中，即可投资。Tevel 天使俱乐部在运作天使投资的同时，鼓励天使投资家们的慈善行为，鼓励他们在投资的同时为创业企业作一些无偿的服务或奉献。

在旧金山，一些成功的犹太商人成立了“天使部落”。天使投资家投资于美国和以色列的创业项目。

第七节　各国政府对天使投资的支持

一、英国政府的天使投资政策

一方面，天使投资具有高风险、高收益的特征；另一方面，天使投资又对创业企业，尤其是高科技创业企业的早期融资起到举足轻重的作用，各国政府都先后制定了一些方针政策，以鼓励本国、本地区的天使投资发展。

在这方面做得比较早、力度比较大的应当首推英国政府。英国政府扶植天使投资的诸多政策中，比较著名的是所谓企业投资计划（Enterprise Investment

Scheme，EIS）。[①]

企业投资计划（EIS）是英国政府的一项税收优惠方案，向那些被政府认定的合格公司进行股权投资的投资者提供一系列税收优惠。以下是 EIS 五种不同的税收减免：

1. 所得税减免（Income Tax Relief）

如果一项符合 EIS 要求的投资持股时间为自发行日起三年以上，或者从交易之日起持有三年以上，在被投企业中股权低于 30%的个人投资者（通常称为天使投资家），可以减免他们相当于投资额 20%的所得税。最低认购额度为每家公司 500 英镑，最高为每人每年 50 万英镑。例如，一个投资者在一个财政年度中的 10 月 6 日前认购合格股份后，可以要求将上一财政年度投资额的一半划入本年度，以符合最高 50 万英镑的额度。这是因为在英国，财政年度从每年的 4 月 1 日起，而税收补贴从每年的 4 月 6 日起。因此，10 月 6 日以前可享受半年的税收优惠。

所得税减免的计算：

所得税减免是针对投资者个人（夫妻分开算）的一项政策，减免额度为认可投资者所投资金的 20%，任何一个财政年度最高减免额为 50 万英镑。假定投资是通过获批的基金来完成的，再假定 90%的个人认购的都是基金封闭后 12 个月内完成的，EIS 在基金封闭的当年是有效的。减税通常是向投资者进行税收返还，或者在 PAYE 系统中作出调整。所谓 PAYE 制度是指“pay as you earn”，即所得税在薪水发放时被扣除的制度。

这种税收优惠可以给投资者带来直接的好处。

EIS 例子 1：

最初投资	5 万英镑
减免税收 20%	1 万英镑
投资净成本	4 万英镑

2. 资本利得税递延（CGT Deferral Relief）

投资不同资产实现的资本利得递延方式不同，如果发生在 EIS 投资之前的三年内或之后的一年内，延期减免没有限制。换句话说，没有每年 50 万英镑的额度限制，同时拥有超过 30%公司股份的投资者（个人或受托人）也可以申请递延。递延可以连续进行。

资本利得税递延，即凡个人投资在认购一家 EIS 认可的公司股份之前三年

① PACEC（2003）Research into the Enterprise Investment Scheme and Venture Capital Trusts，Inland Revenue Research Report

或之后一年内发生的可征税的资本利得，都可以要求将该资本利得的全部或部分进行税收递延。被递延的资本利得没有最高额度限制，仅以所认购 EIS 公司股份金额为限。资本利得可以延期到股份转让时为止，如果有其他特定事件也可能早一些。一旦 EIS 认可的公司的股份被卖掉，递延利得将计入出售之年的资本利得税项目进行征税。

EIS 例子 2：假定投资者同时要求所得税减免

最初投资	5 万英镑	2008 年 4 月
所得税减免 20%	1 万英镑	
资本利得递延	2 万英镑	2007 年 4 月——资本利得 5 万英镑（假定不实行逐级递延）
投资净现金支出	2 万英镑	

2011 年 8 月股份出售

收益	8 万英镑
应税资本利得	0 英镑——持有 3 年以上税收免征
免税资本利得	3 万英镑
递延应税资本利得 2008/2009	5 万英镑
应缴税款 18%	9000 英镑

如果所得税税率为 20%，那么全部节省的所得税将为 4 万英镑，即免税的 3 万英镑加上 1 万英镑的所得税减免。同时，延期的资本利得 2007 年 8 月适用税率为 40%，但到 2022 年 11 月降至 18%，节省了 1.1 万英镑。

EIS 例子 3：假定只申请税收递延

最初投资	1 万英镑	2008 年 4 月
资本利得递延	4 万英镑	2007 年资本利得，1 万英镑
投资净现金支出	6 万英镑	

2011 年 8 月股份出售

卖出收益		120 万英镑
应税资本利得	20 万英镑，税率 18%	3.6 万英镑
递延应税资本利得	100 万英镑，税率 18%	18 万英镑

申请资本利得递延所节省税收 22 万英镑（40 万减去 18 万）。

3. 资本利得税免税（CGT Freedom）

若符合 EIS 条件的（被投资）股票已享受无被追索的所得税减免，则该股票持有期自股票发行日或交易日起三年以上的则无需支付资本利得税。

资本利得税免税，即从认购日期或交易日期算起投资期限三年以上，并且投资于符合 EIS 条件的公司的这部分股权（已经获得 EIS 税收减免且不会被追索）免征资本利得税。

EIS 例子 4：

三年后投资价值	8 万英镑
初始投资额	5 万英镑
免税的资本利得	3 万英镑

若所得税减免比例为初始投资额的 20%，则总收益为 4 万英镑，即 3 万英镑的免税资本利得加 1 万英镑所得税减免（5 万英镑 × 20%）。

4. 损失减税（Loss Relief ）

若符合 EIS 要求的股票在任意时刻出售发生亏损时（已考虑所得税减免），这部分亏损可以部分抵消投资者的资本利得即出售股票当年或前一年的收入。若亏损减免的所得是用来抵消所得税的，其净效应是当股票毫无价值时，对于一个所得税税率高达 40%的投资者来说，其投资的风险敞口只相当于投资额中每英镑中的 48 便士。或者这部分损失可以抵消以现用的税率计税的资本利得税——纳税年度 2008/2009 的税率为 18%。

损失减税，若任意一项符合 EIS 条件的投资发生了资本损失（已扣除所得税减免），损失减税将生效。这一部分损失可以用于减免当年或前一年的所得税，或者用以抵消当年或以后年度的资本利得。如果亏损减免用以抵消所得税，损失减税可以缩小投资者的风险敞口至初始投资额的 48%（假定投资者所得税率高）。

EIS 例子 5：亏损减免抵消所得税

初始投资	5 万英镑
以投资额 20%比例减免所得税	1 万英镑
投资净成本	4 万英镑
若投资价值降至 0 英镑，则净损失	4 万英镑
以净损失 40%比例计提损失减免	1.6 万英镑
净损失	2.4 万英镑
净损失占初始支出比例	48%

若亏损减免用以抵消资本利得税，则可以按照常用税率抵消当年或以后年度的资本利得税，2008/2009 年的减税比例为 18%。

EIS 例子 6：亏损减免抵消资本利得税

初始投资	5 万英镑
以投资额 20%比例减免所得税	1 万英镑
投资净成本	4 万英镑
若投资价值降至 0 英镑，以 18%计提损失减免	7200 英镑
净损失	32800 英镑
净损失占初始支出比例	65.6%

5. 免除遗产税（Inheritance Tax Exemption）

符合 EIS 条件的投资持有两年以上则基本可免除遗产税。

免除遗产税，即若投资人在死亡前已持有投资两年以上，在大部分情况下，这部分投资可在享受其他 EIS 减免税收的优惠条件基础上全额免除遗产税，投资净支出可能下降至 0。

EIS 例子 7：

初始投资	5 万英镑
以投资额 20%的比例减免所得税	1 万英镑
资本利得税递延	2 万英镑
以投资额 40%的比例减免遗产税	2 万英镑
投资净支出	0 英镑

减免遗产税——假定在投资者死亡之日投资价值为 5 万英镑，若其价值增加了，将最高获得相当于其价值 40%的遗产税减免。

EIS 对那些投资组合中包含高风险公司的投资者同样适用。

EIS 管理办法较复杂，且与其他法律紧密相连，因此投资者在投资前向该领域的专业人士咨询是很有必要的。由于这是一个专业性很强的领域，投资者在寻求咨询帮助前请先检查该公司的职业证书以确保该公司在 EIS 领域足够专业并可以提出有价值的建议。许多咨询公司不具备该领域的专业知识，因此从 EIS 的惯例看，他们可能会对你投资对象的选择产生负面影响。若有疑问，请咨询合格的专业人士。

此外，英国政府 1998 年又出台了《金融法例》，推出了资本利得税的减免条款。其中，对个人而言，资本利得税的税率在 4 年后从 40%降到 10%。减免的优惠适合投资于未上市公司的股份收入。①

① 刘曼红，李引亚，马丁·布鲁. 英国的非公开权益资本与风险投资. 国际金融研究，2006 年第 2 期

二、欧洲其他国家政府的天使投资政策

除了英国政府外，对于天使投资提供力度较大的税收鼓励政策的还有法国及其他欧洲国家。以下是本书的作者根据欧洲天使投资联盟 2008 年的研究报告①简单摘要的，有兴趣的读者可以从原始文件中得到更详尽、更全面的信息。

1. 法国

个人投资者，包括天使投资家投资额度在 2 万欧元之内，可以获得每人每年可投资额的 25%的减税优惠，夫妻投资额度在 4 万欧元之内，可获得同样 25%的减税优惠。如果投资的企业在创业后 8 年内破产，其全部投资额可抵免纳税额。投资于中小企业的资本，全部投资额的 75%可以减免纳税额，减免额度不能超过 5 万欧元。

2. 比利时

投资到政府认定的风险投资基金或其他 PE 基金的个人，其投资额的 90%受到政府担保，此外，还获取 8.75%的减税优惠，最高受惠额每人每年为 2500 欧元。投资到天使投资基金的，可受到同样优惠。

3. 德国

2008 年 7 月，德国政府推出新政策，承认天使投资人的私人投资者地位，他们可以享受与风险投资基金一样的税收优惠。如果天使投资家通过一家股份公司投资，他们的资本利得的 95% 可以免资本利得税。

4. 爱尔兰

国家建立了“商业扩展计划”（Business Expansion Scheme，BES）。与英国的企业投资计划（Enterprise Investment Scheme，EIS）相似，爱尔兰的 BES、个人投资者投入私人股权基金或风险投资基金，只要符合 BES 的要求，可以享受税收优惠。

5. 卢森堡

投资到风险投资项目的个人可以得到投资额 30%的最高税收抵免。

6. 波兰

天使投资家或其他投资者，只要投入国家认定的“新科技”项目，投资新项目的费用的 50%，可以享受税收优惠。

7. 葡萄牙

天使投资家投入到企业的资本，可以获得政府风险投资基金的追加投资。

8. 俄罗斯

直接投入企业的资本，包括天使投资，可以豁免资本增值税。

---

① EBAN：Financial incentives available for business angels in Europe，2008.7

9. 荷兰

个人对于创业企业的投资损失可以减少资本利得纳税额。

三、美国政府的天使投资政策

2008 年 2 月，美国全国州长协会发表了《各州推动天使投资以促进经济发展的策略》① 的报告。这份报告承认，由于天使投资的数据极难收集，很难得出确定的结论。

但 2006 年，美国种子及风险投资基金协会（the National Association of Seed and Venture Funds，NASVF）发表的报告“Seed and Venture Capital：State Experiences and Options”，② 提出各州政府推进本地区天使投资活动的建议。它指出，各州政府对于天使投资及种子期风险投资的税收抵免政策要鲜明，给予投资者的税收鼓励应当足够大才能够起到效用。此外，在税收优惠的政策执行方面，应当由富有经验的私人部门积极参与。

Jeffrey Williams（2008）在他的研究中，总结了美国四个州的天使投资鼓励政策：夏威夷州、堪萨斯州、威斯康辛州、肯塔基州。

1. 夏威夷州

这四个州中，以夏威夷州最为优惠：天使投资家的税收抵免达投资额的 100%，每个被投企业每年的最高税收抵免额不高于 200 万美元，但对于每个天使投资每年的总投资额的税收抵免没有最高限额。假定一个天使投资家一年投资 2 个项目，每个项目投资 100 万美元，他可以拿到 200 万美元的税收抵免；假定他每个企业投资 200 万美元，他可以拿到 400 万美元的最高税收抵免额。

最初，夏威夷对于投资于高科技企业的天使投资家仅提供 10%的税收优惠。到 2001 年 5 月，州长 Benjamin Cayetano 先生提议并通过了“Act 221”政策。这个法规明文规定给予天使投资家以 100%的税收抵免，条件是他们必须是投资于“QHTB”（Qualified High Technology Business），即准许的高科技企业。这 100%的投资税收抵免是分五年进行的，每年投资者可得到投资额的 20%的税收优惠。

2. 堪萨斯州

堪萨斯州的天使投资税收优惠政策在全国居中：它的税收抵免额为 50%。即天使投资家每年每个企业的投资额有一半由州政府负担（税收抵免）。21 世

---

① The National Governors Association（NGA）. State Strategies to Promote Angel Investment for Economic Growth，February 2008

② The National Association of Seed and Venture Funds（NASVF）. Seed and Venture Capital：State Experiences and Options，May 2006

纪初，堪萨斯州政府成立了“堪萨斯科技企业公司”（Kansas Technology Enterprise Corporation，KTEC）。KTEC 虽然是政府创立的，但却采取公私合作的管理模式，它有一个独立的理事会，从事日常管理，不必事事请示政府商业管理局。它的资金来源的主要部分是来自政府彩票收入。

2005 年，堪萨斯州正式通过了天使投资家税收优惠法（“The Angel Investor Tax Credit”），这个税收优惠法是通过 KTEC 来执行的。最初，堪萨斯州把每年的税收优惠总额定为 200 万美元。但该法规实行的头 25 天内，这 200 万美元税收优惠额就全部用完。这使得堪萨斯州政府不得不调整自己的审批过程。2008 年，州政府把税收优惠的上限提高到 600 万美元。

与夏威夷州一样，政府给予天使投资家的税收优惠仅限于投资于政府认可的高科技企业。从 2005~2007 年，堪萨斯州共向天使投资家们税收抵免 660 万美元，而这种政策却大大支持了天使投资在堪萨斯州的发展。这几年中，堪萨斯的高科技企业共融资 8130 万美元。

3. 威斯康辛州

威斯康辛州对于天使投资家每项投资给予最高 12.5 万美元的税收抵免额。2003 年，威斯康辛州设立了“威斯康辛发展”计划。基于对于天使投资家投资额 25%税收抵免的基础，州政府专门拨款 300 万美元用于对天使投资家的税收优惠。天使投资家的 25% 的税收抵免额是分两年进行的。税收抵免的原则是，天使投资家所投企业必须是政府认可的高科技领域，尤其是生物工程方面的高科技企业或传统行业的高增长企业。在政府政策的鼓励下，2005 年，全州企业的种子期/早期融资达 666 万美元。到 2006 年，这个数字上升到 1029 万美元。

与堪萨斯州的状况类似，威斯康辛发展计划是一个公私合作计划。公共方面以威斯康辛州商业部为代表，私人方面由威斯康辛州天使投资联盟（Wisconsin Angel Network，WAN）。WAN 是在威斯康辛科技局下的一个非政府的私人机构，不属于政府管辖。WAN 为该州搭建了资本与创业结合的平台。它的主要任务之一是对于本地天使投资家的教育与培训。WAN 虽然是私人机构，但它的创建者却是两位州政府工作人员：一位来自威斯康辛州金融机构部，另一位来自该州科技局。WAN 的公私合作运作模式颇为成功。

创业者如想获取 WAN 方面天使投资的支持，必须分两步走：先公共部门，再私人部门。第一步，他们到该州商业部申请政府对于其高科技企业或高增长企业的认可。获得政府认可后，进行第二步，创业者上网向 WAN 递交商业计划书，以申请天使投资的资助。

2007 年，威斯康辛州的天使投资总额达到 1470 万美元，而到 2008 年 6 月，该州的天使投资额比去年同期增长了 43%。

4. 肯塔基州

肯塔基州是美国最早通过促进企业早期投资法案的州。早在 1998 年，肯塔基州就通过了肯塔基投资基金法案，即 KIFA（“Kentucky Investment Fund Act”）。与上述三个州相似，肯塔基州也采取了公私两栖的政策：政府给予个人和种子期/早期基金以税收抵免优惠，但只有这些天使投资家个人，或早期风险投资基金得到政府的投资资格确认。

但与其他三个州不同的是，KIFA 要求企业的种子期/早期投资必须通过建立种子基金或专门投资于早期的风险投资基金完成。这些基金的最小规模为 50 万美元，每个个人投资者在基金中的比重不得超过基金总额的 40%，同时，基金的每笔投资不得超过基金总额的 30%。此外，每只基金可在整个运营期间获取高达 800 万美元的政府税收抵免优惠。而整个 KIFA 项目的总税收抵免额最高不得超过 4000 万美元。一旦达到最高限额，KIFA 要向政府重新申请扩充资金。

除了 KIFA 以外，肯塔基州政府还成立了政府种子资本基金，即 CSC（Commonwealth Seed Capital Fund）。CSC 是一只政府基金，但却由私人部门管理。目前，这个基金的投资委员会全部由个人天使投资家组成。

上述四个州的天使投资政策对比如表 5.5 所示。

表 5.5 天使投资税收抵免政策的特征

	夏威夷州	堪萨斯州	威斯康辛州	肯塔基州
名 称	（第 221）高科技企业投资优惠法案（2001）	堪萨斯州天使投资者税收法案（2005）	（第 255）天使投资者税收抵免法案（2005）	肯塔基投资基金法（1998）
比例（抵免额/投资额）	100%	50%	25%	40%
抵免期限	跨 5 年期:35%,25%,20%，10%，10%	投资当年：全部（50%）	跨两年期：12.5%，12.5%	任意一年不超过总授予抵免额的 50%
抵免限额	每企业每年 200 万美元	每项目 5 万美元，每年 5 个投资者	每项目 25 万美元，在两年时间分开抵免	每基金终身上限 800 万美元
全州限额	无	每年 600 万美元，预计持续至 2016 年	每年 300 万美元，可借用其他未使用年限资金	所有基金终身上限 4000 万美元
可转移性	特殊目的实体转移比例 2∶1	可将税收减免转给第三方	正常情况下不可转移	正常情况下不可转移
退税可能性/递延性	没有退税可能性	没有退税可能性，结转直至零	没有退税可能性，至多结转 15 年	没有退税可能性，至多结转 15 年

从表 5.5 可以看出，上述四个州中，肯塔基州是最早通过天使投资鼓励政策的州，而天使投资税收抵免比例最优惠的是夏威夷州，最低的是威斯康辛州，

而堪萨斯州正好居中。虽然堪萨斯州在税收抵免比例上居中，但它比别的州更优惠的是，它允许当年全部抵免。在税收优惠是否可以实现退税的问题上，四个州没有退税可能性，而威斯康辛州和肯塔基州的税收优惠可以递延。

四、澳大利亚政府的天使投资政策

澳大利亚天使投资是在 20 世纪 90 年代中期才逐渐发展起来。澳大利亚政府在 2006 年曾经发表了一个关于天使投资的报告。该报告指出，澳大利亚天使投资家平均每人大约投入了 8 个项目，平均每年投入 1~2 个项目。

COMET 是澳大利亚政府支持早期投资的计划，它是通过澳大利亚各级地方政府的 16 个商业顾问而实现的。科技型创业企业，科技创新项目的商品化转型，大公司剥离下的子公司，或个人创业者都有资格向 COMET 申请政府资助。获得 COMET 资助的条件是，必须经过 COMET 旗下的商业顾问的两年的培训，必须具备获取天使投资、风险投资、商业银行贷款等资金来源的可能性。COMET 的资助分为两步走：第一阶段为 6.4 万美元；第二阶段为 5.6 万美元。自从 2000 年成立以来，到 2008 年年末，COMET 共帮助企业融资 5.41 亿美元。

五、新西兰政府的天使投资政策

新西兰政府支持天使投资的若干原则：

（1）利用非公经济的投资工具：选项、尽职审查、评估、投资后管理等。政府不参与项目评选。

（2）政府参与投资管理者的选拔，但这些基金管理者也要遵循非公经济的投资管理模式。

（3）政府必须与私人部门分担投资风险。政府资金只作跟投。

（4）必须把政策制定功能与管理执行功能区分开来。雇用专业人士从事基金管理业务。

（5）建立经验丰富的投资管理团队是长远大计。

新西兰有一个相对活跃的天使投资团体。全新西兰共有 7 个天使投资机构。

过去的天使投资行业可以看做“草房行业”。在新西兰，天使投资人大约在 1000~20000 人。但真正的专业的天使投资家，那些从事尽职审查，投资后积极参与企业成长的天使投资家不足 1000 人。

2005 年，新西兰政府成立了种子期跟投基金（Seed Co-Investment Fund，SCIF）。该基金由新西兰政府委托新西兰风险投资基金（New Zealand Venture Investment Fund，Limited）来管理。

SCIF 的原则是：

（1）SCIF 选择合格的私人投资者，进行跟投。

（2）SCIF 作为一种被动的投资者，仅仅跟投。

（3）SCIF 只投种子期和创始期的企业。

（4）一家公司最高只投 25 万新西兰元。

（5）SCIF 有 12 年寿命，平均投资退出时间为 5~6 年。

（6）SCIF 总投资额约为 4000 万新西兰元。

2008 年，新西兰又创立了“Halo Fund”，这种基金规模较小，专门从事种子期投资。新西兰政府规定：

（1）Halo 基金最小规模为 500 万新西兰元。

（2）每个天使投资家的最低投资额为 25 万新西兰元。

（3）该基金一般寿命为 10 年。

（4）该基金投资盈利全部分配给投资者，不能进行再投资。

（5）每笔投资最高额为 12.5 万新西兰元（首轮投资最高额为 12.5 万新西兰元，追加投资额也不得超过 12.5 万新西兰元）。

（6）该基金作为跟投基金，其跟投比例为 1∶2，即别的投资者若投入 10 万元，该基金可投入 5 万新西兰元。

（7）该基金只能投入“合格项目”。所谓“合格项目”是由一家天使投资机构推荐过来的项目。

（8）该基金不投入的行业有：房地产、铁路、零售及旅游（但不排除被这些行业所利用的科技创新项目）。

截至 2008 年，全新西兰共有 9 家 SCIF，并有 5~10 家投资于种子期的私人投资机构。新西兰规划到 2014 年，全国共成立 20 家 SCIF，结合私人早期投资者 15 家左右，以推动新西兰的企业早期投资。

第六章　中国天使投资：天使投资的中国特色

北京民营科技实业家协会 2007 年 7 月的《中关村科技园区天使投资发展环境研究报告》中指出，“中国最早的天使投资起源于 1986 年开始实施的‘863 计划’和 1988 年开始实施的‘火炬计划’，这是两个由政府主导的投资于种子期的天使投资计划”。这样看来，中国最早的天使投资是由政府推动的。这是中国天使投资的特色之一，也是我们研究中国的天使投资不能不注重的基本事实。

第一节　中国中小企业融资状况

一、国内中小企业的融资困难

中小企业融资难，中国中小企业融资更难。

同样，创业型中小企业融资难，中国的创业型中小企业融资更难。

（一）中小企业融资难是普遍现象

在寒冷的贝尔法斯特，国际中小企业协会于 2008 年 11 月召开了第 35 届年会。在会上，各国代表纷纷阐述了自己国家中小企业的发展状况。各国状况颇有不同，然而，中小企业融资难的问题却普遍存在，无论是发达国家，还是发展中国家，无论是经济大国，还是小国，中小企业如何解决资金来源问题是大家共同面临的一个难题。

在全球面临金融风暴、经济危机的宏观环境下，中小企业面临着更艰巨的融资难题。中小企业融资渠道多种多样，不论是直接融资，还是间接融资，不论是信贷融资，还是股权融资，经济状况越差，融资途径就越受到限制。就连相对活跃的私人权益资本和风险投资都开始出现萎缩。在这种情况下，人们越来越把视线从风险投资转向非正规的风险投资，转向天使投资（或称为商业天使）(Business Angel Investment，BA)。

（二）中小企业融资难的客观原因

在本书第三章，作者曾经分析了中小企业的三种类型：创业型中小企业、成长型中小企业和成熟型中小企业。这三种中小企业的融资需求不同，它们的资金来源也不同。然而，不论是哪种中小企业，都几乎无一例外地面临融资难的问题。

中小企业融资困难具有其一般原因及特殊原因，一般原因适用于上述三种中小企业的任何一种，而特殊原因则根据中小企业类型的不同而不同。我们把影响中小企业融资的一般原因归纳如下：

1. 规模问题

相对大型企业来说，中小企业的资产规模较小，很难作为银行贷款抵押。而商业银行由于自身抗拒风险的需要，往往要求贷款企业出示一定的资产规模以作贷款抵押。中小企业由于缺乏这种抵押，其银行贷款往往受到限制。虽然各国政府纷纷出台各种各样的优惠政策以鼓励商业银行向中小企业发放贷款，但仍然没有从根本上解决中小企业贷款难的问题。

2. 融资成本问题

中小企业的融资一般面临一把双刃剑：一方面，由于自身规模的限制，其经营风险相对较高，对于投资者（无论是借贷资本还是权益资本）来说，投资风险高，相对投资交易成本就高，这是由于交易成本中重要的一部分是监督成本或风险控制成本。对于同等额度的投资来说，投资者对中小企业的投资监督成本大，从而投资交易成本往往大大高于其投资于大型企业的成本。另一方面，由于中小企业普遍融资额度较小，进一步提高了投资者的投资成本。这是规模经济效应（Economy of Scale）所带来的成本效应。投资者投入 1 亿元或投入 100 万元，其需要进行的各种手续及要走过的各种审核流程基本相同。从投资者的角度看，一笔大额投资自然比若干笔小额投资的投资成本低得多，其投资后的管理费用也要小得多。以银行贷款为例：假定同一家银行在同一个地区做如下两种业务：

（1）贷款给一家大型企业，一次贷款 1 亿元；

（2）贷款给 10 家中小企业，每笔贷款 1000 万元。

显而易见，对于银行来说，前者的贷款总费用大大小于后者的贷款总费用。

3. 透明度问题

中小企业投资风险高，不仅仅是由于它们的生产规模小，而且由于相对大型企业来说，中小企业的经营透明度相对较低。大型企业往往具有足够的资源建立健全透明的会计制度和审计制度。而中小企业由于生产规模、资金规模的限制，往往不具备这种能力。

4. 经营风险问题

由于规模的限制，中小企业的经营风险相对较高。经营风险高不仅会造成控制成本高，而且使得投资资本的风险损失系数增大。

（三）创业型中小企业融资难的特殊原因

上述几种原因适用于所有类型的中小企业。一般地，中小企业融资难是由于规模问题、透明度问题、融资成本问题和经营风险问题。而这几个问题又是相互作用、相辅相成的。这些问题使得中小企业往往面临融资困难的境地。对于创业型中小企业来说，其融资难就更加明显。除了上述种种原因外，创业型中小企业还具有一些其他类型中小企业所不具备的融资障碍。

1. 融资历史太短，资信记录缺乏

创业型中小企业像婴幼儿，它们还没有在这个世界上生活很长时间，它们还没有建立自己的融资档案，还没有形成自己的融资历史。有些初创企业根本就没有尝试过外部融资，自然无历史可谈。没有融资历史，就没有资信记录，投资人便失去了可以作为参考的被投公司的诚信材料，进而增加了投资风险。

2. 生产/服务过程不成熟，没有走出死亡谷

创业型中小企业往往没有形成一定的生产/服务的流程，很多东西还处于摸索过程中。它们的不稳定性增大了投资风险。创业型中小企业一般还没有或只有很少的营业收入，不足以弥补正常支出，它们还没有走出死亡谷。

3. 市场没有深入开发，收入不稳定

创业型中小企业还没有形成稳定的客户群，还没有建立健全自己的销售渠道。它们的收入往往十分不稳定，好像有“吃了上顿，没有下顿”的感觉。而成长型中小企业，尤其是成熟型中小企业虽然规模不大，也往往存在融资难的问题，但它们毕竟已经具有一定的市场、一定的销售渠道、一定的客户群，它们一般已经走出了死亡谷。它们虽然已经走出了死亡谷，但由于上述种种原因，仍然时时刻刻面临现金流的问题，仍然处于融资难的境地，而没有走出死亡谷的创业型中小企业所面临的风险可想而知。

4. 比起一般中小企业来，创业型中小企业具有更高的风险

美国 New Hampshire 大学的 Jeffrey Sohl 教授提出“高风险资本”（High Risk Capital）的概念，认为高风险资本包括两大主力：天使投资和风险投资。天使投资的高风险性就在于它是投资于种子期（有的学者把种子期又分为种子前期、种子期）和创始期的企业。

二、中国中小企业发展及融资渠道的特殊性

（一）中国中小企业的迅速发展

中国的中小企业对于中国经济发展起着越来越重要的作用。截止到 2006 年

10月底，我国中小企业数已达到4200多万，占全国企业总数的99.8%。经工商部门注册的中小企业数量达到430多万，个体经营户达到3800多万。中小企业创造的最终产品和服务的价值占国内生产总值的58%，生产的商品占社会销售额的59%，上缴税收占50.2%。[①]然而，中小企业所获得的资金来源却十分有限，这与我国中小企业在国民经济和社会发展中的地位作用是极不相称的。长久以来，融资难问题一直是制约中小企业发展的瓶颈（见图6.1）。

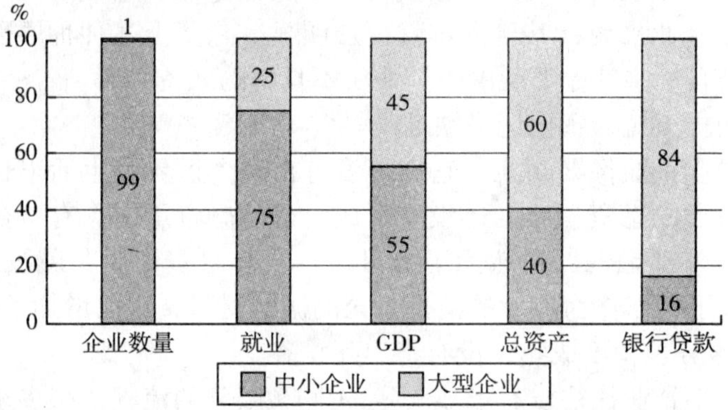

图6.1 中国中小企业与大型企业的对比[②]

图6.1言简意赅：我国中小企业占全部企业总数的99%以上，就业占75%以上，GDP占55%以上，总资产占40%左右，而银行贷款仅仅为总量的大约16%。这证明中小企业在融资问题上仍然处于劣势地位。2008年下半年以来，尤其是2009年上半年，中国人民银行、银监会反复强调加大中小企业贷款的力度，这个政策颇有成效。然而，正如下文所述，发放给中小企业的银行贷款在很大程度上是针对中型企业的，或者是小企业中规模比较大的。另外，即使是面对真正的中小企业的银行贷款，也往往是发放给成熟型的中小企业的；成长型，尤其是创业型中小企业往往比较不易获取银行贷款。

（二）融资问题：中小企业发展的瓶颈

工业和信息化部中小企业司在积极解决我国中小企业融资难方面一直起着主干作用。中小企业司副司长狄娜认为，解决中小企业融资问题是有关我国经济发展战略的大问题，是有关国计民生的大问题，是有关科学发展观的大问题。她提出，中小企业的发展不能仅仅追求速度，还要讲科学发展观。而中国中小企业的科学发展观是三位一体的：人文的、和谐的、绿色的。其中，“绿色”这一点将是最大的挑战，要实现它需要投入很大的成本。但我们不能仅注重眼前

① 中国社科院中小企业研究中心. 中小企业融资难的成因及对策. 2008年10月27日
② 中国人民银行网站

利益，更重要的是长远利益。

融资问题一直是中小企业发展的瓶颈。这主要是由于中小企业飞速发展和外部资金供应相对缺乏之间存在着不对称的矛盾。我国中小企业的发展是超常的，但是相应的融资机构和融资方式却跟不上企业发展的步伐。

从资金供应结构上看，中小企业外部融资的90%以上仍然来自于银行贷款，其他不足10%则来自上市、股权、债券、风险投资、天使投资，等等。如果从中小企业的结构来看，银行贷款主要是针对成熟型中小企业发放的，而创新型中小企业和成长型中小企业往往要依靠天使投资/风险投资等其他股权融资模式。

（三）中小企业的贷款担保

如前所述，我国中小企业融资以间接融资为主。很多中小企业，尤其是大批成熟型中小企业，希望以银行贷款解决中短期周转资本的短缺问题，这样，中小企业贷款担保问题就显得尤其重要。近年来，中小企业融资难的问题虽然整体上有所改善，但仍然存在很多问题。林毅夫教授指出，在众多的中小企业中，只有2%可以得到正式的贷款。按照世界银行的调查，中国的中小企业贷款情况劣于其他东亚国家。中国的中小企业只有12%的资金来自贷款，低于印度、马来西亚（21%）和印度尼西亚（24%）。[①]

进入2009年年初，面临全球金融风暴及经济危机，如何解决中小企业贷款难的问题就更加迫在眉睫。中国银监会主席刘明康提出，今年各银行业金融机构要充分认识小企业对就业、民生的重大作用，要把中小企业金融服务作为工作重点，确保中小企业信贷投放规模增速不低于全部贷款增速。尽快设立小企业信贷专营服务机构。2009年银行业金融机构的目标是“保增长、扩内需、调结构”，实行“区别对待，有保有压”的信贷政策。为了加大对中小企业的金融支持力度，银监会调整了部分信贷监管政策以促进经济稳健发展，其中调整措施之一便是督促各主要银行业金融机构设立中小企业信贷专营服务机构。[②]

基于中小企业贷款难的现实，除了中央政府外，我国各级政府也在积极支持中小企业贷款担保机构。

根据工业和信息化部的统计，截至2007年底，全国中小企业信用担保机构已达3729家，共筹集担保资金总额1774.1亿元，累计担保企业70万户，累计担保总额1.35万亿元。其中，省级担保机构占15%左右；地市级以及地市级以下的担保机构占85%左右。而自2008年以来，随着世界金融危机的冲击，中小企业面对融资难的困境更加严峻，中小企业信用担保机构业务也就更加繁忙。据工信部对全国18个省（市、区）统计，2008年初至10月底，我国注册资本

① 银行规模和中小企业贷款难. 财金网，2009年2月18日

② 中国银监会网站

1000万元以上的1083家担保机构，共为5.8万户中小企业提供了1687亿元的担保贷款，其中单笔800万元以下的占91%，担保责任余额2176亿元，超过18个省（市、区）2007年全年在保余额总量。

贷款担保业已经成为中小企业融资的重要环节，这是一个不可争辩的事实。贷款担保公司大大推动了我国中小企业银行贷款的发展。由于2008年秋季开始的全球金融风暴，我国的金融体制也受到严峻考验。众所周知，中小企业贷款风险较高，而中小企业融资关系着中小企业的生死存亡，从而对整个国民经济的发展起着举足轻重的作用。基于这一基本事实，银监会在2009年初提出了新的政策：允许各银行对中小企业贷款所造成的不良贷款另行考核。这个政策对于银行对中小企业贷款提供了进一步的支持。

中小企业融资需求非常大，其贷款主要来自中小商业银行，而中小商业银行资金实力和管理水平相对薄弱，同时，中小企业贷款本身风险较大。为了鼓励这些银行向中小企业贷款，银监会将对于这些商业银行实行特殊政策，其不良贷款率将单独统计核算，不纳入考核体系内。

在国家政策的鼓励下，我国中小银行发行的中小企业贷款的比例有很大发展。例如，深发展、民生银行、招行、北京银行中小企业贷款占其全部贷款的比重分别为84.9%、40%、40.6%、33%，建行和中信银行的小企业贷款占全部贷款比重分别为9.89%和5.94%，宁波银行和南京银行由于单一最大贷款规模不超过3亿元，因此公司贷款可以算全部是中小企业贷款。

从上述数据可以看出，我国商业银行，特别是中小商业银行正在加大对于中小企业贷款的力度。然而，我国中小企业贷款难的问题仍然没有从根本上得以解决，其主要原因为：

（1）我国对于中小企业的定义偏宽，以工业为例，中小企业为：职工人数2000人以下，或销售额3亿元以下，或资产总额为4亿元以下。其中，中型企业须同时满足职工人数300人及以上，销售额3000万元及以上，资产总额4000万元及以上；其余为小型企业。[①] 显而易见，中型企业与小型企业之间的差距是相当大的。目前中国银行对于中小企业贷款，很大一个比例是贷款给中型企业的。相对地，小型企业获取银行贷款的难度更大一些。

（2）即使不考虑中型企业与小型企业的区别，就是小型企业的规模也相差甚远。在我国，企业职工人数在300人以下，销售额在3000万元以下，或资产在4000万元以下的都隶属于“小型企业”，但一家资产在3800万元的企业与一家资产在38万元的企业规模相差100倍。银行往往贷款给规模更大一些的小型企业，因此更多更小的企业就被拦在了门外。

---

①《中华人民共和国中小企业促进法》

（3）目前银行沿用的中小企业的概念还是2003年的标准，按资产总额、销售额、从业人数等来划分。但近年来随着中小企业的不断发展，这些标准也许有些过时。例如，银行衡量小企业的主要标准是1000万元的资产、3000万元的销售，可获取银行贷款500万元。这个标准可能不适宜规模更小的数目众多的微型企业的融资需求。

（四）中小企业集合发债

除了银行贷款外，中小企业还利用债券发行融资。一般地，采取集合发债方式融资的主要是成熟型中小企业。在我国，企业要发行债券，其净资产至少达6000万元，这个规定剥夺了广大的中小企业的发债资格。自2007年以来，原国家发改委中小企业司（现为国家工信部中小企业司）推动了中小企业捆绑发债的一种新型融资模式。捆绑发债也称为"集合发债"，是由一个机构作为牵头人，联合几家企业统一申请、冠名、担保，通过券商进行捆绑式发行债券。这就克服了单家中小企业发债所遇到的资产额度小、资信评级低、发债担保等成本较高等困难。

2007年年底，中小企业集合发债已经首先在北京和深圳试行。2007年11月，深圳20家企业首次集合发债10亿元。12月，北京中关村4家企业又集合发债3.8亿元。

三、我国科技创业型中小企业融资问题

（一）科技部火炬计划

谈到我国创业型中小企业的发展，尤其是科技创业型中小企业的发展，我们不能不提到科技部火炬中心。自1988年火炬计划创立以来，我国高新技术事业发生了巨大的变化，我国的科技体制的创新已经取得了相当优异的成就。

火炬计划实施以来，我国科技创新体系取得了惊人的经济效益。火炬计划支持的项目大都保持了快速持续增长，体现了火炬计划的强大的生命力。火炬计划的推进使得我国逐步形成了具有中国特色的高新技术产业化的组织体系，1987年诞生了我国第一家科技企业孵化器、1988年正式设立了第一家国家高新区、1992年建立了全国第一家生产力促进中心、1995年建立了第一家火炬计划特色产业基地、1995年成立了第一家火炬计划软件基地、2001年建立了第一家大学科技园。

据《中国科技财富》统计，"火炬计划项目实施20年，中央财政累计投入资金只有11亿元，实施火炬计划项目16699项，累计实现产值20610.4亿元，利税3800.4亿元。2007年国家火炬计划项目实现产值3392.2亿元、利税606.4亿元、出口创汇67.7亿元，分别比1989年增长357倍、337倍、169倍。2007年54个国家级高新区工业总产值达到44376.9亿元，比1991年增加了623倍，工

业增加值达到 10715.4 亿元，比 1998 年增加了 10 倍”。[①]

火炬计划的 20 年可以说成果斐然，其中最为显赫的是我国高新技术产业开发区体系的建立。在火炬计划的推动下，我国建立了 54 个国家级高新技术产业开发区（原来的 53 家加上 2007 年宁波高新技术产业开发区，到 2008 年底，共为 54 家），200 余家省市级高新技术产业开发区，34 家火炬计划软件园和 169 个火炬计划高新技术特色产业基地，建立了 1400 多家生产力促进中心。2007 年国家高新区园区生产总值 17574.5 亿元，以约万分之三的国土面积，创造了全国 7.1%的 GDP；高新区平均每平方公里土地工业增加值 7 亿元，而人均工业总产值为 62.57 万元，是全国平均水平的 6.23 倍。

火炬计划创立了一整套科技创业型中小企业开放体系，包括了高新技术产业开发区、科技企业孵化器、留学人员创业园、大学科技园，以及软件、集成电路设计、生物技术、新材料等专业孵化器，等等。截止到 2008 年年末，全国统计在册的各类科技企业孵化器总数已超过 500 家，其中国家级孵化器近 200 家，国家级孵化器在孵企业 44750 家，累计毕业 23394 家；我国成为仅次于美国的孵化器大国。[②]

在推进科技创业型中小企业发展的过程中，火炬计划还促进科技创业型中小企业的多元化的投融资体系。以中关村为例，该科技园区成立了担保机构和技术产权交易所，设立了中关村创业风险投资引导资金；由中国证监会、科技部和北京市共同领导的“中关村非上市股份公司进入代办系统进行股份报价转让”的试点工作也已经实施近两年，已有 10 余家企业挂牌。此外中关村还创立了其他融资模式，如“留学人员企业担保贷款绿色通道”、“软件出口企业担保贷款绿色通道”等。

火炬计划促进了科技创业型中小企业的投融资体系的全面发展。一方面，国家高新区以贷款贴息政策为基础，吸引了 100 多亿元的银行贷款。另一方面，火炬计划创立了科技型中小企业创新基金，以推动中小企业的股权投资。

（二）中小企业创新基金

自 2000 年创立以来，火炬计划下的科技型中小企业创新基金，包括中央财政资金 62.5 亿元，以及地方政府和社会资金 400 亿元（创新基金规定：地方政府及部门所承诺的匹配资金应不低于创新基金支持数额的 100%；西部地区不低于 50%；匹配资金必须在创新基金正式立项之后的半年内下达给企业 50%以上，并在项目完成验收之前全部下达给企业）。创新基金自 1999 年创立以来累计受理项目超过 4 万余件，批准立项 1 万余件，共支持了 11980 个优秀科技创

①② 1988~2008 石成金中国高新技术产业的深刻嬗变——“火炬计划”实施 20 周年纪念专题. 中国科技财富，2009 年 1 月 1 日

新项目。各地很多优秀的高成长型企业都申请过创新基金资助。创新基金资助的企业中相当比例发展良好，其中很多企业实现了上市。在我国现有的1000多家上市公司中，有20%以上的公司承担过火炬计划和创新基金项目。火炬计划的实施在一定程度上缓解了中小科技企业融资难的问题，提高了企业资信水平。

科技型中小企业技术创新基金是经国务院批准设立，用于支持科技型中小企业技术创新的政府专项基金。创新基金作为政府对科技型中小企业技术创新的资助手段，将以贷款贴息、无偿资助和资本金投入等方式，通过支持成果转化和技术创新，培育和扶持科技型中小企业。我们将这几种方式总结如下：

（1）贷款贴息：这是针对已具有一定水平、规模和效益的创新项目。对于这些项目采取贴息方式支持其使用银行贷款，以扩大生产规模。一般按贷款额年利息的50%~100%给予补贴，贴息总额一般不超过100万元，个别重大项目最高不超过200万元。

（2）无偿资助：无偿资助主要用于如下类型：①中小企业技术创新中产品研究开发的费用；②中小企业研发及中试阶段的必要补助；③科研人员携带科技成果创办企业进行成果转化的补助。资助数额一般不超过100万元，个别重大项目最高不超过200万元，且企业须有等额以上的自有匹配资金。

（3）资本金投入：对少数起点高、具有较广创新内涵、较高创新水平并有后续创新潜力、预计投产后具有较大市场需求、有望形成新兴产业的项目，采取资本金投入方式。资本金投入以引导其他资本投入为主要目的，数额一般不超过企业注册资本的20%，原则上可以依法转让，或者采取合作经营的方式在规定期限内依法收回投资。具体办法另行制定。

火炬计划借鉴国外经验，发挥政策性创业风险投资引导基金的杠杆放大作用。所谓“引导基金”是指由政府设立并按市场化方式运作的政策性基金，在扶持创业风险投资企业发展的基础上，引导社会资金进入创业风险投资领域。与传统的政府创业风险投资基金不同，引导基金本身不直接从事创业风险投资业务。

早在2001年，中关村科技园区就进行了创业风险投资引导资金的试点。通过跟进投资、种子资金投资和参股设立创业风险投资企业等三种方式，建立投资引导放大机制，促进园区有发展潜力的高新技术企业渡过“死亡谷”和快速成长。并通过实施创业风险投资企业风险补贴政策，引导和促进国内外创业风险投资机构投资园区初创企业。

2007年，火炬中心积极推动成立了我国首个国家级创业风险投资引导基金，采取阶段参股、跟进投资、风险补助和投资保障等引导方式，引导民间资本进入科技创业型中小企业的投融资领域。

几乎与此同时，无锡新区也颁布了《引导基金和种子基金管理办法》，推动了创业风险投资在新区的发展。新区设立了科技创新综合补贴 1 亿元，政府创业风险投资引导基金 1 亿元，政府科技创业种子资金 1000 万元。投资方式已从单一的直接投资扩展为直接投资、参股基金、跟进投资、基金管理、融资担保等多种方式，投资机构从单纯的国有、政府背景演变为政府、国企、民企、外资。

2006 年，中新苏州工业园区成立了 10 亿元的创业风险投资引导基金。随后，山西、江苏苏州、山东淄博、浙江杭州、广东中山、云南昆明、辽宁沈阳、北京市海淀区、上海市浦东新区、天津市滨海新区、陕西西安高新区、浙江富阳、江苏南京、福建、广东深圳等地区也分别设立了政府创业风险投资引导基金。这些政府引导基金总量可达到几百亿元甚或上千亿元，其有可能引导的社会资金总量将更惊人。

政府建立引导基金的目的在于地方政府希望以少量资金带动大量民间资本和社会资本，增大地方投资，通过引导使得财政性资本起到放大作用，以进一步解决中小企业，特别是科技创业型中小企业的融资难问题。

第二节 中国天使投资形成的背景

一、宏观经济背景

（一）中国经济快速发展

中国经济改革从 1978 年始，到 2008 年，整整经历了 30 年时间。1978 年，我国国内生产总值只有 3645 亿元，在世界主要国家中位居第 10 位。人均国内生产总值仅为 381 元，是全世界最不发达的国家之一。随着改革开放的全面推进，我国经济迅速走上快速发展的轨道。改革开放的 30 年，是我国经济蓬勃发展的 30 年，是我国综合国力和国际影响力由弱变强的 30 年，这 30 年间我国经济实现世界少有的年均 9.8%的增长速度。到 2007 年年末，我国国内生产总值已高达 257306 亿元（见图 6.2）。我国国内生产总值从 1978 年的 3645 亿元到 1986 年的 1 万亿元用了 8 年时间；而第二个 1 万亿元仅用了 5 年时间；此后 10 年，从 1992 年到 2001 年平均每年增长近 1 万亿元；2001 年超过 10 万亿元大关，2002~2006 年进入高速增长期，平均每年增长 2 万亿元；2006 年超过 20 万亿元；在此基础上，2007 年一年又增加 4.6382 万亿元；2008 年，尽管经历了全球金融危机，我国 GDP 仍然创下新高，一跃超过了 30 万亿元。

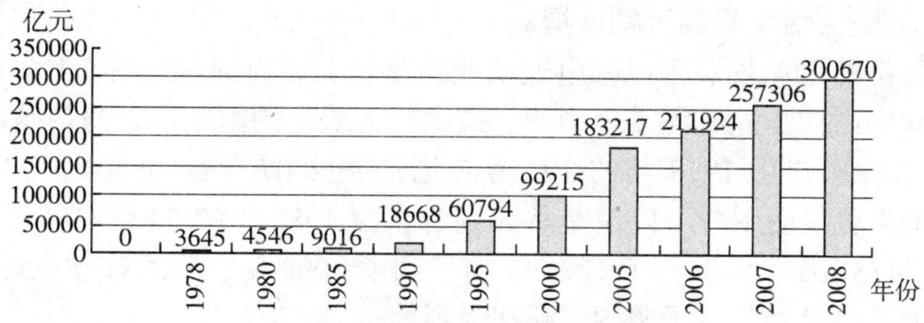

图 6.2 1978~2008 年国内生产总值①

（二）我国财政实力和外汇储备的增长

与此同时，经济的快速发展促使我国国家财政实力不断增强。1978 年国家财政收入仅 1132 亿元；1985 年翻了一番，达到 2005 亿元；1993 年再翻一番，达到 4349 亿元；1999 年跨上 1 万亿元台阶，达到 11444 亿元；2003 年超过 2 万亿元，达到 21715 亿元；2007 年，国家财政收入已经超过 5 万亿元，达到 51322 亿元；1979~2007 年年均增长 14.1%。

我国经济实力的变化也可由我国外汇储备的发展证实：我国实现了由外汇储备短缺到富足的历史性转变。1978 年，我国外汇储备仅 1.67 亿美元，人均只有 0.17 美元，折合成人民币不足 1 元钱。由于外汇短缺是当时外汇储备的基本特征，我国提出了出口创汇的奋斗目标。但随着我国对外经济的发展壮大，经常项目贸易盈余不断积累，外汇储备的短缺迅速成为历史。到 1990 年，我国外汇储备超过百亿美元，1996 年超过千亿美元，而 2006 年跨过万亿美元的大关。到 2007 年，我国外汇储备扩大到 15282 亿美元，稳居世界第一位。据统计，2008 年年底我国外汇储备接近 2 万亿美元（见图 6.3）。

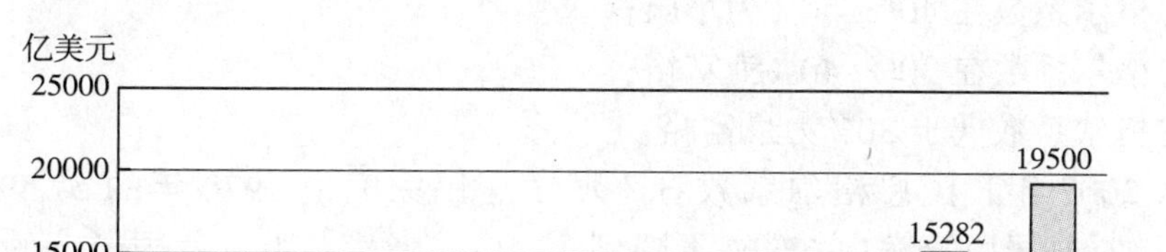

图 6.3 我国外汇储备余额：1978~2008 年②

---

①② 国土资源部. 改革开放 30 年我国经济社会发展成就系列报告之一

（三）人们生活水平的大幅度提高

我国经济的迅速发展可以邮电通信业的蓬勃发展为例（见图 6.4）。到 2007 年年末，我国已初步建成覆盖全国的、技术较为先进的国家信息通信基础网络。全国固定电话用户由 1978 年的 193 万户增加到 2007 年的 36564 万户，增长 189 倍，而移动电话用户可以说是从无到有，由 1988 年的 3000 户猛增到 2007 年年末的 54731 万户，增长了 182436 倍。到了 2008 年，我国移动电话用户达到 64100 万户，已经超过了美国，跃居世界第一。

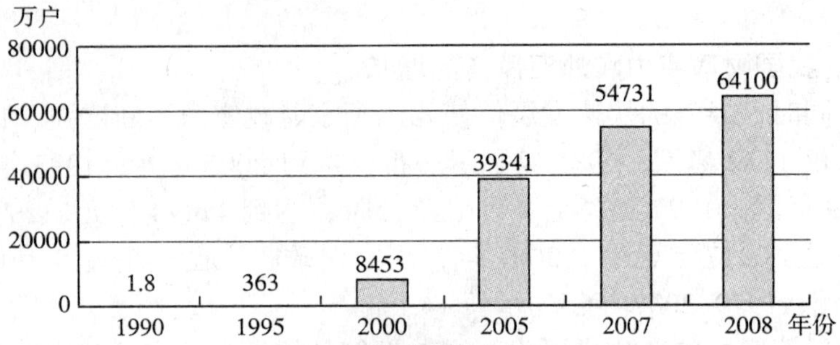

图 6.4 中国移动电话用户

经济发展带来了人们生活的大大改进。人们常用恩格尔系数来衡量一个国家和地区人民生活水平的状况。恩格尔系数（Engel's Coefficient）是指食品支出总额占个人消费支出总额的比重。

经济学界常以恩格尔系数作为一个国家或地区人民生活水平的衡量标准：①

恩格尔系数在 59%以上为贫困；

恩格尔系数在 50%~59%为温饱；

恩格尔系数在 40%~50%为小康；

恩格尔系数在 30%~40%为富裕；

恩格尔系数低于 30%为最富裕。

从 2007 年我国恩格尔系数看，城镇居民家庭由 1978 年的 57.5%下降到 36.3%，农村居民家庭由 67.7%下降到 43.1%。当然，由于我国经济的特殊性，有些因素不是完全可比的。然而，恩格尔系数仍然可以作为反映我国居民生活水平改善的一个侧面。

人民生活水平的提高还可以看储蓄存款余额的增长。2007 年年底我国城乡居民人民币储蓄存款余额达 17.3 万亿元，比 1978 年年底的 211 亿元增加 818.3 倍，人均由 21.9 元增加到 13058 元，年均增加 449.5 元。2008 年，这个数字进一步增加到 21.8 万亿元（见图 6.5）。

---

① 根据联合国粮农组织的标准。

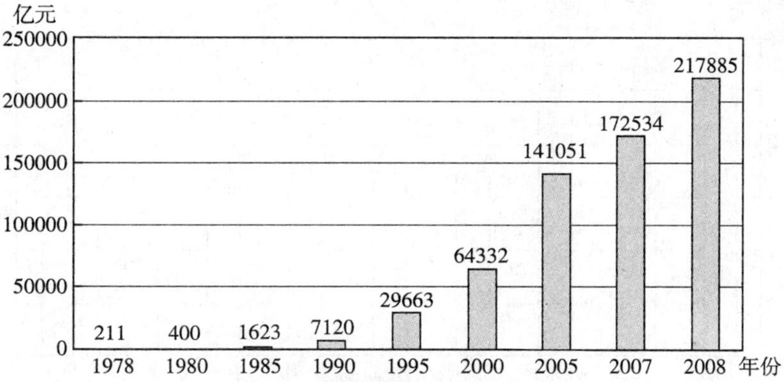

图 6.5　城乡居民储蓄存款余额

二、我国富裕人士群体的逐渐形成

（一）全球及亚太地区的富裕人士

随着经济迅速发展，中国的富裕人士也越来越多，这种状况在改革开放初期是不能想象的。正如《2007 年全球财富报告》指出，财富聚集于超富裕人士手中的趋势仍然持续。全球范围内，富裕人士中约有 89.7%的人拥有 100 万~500 万美元的资产。这些富裕人士拥有的财富占全球个人财富总值的 42.2%。在全球富裕人士中，有 1%可归类为超富裕人士。

2006 年，最富有阶层持有的财富占全球富裕人士财富的比例由 2005 年的 33.6%上升至 35.1%。这一趋势在亚太地区也同样明显。2006 年，亚太地区 91.1%的富裕人士持有 100 万~500 万美元资产，占地区富裕人士财富总值的 50.4%。在 2005 年及 2006 年，超富裕人士均占亚太地区富裕人士总数的 0.7%，但在 2006 年他们拥有的财富占整个地区富裕人士财富总值的比例由 2005 年的 24.4%增加至 25.4%。2006 年，中国内地的富裕人士平均净资产额为 500 万美元，仅次于中国香港，在亚太地区名列第二（见图 6.6）。[①]

（二）我国的富裕人士

从富裕人士的资金运作看，中国内地的富裕人士将他们的资产的最大一个份额投入了股票市场，占 34%； 其次为不动产，为 29%；再次为现金/存款和固定收益证券，各为 14%；最后才是另类投资，包括对冲基金、私募基金、风险投资和天使投资，仅占 9%（见图 6.7）。

根据美林和凯捷联合发布的《2008 年亚太区财富报告》，至 2007 年年底，中国共有 41.5 万富裕人士，较 2006 年增长 20.3%。

---

① CapGemini，Merrill Lynch. 2007 年亚太区财富报告. 2007

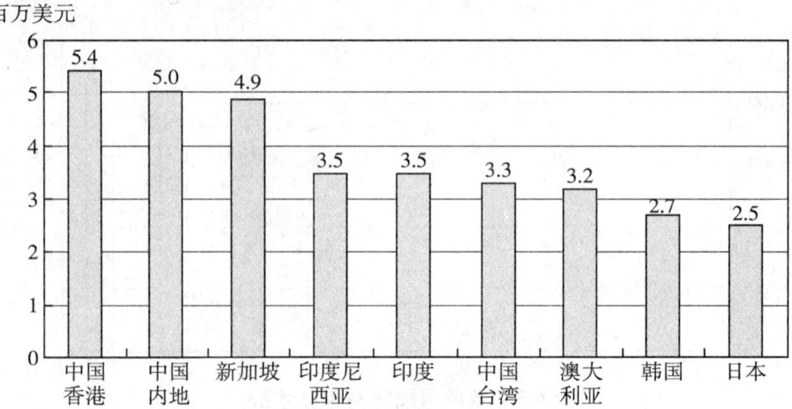

图 6.6 2006 年亚太地区富裕人士平均净资产额

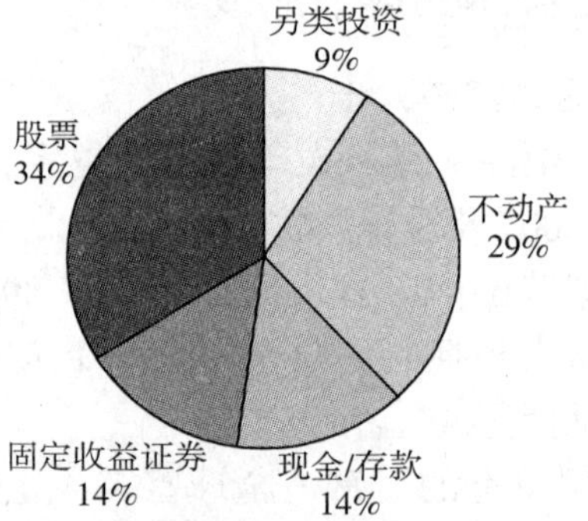

图 6.7 2006 年中国内地富裕人士资产分布

富裕人士是指拥有 100 万美元以上资产的个人，这些资产并不包括自住的房地产。中国是亚太区第二大富裕人士集中地，占区内富裕人士人口的 14.8%。中国富裕人士平均资产值已达到 510 万美元。

2007 年中国首次成为亚太区内超富裕人士最多的国家。超富裕人士拥有的资产都超过 3000 万美元，中国共有 6038 位。由于经济高速发展，富裕人士的人口和财富持续增加。而亚太区富裕人士偏好较为保守的投资，现金、存款及固定收益证券占去年亚太区富裕人士金融资产的 46%，较 2006 年增加 7 个百分点。

报告认为，亚太区的富裕人士总资产预计年增长率为 7.9%，稍高于全球预期增长率的 7.7%。亚太区有望取代欧洲，成为全球第二富裕人士的财富集中地。

（三）中国富裕人士的特征

与亚太地区其他国家（地区）相比，中国内地富裕人士背景有如下特征：

（1）年龄偏低。83%的内地富裕人士年龄在 55 岁以下，只有 17% 在 55 岁以上； 而日本这一数据为 73%； 韩国为 61%。

（2）资产来源大多来自创业收入，占 62%，基本上没有财产继承。而在日本，财产继承占富裕人士资产来源的30%；印度占23%；新加坡占22%。

（3）女性偏多。中国内地的富裕人士中38%为女性，而澳大利亚为15%，印度为12%，都不足中国女性富裕人士比例的一半。

表 6.1 中国富裕人士背景分析[①]

财富来源	年龄	性别	超富裕人士占富裕人士的比例	投资组合的国际化程度
企业经营 62%	49~55 岁 49%	男 62%	1.44	56%
员工配股 12%	55 岁以下 83%	女 38%		

由招商银行和贝恩公司联合发表的《2009 中国私人财富报告》对于中国高净值人群的规模作出最新估计。2008 年，中国的富裕人士约 30 万。这 30 万人分布在全国各地，但主要集中在 5 个省市：广东、上海、北京、江苏、浙江，它们的高净值人士数量超过 2 万人。其中广东省的富裕人士数量最多，2008 年年末达到了 4.6 万人，占全国富裕人士总数的 15%。在这些富裕人士中，个人的可投资资产达 1 亿元人民币的接近 1 万人。2008 年中国富裕人士共持有达 8.8 万亿元人民币的可投资资产。

招商银行和贝恩公司的这次调查涉及 17 个省（市）的近 30 个主要城市，收集近 700 份有效调研样本，是不可多得的第一手调研。

人们往往认为一般富裕人士敢于冒险。然而调查结果却大相径庭：中国富裕人士对个人可投资资产的风险偏好以中等风险和保守居多，约占受访人群的80%。当然，这次调研是在全球金融危机的环境下进行的。金融危机使得人们对市场的风险性有了更直观的认识，也使得他们投资更加谨慎。与此同时，受金融风暴的影响中国富裕人士群显现出分散投资的意愿。将近八成的被访者表示会进一步将投资组合调整得更加多元化。而对于 2009 年市场，多数投资者仍然保持观望态度，他们更青睐于流动性高、收益率好的固定收益产品。

在金融风暴的影响下，私人银行之间的竞争格局也出现微妙的变动。70%左右的受访者对外资银行的态度变得更加谨慎，其中 10%的人士为了资金安全，正在或准备从外资银行撤资，另有 10%的受访人士表示在近两年内可能不会使用外资银行的私人银行业务。

三、我国富裕人士群体与天使投资人

（一）富有阶层、富裕阶层、富足阶层

在西方国家，人们往往把“富有阶层”（the wealthy）和“富裕阶层”（the

① CapGemini，Merrill Lynch. 2007 年亚太区财富报告. 2007

affluent）相区分。一般地，富有阶层已经具有丰厚的资本，他们可能不那么关注像中小企业，尤其是创业型中小企业的种子期投资。而那些具有一定的资本的“富裕阶层”反而会向创业型中小企业投入资金、自己的经验、自己的商业关系，以及自己的热情。但也有些人持相反意见。例如，Gerald Benjamin 和 Joel Margulis（2005）① 认为，富有阶层是天使投资的基础，而富裕阶层可能有很高的收入，但也可能有很高支出，例如，他们可能年收入为 20 万美元，但他们的支出（包括日常支出、旅游、其他享受型支出）可能为 25 万美元。这些人可能没有足够的资本积累，因此，他们即使具有天使投资的愿望，却可能没有这份经济力量实现自己的愿望，没有足够的资本进行天使投资。

在财富划分上，也有人将中产阶级的上层单独划分出来，称之为“富足阶层”（upper middle class）。并认为只有“富足阶层”才是天使投资的中坚力量。这是因为富足阶层人数较多，他们虽然具有一定的财富，但具有进一步积累财富的强烈欲望，他们没有放弃对于新型企业扶植的信念。然而，理念和现实虽然相似，但却不一定相同。在现实生活中，尤其在中国，无论是“富有阶层”、“富裕阶层”，还是“富足阶层”，他们都会有一部分人热衷于天使投资，一部分人可能对于天使投资比较陌生，另一部分人即使了解天使投资，也没有从事天使投资的愿望。

根据美林和凯捷联合发布的《2008 年亚太区财富报告》，至 2007 年年底，中国共有 41.5 万富裕人士（资产超过 100 万美元），其中超富裕人士（资产超过 3000 万美元）共有 6038 位。如果依据这份报告的划分标准，我国的“富裕阶层”应当是 41.5 万人，而我国的“富有阶层”（即超富裕人士）应当是 6000 余人。然而，在中国进行天使投资的有“富有阶层”、“富裕阶层”，还有“富足阶层”，这部分人到底有多少，他们的经济实力有多大，还需要进一步研究。

（二）“合格投资者”资格

如前所述，我国改革开放以来，国内逐渐出现一批“三富阶层”：具有相当巨大财富的“富有阶层”，一批具有一定财富的“富裕阶层”，以及中等收入以上的“富足阶层”。然而并不是所有“三富阶层”的人们都有兴趣从事天使投资，也不是所有非“三富阶层”之人士就不可以进行天使投资。值得注意的是，天使投资毕竟是一种风险较高的投资活动，有时投资者可能损失其部分或全部投资资本。

为了保护中小投资者的利益，尤其是那些没有投资经验的投资人的利益，一些国家制定了一些保护条款。如前所述，美国政府曾经制定了“合格投资者”

① Gerald Benjamin and Joel Margulis. Angel Capital：How to Raise Early-Stage Private Equity Financing. Wiley Finance，2005

的条例。

从客观经济条件上，美国政府提倡只有这两种人可以作为天使投资家，并有资格作为天使投资家参与政府鼓励的天使投资活动。

（1）个人或家庭的净资产超过 100 万美元。这里，净资产是指个人在住房和汽车等生活必需以外的资产。

（2）如果个人或家庭的净资产不足 100 万美元，那么，在过去的两年内，个人的年收入要超过 20 万美元，对于已婚的个人，夫妻年收入要超过 30 万美元。

以个人或家庭的净资产体现的个人财富是不大容易考察的，而个人收入却似乎更容易考察。由于个人或家庭所得税的征收，个人和家庭的收入是一个比较容易获取的信息；另外，个人和家庭的财富很难把握。一个人可以只有很低微的收入，但他（她）可能是亿万富翁。以美国最富有的家庭来说，这些家庭财富的继承人可能无需工作，至少无需有偿工作，他们的工作收入可以很少，他们的利息收入可能很高，他们的投资收入可能更高。一般地，利息收入是作为收入的，而投资后的资本增值则不计算在收入之内，而作为资本增值，要缴纳资本增值税。但无论如何，个人的财富很难以个人的收入，尤其是薪金收入体现的。同时，薪金收入很高的人们，其个人财富可能并不一定很高。这是因为人们消费习惯不同，他们对于积累的认识也不同。

当然，并不是越有钱就越有资格作天使投资，更不是越有钱就越喜欢作天使投资。许多研究证明，天使投资家往往是“富足阶层”或“富裕阶层”，而不是真正意义上的“富有阶层”。这种所谓真正意义上的“富有阶层”，除了生活优裕以外还积累了大量的财富。有时，这些财富是父辈积累的，而不是自己个人奋斗的结果，是继承而来或意外收获。而富裕阶层、富足阶层的财富往往是本人奋斗积累的，他们或是影视明星，或是企业家、CEO，或是医生、律师，或其他职业人员。由于多年的收入累积，他们手头持有一定的现金。还有一些人年轻有为，他们抓住了改革开放的黄金时机，很快地成为百万、亿万富翁，这些人往往是天使投资的主力军。相反，“富有阶层”往往雇佣家庭资产管理人员，他们往往并不亲自过问投资事宜，也并不能从天使投资过程中得以精神享受。

在中国内地，改革开放后涌现了一批富有人士和一大批富裕和富足人士。与美国或其他发达国家不同，中国内地的“三富阶层”更为年轻，绝大多数是白手起家，成为第一代富翁。他们之中女性占有相当的比例，企业家占有相当的比例。

（三）天使投资家的投资上限

在许多方面，中国的天使投资家与其他国家的天使投资家类似。例如，天使投资家除了具备“基本财富”这一客观条件外，还应当具备一定的主观条件，具备一定的个人素质：其中，最基本的是个人的心理因素或心理准备。这种心理准备可以归纳为一句话：投资者个人是否能够承受投资的失败，包括金钱的损失和个人名义上的损失。即你能承受得起失败吗？你能输得起吗？你能输得起多少？事实上，作为一名天使投资家，你应当清楚自己的投资最高限，这个最高限就是你能输得起的最大的数额。一般地，一位天使投资家能够承受投资损失的最大额度，就是你能够投资的最大数额。假定你能够承受 30 万元的损失，那么，你最大的投资额就应当是 30 万元； 你若仅能承受 15 万元的损失，那么，你投资的最大限额就是 15 万元。

一个人究竟能够承受多大的投资损失与个人财富的多少有一定的关系。例如，同样是损失 100 万元的投资，一个具有 1 亿元资产的天使投资家和一个拥有 200 万元资产的天使投资家可能承受度有所不同。但个人资产的大小并不一定是唯一的决定因素。一个人可能将自己全部的 100 万元财富进行天使投资，而投资失败后血本无归，但他（她）可能不屈不挠，重新积蓄，以期东山再起。而另一个人可能仅损失了自己全部财富的 1%，却从此一蹶不振，退出投资舞台。个人能够承担投资损失的数额取决于多种因素，除了个人的经济条件、心理素质等，还有宏观经济环境、政府的鼓励政策及社会舆论，等等。

有人说，天使投资家就是赌博与奉献的巧妙结合。如风险投资 一样，天使投资也是一种风险性极高的投资行为。天使投资家在投资前就十分清楚，无论所投项目经历过多少审慎调查，无论这些项目看起来有多么好，也无论其潜在的利润有多么大，它们的未来是叵测的，它们内在的风险存在于投资的各方面。一旦投资失误，天使投资家所投入的自己辛辛苦苦存下来的钱就很可能如石沉大海。明明知道有这样巨大的风险，天使投资家还是从事这种投资，表面看起来，不能不说有一点赌博的味道。而在现实生活中，天使投资家的投资决策的每一步，都相当审慎，以求最大程度地规避风险，这种特性又与赌博大相径庭。另外，天使投资家又往往具有创业者一样的激情、创业者一样的浪漫、创业者一样的乐观精神。他们期望成功，他们大胆冲向成功。像创业者一样，他们也具有奉献精神。不了解天使投资家的这种心理，就不能了解他们为什么热衷于天使投资这一事业。

第三节 中国天使投资的特征

改革开放 30 年来，中国经济发展的速度和力度可以说是“前无古人”的。以中国这样庞大的国家，这样众多的人口，这样“一穷二白”的基础，能够在这样短短的时间内创造出这样的经济奇迹，可以说会是“后无来者”的。在这种特殊的经济背景下，我国的天使投资也具有十分特殊的中国特有的性质。

一、中国天使投资群体的特殊性

中国的天使投资刚刚处于萌芽阶段，估计在近些年会得到长足发展。在我国，许多人虽然从事天使投资业务，但不一定熟悉天使投资这一概念，也不一定与其他天使投资人或天使投资机构有什么固定联系。与其他国家相比，我国天使投资群体具有天使投资家所共有的一般性，当然，我国天使投资家群体也具有与其他天使投资家们不同的优势及不足。

（一）天使投资家的共性

与世界上大多数国家的天使投资家一样，我国的天使投资家也具有如下共性：

（1）他们大多数人是成功的企业家、投资家、银行家、文艺工作者、体育工作者、教育工作者或其他成功人士。他们之中不乏已经聚集来巨额财富的“富有阶层”，也有具有相当财富积累的“富裕阶层”，或是收入菲薄的工薪阶层(或称为“富足阶层”)。

（2）他们是用自己的税后的收入或税后的财富来进行天使投资活动的。

（3）他们大多数的天使投资是投入早期的，特别是种子期的创业型中小企业。这种特殊的投资是一种风险相对较高、潜在投资收益相对较高的一种投资行为。

（4）他们进行天使投资主要以逐利为目的，他们并不是进行“慈善事业”，也不认为慈善事业是有助于创业行为的。然而，他们大多数人已经事业有成，他们从事天使投资是因为热爱这个事业，他们除了投入自己的金钱以外，还向创业型中小企业，尤其是处于种子期的创业型中小企业投入他们的经验、他们的人际关系、他们的热情、他们的心。在某种意义上，他们也是在从事“慈善事业”，然而，他们是在从事完全不同意义的事业，他们是创业者身后的创业者，他们是创业者的“天使”。

（5）不管是有意的还是无意的，他们都能够认识到这种投资的高风险性质，从而从事一定的投资前的“尽职审查”。与其他国家的天使投资人一样，越是老练的天使投资家，就越投入相当的精力进行投资前的准备工作，包括对于项目的全面审核。

（6）与国际上天使投资家的观点相近，中国的天使投资家也十分重视被投创业团队的素质。例如，我国天使投资家雷军提出了评估创业项目的十大标准，他认为人是最重要的。当然最好的情况是：被投项目和人都应当是最佳的，缺一不可。但如果要在二者之间作出最后抉择，雷军还是选择人。卓越亚马逊的陈年在2005年离职后，雷军就对他说，“无论你做什么我都会支持”。后来，陈年创办了我有网，雷军对该项目进行了天使投资。之后，2007 年 10 月陈再次创办 VANCL，雷军再次投资。在雷军看来，投资就是投人。

（二）我国天使投资家群体的特殊性

与各国天使投资家相比，我国的天使投资家群体又存在其特殊性：

（1）我国的天使投资还处于萌芽阶段，许多人从事天使投资事业，但并不知道天使投资这一概念，也没有经过任何学习与培训。他们从事天使投资完全是自发的，出于他们对于创业的热爱、对于创业者的崇佩、对于创业事业的热衷。

（2）在我国天使投资群体中，不仅有本土成功人士，包括成功的企业家、实业家、社会活动家，以及其他成功人士，还有一个特殊的群体：海归人员。他们或者是海归投资家、企业家、实业家，其中有相当一部分是成功的风险投资家。这些人有的是在海外就事业有成，或者是回国之后实现创业成功之梦，或者是在海外事业上已经取得一定的成就，回国后更上一层楼。不论具有什么样的背景，具有海归背景的天使投资人是我国天使投资家群体中的一支非常重要的生力军。

如上所述，海归人员有的是创业成功后回国的，有的则是回国后创业的。后者不乏年轻的海归。24 岁创办了 Chinaren 的杨宁就是一例。杨宁创建 Chinaren 一年后把公司卖掉，并于 27 岁二次创业，创办了空中网。两年后空中网在纳斯达克上市，而杨宁成为最年轻的上市公司总裁之一。目前，30 岁出头的杨宁成为天使投资人，以资金及创业经验扶植有潜力的创业者，以期获取更大的成功。在创业与投资之余，他还是执着的艺术爱好者、摄影发烧友、绘画收藏家。

当然，具有海归背景的成功的天使投资家比比皆是，他们有些是像杨宁一样的年轻人，也有事业有成的中年人。例如，被称为"投客"的朱敏先生。"投客"是一个有意思的概念。根据中新浙江网的解释，投客的概念为：满袋资本，寻找机会，把金钱投向蕴藏着风险的高新技术及其产品的研究开发领域，旨在促使高新技术成果尽快商品化、产业化，以取得收益的投资者。而这个定义其实很适用于天使投资。"赛伯乐（中国）创业风险投资管理有限公司"董事长朱敏就是这样一位天使投资家。2002 年开始从事天使投资的朱敏，往往凭着自己的直觉，作出是否投资的决策。朱敏是天使投资家，同时也是一位风险投资家，是一家风险投资公司的合伙人。当然，除了作天使投资、风险投资外，他还从事慈善捐助性投资。

（3）我国天使投资群体中，不仅有一般意义上的天使投资家："非正规"风险投资家，而且也包括专门投资于企业创业早期，尤其是种子期的风险投资公司。这些风险投资公司或是外资独资的风险投资公司，或是本土的具有政府背景的风险投资公司。除了投资于早期项目的风险投资公司外，还有专门的特殊投资基金。

(4) 我国天使投资人中有一个特殊的群体，他们是一群年轻的、有理想、有抱负的投资家。他们有的是白手起家，完全凭借自己的创业积累了一大笔资本，有的则是中国改革开放后首批成功的企业家的后代。事实上，他们很多人既是富豪的第二代，本人又是创业者，成功的创业者。蓝海天使基金的合伙人杨沛、陈豪和翟翟就是这样的"80后"天使投资人。陈豪在大学本科就创业成功，并与翟翟等志同道合的朋友一起，以天使资本帮助那些有潜力的年轻的创业团队。我国这些年轻的有理想、有抱负，又有资本的天使投资家是我国天使投资领域的一个亮点，标志着我国天使投资的无限未来。

(5) 在我国境内活跃的天使投资家中，还有一部分外国天使投资人和天使投资机构。例如，美国加州的K4（Keiretsu Forum）天使投资联盟在北京创立了分支机构。它是第一家外国天使投资机构在国内设立的分支机构。它提出："Keiretsu论坛是一个由合格的私募股权投资者、风险投资资本家和公司/机构投资者组成的投资社区。论坛成员对优质的、多样化的投资机会进行投资。社区通过进行各种社会和慈善活动来提高影响。我们是北美一个集资本、资源和项目流于一体的网络机构，拥有9个分支机构，分别位于北加州（旧金山、东海湾和硅谷）、南加州（西湖村、洛杉矶、圣地亚哥和橘子郡）和西雅图/西北部。"此外，K4论坛还在法国、英国、波兰、西班牙及中国等国家建立了分支机构。"Keiretsu"最早来源于日文，用来描述一个拥有雄厚实力和广泛业务范围的关联公司集团。K4论坛采取"Keiretsu"这个名称是为了表明它是一个为了共同利益、围绕私人权益资本、天使投资而组织起来的个人或是小型公司的联合体。K4论坛认为，"通过对合作伙伴与主要资源之间相互联系等的整体分析，他们能够提供一种协作，该协作带来的是最优质的项目流和投资机会"。[①]

(6) 按照美国天使资本协会的创始人、前任协会主席John May先生的定义：天使投资是一种个人的、私人的权益资本投资，天使投资家运用自己的纳税后的资金投入早期的陌生人（Stranger，非亲非故）的企业，获取非控股的权益；天使投资家在投资后要耐心等待多年，而这期间所投资本长期不能流动；天使投资家承担比一般投资更高的风险，以期获取高回报。如果我们把John May先生的定义称为严格意义上的天使投资概念，或者"狭义"天使投资概念，而更松散一些的，不那么严格的天使投资概念称为"广义"天使投资概念，那么"广义"天使投资既包括狭义天使投资，也包括那些投资于自己的亲戚朋友的创业型中小企业，投入到甚至是自己家庭成员的创业型中小企业的天使投资，还包括那些投资后控股，甚或投资后天使投资家绝对控股的状况。从这个意义

① 摘自：www.k4forum.com.cn

上说，我国有很大一部分天使投资家从事“广义”天使投资事业。由于我国天使投资事业仍然处于一个萌芽状态，是一个方兴未艾的领域，“广义”上的天使投资定义可能更适用于我国具体状况。而“广义”上天使投资群体的存在是我国天使投资处于启蒙状态的写照。

Tingchi Liu 等（2007）著文认为中国天使投资群体具有五大类型：①

（1）很多天使投资家都是或在海外受到高等教育，在国际公司做过高级经理人员，如原谷歌中国首席李开复、微软亚洲研究院的张亚勤。他们都作为天使投资人投入到清华大学学生创业的东方博远公司。

（2）成功的企业家。

（3）富有的个人，或称为富二代。无论是成功的企业家还是富有的个人，他们往往是敏锐的投资家。看准了项目便投资，动手快，决策及时。

（4）看好中国市场的外国投资者。包括投资搜狐的麻省理工学院的爱德华教授。

（5）中国政府支持的资金力量。

Tingchi Liu 还指出，中国的天使投资家的投资区域集中在北京的中关村、上海的张江和深圳市。

（三）一个普通的中国天使投资的小案例

中国人喜欢知名人士，崇尚英雄。对于天使投资，人们也往往对于那些大人物的大成功感兴趣。中国的这种文化有它的传统，有它的优越性，也存在一定的弊病。这种文化容易崇尚单一，而忽略多样性；崇尚成功，而唾弃失败。在现实经济生活中，恰恰是多样性，恰恰是对于失败的承认、容忍和称赞，才能推动我国创业企业的发展，才能有利于风险投资/天使投资的壮大。我们应当承认失败，赞美失败后的不屈不挠。我们应当承认小人物，赞美一般的、默默无闻的创业者和天使投资家。本书在这里提供的恰恰是一般人物的小案例。但它基于真人真事，真实地反映了中国年轻创业者的热情、顽强、自信心、坚韧。它也充分地表现了中国天使投资家作为一个新生的群体，作为一个初学者的那种朝气、灵活性、脚踏实地、平易近人的作风与乐观向上、大胆而谨慎的精神。

如下的这个小小的案例是我国广义天使投资的一个真实写照。

---

① Tingchi Matthew Liu，Chang，Bryant Chen Po. Business angel investment in the China market. Singapore Management Review，2007

案例1 创业者许伟东的自述

跟许多人一样，我也是在一个二流的大学读了四年书，并且也没有考进自己喜欢的计算机专业，而是鬼使神差地进入了经济管理专业。当然我又跟大部分的人不一样，我并不喜欢寝室、教室、食堂这样三点一线枯燥的学习生活，也并没有少数人那么有魄力而中途退学。可以说，我的大学更多的是按个人的意愿度过的。

在刚上大一的时候，我读了一本关于股神巴菲特的书，我记得那年正好是中国股市的熊年。我当时抱着多了解、多学习的想法，花了97块钱买了三本介绍股票的书，并且发誓一定要赚回来，便拿着2000块钱的生活费冲到了股市里。在经历了几个大震荡之后，我银行卡里的钱不仅没少反而增加了两倍多，在那个市场环境下，我已经很满足了。炒股这个东西，至今还能让我兴奋的是：至少我非常自信，并且相信并敢于挑战自己的判断。

到了大二的时候，我想去学习其他更有趣的东西。因此，整个大二的上半学期我基本就在图书馆里看历史以及物理方面的书。我记得有一本书的名字叫《超弦理论》，是一本理论物理学的书，我反复看了两遍，看完之后，我给我们专业的同学讲到下半夜3点多。在这之后，每当我看到一些内容比较好的书之后，晚上就回去讲给这些家伙们听，他们也十分乐于听我讲的故事。但是我看历史书不是找故事看，而是喜欢找有主题的书来看，的确，这些主题会让人有很快的提高，无论是思想还是心胸，或者抱负。

大二下学期的时候，经管学院要搞一个大学生创业基地。我们那个主管教授找了我。我问教授，为什么找我来带头？他说，听说你很喜欢跟别人吹牛，我当即晕倒。估计是我经常给人讲故事的原因吧。第二天，学院给了我一个小办公室，我让我们寝室的人全部入驻，正好够坐8个人，8台电脑，但是只有我一个人说了算。就这样，一个工作室宣告成立了，我们心里美得要命，对那些大人们来说，完全无法理解我们这一帮小孩子有了一个自己办公室之后的心情。但是很严肃的问题就是，我们要搞什么才能让我继续存在在这里。有两位女同学，她俩学习非常好，平时也很低调，但搞起活动来一点也不差，我觉得她俩是讲课的好材料。我立刻找到她俩并且说了我的想法，她俩平时也都听过我讲故事，因此十分愿意帮我。我的策略是，二级免费听，三级一人收20块钱，两个女同学的待遇是每节课一瓶矿泉水。紧接着，学校里就贴满了我们的宣传海报，我们办公室楼下两个大自习室里满满的是听课的学生。我走后，经管学院的那个由我一手搞起来的工作室好像后来就没什么动静了，挺遗憾的。

在上大三之前的暑假，软件学院的朱院长给我打电话，让我给软件学院做一个网站，我立马答应下来，时间是一个月。我当时这样想，我先学一个星期看看效果，如果学不来，就直接找我寝室的一个牛人帮我做，大不了工钱对半分。我第二天从大连回锦州，买了两本制作网站的教程，我发现我的学习效率还真是挺高，我真的一个星期就学会了网站制作。其实这是一个很简单的事情，但现在回想起来，这件事有两方面让我受益匪浅：第一，我第一次真正进入计算机编程世界；第二，我觉得我自学计算机的方式非常对路，而且十分有效。

在正式进入软件学院之后，我忽然觉得我不太喜欢某些课程，也就索性不学了，而是一门心思地学那些我自己规划好的课程，因为我总觉得有些课程完全没用，尤其是对于强调基础到实战的软件学院。没过多久，朱院长又把我叫去了，他让我在软件学院也搞一个工作室，我说没问题，但学校不能过多干涉。谈妥后，我的第一个工作就是物色合适的人。很快，一支杂牌军建好了。这次我不搞培训，我拿出我的看家本领，搞了一个计算机技术网站，打出的旗号是“东北最大的综合性 IT 门户网站”（www.pro-thinking.com），当然，现在不存在了。这个网站办得十分出色，由于我们更新及时、内容全，流量也扶摇直上。这期间，我们也为锦州联通公司开发了一套办公自动化系统。

后来，恰逢中国游戏刚刚开始火，我决定，学游戏开发。我觉得我还需要再学习，再理清思路，于是我辞职了。在又经历了一段开心的自学经历后，我也再次踏上了去北京的火车。

这次的效果真的完全不一样了。无论是在号称中国 SP 前三甲的欢乐金网，还是当时牛气冲天的盛大数位红，我都觉得，我精力充沛得要命，很多工作无论多复杂，我只需要很少的一点时间就可以搞定。我记得我要离开北京的那天早上 7 点多，我在盛大的主管领导把我叫去麦当劳，掏出 5000 块，希望我不要走。但我认为做重复的工作是浪费掉我大部分的精力和时间。

许多人问我为什么创业，其实我也想了好久，因为我也不知道我为什么要创业，或者说，我找不出太好的理由来回答这个问题。有好的工作不要，要去创业，好像很可笑，不过我没有其他人描述的那样有多伟大的理想。不过有一个原因一定是准的，就是我发现我的多余的精力太多，一些工作基本花很少时间就搞定了，给别人打工会浪费我大量的宝贵时间和精力，创业或许会能真正让我全身心地投入一下。

之后，我找到了我第一家公司的主管——徐海峰，虽然他也是经理，不过也是给人打工，我跟他聊了几次后，他同意跟我创业并做运营官。虽然后来他去澳大利亚留学了，不过还是很感激他支持过我的日子。

当时跟我出来的有三个人，加我四个。当时的项目经理：张洋；美术：朱长海；策划：洪志。简单介绍一下我的三位战友，张洋是我在大学时软件学院的同学，后来我们本打算一起考研究生，但我没考，直接做自己喜欢做的事情了，他考上了大连理工大学的计算机研究生。后来我快毕业的时候，我把他弄到了我供职的公司并把他培养成一个合格的项目经理，如今，他是我的技术骨干。朱长海，我的同事，之前是做室内设计的，后来因为对游戏感兴趣，转了行。洪志，一个对大学失去信心的比较聪明的家伙，我之前的同事，游戏策划写得很出色。

我们注册在解放广场的一个门头房里，那里是很多民工的聚集地。说起来并不太适合做IT方面的创业，尤其是夏天的时候，我们一般只穿内裤在办公室里，而且每天晚上都睡在那个不到30平方米的小房子里面。按照我们创业最初的想法，是开发一个基于客户端和网页版的虚拟世界，但公司真正建起来后，我们发现，我们的人手和资源远不够开发这么一个庞大的工程。因此，我们当时的路线是，卖掉手里已经开发好的单机手机游戏，并且开发一个大型的手机网络游戏，同时，做一些其他能做的事情维持生计。

刚开始创业的时候，我们相当于白手起家，几个人把攒下来的钱全部砸到公司里面。这帮家伙宁愿不要上万元月薪的工作，砸进家底跟我干，让我感动，也让我觉得身上的责任很重很重。对个人、对家庭、对跟我一起创业的兄弟们以及他们的家庭，我都觉得有一种很大的责任在里面。创业之后，我们很长一段时间没有工资，甚至只拿300块钱的生活费，为了省钱，我们在解放广场的时候自己买菜做饭。拿高工资的时候觉得钱不够花，其实我平时并不花太多钱，而且很节俭，但300块钱的生活费对我和其他人来说也太少了，不过这就是现实，而且我们也渐渐适应了。有时我们发1000块钱，我会觉得，哇，钱好多，都不知道要这么多钱干什么。

在解放广场的那一段时间里，我学会控制自己的情绪，我发现我很会跟同伴们相处，并不时地激励他们。因为我也需要激励，所以我了解他们的心情和处境，但我不能表现出软弱的样子，我必须很强势地让他们知道，我看得远，走的路对，而且会很光明。但我并没有给他们任何承诺，只是一个计划，计划有成功也有失败，大家心里都很清楚，但前途一定是光明的。毕竟我们不是拿着几十上百万元创业的人，我们是拿着刚好够3万块钱注册资金成立公司的人。创业一段时间我发现，很多事情并不如预期那样简单，甚至复杂很多，有些始料不及的事情有时真让会让人头疼。

在解放广场的这期间，我们拿到了大连沙区政府的大学生创业资金。虽然不多，但对于我们来说，也算是雪中送炭了，同时，这也让同伴们感觉到，公司还是被重视的，还是有希望的。因为在人困难的时候，心理其实很脆弱，哪怕别人一点点小小的恩惠，也能激起他的斗志和欲望，我的同伴们那时就是那种状态。我在闲暇之余依然看些我喜欢的书，尤其是忍耐方面的书，无论是历史或者其他题材，这让我找到了大人物在成功前的感觉，对自我来说也是很大的安慰和调整。可以说，在解放广场的那段时间里，只是困难的一个开始，对整个团队，尤其是对我个人而言，是非常大的挑战，因为我知道，如果我的意志倒下了，整个公司就完蛋了。那时，我教给自己两件事：第一，心胸开阔；第二，做事高效高质。

在公司成立同年的10月，我们搬去了和平广场的星海创意岛，那里以前是一个旧厂房，后来由沙区星海街道把那里改造成了一个不太成功的写字楼，之所以说它不太成功，是因为那里的物业管理水平让人感觉这里是一座大学寝室楼，楼长可以随意搞他们想搞的事而不在乎学生们的感受。但新的办公环境对我和同伴们来说更好一点。首先是心情变亮了，因为这里离他们家都不远，这个很重要；其次，我发现，换个环境有助于提高士气。但是过高的成本也让我觉得更困难些，也许事情永远没有只有好的一面，尤其是对我们来说。这期间我们需要做一个网吧广告的调研，但我找的那个业务员实在不太理想，他是我的一个要好的朋友，但实在是不能用于做这个工作，这是我成立公司以来开除的第一个人。虽然之前在做经理的时候一下子开除过7个人，但是对创业时期来说，把一个要好的朋友开出去，还是会有些伤感的，但当时我的意志是，一切以公司利益为主。

在2008年的年初，我在大连天健网上看到一位姓姜的女士留的一个电话，说要成立一个天使投资沙龙。我当然知道天使投资是做什么的，我就打了一个电话过去，她约我去咖啡厅聊聊，我就去了。其实我去的目的只是想认识一下，或者交个朋友，因为我席间说过，其实我们现在不需要融资，也不想融资。我这么说其实是有些违心的，但我这么说也有我的原因。因为我先前经历了两次不太愉快的融资经历，第一次交了两万块钱学费，第二次感觉也不太好。一方面是有所警惕；另一方面，我觉得融资在当时的情况下也没什么必要。见面之后，这件事情好像就这样过去了。但过了一段时间之后，姜女士给我打电话，询问我是否能做一个带教育功能的虚拟世界，我一听愣了一下：首先，这让我想起了我们当时创业时我高谈阔论的那个虚拟世界项目；其次，我之前给奥委会打了个电话，问他们是否需要做这种项目（当然，人家不搭理我）；最后，我对虚拟世界研究了好久。又见面了，不过我还是怀疑她的真实性，因此我说起话来也很保守，因为无论怎么看，她这个年龄的人都不像能了解虚拟世界的那一种，况且还来得这么直接。不过经过几天的商谈，我觉得此人较为可信，我也尊称她姜姐，尽管她跟我小姑同岁，但我想，她的儿子应该管我叫叔叔才对，我叫她姜姐也很正常的。

很快，第一笔资金进来了。

有几个工作非常重要：

（1）我需要把以前的项目暂停，并跟同伴们说明我的想法；

（2）对新项目要好好评估并先拿出个计划；

（3）添设备；

（4）找人。

其实我在公司里面还是保留我之前的做法，就是我的想法就是最后的想法，其他人可以提意见和建议，但绝不能左右我的想法。我认为，一个强势的领导不仅不会让同伴们感到无所适从，反而会加深他们对你的依赖，反之，一个需要凡事找人商量的人，我认为不适合做这些有狼性的高智商同伴们的领导。当然，在强硬之余，我也会关心和激励他们，我尽可能找到一个平衡点来平衡我和他们之间的关系和心态。

立项的前一天，公司从6个人变成了9个人，并且我在海边搞了一个誓师大会。记得那天海边风很大，毕竟才5月份，那时我心里很压抑，因为家里有很重要的人刚去世。我站在一个石头上，手里握着一个啤酒瓶，对着我未来的战友们唱响了猛烈的宣言，也不知说了多久，就只记得我嘴里有酒，就着眼泪和鼻涕在不停地喊，喊口号，喊理想，喊抱负。那天，无论是老战友、新朋友，我们在海边，围坐在一起，来畅谈这个项目的明天。

虽然钱到手了，但这只是真正困难的起点。

难点如下：

（1）如何以低成本研发出这样一个庞然大物似的工程；

（2）如何找到合适的人来增添研发实力；

（3）项目控制。

第一，从盛大和大连金山的经验来看，在制作一个大型网游的时候，测试服务器就要好几十万元，因此，第一个难点显而易见。

第二，大连这个地方本来就人才紧缺，其实不缺那种IT技术蓝领，其实那些人只是坐班的工人，根本没有创新而言。我需要的是喜欢并了解这方面的人，即使不了解，也要感兴趣，并有潜力的人。大连几百万人口，找出几个这样的人也不是件容易的事。

第三，除了几个核心之外，其他新来的同学以前应该都没有过做这种项目的经验。因此，如何控制研发进度和效果也至关重要。另外，还有一点，这个东西做出来是要运营的，不单单是艺术品，就像商业大片永远比艺术片卖得好一样。

刚开始的问题摆在眼前，我必须立即着手去做，对于项目来说，新的同学迟到一天，项目的风险就又多了一天。

这里需要解释一下，我为什么管同事叫同学。首先，我觉得我在公司是一个学长，我学得早些，知道的东西多些，我需要分享给他们，他们也同样会愿意分享他们的知识给别人，所以就变成同学了。另外，总感觉同学好像比同事的身份更亲近一些。其实搞研发的人很单纯，但谁都不是傻子，他们智商高，但情商普遍不高，有时候多做些感情上的投入，更容易让他们信任我、支持我、理解我。

后来，反反复复、进进出出的，终于最后形成了现在这个团队，但已经过去了3个多月了。我时常把我们的研发团队形容为特种兵，这跟我从小学就开始收集军事方面的东西有关系。高中时写过一个10来万字的军事小说，因此，我时常把工作和一些军事方面的东西结合起来比较一下。之所以说是特种兵，首先，我们这里真的有曾经为军队服务的人，修苏-27，很厉害吧。也有从其他行业转过来的。这种人有个共同点就是为了自己的爱好可以放弃一些既得利益，他们在我看来是非常可爱的人，当然，我也十分尊重他们，我会试着引导他们关注并认识到他们做的东西就是他们期待的东西。还有一些新手，这些家伙虽然经验不够老到，但是学习能力十分了得，我为这些人准备的是他们的学习计划，让他们清楚自己在做什么，未来要怎么做，要变成什么样，当然，主要也是为了更好地为公司服务。跟这些人在一起，我感觉自己好像是一个职业规划师。无论从我个人来看还是从公司当时的状况来看，都无法用常规打法来完成一次高难度的任务，没有特殊的打法和特殊的角色在里面，根本就不可能完成这个任务。

还是李光耀那句话说得好，管理中国人最好的办法是开明专制，我觉得很有道理，尤其在公司里面，有些事情太民主反而会乱。姜姐也反复提醒我，管理中国人的最好办法就是用制度去管理。我觉得很有道理，但在非常时期，我也的确掺杂着更多人性化的东西在里面。比如，我每个月都会开一个激励会、搞一个培训或者搞些活动使每个人都有发泄的机会，当然，我绝不容忍成员之间的攻击。事实证明，到目前为止，公司还没有这种事情出现，每个人都在相互的学习与体谅中成长。

在研发之初，我们本来打算利用网络游戏的引擎来开发，但发现那样会把我们的思维放在开发网游产品上面，因此，我们选定了一个国外的开源引擎，来作为我们的研发平台。虽然3个月后才最终完成团队建设，但是美术组和程序组并没有闲着，他们已经搭配好了最基本的研发平台和最基本的建模环境。其实，其余的工程就是时间的问题了。

随着项目的进行，姜姐作为天使投资人的身份让我联想到了以前在网上看到过的天使投资像保姆一样。的确，有时候姜姐的无微不至的关怀都让我感动得想笑。她的确除了投资人的身份外，也是我的良师益友，是我创业的教练和导师，也是宝贵的创业资源。她使我暴露了很多我身上致命的缺点，比如财务方面的知识。对于某些东西，我只能快速地偷着学。

有人问我，干吗这么快？项目做得好快呀。但我还是觉得慢，慢！慢！如果再让我来做一次，我会做得更快。但我仍然要说明一下为什么做得比较快。其实真的很快。

首先，这跟整个团队投入到项目的时间是分不开的，这个研发团队管理最成功的地方是每个人都感觉这是自己必须付出并且做好的项目，虽然他们拿的薪水还没有跟他们水平相同的人一半那么多。但是的确，一周六天的工时，每天将近12个小时的在职工作量，以及不可计数的在家工作的夜晚，的确容易理解。

其次，有一个称职的项目经理：张洋。我总是会放心交给他任何任务，而且会表现得很好，他本身就是一个追求完美的人。在他的带领下，整个项目计划做得非常周全，非常详尽，可能发生的问题也提前做好了预量，让一些可能造成延时的工作提前稀释。总之，好的项目规划也是前提。

最后，员工们的敬业精神非常非常重要。我相信，这绝对不是可以用金钱来衡量的。

在项目进行到中期的时候，我们获得了大连政府信息产业局的支持，并且得到了一笔扶持资金。

但是面临的另外一个问题就是，研发团队已经很强，但是我们的研发团队需要尽快把思路调整到为运营服务上面。尽管我曾经反复说教多次，但彻底改变仍然需要一段时间，我认为，他们很聪明，应该会很快就了解这其中的利害关系。

在临近项目完成的时候，我们又搬了一次家，这次搬到了10楼，相比之前的一楼和三楼，这次的飞跃很大。我觉得下次如果再搬家应该搬到15楼了。当然了，每次搬家之后，每个人的心情都会很好。

来说说项目的名字吧，中国城。这个名字是姜姐在坐电梯时想起的。

其实我在前一天也有想起过，有朋友问我这个名字是不是太大了，我说不大，本来想找一个能容纳世界的名字，可惜没有顺口的。

中国城：Chinatown。

网址是：http：//www.3dzgc.com。

实在没有办法找到 Chinatown 相关的好域名，假如有一天项目拓展到海外的话，比如美国，可以叫 UStown，只要美国人喜欢这么叫。

我们就要上战场了，无论是家人、朋友或者其他人，都准备来观摩这场盛会。我们造好了枪和炮，算是万水千山迈出的第一步，后面的路很长，值得玩味并且有意思的事情会更多，我和我的团队都喜欢挑战新的高峰，并且我们总是有信心将猎物纳入囊中。

案例 2 天使投资人姜树梅的自述

2008 年 4 月我在大连天健网上发了一个帖子，准备搞一个天使投资沙龙。不久，我就收到一个邮件，是大连雷象数字传媒有限公司的手机游戏商业计划书。我对项目不感兴趣，但我对人感兴趣。于是，我就约了该公司的总经理许伟东在咖啡厅面谈。

第一次见面我没有太深的印象，只是觉得许伟东是一个纯技术出身创业者，比较淳朴。我直言不讳地指出项目的不足。这之后，我几次打电话就网络教育的有关问题咨询许伟东，甚至我公司的电脑出现一些问题也麻烦他，他都不厌其烦地给予解答和帮助。一天他约我到他们公司看一个网站，我去了，他亲自给我演示 Second Life 的虚拟世界，我被虚拟世界深深吸引，赞不绝口。他表示他想建一个类似的虚拟世界，复制现实，同时区别 Second Life，主要面向企业进行虚拟营销，面向用户体验虚拟生活。我听完之后，眼睛一亮，表示我可以考虑。几天之后，他拿计划书来找我，我表示按项目进度进行投资。这时候我才注意到他们公司注册资本只有 3 万元，自 2007 年成立以后，销售收入只有9000 元，账面余额只有不足 2000 元，公司全体员工连续 3 个月每人每月只开两三百元，我很好奇。200 元，别说吃饭，连交通费都不够，怎么生活？我一问才知道全体员工都是大连本地人，吃、住不愁，由家里管着。而且他们平均年龄只有 25 岁。我从不同角度问其他的员工，发现许伟东具有很强的磁场，他使人相信无论多么困难，他都会克服，他们相信他、信任他、尊重他。

我从细节发现许伟东具有一个创业者的基本素质，良好的技术背景、执着的创业精神、独特的个人魅力。我们草签了一个协议，我投资 20 万元，按进度拨款，前期拨款5万元用于建模，完成后再拨款10万元用于技术平台研发，包括电子商务和Elearning平台。完成后再拨款5万元。他们在短短的6个月里，以惊人的速度完成了项目的一期开发。11月20日项目一期完成，命名为“中国城—Chinatown”。

二、中国天使投资模式的特殊性

(一) 天使投资模式的共性

首先，我们应当肯定，我国天使投资所采取的模式在很大程度上与其他国家的天使投资模式相似。这些相似之处包括：

1. 投资对象

与各国天使投资相似，我国天使投资家也把投资对象放到那些具有巨大发展潜力的、能够迅速增长的、有可能给投资人带来巨额利润的创业型中小企业中。

2. 投资阶段

与各国天使投资相似，我国天使投资家所投项目也是大多数都属于创业型中小企业的早期、种子期阶段。

3. 投资工具

与各国天使投资相似，我国天使投资家也主要采取私人权益资本的投资模式：资本投入到早期、种子期的创业型中小企业，占有一定的股权。他们向企业的投资行为是一种“买方金融”，是他们以手中的资金购买企业的未上市的股权。相对于风险投资家，天使投资家所投资的阶段更早，他们投资的决策更快，他们所承担的投资风险也就更高。

4. 参股不控股

与各国天使投资相似，我国的天使投资大多数也对于被投企业不控股。

5. 普通股与优先股

与各国天使投资相似，我国天使投资家也往往只占普通股，而没有像风险投资家或风险投资公司那样，持有“优先股”。为了防范风险，风险投资家往往坚持“可转换优先股”：如果被投企业一旦有风吹草动，他们可以先于普通股而脱身。另外，如果企业一旦飞黄腾达，他们又可以转换为普通股，以获取高额剩余利润。我国天使投资家与其他各国天使投资家相似，他们还没有建立像风险投资家那样的一整套风险防范的措施。

6. 与风险投资的链接

与各国天使投资相似，我国天使投资家们往往也与风险投资公司或风险投资家有着密切的关系。他们所投资的项目往往受到风险投资的青睐，成为风险投资的投资对象。这样，天使投资与风险投资之间形成了融资桥梁，使得真正有发展前景的企业有了融资的接力棒。

7. 持续性

与各国天使投资相似，我国天使投资界也存在一批成功的"持续型"天使投资家，他们是职业天使投资人。他们以作天使投资为自己热衷的事业。

（二）我国天使投资模式的特殊性

然而，由于我国天使投资仍然处于早期发展阶段，我国的政治、经济体制、市场、我国人民文化传统、意识形态等方面都存在我们独有的性质。因此，我国天使投资界也存在与其他国家天使投资实践相区别的特殊性。这些特殊性总结如下：

1. 偏向扩张期投资

虽然我国天使投资大部分是投入企业的创业早期或种子期，但具有较丰厚资本量的天使投资家也往往投入企业发展的扩张期。投资时，被投企业已经渡过了"死亡谷"。从理论上，企业发展扩张期往往是风险投资主要投资阶段。但在中国，一些资本实力较大的天使投资家也以企业发展扩张期为其投资对象。这种现象是我国天使投资的现实，但并不一定是一件好事。因为天使投资的真正作用，在于填补风险投资不能涉及的种子期/早期投资阶段的空白。如果天使投资家也向风险投资家一样，逐渐向项目的发展期，甚或中晚期转移，将不能满足我国创业型中小企业的融资需求，不利于我国中小企业的发展。

2. 投资额度偏高

虽然我国大多数天使投资家投入资本的额度较小，通常在 100 万元以下，有时投资几十万元，甚或几万元，但有些颇有成就的天使投资家一般的投资均为 100 万元以上。他们有的公开提出，投资于 100 万元以下的行为不一定称为投资行为。这种观念与世界其他国家的天使投资行为不符，也不利于一般富裕人士，特别是富足阶层的人们进入天使投资行列。我国天使投资还刚刚发展，还处于起步阶段。我们需要鼓励更多的具有一定资本金的、具备一定天使投资常识的、对于天使投资感兴趣的富足阶层的人们进入天使投资的队伍。一方面，我们具有广大的创业者群体，我们具有大量的新生的有发展潜力的创业企业，我们具有大量的天使投资的需求。另一方面，改革开放使得我们的富有人士、富裕人士和富足阶层的人数大大增加，我们具有天使投资的潜在的供给。我们应当鼓励真正的早期的，尤其是种子期的投资行为。从事天使投资一方面是有利于社会、有利于经济发展；另一方面也为天使投资人开拓了另一个投资渠道，有利于他们投资的多样化，从而在一定程度上减少投资总风险。虽然总体上，天使投资是一项风险很高的投资活动，但如果投资人把天使投资作为他/她投资组合中的一项，从事天使投资反而会减少他们的投资总风险。

3. 主导型投资倾向

一般地，天使投资家与创业者在资本上和在实业上实现互补：天使投资家为创业者提供资本，而创业者通过实业上的发展和扩张以实现利润，再将高额回报返回给天使投资家。如果创业失败，即意味着投资的失败。而在中国，许多天使投资家在投资中采取主动出击方式：天使投资家既有创业构思，又有创业所需资本，就是没有创业的时间和精力；他们通过寻找到自己满意的创业者来实现自己创业的理想。我们称这种天使投资家为“主导型”或“主动型”天使投资家。这种天使投资家的特点为：主动进攻；自己有创业蓝图，找人做事。例如，成功的企业家、天使投资家何伯权认为，投资有一半就是在找人，但这个人不能是职业经理人，这些人应当是具有理想、具有抱负、全力以赴的创业者。何伯权做投资决策，一般不看企业商业计划书。他认为，衡量一个创业者是否全力以赴，要看他是否将生活必需以外的所有资本全部投入自己的创业之中。

4. 投资初期可能以控股为主

虽然严格意义上的天使投资是投资后不控股的。而由于中国特殊的经济状况：中国不成熟的信用体系，以及商业诚信不健全，我国许多天使投资家采取先控股，再根据创业者的实践，逐渐一步一步地转变其控股地位。有些天使投资家在投资后甚至控股高达 90%，然后逐步让股份给创业者，实现从控股股东向非控股股东的转变。

5. 天使投资家主动让股

如上所述，我国天使投资家有时采取由控股向参股的转化。而这种转化有时是在没有新的资金进入的情况下，天使投资家基于对于所投企业的再评估，主动向企业家让股的。例如，许多天使投资家的投资模式往往采取先控股，再参股；从做大股东到做小股东。当然，在从控股到参股的过程中，天使投资家往往需要找专业人士，如律师、会计、工程师来对所投项目进行评估。如果所投创业者、企业家的确实现了他们先前所承诺的指标，包括技术方面、市场方面、管理方面、产品创新方面等，那么，天使投资家便逐渐把自己的股份转让给企业家。例如，在天使资本刚刚投入企业时，企业的股权结构为：天使投资家占 60%，而创业者为 40%。一段时间后，天使投资家对该企业重新评估，认为企业在各方面实现了计划，达到预期目标，天使投资家就主动调整股权结构：天使投资家占 50%，企业家占 50%。再过一段时间，经过再评估，股权结构变为：天使投资家占 40%，而企业家占 60%，甚或更多。这样，天使投资家在没有新资本的条件下，实现了由大股东向小股东、由控股向参股的过渡。在我国目前投资体制、法律法规等还不健全的情况下，天使投资家要求先控股有一定的道理。

6. 投资模式的多样化

虽然我国的天使投资家一般也采取股权投资的模式。从金融角度看，他们也属于私人权益资本投资。但我国天使投资家中不乏以其他金融工具投资的事例。例如，网易创始人丁磊最初借给 UCWEB 的 80 万元救命钱也可以算是一种天使投资。邮件是网易赖以起家的业务，丁磊自然对邮件系统颇为关注，他几乎在第一时间就发现了 UCMAIL，并通过网易的技术人员找到了何小鹏与梁捷，很快约他们见面。丁磊得知他们的困境后，很慷慨地以个人的名义借给了他们 80 万元，这笔钱足足让 UCWEB 支撑了两年。这种投资不是典型的天使投资，但却具有天使投资的真谛：天使投资家是创业者的救命稻草，对于创业型中小企业来说，天使投资就是雪中送炭。虽然从理论上讲，天使投资为私人权益资本的一个子范畴。但中国的天使投资发展，如同中国的经济体制改革一样，多少是“摸着石头过河”。像丁磊这种对于创业型中小企业的种子期的慷慨解囊，也是天使投资的一种模式。

7. 投资给亲人朋友

John May 先生认为天使投资是指投资于“非亲非故”的人们的一种非控股的权益资本投资。在我国天使投资的实践中，很多人出于自身防范，倾向于投资给自己的亲戚朋友。即使不是直接的亲戚朋友，也往往希望是有亲戚朋友的介绍，或是亲戚朋友的亲戚朋友。这种做法虽然大大地限制了他们的投资范围，可能会使得他们失去投资良机，但却帮助他们防范了投资中最大的不确定性：人的不确定性。

8. 天使投资人与创业者合二为一

天使投资人是创业者身后的创业者。但在我国，一些天使投资家可能从“身后”走到“身边”来，从“后台老板”摇身一变成为“前台主演”。这些天使投资家全力投身于他们十分热衷的创业项目，从天使投资人变为天使投资人加创业者。

9. 兼职天使投资家较多

所谓兼职天使投资家即他们仍然从事自己的本职工作。这些天使投资人或是自己公司的老板，或是大公司的高级管理人员，或是银行或其他金融机构的从业人员，或是风险投资家，或是其他行业的从业人员。他们有自己的一份工作，他们中有些人会将绝大部分精力投入自己的本职工作，而天使投资只是“业余”爱好或“业余”工作。

10. 偶然性天使投资较多

上述谈到我国天使投资家中很多人可以被称为“兼职”天使投资家。这些人有本职工作；精力有限，他们之中一些人的资本也有限。他们的天使投资活动具有很大的偶然性。他们在工作中，或在与亲戚朋友的交谈中，偶然捕捉到一些项目，认为是很好的投资机会。他们对于天使投资本身不一定感兴趣，而对于这些项目可能带来的利润潜力有兴趣。对于这些人来说，投资于高风险的早期创业型中小企业与投资于高风险的股票一样，没有什么区别。

11. “撒芝麻”型的天使投资家较多

由于天使投资在我国还处于初级发展阶段，人们对于天使投资还缺乏理论上的认识，他们刚刚开始积累从事天使投资的实践经验。即使是很好的项目，一些人也不敢一次性投入过高。为了分散风险，也为了从实践中逐渐积累经验，他们往往采取“撒芝麻”的方式：这个项目投入一点，那个项目投入一点。将来一旦成功，收益虽然不高，但一旦失败，也不会血本无归。

12. 对于知识产权的认知需要一个过程

国外天使投资往往重视被投公司的无形资产、知识产权（Intellectual Property，IP）及血汗资本（Sweat Capital）。在很多情况下，正是这种无形资产使得企业存在巨大的发展潜力。而在资产评估过程中，国外的天使投资家也往往对于这些无形资产给予较高的估值。而在我国，虽然有一部分天使投资家对于知识产权评估较高，另一些天使投资家在投资时却基本遵循传统评估方法：按照账簿价值评估。例如，创业家在创业时自己投入 20 万元，天使投资家投入 80 万元，那么天使投资家占 80% 的股份，而创业者占 20% 的股份。这种股份的制定显然没有考虑创业者无形资产（知识产权以及血汗资本）。一般地，天使投资家为创业者设定一定的期权股，如果创业家能够按照预定计划完成任务，他们的股权可以不断增加。这种办法显然与我国目前法律法规不健全、诚信体系不完善相关。

三、中国天使投资宏观环境的特殊性

（一）中国经济的迅猛发展

中国经济的迅猛发展使得中国出现一大批潜在的天使投资人。这些人未必已经从事天使投资活动，也未必知道天使投资的概念。但一旦通过学习、了解，他们很有可能成为实际的天使投资人。由于这部分人的存在，由于天使投资在中国还处于起步阶段，对于天使投资性质、状况、操作方式、成本收益模型、天使投资的组织形式以及天使投资的作用等方面的教育与培训迫在眉睫。事实上，即使不是潜在天使投资家，而是现实中的天使投资家，他们的大多数也是非全职投资人：他们或者还在就职，或者有自己的公司，后者从事某种主营业务，作为天使投资只是偶然的和个别的行为。此外，相当多的天使投资家还没有超脱投资于自己的亲戚、朋友、熟人的圈子。这种状况证明中国的天使投资家热情洋溢，渴求在投资理论上的指引与提高。这部分天使投资家也渴求天使投资专业方面的学习和培训。

即使是具有一定经验的天使投资人也渴望学习提高。中国的天使投资正处于初级发展阶段。许多天使投资人从最初的控股投资人，逐渐走向非控股投资人，从主动投资人，走向被动投资人。主动投资人是指：投资人自己有创业想法，有资金，寻找创业者去按照自己的创业理念、创业方向、创业思路，用自己的资本（天使投资）来创业。而被动投资人则是指职业天使投资家，他们一般已经具有相当丰富的项目源。这些项目或是创业家毛遂自荐，或是其他天使投资家、风险投资家推荐给他们。他们通过对于这些项目的审查，最终作出投资决策。他们的投资模式有些像"姜太公钓鱼，愿者上钩"。由主动投资人向被动投资人的转化意味着天使投资家逐渐走向成熟，证明中国天使投资市场逐渐走向正规化。

（二）中国的商业文化和商业文明逐渐走向成熟

我国传统观念中"胜者为王败者寇"的影响还存在于我们的潜意识中。我们应当慢慢学会承认失败，接受失败，容忍失败。事实上，良好的商业文明对于创业，对于投资，甚或对于整个经济发展都是十分重要的。目前，我国商业界、金融界虽然逐渐认识到这一点，但我们与成熟的商业理念还存在一定的距离。只有我们逐渐形成一种容忍失败的商业氛围，才能进一步鼓励创业。创业者失败本身不耻辱。相反，如果创业者失败后再次从事创业，他们是勇敢的、不屈不挠的斗士，他们应当得到人们的景仰。这种状况也适用于天使投资。天使投资有成功，也有失败。从某种意义上说，天使投资的失败是必然的，成功才是偶然的。

我国的天使投资人中，郑小军是喜欢公开自己失败案例的少数天使投资家之一。他始终坚信：天使投资最重要的不是资金，天使投资人是创业的导师，他能帮助企业设计一套可行的业务模式和盈利模式，并让企业尽快起飞。他认为企业的融资过程就像接力跑，天使投资是企业融资的第一棒。他还认为，天使投资家固然要投资于自己熟悉的行业，但太熟悉也有负面作用：太熟悉容易介入过多，喧宾夺主。他投资的企业现状是1/3死掉了，1/3活着，还有1/3活得还不错。在中国做天使投资，一定要得到VC/PE的认可，因为做成功一个企业需要的资源并不是一个天使能全部给予的，最后的成功一定要得到众多参与者的支持。郑晓军先生是国内最早的天使投资人之一，到目前为止已投资过12家企业，总投资额达1000万元人民币，辅导过的创业型中小企业更是众多并涉及众多领域。

（三）中国政府在推动天使投资发展中的特殊地位

中国的特殊的经济体制使得中国政府在经济发展中不仅是游戏规则的制订者，还是游戏的参与者。中国政府比较具有规范经济的权力，他们手中就有相当的经济实力。改革开放以来，中国政府一直在运用手中的权力和经济实力大力推动经济改革、推动风险投资以及天使投资的发展。

中国政府积极推动天使投资以及其他创业型中小企业的种子期投资。这方面最好的例证是科技部火炬中心的科技型中小企业创新基金。如前所述，1999年6月25日以科技部和财政部联合启动的科技型中小企业技术创新基金是中国第一个以中央财政拨款建立的中小型企业资助性政府基金，旨在促进科技成果转化、引导社会支持企业技术创新。创新基金面对社会各种体制的企业开放，无论是国有、民营还是合资企业，只要满足《科学技术部、财政部关于科技型中小企业技术创新基金的暂行规定》的条件，开发的技术和项目符合国家产业和技术政策，技术含量高，创新性较强，技术处于国内领先水平，以生产、销售和盈利为目的，产品有明确的市场需求和较强的市场竞争力，可以产生较好的经济效益和社会效益，并有望形成新兴产业，都可以通过当地的科委推荐单位进行申请。申请企业填写《申请书》、《可行性研究报告》以及相关的企业证明材料后，由创新基金管理中心万名专家库抽调出的专家团进行评审。评审合格的企业可获得基金的无偿资助。

创新基金在所投企业中基本上都扮演着首只种子资金的角色。人们这样评论："银行总是做锦上添花的事情，只有创新基金做雪里送炭的事情。"从它投资的性质上看，我们可以称这只创新基金为中国政府支持的一家天使投资基金。

2009年1月，基于全球金融危机及其引发的经济危机，日前，国务院办公厅转发了发展和改革委、科技部、财政部、教育部、人民银行、税务总局、知识产权局、中科院、工程院《关于促进自主创新成果产业化的若干政策》（以下简称《若干政策》）。《若干政策》明确指出，将加大对自主创新成果产业化投融资支持力度，加快发展风险投资。该文件虽然没有直接使用"天使投资"这一概念，但它明确指出：发展和改革委和财政等部门要积极培育、发展风险投资，对高技术产业领域处于种子期、起步期的重点自主创新成果产业化项目予以支持。

四、中国天使投资走向机构化

（一）中国天使投资协会

中国天使投资协会（www.chinaangels.org ）作为世界天使投资协会的成员，创立于2009年，是首届全球天使投资家大会的主办者。中国天使投资协会主席刘曼红女士是世界天使投资协会的创始人之一，目前是世界天使投资协会理事。

（二） 中国天使投资机构

中国天使投资并不是刚刚开始的，但中国天使投资还没有形成一个完整的团体，其机构化的路程还处于初级阶段。

国内成立比较早的天使投资机构有（但不局限于）：

（1）中关村天使投资联盟。2008年5月13日，在北京市政府、中关村管委会及北京民营科技实业家协会的大力支持下，中关村企业家天使投资联盟宣告成立。中关村天使投资联盟是政府和天使投资人共同创立的天使投资机构。

（2）深圳天使投资人俱乐部。它创立于 2007 年 5 月，是深圳市金融顾问协会的下属机构。俱乐部内设天使投资评审委员会、会员服务部及综合发展部，定期编制“天使投资内参”，定期、不定期举行“天使投资午餐会”和“天使投资项目路演”。

（3）超级天使投资网（www.vc20.cn）。它由中国首席执行官俱乐部、湖北创业企业家服务中心及华创投资联合创建。超级天使投资网把天使投资家分为：第一类是支票天使投资家，他们投资额为 10 万~20 万元，这些人一般仅作投资，坐等收益；第二类是增值天使投资，投资额为 50 万~200 万元，他们为企业不仅提供资金，而且还提供增值性服务；第三类是超级天使，投资额往往在 100 万元以上。

超级天使投资网是目前活跃在中国内地的最大的天使投资网站之一。

（4）上海天使投资俱乐部。它于 2008 年 11 月成立，中欧工商管理学院、东方富海、软银中国等机构的高级专家受聘出任了俱乐部的首届执委。上海天使投资俱乐部是由中国科技创业协会、上海市创业投资行业协会和上海市大学生科技创业基金会共同发起，受到国家科技部火炬中心支持。上海天使投资俱乐部旨在聚集全国天使投资人，提升天使投资专业水平，进一步完善社会创业投融资环境。

（5）中国天使投资俱乐部。它是由北京北飞投资公司及众多商业伙伴自发组成的非营利性社会组织，隶属于北飞投资。该俱乐部设立了中国天使投资网，旨在发展天使投资事业，促进天使投资人的交流与合作。

（6）亚杰商会天使团（The AAMA Angels）。它由亚杰商会于 2007 年在上海创立。它是总部在加州硅谷的亚杰商会（Asia America MultiTechnology Association，AAMA）在中国的分支机构。它共有会员 50 余人，专门投资于种子期和早期的创业企业，尤其是科技型创业企业。投资额一般为 10 万~100 万美元。

（7）K4 论坛北京分会。它是美国硅谷最大的一家天使投资机构——K4 论坛（Keiretsu Forum）在中国内地的分支机构。

（8）上海天使投资网（http：//www.angelcapital.asia/）。它是总部在伦敦的天使投资网在中国的分支机构。

（9）福建八闽天使投资人俱乐部。它是一个利用网络平台建立的天使投资的非营利机构。作为一个自助和互助组织，该俱乐部的宗旨是为天使投资人与创业者做桥梁，争取成为中国的天使投资门户。

（10）华南天使投资人俱乐部。该天使投资机构是由华南理工大学、广州风险投资促进会等公司联合组建的一个服务于华南投资和创业者的一个优质平台。

（11）青岛天使投资俱乐部。它是设立于山东省青岛市的天使投资人网络。

（12）招商天使投资俱乐部。它由招商局组建，是该公司的一个分支机构。招商局科技集团有限公司（简称科技集团）于1999年1月在中国香港成立，是招商局集团旗下从事高新技术领域投资、高技术企业管理及高技术产业基地建设的专业公司。

此外，中国天使投资界还设有“中国天使投资研究中心”（www.chinaba.org）。该中心最初得到蒙代尔国际企业家大学的全力支持，后在中国香港独立注册，是中国目前第一家专门从事天使投资研究及培训的机构。

在中国天使投资研究方面名列前茅的还有由北京软件与信息服务业促进中心、互联网实验室与新经济导刊三家联合发表的《2006年中国天使投资研究报告》。与北京民营科技实业家协会2007年7月的《中关村科技园区天使投资发展环境研究报告》相似，这三家推出的天使投资研究报告对于天使投资概念、特点、运作方式以及天使投资领域及机会等方面作了较为全面的介绍。同时，对2007年天使投资产业发展作了预期和展望。

案例3 中关村天使投资联盟

2008年5月13日，在北京市政府、中关村管委会及北京民营科技实业家协会的大力支持下，中关村企业家天使投资联盟宣告成立。

中关村企业家天使投资联盟（Z-park Entrepreneur Angel Investment Alliance，Z-park EAIA），是由柳传志、段永基、王文京、王小兰、冯军、雷军、严望佳等50位中关村三代企业家代表（20世纪80年代创业的中国改革开放后第一代企业家柳传志、段永基、陈庆振、楼滨龙、张家林、张本正、彭伟民、秦革、钟玉、周明陶、戴焕忠、霍振祥等；20世纪90年代创业的第二代企业家王文京、张征宇、郑福双、刘迎建、邵根伙、林海青、刘泽刚、李强、张力等，以及新世纪的第三代企业家冯军、严望佳、顾小峰、吴姝等）自发成立的联盟性组织，旨在充分利用中关村集中的智力资源、有利的创业风险投资环境、政府优惠政策和北京民营科技实业家协会的企业家资源，以天使投资推动中关村创业事业，以带动整个园区的经济发展。

北京民营科技实业家协会会长、中关村科技园区协会联席会议主席王小兰总结了该天使投资联盟的五大特征：[①]

第一，中关村50位企业家的首次携手，不仅仅是资金的汇集，更体现

① 中关村企业家天使投资联盟信息发布会全文实录，2008年6月11日

了企业家浓厚的中关村情结和发展高科技产业的梦想，它是中关村式“天使投资”运作的一种创新，即“投资+辅导”、“投资人+创业导师”的模式，通过投资人对创业型中小企业不同阶段、多种方式的培育和孵化，促其成长壮大。

第二，中关村50位企业家的首次携手，是一种资源的整合，是中关村几代企业家创业群体相互学习、相互帮助、相互促进、共同进步的载体与平台。企业家们将个人丰富的管理经验、敏锐的市场判断力以及广泛的人脉网络汇于一体，共同筛选项目，为所投项目提供系统的创业辅导，有助于种子企业规避市场风险、实现健康快速地成长。

第三，中关村50位企业家的首次携手，是中关村企业家创业经验和创新精神的传承与弘扬，是中关村创新文化的弘扬。中关村生生不息的发展孕育了独特的“鼓励创新、容忍失败”的中关村文化，企业家们的天使投资将是对这种文化的更深刻阐释。

第四，中关村50位企业家的首次携手，是企业家社会责任的体现，是聚集一批走过创业之路的中关村企业家承担社会责任、为区域培养创新人才的一种方式。将自己用血泪换来的失败教训和摸爬滚打中得出的成功经验毫无保留地传授给下一代创业者，是企业家回馈社会的一种形式，将使更多的创业者少走弯路。

第五，中关村50位企业家的首次携手，是一种合作模式的创新。将为完善中关村园区投融资体系，活跃中关村的天使投资氛围，优化企业创业、创新环境，整合企业产业链，培育更多的成功企业做出尝试。

中关村企业家天使投资联盟的投资决策采取集体负责制，由相关领域企业家组成专业委员会、决策委员会和顾问委员会，对项目进行投资审核和判断。

中关村企业家天使投资联盟的投资决策与国外一般天使投资机构有很大不同。它的运作更像是小型的早期的风险投资基金的运作模式。例如，该天使投资联盟的投资决策程序为：①

（1）联盟秘书处负责通过各类活动组织优秀项目的筛选和推荐；

（2）联盟秘书处将初选的项目按照不同领域报送相应专业委员会，相应专业委员会需在各成员审查项目材料后，召开评审会，对是否应对该项目进行投资提出初审意见，且需专业委员会每位成员确认签字；

（3）通过初审的项目将报送投资决策委员会进行最终审批，根据需要

① 中关村科技园区网站

征求顾问委员会的投资意见，投资决策委员会成员 2/3 以上通过即可做出最终的投资决策，该决策将于实施投资前两周内通过一定形式发布告知各发起人；

(4) 投资管理公司以直接投资的形式对经过联盟投资决策委员会审批通过的项目进行投资，投资盈亏成效由所有出资人共同承担并拥有；

(5) 联盟将对所投资项目的进展情况和效益进行跟踪和评估，并将为每个投资项目聘请两位企业家作为创业导师，组织开展辅导、咨询、帮助寻找社会投资等工作；

(6) 联盟成员享有对优秀项目和创业型中小企业的优先跟投权，可根据项目情况和企业需求对项目进行跟投，跟投由投资人本人决策并另行出资，跟投资金的盈亏成效由投资者本人承担并拥有。

从以上六项投资决策步骤可以看出，中关村企业家天使投资联盟是以其早期天使投资基金为运行基础的。这种模式在国外也有采纳，但这种模式往往基于天使投资发展到一定程度上，在松散型的、非正规的、个体的天使投资机构存在一定时间的基础上发展的。

五、中国天使投资的发展

中国天使投资正在经历一个从初创期走向扩张期的阶段。

1. 中国天使投资正在从不成熟走向成熟

对于那些已经功成名就的天使投资家来说，从事天使投资已经不单纯是为了赚钱，他们已经开始享受到扶植企业，帮助创业者成功的一种成就感。他们认识到天使投资不仅仅是一种投资的手段，更重要的是与创业型中小企业的沟通，与他们并肩作战。这些天使投资家更乐意与创业家分享宝贵的经验。他们认为，由于中国的信用体系尚不完善、创投环境还不够成熟，需要有经验的天使投资家倾注更多的精力去帮助、扶植创业型中小企业。

2. 中国天使投资正在从主导型、主动型投资人走向被动型投资人

(1) 绝对控股到相对控股。由于天使投资往往是个人的投资行为，是个人以自己的金钱从事风险投资基金的事业。这种投资风险很高。为了控制风险，一部分天使投资家往往采取控股的投资模式。但随着天使投资概念在我国逐渐普及，从事天使投资的人们逐渐增加，人们在控股方面的要求也开始放松。很多天使投资人逐渐从绝对控股转向相对控股。当然，这种运作模式仍然和其他国家的天使投资家所常用的模式有区别（其他国家天使投资的特点之一是不控股），但这毕竟是一种进步，相信随着我国天使投资事业的发展，我国会有越来越多的天使投资家从绝对控股转向相对控股、从相对控股转向不控股。

（2）控股到不控股。如前所述，“不控股”在国际上被认为是天使投资的特征之一。而如果放弃控股地位，投资人对其所投的项目就会失去控制。即使是非常成功的西方国家的天使投资人，也往往遇到这种尴尬的局面。他们有时抱怨说，投资前是创业者找我们，投资后变成我们找创业者。

（3）不耐心到耐心。天使投资是比风险投资还要早期的投资，天使投资往往投入种子期，甚或种子前期的项目。天使投资家需要有比风险投资家还大的耐心。如果风险投资被称为“耐心的资本”，那么天使投资家就是“更加耐心的资本”。我国的天使投资家逐渐磨炼出了耐心。他们逐渐认识到，急功近利、急于求成不是天使投资家的本质。而真正的天使投资家是创业者身后的创业者，他们是投资于未来的。

3. 中国天使投资正在从“山寨”式走向“品牌”式

天使投资的概念正在中国掀起热潮。2006 年 10 月，天津首先创立“天津滨海创业天使投资基金”。几年来，越来越多的地方成立了天使投资基金、天使投资协会、天使投资俱乐部、天使投资网站，以及专门从事天使投资的公司纷纷成立。例如，超级天使投资网，现在已经吸引了大批的天使投资家和创业者，通过网络互通有无，初步建立投资关系。北京中关村天使投资联盟创立后，又创立了上海天使投资俱乐部、深圳天使投资人俱乐部、福建八闽天使投资人俱乐部、华南天使投资人俱乐部、青岛天使投资俱乐部，等等。

在我国，首批曾受益于天使投资和风险投资的企业家，创业成功后，以天使投资人的身份将其所赚来的资金再次投身于下一代的创业者，扶持在他们认为具有巨大发展潜力的初创期、种子期的企业，如沈南鹏等一批天使投资人。

很多天使投资家具有丰富的创业经验，他们了解创业所必须经历的艰苦过程，拥有广泛的资源与人脉，他们给被投企业带来的不仅仅是金钱，更重要的是他们的管理经验和行业资源等，如新东方教育科技集团董事钱永强、北极光合伙人邓锋、奇虎董事长周鸿祎，等等。

总之，中国的天使投资活动正在日新月异地蓬勃发展。中国的天使投资事业是充满希望的。

后 记

我从酝酿到写作到完成这本书，花了两年多的时间。这期间，我失去了我的母亲。在她的追悼会上，我默默地向母亲许下愿：要把她住院那段时间我写作的这本书献给她。我永远也不能忘记母亲对我说的最后一句话：“曼红，你去忙吧，别管我。”我的母亲是一位性格开朗的女性。她年轻时十分漂亮，老了却很少考究，她乐于“最不健康”的生活方式：她有糖尿病，却很少忌口，似乎从不锻炼身体，倒也活得爽快。她很少关心我们姐妹三个的生活，但在我人生的重大转折上，她一直坚决支持我。1978年，我参加高考，她支持我；1986年，我出国留学，她支持我；1997年，我满腔热情回国，她也支持我。我把这本书献给我的母亲，以寄托对她的一种深深的怀念。

2007年金秋时节，欧盟的“创新融资论坛”在里斯本召开。会上，人们普遍注意到风险投资向中晚期投资的趋向，并提出了企业早期融资空白的课题。人们越来越关注在欧美已经蓬勃发展的天使投资。为了推动全球的天使投资活动，大约30多个国家的代表开了座谈会，并联合倡议创建“世界天使投资协会”（World Business Angel Association, WBAA）。我本人也有幸参与了WBAA的创建活动。

从那时起，我就开始着手梳理思想，准备写作这本书的资料。2008年暑假，我在马里兰州森林公园旁的一座静静的别墅中开始了写作。我知道自己手里的资料有限，尤其是中国方面的资料。中国的天使投资已经开始发展，许多天使投资人从事了多年的天使投资活动，但他们彼此交流还刚刚开始。我们对于他们的投资状况的了解也刚刚开始。这无疑给我的写作带来一定的难度。这期间，我除了教学、研究外，还参与了WBAA的组建工作。2009年4月，WBAA在迪拜正式宣布成立。我为自己在它的创立中做出的一点点贡献而感到欣慰。

我想借此机会感谢曾经大力支持我、支持我们的天使投资研究中心的企业家、专家、学者，以及我的研究助手和我的学生们。特别要感谢两位女士：一位是我的妹妹曼娜，她一直是照看我年迈父母的主力，没有她的无私帮助，我不可能完成我的写作；另一位是蒙代尔国际企业家大学的吴姝校长，她曾竭力支持我的天使投资研究工作，为我们安排了办公室和研究助理，可惜我没有及时完成这本书的写作。

我常常听到人们“做人难，做女人更难”的感叹，颇有体会。想在事业上有所建树，又想作一个好母亲、好女儿，有时深感难成两全。但一路走过来，我问心无愧。倘若真有来世，我还是要做一个女人。

我国天使投资方面的研究刚刚起步。我的这本书应当作为一块引玉的砖，作为一种可以吸引更多、更好的研究成果的试探。希望我国的天使投资得以蓬勃发展。天使投资的春天即将来临。

刘曼红

2009年11月于北京